Königsberger Klopse
mit
Champagner

NORA BERGER

Königsberger Klopse
mit
Champagner

Weltbild

Besuchen Sie uns im Internet:
www.weltbild.de

Genehmigte Lizenzausgabe für Verlagsgruppe Weltbild GmbH,
Steinerne Furt, 86167 Augsburg
Copyright der Originalausgabe © 2011 by Nora Berger
Umschlaggestaltung: Studio Höpfner-Thoma, Planegg
Umschlagmotiv: Ullsteinbild, Berlin
Gesamtherstellung: GGP Media GmbH, Pößneck
Printed in the EU
ISBN 978-3-86800-652-0

2014 2013 2012 2011
Die letzte Jahreszahl gibt die aktuelle Lizenzausgabe an.

Inhaltsverzeichnis

1. Kapitel

Mein Herz ist immer bei dir …

›Liebste Magdalena! Es ist Weihnachten! Das Fest der Liebe und des Friedens. Auch wenn wir heute nicht zusammen sein können, so sollst Du doch wissen: Mein Herz ist immer bei Dir …‹

Der Bleistift entglitt den frostklammen Fingern des jungen Soldaten und verschwand in den Falten seines wattierten Schlafsacks.

»Verdammt«, entfuhr es ihm. Wie sollte er Magdalena schreiben – wenn dreißig Grad unter Null am Tag und nahezu fünfzig in der Nacht es nahezu unmöglich machten, etwas zu Papier zu bringen? Die Kälte kroch einem mit lähmender Stetigkeit in die Knochen, ob man wollte oder nicht!

Paul tastete im Halbdunkel auf dem rauen Bezug der Feldpritsche herum, bis er den Stift gefunden hatte. Dann schlüpfte er wieder bis zum Hals unter die Decken, ließ nur der Hand Raum und fuhr fort:

›Ich denke an Dich und daran, wie Du dieses Fest wohl feiern wirst. Bei uns war es diesmal kein Abend wie jeder andere. Unser Chef, Fliegergeneral Wolfram von Richthofen, hat mit uns Landsern nach Tisch noch eine Zigarette geraucht und sich auch nach unseren Sorgen und Nöten erkundigt. Kannst Du Dir vorstellen, dass wir hier, mitten im Krieg in der russischen Einöde, unter einem geschmückten Baum Weihnachtslieder angestimmt und aus voller Kehle mitgesungen haben? Auch sonst konnten wir uns nicht beklagen, es gab doppelte Verpflegung und eine Tafel Scho-

kolade obendrauf. Wenn Du wüsstest, wie ich diese lang entbehrte Leckerei genossen habe! Aber das Süßeste für mich bist immer noch Du, meine Liebste! Jeden Tag betrachte ich Dein Bild und frage mich, wann wir uns endlich wieder sehen. Meine Sehnsucht wird mit jedem Tag größer, an dem wir getrennt sind. In Deinen Augen sah ich beim Abschied ...‹

Wieder ein unterdrückter Fluch. Der Stift war abgebrochen und seine Hand so taub und erfroren, dass er ihn kaum mehr halten konnte.

»Mensch Hofmann, gib endlich Ruhe und mach das Licht aus!«, brummte eine schläfrige Stimme neben ihm.

»Schon gut, schon gut!« Hastig blies Paul die Flamme der Kerze aus, die er verbotenerweise an seinem Lager entzündet hatte und die ihm eine Wärme vorspiegelte, die es in dieser kristallkalten Nacht hier draußen in Russland nirgendwo zu geben schien.

Er bewegte die Finger hin und her, steckte dann den Brief in die Provianttasche und glitt mit einem Seufzer tiefer in den Schlafsack. Morgen würde er weiterschreiben, aufs Neue den Moment genießen, in dem seine Gedanken nur bei ihr waren. Er zog die Kappe tief ins Gesicht und legte den Kopf zurück. Seine Lider sanken schläfrig herab, aber er fror so erbärmlich, dass er nur leicht dahindämmerte. Auch wenn er es sich manchmal nicht eingestehen wollte: An solchen Abenden kam zu seiner Sehnsucht nach Magdalena auch das Heimweh, das an seinem Herzen nagte: Nach Königsberg, nach seiner Mutter, die, nachdem sein Vater gestorben war, mit dem Papiergroßhandel ganz auf sich gestellt war und die vielleicht jetzt gemeinsam mit seiner Schwester Christine Weihnachten feierte. Ungebetene Tränen stiegen ihm in die Augen. Er schluckte sie hinunter, in der Hoffnung, dass bald alles vorbei war – der Führer hatte ihnen ja versprochen, dass sie nach einem Blitzsieg bald nach Hause zurückkehren konnten!

Auch wenn Magdalena und ihre Kommilitonen Hitler misstrauten und seinen Visionen kritisch gegenüberstanden – er war davon überzeugt. Die Fakten sprachen schließlich dafür. Und hier, im Richthofenschen Jagdgeschwader setzte jeder ohne Ausnahme voller Stolz und Eifer sein Leben für das Vaterland ein!

Sich auf die andere Seite drehend, zog er den Schlafsack noch höher hinauf. Er war erschöpft, aber zu erregt, um Schlaf zu finden; der ungewohnte Weingenuss, die Kälte und das laute Schnarchen der anderen Kameraden hielten ihn wach. Er stellte sich Magdalena vor, wie sie jetzt zu Hause im Kreis ihrer Lieben um den Weihnachtsbaum saß, der bei den von Waldens jedes Jahr bis zur Decke reichte. Sicher servierte das Hausmädchen gerade das Weihnachtsmenü, das, wie Magdalena einmal berichtet hatte, traditionell aus einem mit Zwetschgen gefüllten Gänsebraten und Knödeln bestand. Ob sie jetzt wohl auch genauso sehnsüchtig an ihn dachte, wie er an sie? Oder ob sie ihn schon längst vergessen hatte? Schon in den ersten Tagen der Trennung, als er endgültig eingezogen wurde, hatte er schmerzlich gespürt, wie sehr sie ihm fehlte, und jetzt wurde seine Sehnsucht nach ihr immer stärker.

Seine Gedanken schweiften zu dem Tag vor drei Jahren, zu seiner ersten Begegnung mit ihr. Es war in der Tanzschule »von Dalden« gewesen, einem eher plüschig eingerichteten Etablissement, das er widerwillig und nur um seiner Mutter einen Gefallen zu tun besuchte. In sein Schicksal ergeben, hatte er sich eher mürrisch in die Gruppe linkischer Jünglinge eingereiht, die mit einer Anzahl blasser und eher unscheinbarer weiblicher Geschöpfe hölzerne Schritte und Takthalten übten. Und dann stand plötzlich dieses schöne, schlanke Mädchen mit den langen blonden Haaren vor ihm, und der Blitz aus ihren dunklen Augen traf ihn so unvermittelt, dass ihm schwindelte. Von einer Minute auf die andere war es um ihn geschehen und die muffige Tanzschule verwandelte sich in einen paradiesischen Traumpalast, in dem sich seine Schritte wie von selbst beflügelten, wenn er mit ihr über das Parkett schwebte.

Eigentlich war er ja schüchtern und wusste erst nicht, wie er es anstellen sollte, ihrem hochmütigen Blick standzuhalten und sie um ein Treffen zu bitten. Doch dann, irgendwann, er wusste nicht mehr so genau wie, hatte er es doch gewagt und sie kurzerhand zu einem Segelausflug eingeladen.

Er versuchte, sich jenen Tag, an dem er sein Herz endgültig und für immer verlor, deutlicher in Erinnerung zu rufen, jene wunderbaren Stunden, die er niemals im Leben vergessen würde. Es war ein duftiger, blauer Sommertag gewesen, klar und frisch mit einer ordentlichen Brise. Die Ostsee duftete würzig nach Salz und Sonne, und die Oberfläche der Pregel kräuselte sich in leichten Wellen, als wolle sie dazu verführen, auf ihr in das Frische Haff hinauszufahren.

»Ich bin noch nie hier draußen gesegelt«, Magdalena sah ihn mit einem verführerischen Augenaufschlag an und ließ die Hand durch das von der Sonne aufgewärmte, grünlich schimmernde Wasser gleiten. »Aber es ist wunderbar auf den wiegenden Wellen … man fühlt sich wie in eine andere Welt versetzt.« Erst später hatte sie ihm davon erzählt, wie schwer es ihr gefallen war, sich heimlich von zu Hause davonzustehlen. Niemals hätte die Mutter ihr freiwillig erlaubt, sich mit ihm zu treffen – geschweige denn eine gefährliche Segelpartie zu unternehmen! Aber sie tat immer schon gerne, was man ihr eigentlich verboten hatte und diesmal war der Reiz besonders groß gewesen!

Paul nickte verlegen. Er war stolz, dass sie seiner Einladung zu einer Bootspartie gefolgt war. Im Segelclub des Königsberger Vorortes Contienen lag immer noch die seit dem Tod des Vaters ungenutzte kleine Jolle, mit der sie früher oft gemeinsame Segelausflüge unternommen hatten. Es war ein wendiges Schiffchen der Marke Pirat – mit Segel und Fock zwar nicht größer als zehn

Quadratmeter –, aber es konnte ganz schön in Fahrt kommen. Eigentlich hatte er fast vergessen, wie schön es war, so frei hinauszusegeln, gewiegt von Wind und Wellen auf dem Wasser zu treiben und sich die herzhafte Ostseebrise wieder einmal so richtig um die Nase wehen zu lassen.

Nach dem Erreichen des Frischen Haffs nahm der Wind ab, und sie trieben in einer leichten Flaute beim Plätschern der Wellen auf ihrem Boot dahin, losgelöst und irgendwie abgehoben von allem Alltäglichen, allen Verboten und schiefen Blicken. Er erinnerte sich an den Zauber des Augenblicks, das Gefühl reinen Glücks, das er noch nie so intensiv empfunden zu haben glaubte. Wenn er sie ansah oder wie zufällig ihre Hand streifte, fühlte er eine seltsame Verwirrung, und sein Herz begann, unruhig zu klopfen.

»Wie schön es hier draußen ist! So ruhig!«, murmelte sie versonnen, während er seinen Blick nicht von ihr wenden konnte.

»Wieso sehen Sie mich eigentlich so an?«, fragte sie schließlich, beinahe ein wenig verlegen. »Seien Sie ehrlich: Was denken Sie von mir?«

»Oh … schwer zu sagen. Aber schauen Sie mal da rüber – es könnte ein Gewitter geben«, sagte Paul ausweichend, um sich ein wenig aus dem Bann zu lösen, den sie auf ihn ausübte. »Da hinten ziehen ein paar Wolken auf. Sie müssen sich weiter hinauslehnen, damit wir mehr Fahrt bekommen. Aufpassen, wir wenden! Ziehen Sie bitte den Kopf ein, sonst gibt es eine Beule!« Sie lachten, und während Magdalena sich duckte, machte er die Seile los, und Großbaum und Segel wechselten auf die andere Seite.

Doch das Wetter blieb beständig – es war wirklich ein Tag wie aus dem Bilderbuch. Die Sonne brannte warm auf die Haut, und man erkannte in der Ferne die silbrig beglänzte Silhouette der Stadt. Mit einer guten Brise gewannen sie an Fahrt und glitten rasch übers Wasser, die Haare im Wind. Magdalena holte ihren mitgebrachten Korb hervor, wickelte eine Flasche Champagner aus ihrem Schal und schwenkte sie hoch in der Luft. »Was sagen Sie dazu?«, rief sie übermütig.

»Champagner? Nicht schlecht!«, gab Paul zurück und wich einer kleinen Gischtwelle aus, die über den Bug schlug. Er wagte nicht zu sagen, dass er so etwas Teures noch nie getrunken hatte. Magdalena zauberte noch zwei geschliffene Kristallgläser hervor.

»Sie haben wohl an alles gedacht!«, schmunzelte er.

»Ja«, sie lachte laut auf, »und jetzt sind Sie wohl sehr enttäuscht von mir. Eine Tochter aus gutem Hause, die Champagner trinkt!«

»Ich habe längst an Ihren Augen gesehen, dass Sie kein so braves Mädchen sind, wie Sie vorgeben!«, meinte Paul nicht ganz ernst.

Sie sah ihn offen und direkt an. »Stimmt. Ich weiß genau, was ich will, und würde mich nie im Leben bevormunden lassen.« Der kleine spöttische Funke, der jetzt in seinem Blick aufblitzte, brachte sie jedoch etwas aus der Fassung.

»Sie haben ein gesundes Selbstbewusstsein. Aber das gefällt mir.«

Sie senkte die Lider.

»Wollen Sie die Flasche nicht öffnen?«, lenkte sie ab. Paul betrachtete fachmännisch das Etikett und überlegte, wie das zu bewerkstelligen wäre. »Klar, geben Sie nur her«, tat er überlegen, »aber halten Sie solange das Steuer fest, sonst machen wir eine Halse und kentern! Das kann wirklich sehr schnell gehen.«

Sie nahm die Pinne in die Hand und versuchte zu steuern, während er am Verschluss herumnestelte, bis der Korken sich plötzlich mit einem lauten Knall löste und der Inhalt herausschoss.

»Oh, das tut mir leid«, sagte er bedauernd und betrachtete die dunklen Flecken auf ihrem seidenen Sommerkleid. Jetzt hatte er in seiner Ungeschicklichkeit auch noch die Hälfte des teuren Tropfens verschüttet!»Habe ich Ihr Kleid ruiniert?«

»Ach, das macht nichts. Es war ohnehin nicht mehr das Neueste. Geben Sie her«, lachte Magdalena übermütig und füllte die Gläser, die ein wenig wacklig auf dem Holzdeck standen, mit dem schäumenden Nass.»Um den Champagner ist es nicht schade. Wir haben noch mindestens hundert Flaschen davon im Keller, aber Mama mag ihn nicht. Er war Vaters Lieblingssorte – aber leider konnte er gar nicht mehr alles austrinken. Zum Wohl!«, sie prostete ihm zu und fühlte sich dabei ausgesprochen erwachsen. Sie leerte wie Paul ihr Glas in einem Zug und schenkte erneut ein. Er sah sie an und spürte, wie ihm das ungewohnte Getränk prickelnd zu Kopf stieg.»Wir … wir sollten ruhig du zueinander sagen. Das ist beim Segeln so üblich.«

Sie nickte zustimmend. Er wagte es, den Arm um sie zu legen, und damit war sie ihm so nahe, dass er das frische Parfum ihrer Haut mit dem leisen Duft nach Honig und Rosenwasser roch. Der Wind wehte ihr in einer scharfen Bö das Haar ins Gesicht, und er hob die Hand, um es sanft zur Seite zu streichen.

»Und ein Kuss gehört eigentlich auch dazu«, setzte er forscher als beabsichtigt hinzu. Magdalena antwortete nicht, aber er hatte den Eindruck, dass der Champagner genauso wie bei ihm ihre sonst so klaren Sinne verwirrte und alle Grenzen zu verwischen begann. Sie schloss die Augen wie unter einem sanften Schwindel vor seinem blauen, fordernden Blick und hob ihm langsam ihr Gesicht entgegen, bis sich ihre Lippen wie von selbst trafen, um sich eine ganze Weile nicht mehr loszulassen. Es war wie ein Blitz aus heiterem Himmel, der sie die Welt um sich herum vergessen ließ. Das Boot schaukelte leise, aber die See war wieder ruhiger geworden und der Wind gemäßigt. Verwirrt sah sie ihn an, als er sie plötzlich losließ.

»Dieser Champagner, den Sie … pardon, denn du da mitgebracht hast, hat es wirklich in sich. So was trinkt man schließlich nicht jeden Tag.« Er lächelte verlegen, legte einen Arm um sie und ergriff mit der anderen Hand das Steuer, um das abgetriebene Boot zum Ufer zurückzulenken. Dann küssten sie sich wieder und wieder, und Magdalena hätte für immer so dahinfahren können, beschwingt, gehalten von seinen starken Armen, berauschende Küsse tauschend, die Sonne in ihrem Gesicht und den Geschmack des Champagners auf der Zunge. Sie hatten nicht gemerkt, wie die Zeit verging, aber der Wellengang wurde plötzlich etwas stärker, denn die kleinen Wolken am Horizont hatten sich zu einer trüben Decke verdichtet. Paul erhob sich und steuerte das Boot dem Ufer der Pregelmündung zu, während Magdalena sich weit über Bord lehnte, um mehr Fahrt zu gewinnen.

»Gut so, du bist wirklich talentiert. Aber fall nicht ins Wasser, bevor wir an Land sind. Es wird übrigens höchste Zeit.« Er sah zum Himmel hinauf, an dem sich jetzt dunklere Wolken zusammenballten. »Also doch ein Gewitter. Hast du keinen Hunger?«

»Doch, und wie!« Strahlend sah sie zu ihm auf. Sie spürte erst jetzt, dass sie den ganzen Tag noch nichts gegessen hatte. »So sehr, dass ich auf der Stelle eine Schuhsohle verspeisen könnte.«

»Ich weiß nicht, ob es dir gut genug ist – aber ich würde dich gerne zum Essen einladen«, schlug Paul zögernd vor. »In eine ganz einfache Kneipe, direkt hier am Ufer der Pregel. Nichts Besonderes, aber die Wirtin macht die besten Königsberger Klopse der ganzen Stadt.«

Magdalena verzog im ersten Moment das Gesicht. »Ausgerechnet Königsberger Klopse? Mutter mag sie nicht, sagt immer, das ist ›Armeleuteessen‹. Bertha, unsere Köchin, durfte so etwas nicht auf den Tisch bringen.« Als sie Pauls enttäuschte Miene sah, fügte sie hinzu: »Aber vielleicht probiere ich sie einfach mal. Wenn man Hunger hat, schmeckt einem doch alles.«

»Warte nur ab!«, kündigte Paul an, als er das Boot vertäute, »du wirst sehen, sie sind hier etwas ganz Besonderes – mindestens genauso gut wie der Champagner, den du mir mitgebracht hast.« Sie lachten, nahmen sich bei den Händen und liefen vor den ersten Regentropfen davon in den Unterstand einer simplen Baracke, ganz nahe am Fluss, mit dem Schild:

›Zur Alten Müllerin‹.

Drinnen war alles ganz einfach, Holztische und Stühle, karierte Tischdecken, die nicht einmal ganz sauber waren. Die Wirtin hantierte in einem kleinen Verschlag, aus dem sie zuerst einen Teller Butterbrote, mit hauchdünnen Scheiben geräucherten Specks belegt, hervorzauberte. Magdalena, die jeden überflüssigen Fettrand zu Hause verabscheute und sorgfältig abschnitt, biss hungrig und mit Lust in das frische Brot.

Dann erst kamen die dampfenden Teller mit den zarten, auf der Zunge zergehenden Kalbfleischbällchen auf den Tisch, begleitet von einer zitronigen, leicht gepfefferten Sahnesauce, denen die eingestreuten Kapern jenen bestimmten, leicht säuerlichen Würzgeschmack verliehen. Umrahmt war das Ganze von einem goldgelben Rand flaumigen Pürees aus frischen Kartoffeln und einem Klacks Sauerrahm. Später hatte sie ihm gestanden, dass sie nicht wusste, woher es kam; vom vorherigen Gaumenkitzel des ungewohnten Champagners, von dem fast die Besinnung raubenden Hochgefühl des neuen Verliebtseins oder einfach nur davon, dass er neben ihr saß und einer in den Augen des anderen versank, wie in der Tiefe einer völlig anderen, neu entdeckten Welt.

Auf jeden Fall sei es ihr vorgekommen, als habe sie noch nie im Leben etwas vergleichbar Köstliches, geradezu himmlisch Schmeckendes gegessen! Aber ihm war es nicht anders gegangen: In dieser Stunde lag die ganze Ewigkeit einer Skala von Gefühlen, in der sich das seelische Wohlbefinden mit dem des Körperlichen vereinte. Der Hunger mit dem Genuss, ihn zu stillen, die Sinnlichkeit des Genießens und die Leichtigkeit, die ihnen der Champagner zuvor verliehen hatte, verschmolzen untrennbar miteinander und erfüllten beide mit einer grenzenlosen Lust zum Leben und zur Liebe. Und, als könne es gar nicht anders sein, als wäre es ihre Bestimmung, sanken sie in dieser Nacht einander in die Arme und gaben sich ganz dem Rausch des Augenblicks hin.

Paul fuhr zusammen. Sein Buch war mit einem lauten Aufschlag zu Boden geprallt und weckte ihn aus seinen Träumen mit offenen Augen, aus seiner Sehnsucht, mit der er diese unvergesslichen Stunden immer wieder aufleben ließ. Denn obwohl sie sich später oft heimlich getroffen hatten, war dieser Tag etwas Einzigartiges, Unwiederholbares geblieben, ein Stern am Himmel, von dem man weiß, dass er da ist, auch wenn Wolken ihn in dunklen Nächten verhüllen.

Magdalenas Mutter sah die Verbindung zwischen ihnen nicht gern; sie hätte sich eine andere Partie für ihre Tochter vorgestellt. Doch das war den beiden völlig gleichgültig. Niemand sollte sie mehr trennen – die Zeit, die noch vor ihnen lag, schien unbegrenzt.

Dann brach wie mit einem Donnerschlag der Krieg aus, und alle bisherigen Werte veränderten sich mit rasender Geschwindigkeit. Sie wurden auseinandergerissen, ehe sie sich's versahen und noch ehe ihre Geschichte richtig begonnen hatte. Er war eingezogen worden, und nun ging es nicht mehr um Liebe oder Seligkeit, sondern um Himmel und Hölle, Leben oder Tod. Es war die Auseinandersetzung mit der neuen Situation, in der das Gespenst der Furcht auch dem Mutigsten manche Nacht wie ein schweres Gewicht auf der Brust lag. Nur Briefe waren ihnen jetzt noch geblieben mit sehnsuchtsvollen Beteuerungen. Und die Erinnerung an den unvergesslichen Nachmittag am Frischen Haff, an Wind und Wellen, Champagner und Königsberger Klopse; an all das, was für sie zur Essenz des Lebens und der Liebe geworden war.

Paul seufzte, zog die Beine fast bis zum Kinn und massierte seine Zehen, die er kaum mehr fühlte, obwohl sie in dicken Socken steckten. So zusammengerollt, hoffte er, sich in seinem dick wattierten Schlafsack doch noch zu erwärmen.

Hier, etwa fünfundfünfzig Kilometer vor Moskau bei eisigem Frost, der durch Mark und Bein drang, in einer Schneewüste, in der alles Leben erstorben zu sein schien, musste er zusammen mit seinen Kameraden für das Vaterland kämpfen! Er war zuversichtlich, dass sie den Krieg bald gewinnen würden, denn die deutsche Armee hatte bisher nur Siege vorzuweisen – in rasender Schnelligkeit drang sie durch die feindlichen Gebiete, und nichts würde sie aufhalten können, nicht einmal die endlose Weite der sturmgepeitschten Landschaft, die Öde dieses russischen Winters. Obwohl die dünnen Mäntel und Strickmützen, die den Männern als Kälteschutz zur Verfügung standen, gegen die warmen Fellkappen und Schafwollstiefel des russischen Gegners geradezu lächerlich wirkten, hielten sie eisern durch. Der versprochene Nachschub dicker Daunenjacken, die den schneidenden Wind mit seinen scharfen Eiskristallen abhalten sollten, wärmende, doppelte Filzstiefel, all das musste schließlich jeden Augenblick im Lager eintreffen.

Endlich sanken seine Lider herab und der Schlaf entspannte langsam die jungen Züge.

»Alarm!« Sofort war er wieder hellwach. Draußen ertönte lautes Geschrei, ein Durcheinanderlaufen, gemischt mit harten Kommandos. Die Kameraden sprangen schon aus den Schlafsäcken, griffen zu den Waffen und stürzten hinaus.

»Feuer! Feuer! Alarm!« Der Ruf pflanzte sich durch das Lager und jagte auch noch den letzten verschlafenen Soldaten hoch. Die Kälte beim Hinaustreten ins Freie schlug ihm wie eine eisige

Wand ins Gesicht, nahm ihm den Atem und ließ Blut und Herzschlag stocken. Doch sein Gehirn arbeitete, befahl dem widerwilligen und müden Körper, blitzschnell zu reagieren.

Und da waren sie auch schon zu sehen: Eine Gruppe wilder Reiter, mit Fackeln und gezückten Säbeln bewaffnet, stürmte wie eine gespenstische Erscheinung durch die Nacht auf das Lager zu. Russische Kosaken! Und auf ihrem Ritt schienen sie alles in Brand setzen zu wollen, was sie erreichen konnten.

Bis dahin hatte man die Kunde von den unberechenbaren, wüsten Kosakenverbänden eher belächelt, die aus dem Nichts heraus auftauchten und nach ihrem blutigen Tun genauso schnell verschwanden, wie sie gekommen waren. Aber nach einem neuen, unerhört brutalen Überfall auf einen Gefechtsstand der Flaktruppe, an dem sie so schrecklich gewütet hatten, dass sogar der kommandierende General unter den Opfern gewesen war, blieb General von Richthofen nichts anderes übrig, als sofort ein Sonderkommando von MG-Schützen anzufordern, um das Kosakencorps abzuwehren und ein für alle Mal unschädlich zu machen.

Doch die wilden Reiter waren schneller gewesen. Sie galoppierten heran, und ihr Blitzangriff ließ den MG-Schützen wenig Zeit, sich vor ihnen in Deckung zu bringen und ihre Schussposition einzunehmen. Und genau wie in jener unglücklichen Nacht, wo das Annähern der Feinde von den Posten nicht sofort bemerkt worden war, weil die Kosaken die Hufe ihrer Pferde mit Lumpen umwickelten hatten, diente ihnen auch diesmal das Überraschungselement zum Vorteil.

Paul brachte sich gerade noch mit einem beherzten Sprung hinter einem Busch in Sicherheit, als der wilde Haufen mit Geschrei und offenen Feuerfackeln unvermutet aus dem Dunkel auf ihn zuraste. Aufs Geratewohl feuerte er sein Magazin leer. Beim Nachladen sah er aus der Ferne den Feuerbrand der Stadt Rusa aufflammen, den die Kosaken gezündet hatten. Die eisige Luft lähmte ihn, sie brannte scharf in seinen Lungen, und ihm war, als zögen spitze Eiskristalle seine Haut zusammen und machten sie taub.

Ohne eingreifen zu können, sah er wenige Meter vor ihm seinen Kameraden Otto, von einem der Kosaken bedroht, aus der Deckung heraus über das Feld laufen. Die barbarische Gestalt in Pelzmütze und Schaffellmantel ritt ihn in vollem Tempo rücksichtslos zu Boden. Beinahe hätte auch ihn diese kurze Unaufmerksamkeit das Leben gekostet. Aus den Augenwinkeln sah er in letzter Sekunde einen krummen Kosakensäbel über seinem Kopf aufblitzen, bevor er instinktiv mit einer schnellen Drehung auswich und sich mit einem gewagten Satz Hals über Kopf bergab rollen ließ. Der Hieb des Kosaken fuhr in die trockenen Zweige, aber mit einem heiseren Schrei setzte dieser Paul sogleich nach. Bei der gezielten Salve einer Maschinenpistole aus den hinteren Reihen schwankte er jedoch und brach schließlich blutüberströmt zusammen.

Wenn die Situation nicht so dramatisch gewesen wäre, hätte der Angriff mit schaurigem Kriegsgeschrei aus rauen Kehlen, dem wolkig gefrierenden Atem der Pferdenüstern im Feuerschein des nächtlichen Horizonts etwas von einem unwirklichen Abenteuer gehabt.

Paul rang nach Luft, er keuchte von der Anstrengung des Laufs; die Kälte schnitt ihm jetzt wie mit Messern in die Lungen. Was sollte er tun, wohin sich wenden, in dem wilden Durcheinander, in dem man keine Ordnung mehr erkennen konnte? Flammen züngelten empor – den Kosaken war es gelungen, mit ihren Fackeln die Baracke anzuzünden! Die deutschen MG-Schützen eröffneten jetzt im milchigen Dunst der kalten Nacht ein gnadenloses Schnellfeuer auf die Angreifer, deren Pferde sich emporbäumten, bevor sie zu Boden stürzten. Von der Übermacht überwältigt, flüchtete ihr Anführer mit den wenigen, die übrig blieben, Hals über Kopf dem nahen Wäldchen zu.

Paul eilte seinen Kameraden zu Hilfe, die bereits in größter Hast versuchten, die Flammen an den Zelten und am Vorderteil der Baracke, an der sie glücklicherweise nicht allzu viel Schaden angerichtet hatten, mit Schnee zu ersticken.

Nach dem gefährlichen Zwischenfall kehrte langsam wieder Ruhe ein. In der Ferne brannte noch die Stadt und erleuchtete den dunklen Samthimmel Russlands, an dem die Sterne wie glitzernde Diamanten standen. Die Leichen der Partisanen, der getöteten Pferde mussten trotz der schneidenden Kälte noch in der Nacht in einen Graben geworfen werden, und jeden schauderte insgeheim beim Anblick der vier gefallenen Kameraden, die vorher noch so heiter am Tisch gesessen waren. Die Weihnachtsfeier der ZBV Einheit des 8. Korps des Richthofenschen Jagdgeschwaders, so hoffnungsfroh und heiter begonnen, hatte keinen glücklichen Ausgang genommen.

»Magdalena, träumst du schon wieder? Oder hast du heute keinen Appetit?« Die leicht nörgelnde Stimme der Mutter schreckte das junge Mädchen aus seiner Versunkenheit. Magdalena fühlte das Knistern des Briefes unter ihrer Bluse, den sie mit großem Entzücken schon das fünfte Mal gelesen hatte, dann ergriff sie schnell den Löffel und beugte sich über den Teller. Ein unsinniges Glücksgefühl erfüllte sie, und sie hätte aufspringen und tanzen können.

»Liebste Magdalena … meine Liebste …«

Es war, als wäre plötzlich die Sonne aufgegangen über dem diesig grauen Wintertag in Königsberg. Sie hatte wenig Hunger und schob die bleichen Grießklößchen, die in der Suppe schwammen, an den Tellerrand. Johann, der Diener, blinzelte ihr verschwörerisch zu und entfernte den noch halb vollen Teller geschickt, ohne dass Mutter und Oma Louise es bemerkten. Sie tauschte einen Blick mit Gertraud, ihrer jüngeren Schwester, die hingebungsvoll ihre Suppe löffelte und nichts übrig ließ. Aber

Gertraud schmeckte ja auch alles, sie war ein Pummelchen von sechzehn Jahren und machte sich wenig Sorgen darüber, was genau auf ihrem Teller lag.

»Immer Grießklößchen – die mag sowieso keiner«, mäkelte der zwölfjährige Theodor. Er schlürfte aus Protest seine Brühe aus dem Teller und als dabei aus Versehen ein Klößchen auf die weiße Tischdecke fiel, schob er es unauffällig unter den Rand.

»Sei froh, dass wir in diesen Zeiten überhaupt etwas haben, Theo!«, fuhr Frau von Walden auf und gab ihm einen Klaps auf die Finger. »Und benimm dich ordentlich bei Tisch, sonst kannst du nächstes Mal in der Küche essen.«

»Mir ist schlecht!« Theo zog eine Grimasse.

Seine Mutter sah ihn besorgt an. »Du bist doch nicht krank, Kind?«

Er schüttelte den Kopf. »Ich will mal Pfannkuchen!«, rief er eigensinnig. »Immer diese blöde Suppe! Bei Fredi Kroll gibt es immer Pfannkuchen!«

»Fredi Kroll!« Frau von Walden zog indigniert die Augenbrauen hoch und seufzte. »Diese Leute haben eben nichts anderes! Und jetzt will ich nichts mehr hören!«

Theo verschluckte ein Widerwort und sah seine Mutter nur vorwurfsvoll an. Sie saß wie immer in tadelloser Haltung am Tisch, im seidenen Nachmittagskleid und für die Umstände fast zu elegant, ebenso wie seine Großmutter Louise, deren gestärkter, blütenweißer Kragen über der frischen Bluse ein Wahrzeichen dafür zu sein schien, dass man auch in Kriegszeiten nicht die Contenance verlor.

»Die essen immer in der Küche – da muss man nicht so lange warten!«, nörgelte er noch ein letztes Mal hinter der Serviette.

Magdalena stieß ihn mit den Ellenbogen an und flüsterte ihm zu: »Kannst du nicht endlich still sein, Theo? Du siehst doch, dass Mama sich aufregt, weil wir immer noch keine Nachricht von Lutz haben!«

Theo schwieg verunsichert. Er mochte es zwar nicht, wenn seine Schwester sich einmischte, aber da es um Lutz ging, seinen älteren Bruder, der an der Front kämpfte, wurde er ernst. Erst jetzt fiel es ihm auf, wie die Hände der Mutter zitterten, auf ihren sorgsam gepuderten Wangen rote Flecken brannten. Sorgen schienen sie zu quälen, von denen wenigstens bei Tisch nichts über ihre Lippen kommen sollte. Der Braten wurde jetzt gereicht, denn es war Sonntag, und da wollte man nicht sparen. Trotz des Krieges mussten die von Waldens noch keinerlei Einbußen ihres Lebensstandards hinnehmen. Sie hatten immer noch ihre Zulieferer, zumeist Bauern, die gewisse Lebensmittel gegen Petroleum, Farben und Werkzeug aus der Farbenfabrik des Großvaters mütterlicherseits, die von einem Geschäftsführer geleitet wurde, eintauschten. Die Fabrik war ausgesprochen lukrativ, weil sie unter anderem eine besondere, silberne Tarnfarbe für die Rüstungsindustrie herstellte. Eigentlich hätte der älteste Sohn Lutz sie übernehmen sollen, doch der, eher ein Feingeist, hatte ein Philosophie-Studium vorgezogen.

Man sprach im Allgemeinen wenig während des Essens, und es waren nur das Klappern des Bestecks und die Geräusche von der Straße zu hören. Wenn Magdalena über die lange, stilvoll mit weißer Tischwäsche, Silber und Kerzen gedeckte Tafel hinweg sah, fühlte sie ihr Herz schwer werden. Sie war zur Hälfte leer, denn nicht nur ihr Bruder, sondern auch ihr Vater fehlte. Eugen von Walden, Ministerialrat, war im letzten Jahr verstorben, und sein Sohn Lutz, der Älteste, musste für Deutschland im Feld kämpfen, obwohl er immer eingeschworener Pazifist gewesen war.

»Setz dich doch gerade hin, mein Kind …«, die Stimme der Großmutter hatte einen beherrschten kühlen Klang wie immer, doch Magdalena konnte ihn plötzlich nicht mehr ertragen. Sie schob den Teller fort und sprang auf. »Lasst mich doch endlich in Ruhe essen! Seit Lutz im Krieg ist, sind Theo und ich wohl eure einzigen Opfer, an denen ihr ständig herummeckert …«

Wie erstarrt sahen die beiden Frauen dem Ausbruch zu. Frau von Waldens Lippen begannen plötzlich zu zittern, und sie verlor die so mühsam bewahrte Fassung, senkte den Kopf und begann lautlos zu weinen. Magdalena hielt erschrocken inne. »Mama … das war doch nicht so gemeint!«

Doch die Mutter hatte schon die Hände vor die Augen geschlagen und schluchzte leise vor sich hin. Ihre Tochter war jetzt mit wenigen Schritten bei ihr und umfasste ihre Schultern. »Was hast du denn, Mama?«, fragte sie nunmehr ganz kleinlaut.

Ganz plötzlich brach das erstickte Schluchzen ab. Ohne aufzusehen, stieß Frau von Walden mit einem tiefen Seufzer hervor: »Ach, was weißt du, schon, Kind! Mir ist einfach alles zu viel! Lutz – warum schreibt er nicht mehr?« Ihr Gesicht war verzerrt, und sie nestelte bebend, als könne es gar nicht schnell genug gehen, eine Tablette aus einem kleinen Döschen neben ihrem Teller, steckte sie in den Mund und nahm einen Schluck aus ihrem Glas, um sie herunterzuspülen. Nach einem tiefen Atemzug wurde sie ruhiger. »Nicht einmal für das Päckchen hat er sich bedankt. Ich habe so ein seltsames Gefühl!«

Magdalena war es, als umfasse eine kalte Hand ihr Herz. »Aber sein letzter Brief ist doch noch gar nicht so lange her …« Sie verstummte, und ihre Arme fielen herab. Ein unheilvolles Schweigen stand im Raum, bei dem keiner es wagte, das Wort zu ergreifen.

Erst nach einer Weile erklang die mühsam beherrschte Stimme der Großmutter Louise. »Gefühl, Gefühl – darauf kann man sich nicht verlassen. Du solltest keine voreiligen Schlüsse ziehen, Emma! Und der Führer hat gesagt, dass wir alle Opfer für das Vaterland bringen müssen! Johann«, wandte sie sich an den Diener. »Stellen Sie das Radio an.«

Die schnarrende Stimme Hitlers, begleitet von einem durch

Mark und Bein gehenden Pfeifen ertönte. »Deutsche Soldaten – haltet zusammen! Der Sieg ist unser! Wir werden den Gegner bis zum Letzten vernichten …«

Die Augen der Großmutter leuchteten auf, und sie lauschte wie verzückt dem leicht verzerrten Ton. »Unsere Soldaten marschieren in einem unaufhaltsamen Siegeszug durch Russland und erobern Stück für Stück …« Das Weitere ging in einem Brummen unter, bei dem Louise aufsprang und fieberhaft am Schalter des Gerätes drehte.

Das Küchenmädchen servierte inzwischen die Portionen des cremigen Rahmkuchens, der nahezu unberührt auf den Plätzen stehen blieb.

»Entschuldigt mich.« Magdalena, der die Stimme aus dem Radio eine unheilvolle Gänsehaut verursachte, nahm ihr Stück Kuchen mit der Serviette in die Hand. »Aber ich muss noch lernen!«, murmelte sie. »Wir schreiben morgen eine Klausur.«

»Geh nur, mein Kind!«, winkte ihr Louise zu, mit einem Ohr am Radio. »Bei deinem Fleiß wirst du dein Philosophiestudium mit Auszeichnung bestehen! Du hast alle Voraussetzungen dafür!«

Theodor, der meistens schlechte Schulnoten nach Hause brachte, zog ein Gesicht und streckte Magdalena die Zunge heraus, als sie an ihm vorbeiging.

»Wollt ihr den totalen Krieg?«, schnarrte jetzt die Radiostimme. Aus tausend heiseren Kehlen antwortete es wie ein einziger Schrei der Zustimmung, der allerdings erneut in einem durchdringenden Krächzen und Knacksen des Radios unterging. Magdalenas Herz begann in dumpfer Unruhe zu pochen. Sie lief in ihr Zimmer und riegelte als Erstes die Tür hinter sich ab, bevor sie den kleinen Stapel Papiere, den sie hinter ein paar Büchern im Regal versteckt hielt, sorgsam herausnahm.

›Stopp dem Nationalsozialismus! Stopp dem Völkermord! Dieser Krieg ist sinnlos! Wehrt Euch gegen das Diktat Hitlers!‹, stand

dick gedruckt auf den losen Blättern, die auf ihre Verteilung in ganz Königsberg warteten.

Während sie noch einmal die aufrührerischen Worte überflog, dachte sie plötzlich mit gemischten Gefühlen an Pauls Brief, den sie unter ihrer Bluse verborgen hielt – wie anders, wie enthusiastisch seine Worte klangen! Wie stolz er war, für sein Vaterland kämpfen zu können! Und wie befremdend sein selbst verfasstes Gedicht für den Festabend auf sie wirkte, das er ihr geschickt hatte!

Wir sind die Männer vom 8. Fliegerkorps,
wir stiegen zum Flug in den östlichen Himmel empor.
Zu kämpfen gegen Russlands Macht und Heer,
für Deutschlands Freiheit, Sieg und Ehr.

Nach der ersten Strophe überflog sie den Rest und vertiefte sich zum zehnten Mal in die gefühlvollen Zeilen, die an sie selbst gerichtet waren. Es war, als hörte sie seine Stimme, als sähe sie seine Augen vor sich, so blau wie der Himmel in jenem vergangenen Sommer, im Segelhafen an der Pregel, wo sie ihr Herz an ihn verloren hatte. Wie unbeschwert sie beide gewesen waren! Sie dachte an die heimlichen Treffen am Oberteich, wo sie Hand in Hand durch den nach Blumen duftenden Park spaziert waren! Alles schien damals leicht und heiter, und der Gedanke an Krieg oder Trennung war weit entfernt. Paul war plötzlich stehen geblieben und hatte sie auf eine Art angesehen, die sie nie im Leben mehr vergessen würde. »Ich hab dich lieb!« Der Ernst in seiner Stimme hatte sie erschreckt und entzückt zugleich. Überflutet von einem Glücksgefühl ohnegleichen, wusste sie nicht gleich, was sie darauf antworten sollte. Ihr Denken schien wie ausgelöscht. Er umfasste ihre Schultern und in seinen Augen flackerte ein erwartungsvolles Licht. Doch als sie schwieg, ließ er sie plötzlich los, strich sich mit einer ungeduldigen Handbewegung die störrischen Strähnen seines blonden Haares aus der Stirn und senkte enttäuscht und verlegen den Kopf. Seltsam, dass sie sich so an alle Details erinnerte und auch daran, dass sie in diesem Moment nichts anderes tun konnte, als ihm stürmisch um den Hals zu fallen. Das Erstaunen in seinem Blick hatte mit dem des Triumphes gewechselt, bevor er sie ganz eng an sich gezogen und ihr hungrig und leidenschaftlich die Lippen wundgeküsst hatte.

»Wir bleiben zusammen, für immer und ewig!« Es war wie ein Versprechen gewesen.

Ein selbstvergessenes Lächeln spielte um ihren Mund, und erst das Geräusch, mit dem die Flugblätter, die ihr aus der Hand gefallen waren, auf den Boden klatschten, riss sie aus ihren Träumen. Hastig sammelte sie alles auf. Sie liebte Paul mit allen Fasern ihres Herzens – und gerade deshalb schob sie den Gedanken, dass seine Einstellung zum Krieg so ganz anders als die Ihre war, einfach beiseite. Nie war es ihr auch nur eingefallen, mit ihm darüber zu diskutieren. Sie hätte ihn vor den Kopf gestoßen, denn er sah es als seine heilige Pflicht an, dem Vaterland zu dienen, war erfüllt vom Glauben an den totalen Sieg.

Ihr Bruder Lutz, gerade eingezogen, war genau vom Gegenteil überzeugt. Sie erinnerte sich an die trotzige Miene des Bruders, seine fahle Blässe, mit der er, bereits in Uniform, von der Familie Abschied genommen hatte. Schon damals war ein Gefühl der Angst, eine intuitive dunkle Ahnung in ihr hochgestiegen, die sie nur mühsam unterdrücken konnte. Sie presste die Hände gegen ihr Herz: Gäbe Gott, dass ihm kein Leid und nichts Böses geschah!

Aber es waren nicht nur die Reden ihres Bruders gewesen, der Hitler für einen Proleten hielt, der die Massen mit leeren Versprechungen verführte, die sie zum Nachdenken gebracht hatten. Schon vor ihrer Bekanntschaft mit Paul hatte sie sich auf der Universität Albertina der Widerstandsgruppe gegen das Nationalsozialistische System angeschlossen, die aus ein paar Kommilitonen bestand. Sie waren alle der Meinung, dass die mahnende Stimme der Opposition gegen den Nationalsozialismus, der immer stärkere Kontrolle über das Volk gewann, nicht ganz verstummen durfte. Vor allem die Hetze gegen alle »Nicht-Arischen«, die viele jüdische Freunde betraf, empörte sie. Die Parolen Hitlers, das deutsche Volk, eine erwählte Rasse, könne die Welt beherrschen, schienen ihr inhaltslose Luftblasen, die eines Tages mit großem Knall zerplatzen würden.

In der Uni waren sie eine verschworene Gruppe der Opposition; sie diskutierten voll Überzeugung bei geheimen Treffen, fertigten Manifeste mit Informationen an und verteilten sie heimlich in der Stadt. Nur manchmal in den Nächten dachte Magdalena daran, dass diese Aufrufe zum Widerstand sie alle in Gefahr bringen konnten – doch der Tag wehte die Gespenster der Angst dann jedes Mal davon.

Energisch schob sie jetzt die Flugblätter zusammen mit den Büchern in ihre Tasche und machte sich daran, das Haus zu verlassen. Im Innern des Doms, mitten in der Altstadt, war der Treffpunkt, und dort sollte jeder der Gleichgesinnten zusätzlich noch einen Stapel zum Verteilen in der gesamten Stadt erhalten. Jeder hatte seine feste Rolle: Frank Schiffner, ein Kommilitone, druckte und vervielfältigte die Schriften heimlich in der Druckerei seines Vaters, Magda suchte aus dem Telefonbuch die Adressen heraus, und Hans und Alfred steckte das Ganze in Briefumschläge. Magdalena brachte diese dann zu verschiedenen Postämtern zum Versenden und bewahrte den Rest der Flugblätter, die nicht verteilt werden konnten, bei sich zu Hause auf. Alles musste ganz im Verborgenen geschehen, denn Frank hatte eine Heidenangst, dass man ihn erwischen könnte. Sein Vater war überzeugter Nazi und mit dem gefürchteten Gauleiter Erich Koch befreundet. Koch war verantwortlich für Fort Quednau, ein provisorisches Gefängnis für Gegner der NSDAP in Königsberg. Es sollte zwar aufgelöst werden, aber immer noch waren

Gefangene mit anderspolitischen Meinungen darin inhaftiert, für die es bisher keinen anderen Platz gab.

Magdalena nahm Mantel und Hut, verließ leise das Haus und eilte über die Nikolaistraße der Altstadt zu. Es hatte wieder zu schneien begonnen und die Flocken tanzten übermütig durch die Luft.

»Heil Hitler, Magdalena!« Der junge Mann, der ihr forsch in den Weg trat, musterte sie mit einem neugierigen und zugleich bewundernden Blick. »Wohin denn so eilig?«

Das junge Mädchen fuhr zusammen. »Ach du, Anton! Ich habe etwas zu erledigen.«

»Darf ich dich begleiten? Oder dich vielleicht zu einem Kaffee einladen? Es ist ziemlich kalt, und da könnte etwas Warmes nicht schaden.« Er deutete auf das große Kaffeehaus vor ihnen. »Vielleicht hast du ja auch das beste Marzipankonfekt von ganz Königsberg noch nicht probiert!«

Magdalena schüttelte den Kopf. »Danke Anton, ich hab leider keine Zeit!« Bei seinem enttäuschten Blick hinter funkelnden Brillengläsern setzte sie hinzu: »Ein andermal ganz bestimmt.«

Der schlaksige, junge Mann, der in Anzug und Krawatte immer wie aus dem Ei gepellt wirkte, verehrte sie schon seit Langem, aber irgendwie hatte sie eine Abneigung gegen sein etwas zu glattes Wesen, seine überkorrekte Art, sich auszudrücken. Seine grauen Augen wirkten ausdruckslos, aber so, als könne er durch sie hindurchsehen und ihre Gedanken erraten. Sie waren früher zusammen bei der Hitlerjugend gewesen, und sie erinnerte sich noch genau an ihre eigene Begeisterung dazuzugehören. Doch ihre Meinung hatte sich inzwischen völlig geändert – diejenige Antons war dagegen zu einer fanatischen Bewunderung für die Ideen des Führers gewachsen, deren Durchsetzung er rigoros vorantrieb. Da er die Universität nicht geschafft hatte, war er in die Partei eingetreten, wo man ihn erst in der Verwaltung beschäftigte, ihm dann aber nach und nach größere Verantwortung im Polizeikommissariat übertrug. Mit übertriebenem Ehrgeiz strebte er danach, sich dort besonders hervorzutun. Magdalena nahm sich vor ihm in Acht, nachdem er schon einige Male Leute, die den Hitlergruß verweigerten, seinen Oberen gemeldet hatte.

»Schade!«, die Stimme Antons hatte einen mokanten Unterton. »Hast du eigentlich mal etwas von Paul Hofmann gehört? Hat der sich nicht freiwillig zu den Fliegern gemeldet?«

Magdalena wurde rot. Der Name aus seinem Mund war wie ein Stich in die Brust. »Kann sein«, versuchte sie betont gleichgültig zu antworten. »Aber jetzt muss ich wirklich los. Ade, Anton, auf ein nächstes Mal.«

»Ich nehme dich beim Wort!«, rief er ihr noch hinterher, als sie, so schnell sie konnte, davonlief. Hastig atmend sah sie sich jedoch immer wieder mit dem unbestimmten Gefühl um, er könne ihr folgen und vielleicht nachspionieren. Als sie den Dom betrat, der um diese Zeit nahezu leer war, kniete Frank bereits mit den drei anderen, Hans, Alfred und seiner Schwester Marga, auf den harten Bänken nicht weit vom Altar. Sie sahen nicht auf, als sie sich zu ihnen setzte. »Hast du noch Flugblätter?«, flüsterte Frank leise.

Magdalena nickte unmerklich. »Ich lege sie in den Beichtstuhl, da kann jeder sich seinen Teil nehmen!«

»Ich nehme den Bereich Steindamm, Hans den Rossgarten. Alfred geht in den Kneiphof und Marga nach Löbenicht«, ordnete Frank flüsternd an, »du bleibst in der Altstadt. Aber pass gut auf, lass dich nicht erwischen! Hier sind schließlich die meisten Leute unterwegs!«

»Keine Sorge«, gab Magdalena ebenso leise wie spöttisch zurück, »ich bin so gut wie unsichtbar. Hab schon meine Tarnkappe auf.«

Frank sah sie von der Seite an und lachte leise. »Wir treffen uns nach der Vorlesung in der Albertina!«

Magdalena nickte und erhob sich, um zum Beichtstuhl zu gehen.

Ein Brausen erfüllte die Luft. Weit entfernt, in der russischen Schneewüste sollte es auch am Tag keine Ruhe geben. Wie aus dem Nichts näherten sich am Himmel in drohender Formation vierzehn russische Ratas dem Feldflugplatz, auf dem sich von Richthofens Einheit ZBV (zur besonderen Verfügung), befand.

Der Alarm schrillte die Soldaten herbei, die noch mit der Instandsetzung der Brandschäden an den Zelten und der Baracke wegen des gestrigen Kosakenüberfalls beschäftigt waren. Hals über Kopf stürzten sie an die Geschütze und griffen zu den Waffen. Zuvor war bereits die warnende Nachricht eingetroffen, dass die Russen den Ring um Leningrad mit eintausendfünfhundert Panzern durchbrochen hatten und mit voller Kraft angriffen.

Einige ME 109 der deutschen Jäger befanden sich schon zum Erkundungsflug in der Luft, und nun machten sich auch die Sturzkampfflieger bereit zum Aufsteigen.

»Männer! Fertig machen, los beeilt euch!«, ertönte der Befehl des Kommandanten, und Paul schnallte, wie schon Hunderte Male geübt, seinen vorbereiteten Rucksack mit dem Fallschirm um, wechselte die Mütze, setzte die Brille auf und rannte im Laufschritt zu seiner JU 87, an der der Motor schon angelassen war und die Propeller rotierten. Jeder Handgriff saß, aber trotz der Kälte hatte er schweißnasse Hände.

Die Ratas rasten unbeirrt und mit lauter werdendem Motorengeheul heran und zerteilten die Wolken, während das Sperrfeuer der um den Platz stehenden Flak einsetzte. Der Pilot mit Paul als Copilot stieg mit lautem Dröhnen auf, schoss voran und nahm Kurs auf eine der russischen Maschinen, der er mit dem schrillen Aufheulen der berüchtigten »Posaunen von Jericho« nachsetzte. Es war ein wahres Inferno, das jetzt den Himmel erhellte. Eine nach der anderen der russischen Maschinen stürzte, abgeschossen von den Jägern der deutschen Luftwaffe, als brennender Feuerball vom Himmel. Sieben waren es bereits, und Paul, wie immer wenn er im Einsatz war, hellwach und ohne einen Gedanken an Gefahr, packte plötzlich das Jagdfieber, mit dem er die Manöver des Piloten beobachtete und seine Anweisungen ausführte. Die Verfolgung der feindlichen Angreifer wurde präzise und mit jener überlegenen Tollkühnheit geführt, mit der die deutschen Maschinen den russischen bisher so weit überlegen waren. Neun »Ratas« hatte nach einer Weile bereits das Schicksal ereilt, und sie stürzten abgeschossen, wie leuchtende Fackeln zu Boden. Aber gerade, als die Spur der zehnten aufgenommen wurde, geschah das Unglück, bei dem alle Beteiligten den Atem anhielten.

Die anvisierte russische Maschine vollführte in ihrer Bedrängung eine abrupte Drehung, bei der ihr rechter Flügel das Heck der verfolgenden JU 87 streifte. Der Ruck, mit dem das linke Höhenruder abbrach, erschütterte die Maschine bis auf den Grund, und Paul, vom abwärts sinkenden Sturzflug mitgerissen, wurde von einer Seite zur anderen geworfen. Der Motor stotterte plötzlich, sprang wieder an und setzte schließlich ganz aus. Nur ein einziger Gedanke durchschoss seinen Kopf. Raus – abspringen, bevor es knallt! Würde er noch genug Zeit haben, über dem Dach der Maschine auszusteigen? Der Hebel, den er betätigte, klemmte. Die Nase des Flugzeugs hob sich jetzt überraschend wieder, und vor ihm hörte er die Stimme des Piloten brüllen. »Verdammt – schnell beug dich vor!« Er sah, wie verzweifelt dieser versuchte, den widerspenstigen Steuerknüppel in die richtige Position zu bringen, und kam ihm zu Hilfe. Keuchend, mit beiden Händen zupackend, gelang es den beiden, ihn mit äußerster Anstrengung zu halten und die schwankende Maschine langsam in die Höhe zu ziehen. Lange würden sie diese Stellung so jedoch nicht halten können. Aus den Augenwinkeln sah Paul hinaus. Das Höhenruder und Teile des Seitenruders waren gebrochen und brachten die Maschine in eine ständige Schieflage. Von einer russischen Rata, die sie verfolgte, erhielten sie zusätzlichen Beschuss. Die Strapaze, die schwankende Maschine in Griff zu kriegen, den Steuerknüppel zu fixieren, trieb ihnen den Schweiß aus allen Poren und ließ die Muskeln bis zum Platzen schwellen. Wie lange konnten sie das noch durchstehen? Außer, dass sie das Flugzeug in gerader Lage halten mussten, war es dringend erforderlich, außer Sichtweite der russischen Maschinen zu kommen, die nur darauf warteten, der JU den Todesstoß zu versetzen und die herausgeschleuderten Insassen abzuschießen. Jetzt hatte sich wie bestellt auch noch eine zweite Rata zur ersten gesellt, und beide nahmen die beschädigte Maschine feuernd in die Klemme. Aber auch eine deutsche ME tauchte auf, die ihrerseits die Ratas verfolgte und bedrängte.

Es sah schlecht für sie aus. Ohne dass der Pilot ein Wort verlor, fühlte Paul die Kräfte am Steuerknüppel erlahmen und das Flugzeug in der Luft damit an Balance verlieren. Jetzt gab es nur noch eins: Nach einem Blick des Einverständnisses und dem Kommando des Piloten ließen beide den Hebel los und warfen sich mit vereinten Kräften gegen das verklemmte Dach. Paul wusste später nicht mehr wie, aber es öffnete sich, und die beiden Männer wurden mit Wucht herausgeschleudert. Die JU schmierte ab, bevor sie Feuer fing, und die beiden Männer kippten, vom Sog des Sturzfluges nach unten gezogen, sich überschlagend ins Leere. Jetzt blieb nur noch die Hoffnung, so weit wie möglich entfernt zu sein, wenn das Flugzeug in der Luft explodierte. Der Fallschirm des Piloten öffnete sich wenige Sekunden nach dem Pauls, der die Druckwelle des ohrenbetäubenden Knalls spürte, mit dem in diesem Moment die JU 87 zerriss und brennend vom Himmel fiel. Ein zur Seite geschleudertes Eisenteil traf im

Vorüberstürzen den Fallschirm des Piloten, durchtrennte die Stricke wie Fäden, und der Mann sackte hilflos, immer schneller werdend, in Richtung Erde, wo er wie ein Stein am Boden aufschlug.

Paul hörte seinen Schrei nicht, er roch nur den Qualm, vernahm das Rauschen des Luftzugs, das Heulen der anderen Flugzeuge, die Explosion und das Knallen der Geschütze und spürte, wie Kugeln um seine Ohren pfiffen und Brandstücke dicht an ihm vorbeisegelten. Mit seinem Fallschirm baumelte er wie ein hilfloser Hampelmann zum Abschuss zwischen Himmel und Erde. Doch die russischen Ratas, von den deutschen Jägern jetzt unerbittlich gejagt, dachten jetzt nur noch daran, sich selbst in Sicherheit zu bringen. Eine nach der anderen verlor den Luftkampf und stürzte, Feuerbälle und schwarze Rauchfahnen hinter sich herziehend, als Trümmerfeld zu Boden. Im schwarzen Rauch des brennenden Chaos konnte Paul den Boden nicht mehr erkennen – er zog seine Füße an, um sich beim Aufprall auf der Erde so gut wie möglich abzufedern. Dieser kam unerwartet und mit einem so schmerzhaften Ruck, dass er sich überschlug und schließlich in einer Schneewehe stecken blieb. Eine Zeit lang lag er da, ohne sich zu rühren und ohne zu wissen, wo er gelandet oder ob er verletzt war, nur hoffend, dass ihn keines der umherfliegenden Flugzeugteile treffen würde. Schwer atmend grub er sich tiefer in den Schnee ein, über sich das auf- und abschwellende Heulen der Maschinen und ein Flammenmeer mit herabstürzenden Eisen- und Erdbrocken. Er spürte seinen Körper nicht mehr, und plötzlich tauchte er in eine besinnungslose Schwärze ein.

Als Magdalena den Dom verließ, glaubte sie fast, an den Fenstern der seitlich gelegenen Konditorei den Schatten Antons zu entdecken, der ihr hinter seinen aufblitzenden Brillengläsern neugierig nachsah. Doch dann schalt sie sich überängstlich und beeilte sich, im Laufschritt die Altstadt zu durchqueren und überall dort, wo ihr niemand zusah, ein Flugblatt zu hinterlegen. Sie dachte jetzt nicht darüber nach, ob es gefährlich war, was sie da tat oder was andere davon halten könnten. Sie war es ihrem Bruder Lutz schuldig, seine Sache zu unterstützen, und es empörte sie zutiefst, wenn sie einer der verhuschten Gestalten begegnete, die gezwungen waren, den gelben Judenstern auf dem Ärmel zu tragen. Immer dann musste sie an die Eltern von Lutz' Jugendfreund Felix Kreuzberger denken, die sich in letzter Zeit ganz in ihr einst so gastfreundliches Haus am Nachtigallensteig verschanzten. Nachbarn mieden die jüdische Familie, die sich kaum mehr auf die Straße traute. Auch Hanna, die jüngere Schwester von Felix, ein dunkelhaariges hübsches Mädchen, mit der Magdalena auf der Universität eine eher oberflächliche Freundschaft verband, war in letzter Zeit durch die zunehmende Judenfeindlichkeit ins Abseits gedrängt worden. Zuletzt hieß es, Hanna sei erkrankt und könne deshalb vorläufig nicht mehr regelmäßig an den Vorlesungen teilnehmen. Da das Mädchen in ihrer ruhigen, bescheidenen Art sich auch sonst nie in den Vordergrund gedrängt hatte, war es kaum jemandem aufgefallen, dass es schon eine ganze Weile nicht mehr zur Universität gekommen war.

Nur ein kleiner Packen Flugblätter war übrig geblieben, als Magdalena leise das Gartentor öffnete, um sich unbemerkt ins Haus zu schleichen. Es war ungewohnt still, und sie vermutete, dass Mutter und Oma ihre Mittagsruhe noch nicht beendet hatten.

»Magdalena!«, die Stimme der Großmutter Louise ließ sie in der weiträumigen Halle leicht zusammenzucken. Es lag ein unbekannter Ton in ihr, ein weiches, wehmütiges Zittern, und sie saß ganz gegen ihre Gewohnheit in dem so gut wie nie benutzten Lehnstuhl vor dem Kamin, in dem jetzt nur noch selten ein Feuer brannte.

»Wo warst du die ganze Zeit?« Wie angewurzelt blieb Magdalena stehen. Es sah ja fast so aus, als habe man auf sie gewartet. Ahnte Louise etwas von den Flugblättern? Hatte sie jemand beobachtet? Ihre Kehle wurde trocken.

»Ich habe mich mit Marga und Frank getroffen, Großmama. Wir mussten ein Referat vorbereiten ... ich bin sehr in Eile. Nachmittags ist noch mal eine wichtige Vorlesung ...« Sie drückte die Tasche mit den Büchern fest an ihre Brust.

Schwerfällig erhob sich die Großmutter und zog sie mit sich in den Salon, in dem die Vorhänge geschlossen waren. »Komm mit Kind – deine Mutter und ich, wir müssen dir etwas sagen ... Lutz ...« Ihre Stimme brach und wurde von einem Aufschluchzen unterbrochen. »Er ist ...gefallen!«

»Nein!« Der entsetzte Aufschrei Magdalenas unterbrach den Versuch, ihr das unmöglich Scheinende, nicht Begreifliche mitzuteilen. Sie riss sich los und schüttelte wild und heftig den Kopf. »Sag das nicht, Großmama! Es kann nicht sein – nicht er, er nicht, niemals! Es muss ein Irrtum sein ...«

Im Dämmerlicht erblickte sie ihre Mutter zusammengesunken, mit geröteten Augen und versteinerter Miene am Tisch sitzend, so als könne sie niemals wieder aufstehen. Sie starrte auf eine graue Schachtel, die Lutz' Sachen und seine Brieftasche enthielt, und drehte mechanisch die Erkennungsmarke zwischen den Fingern, die man ihm in seiner letzten Stunde abgenommen hatte. Auf dem Tisch lag ein mehrseitiges Papier mit seinen Schriftzügen, ein Brief, den er wohl in einer Vorahnung geschrieben haben musste. Theo, der freche Lausbub, nie um einen Streich verlegen, stand ratlos, mit gesenktem Kopf daneben, er schluckte und war zum ersten Mal in seinem Leben stumm und sprachlos.

Magdalena fiel der Mutter um den Hals, doch ihre Augen blieben trocken. Die beiden Frauen hielten sich aneinander fest, als könnten sie dem Unheil, das sie heimgesucht hatte, so die Stirn bieten. Die Frage nach dem Wo und Wie lag ihr auf der Zunge. Doch sie fühlte, dass weder Mutter noch Großmutter jetzt zu einer Antwort imstande sein würden, so wie auch sie unfähig war, Lutz' Brief, der in diesem Moment zu seinem Vermächtnis wurde, zu lesen.

»Er bittet dich …«, nur stockend kamen die Worte der Mutter über die Lippen, »zu Hanna Kreuzberger zu gehen … und ihr das hier zurückzugeben!« Sie deutete mit den Augen auf ein silbernes Amulett in einem Samtetui, das neben dem Brief auf dem Tisch lag. »Es ist sein letzter Wunsch!«

»An Hanna Kreuzberger?« Eine für diesen Augenblick unangemessene Frage lag im Ton dieser Worte. Als niemand antwortete, nickte Magdalena, nahm das Schmuckstück, richtete sich auf und verließ mit hölzernen Schritten den Salon. Erst als sie in ihrem Zimmer war, verlor sie die Beherrschung, warf sich aufs Bett und brach in verzweifeltes Schluchzen aus. Sie hatte es im Innersten geahnt – Lutz hatte sein Leben bereits aufgegeben, als man ihn ins Feld schickte! Es musste so kommen, früher oder später. Er wollte nicht kämpfen, hatte diesen Krieg gehasst – und vor allem Hitler, den Mann, der ihn begann.

Sie wischte die Tränen fort, nahm den Rest der Flugblätter aus ihrer Tasche und legte sie wie zuvor sorgfältig in das Versteck hinter den Büchern.

Immer noch konnte sie nicht begreifen, dass Lutz tot war, er nie mehr zur Tür hereinkommen oder in ein Buch vertieft am Kamin sitzen würde! Genau wie sie hatte er Philosophie studiert – doch was hatte sie ihm genützt? Wusste er da, wo er jetzt war, woraus der Sinn des Lebens bestand?

All das schien ihr unwirklich und wie ein böser Traum. Es würde ein schwerer Weg werden zu Hanna Kreuzberger – wenn sie ihr das Amulett mit der traurigen Nachricht überbrachte!

Als Paul wieder zu sich kam, wusste er erst gar nicht, was genau geschehen war. Um ihn herum herrschte Stille, und er wagte kaum, sich unter dem zerrissenen Fallschirm aufzurichten und seinen schmerzenden und halb erfrorenen Körper zu betasten. Es summte in seinen Ohren, als er versuchte, die Orientierung wiederzufinden. Eine Platzwunde an der Stirn schien nur oberflächlich, und trotz diverser Stauchungen und Prellungen konnte er seine Glieder bewegen. Glück gehabt! Nur seine rechte Hand blutete heftig, Mittel und Ringfinger baumelten, zur Hälfte abgetrennt, an schlaffen Hautfetzen an ihr herab und gehorchten ihm nicht mehr. Ein höllischer Schmerz begann langsam die verletzte Hand zu durchziehen, als er anfing, sich zu bewegen. Er konnte nicht hinsehen, ohne dass Übelkeit seinen Magen fast umdrehte. Immerhin war er noch einmal davongekommen, abgestürzt, irgendwie vom Himmel gefallen, aber mit mehr Glück als der Pilot, von seinem intakten Fallschirm aufgefangen.

Fahle Wolkenfetzen voller Ruß zogen mit gespenstischen Nebelschwaden dahin. Die angreifenden russischen Maschinen waren aufgerieben und wie weggewischt. Nur die schwelenden Trümmerteile lagen verstreut umher, stumme Zeugen des unerbittlichen Luftkampfes. Ein Sieg, aber ein schockierendes Erlebnis mit der grausamen Realität des Luftkampfes, das sich Paul unauslöschlich und für immer ins Gedächtnis prägen sollte. Er biss die Zähne zusammen und umwickelte seine schmerzende Hand so gut es ging mit einem abgerissenen Fetzen seiner Hose. Dann grub er sich mit dem linken Arm mühsam aus der Schneewehe heraus und hielt Ausschau nach dem Lager. In ziemlicher Entfernung sah er dunkle Punkte über die verwüstete Flugbahn laufen. Über eine weite Fläche war das schneeige Niemandsland bis zum Horizont übersät von verkohlten Bruchstücken und dem, was von den zerfetzten Menschenleibern noch übrig war. Paul versuchte, nicht hinzusehen, wenn er an einem der grauen, verkrümmten Schatten, den abgerissenen Körperteilen vorbeistolperte, die reglos in eingesickerten Blutlachen im Schnee lagen. Eine dumpfe Ahnung sagte ihm, dass er wahnsinnig werden und den Krieg nicht überleben würde, wenn er es nicht sofort verstand, seine Gedanken und Gefühle wie einen Mechanismus abzuschalten. Alles, was um ihn war, Tod, Kampf, Kälte, Schmerz, sollte von nun ab außen vor bleiben, durfte nicht mehr bis in seine Seele, in sein Bewusstsein dringen!

2. Kapitel

Heimaturlaub

›Meine Liebste!
Entschuldige das fürchterliche Gekritzel, aber ich schreibe dir
heute mit links aus dem Lazarett in Smolensk. Meine rechte
Hand ist vorgestern operiert worden, und man hat mir den
Mittel- und Ringfinger amputiert. Trotz Fieber und scheuß-
licher Schmerzen bin ich mir ganz dessen bewusst, welch
großes Glück es war, aus einer nicht mehr steuerbaren, ab-
stürzenden Maschine heil entkommen zu sein! Ich schwöre es
Dir: Im Moment der Gefahr war meine einziger Gedanke,
meine einzige Sorge, Dich, mein Herz, nie mehr wiederzu-
sehen! Nur der Gedanke an Dich hält mich aufrecht, tröstet
mich; sofern man von Trost sprechen kann – denn um mich
herum gibt es nur ein einziges Stöhnen und Klagen, Tod und
immer neuen Schrecken. Gestern, in den späten Abendstun-
den, als ein Lazarettzug am Bahnhof von Smolensk gerade
abfahrbereit war, griff ein russischer Bomber den Bahnhof an
und warf seine Bombenlast genau über dem Zug mit dem Rot-
Kreuz-Zeichen ab, ein Signal, das ihn eigentlich schützen soll-
te! Wie ist so etwas möglich, wie kann so etwas geschehen?
Dieser Krieg wird immer grausamer und unmenschlicher! Um
ein Haar wäre auch ich in diesem Zug gewesen – doch es gab
dringendere Fälle, und so sollte ich erst in den nächsten Tagen
abtransportiert werden. Das hat mir wieder einmal das Leben

gerettet! Doch das entsetzliche Chaos unter den Verwunde-
ten nach dem Angriff werde ich wohl nie mehr vergessen. Die
ganze Nacht hatten die Ärzte im Lazarett zu tun, um die Tod-
kranken zu versorgen. Direkt neben mir lag ein Siebzehnjäh-
riger, der mit immer schwächer werdender Stimme nach seiner
Mutter rief – ich habe versucht, ihn zu beruhigen, und hielt
seine Hand, bis er starb ...‹
Paul ließ seinen verkrampften linken Arm sinken, die Anstren-
gung hatte ihn ermüdet. Sollte er Magdalena überhaupt von
Leid und Verwundung schreiben? Er bewegte die geschwol-
lenen, restlichen Finger der rechten Hand, nahm den Stift und
fuhr dann krakeliger als zuvor fort.
›Sobald ich gesund bin, bekomme ich Erholungsurlaub in der
Heimat. Ich kann es gar nicht erwarten, Dich endlich wieder
in meinen Armen zu halten! Ich küsse Dich zärtlich
Dein Paul‹

Ein neuer, ebenfalls überfüllter Lazarettzug nahm wenige Tage
später Paul auf und brachte ihn mit vielen anderen Kranken mit
einigen Unterbrechungen sicher nach Westen in ein Lazarett. Ein
verborgener Splitter komplizierte die Heilung der Hand und erst
nach zwei weiteren Nachoperationen traf er im Frühling endlich
in Königsberg ein. In der Stadt merkte man im Übrigen nicht allzu viel von den Unruhen des Krieges; da sie ein wenig außerhalb
des Brennpunkts lag, hatte sich das Leben dort bisher nicht allzu sehr verändert.

Als er sich im Spiegel betrachtete, bekam er zunächst einmal
einen Schrecken. Dieser bleiche, abgemagerte Bursche mit dem
verlausten Haarschopf und der verbundenen Hand hatte wirklich wenig gemeinsam mit dem blonden muskulösen Mädchen-
schwarm, der er zuvor gewesen war. So konnte er Magdalena auf
keinen Fall unter die Augen treten!

Nachdem er sich einige Tage ausgeruht, sein Äußeres hergerichtet und sich mit guter Kost entsprechend von seiner Mutter hatte pflegen lassen, passte er Magdalena vor der Albertina-Universität ab.

Sie errötete vor Freude, als sie ihn sah. Aber erst an ihrem heimlichen Treffpunkt am Oberteich konnte er sie dann endlich in die Arme schließen. »Magdalena!« Die Seligkeit, die er empfand, entschädigte ihn für alles, was er inzwischen erlebt hatte. Nach dem ersten, kaum enden wollenden Kuss hielt er sie ein Stück von sich weg, um sich endlich an ihrem süßen Gesichtchen, von dem er all die einsamen Stunden auf der harten Feldpritsche geträumt hatte, satt zu sehen. Doch ihre sanften braunen Augen schienen ihm verschattet und um ihren Mund entdeckte er einen bitteren Zug. Liebte sie ihn vielleicht nicht mehr?

»Was ist? Was hast du?«, fragte er mit leisem Erschrecken.

»Ach ...« Statt einer Antwort seufzte Magdalena und senkte den Kopf. Tränen schossen ihr in die Augen und strömten langsam über ihr Gesicht. »Lutz, mein Bruder – er ist gefallen! Ich wollte es dir nicht schreiben – es ist so unendlich traurig. Wir vermissen ihn so sehr!«

»Dass es gerade ihn treffen musste«, murmelte Paul und schloss beschützend die Arme um sie, »dass er einen solchen Preis zahlen musste!« Sie barg ihren Kopf an seiner Brust und schluchzte. Erst nach einer Weile war sie imstande zu sprechen.

»Den Preis für was?«, brachte sie mit erstickter Stimme hervor. »Dafür, dass wir den Krieg gewinnen? Er wollte ihn nicht. Er war sanft und friedlich – aber man hat ihn dazu gezwungen. Sein Leben ist vorbei – seine Beerdigung hat alles in unserer Familie verändert. Nichts wird mehr so sein wie vorher. Sein Tod war völlig sinnlos. Und seitdem habe ich Alpträume – Angst um dich!« Sie sah zu ihm auf. »Siehst du denn nicht, dass alles, was Hitler will, Wahnsinn ist? Es kann nicht gut ausgehen! Und wenn wir gewinnen – wie soll dann unser Leben aussehen? Deutschland wird ein Überwachungsstaat werden! Lutz hat das schon immer gewusst – er wollte Widerstand leisten, aber er hat es nicht geschafft. Aber ich habe mir geschworen, sein Werk fortzusetzen!«

Paul runzelte die Stirn und ließ sie los. »Aber Liebling! Was redest du da – welches Werk willst du denn fortsetzen? Du als Frau kannst doch in dieser Maschinerie gar nichts bewirken. Es wäre Unsinn, dich mit irgendwelchen Torheiten in Gefahr zu bringen.«

»Torheiten?«, unterbrach ihn Magdalena und sah ihn mit tränenfeuchten Augen an. »Ich sehe das anders. Und das ist mein heiliger Ernst!«

»Du wirst nichts ändern können, glaub mir doch! Es besteht gar kein Grund dazu – wir haben bis jetzt immer gesiegt und wir werden auch weiter siegen! Deinen Bruder hat es erwischt, so wie es jedem von uns gehen kann. Er ist den Heldentod gestorben! Und Deutschland steht eine große Zukunft bevor, genauso wie der Führer es uns versprochen hat!«

»Der Führer! Das glaubst du doch wohl selbst nicht! Hast du nicht von der Konferenz am Wannsee gehört, von den Verhandlungen über die sogenannte Endlösung der Judenfrage? Endlösung – das bedeutet Tod, Vernichtung! Es ist einfach Wahnsinn! Die Juden sind doch nicht anders, nur weil sie eine andere Religion haben!«

Paul zögerte. »Ja, das dachte ich auch. Eigentlich habe ich gar nichts gegen sie. Aber man kann ihnen nicht trauen, sie nehmen uns Arbeitsplätze weg, horten Geld …«

»Das sagen nur Hitler und seine Generäle«, eigensinnig schüttelte sie den Kopf, »und alle glauben es! Aber es ist nicht wahr!«

»Können wir nicht über etwas anderes reden«, lenkte er ab, »wir haben doch nur so wenig Zeit für uns! Mit dieser Diskussion werden wir die Weltgeschichte nicht ändern. Lass uns doch nur einfach unser Zusammensein genießen – die wenigen Stunden, die wir haben!« Er zog sie näher zu sich, küsste zärtlich ihr Haar, ihren Nacken und ihren Mund. Dann umfasste er ihr Gesicht mit beiden Händen, hob es zu sich empor und sah ihr mit ungewohntem Ernst in die Augen. »Ich möchte, dass du so bald wie möglich meine Frau wirst!« Er stieß es so heftig hervor, als habe es ihm schon die ganz Zeit auf der Zunge gebrannt. »Am liebsten gleich! Ich will nicht mehr warten! Wenn du mich wirklich lieb hast, dann lass uns heiraten, bevor ich wieder ins Feld ziehe!«

Magdalena verharrte eine Weile reglos und sah in seinen blauen Augen jene treuherzige Entschlossenheit, die sie gleich zu Beginn ihrer Liebe in den Bann gezogen hatte. Sie konnte nicht anders und fiel ihm um den Hals. »Ja, ja, tausendmal ja! Ich hab dich lieb – und ich könnte mir nichts Schöneres vorstellen, als für immer zu dir zu gehören!«, hauchte sie ihm ins Ohr. Doch dann fiel ein Schatten über ihr Gesicht und sie senkte den Kopf. »Aber nicht jetzt, Paul – nicht in diesem ungünstigen Moment, so kurz nach Lutz Tod. Meine Mutter würde nicht zustimmen … vielleicht später, wenn sie alles ein wenig verwunden hat …«

»Ich weiß schon, sie mag mich nicht!«, Paul hatte sie losgelassen und sah trotzig zu Boden. »Ich bin ihr eben nicht gut genug. Der Sohn eines Druckers kann sich eben nicht mit einem Ministerialrat aus alter preußischer Adelsfamilie messen.«

Magdalena seufzte. Sie wusste, dass er die Wahrheit sprach. Die Mutter zog jedes Mal indigniert die Augenbrauen hoch, wenn die Rede auf Paul kam.

»Wir könnten uns heimlich verloben!«, schlug sie zaghaft vor, »dann wissen wir, dass wir zusammengehören! Komm!«, sie zog ihn mit sich. »Lass uns Ringe kaufen! Ich werde es Mama später ganz schonend beibringen – und in deinem nächsten Urlaub heiraten wir. Egal, ob sie einverstanden ist oder nicht!« Lächelnd sah sie ihn an, dann riss sie sich los und lief quer über die mit Löwenzahn übersäte Wiese. Paul blickte ihr ein wenig verwirrt nach. So hatte er es sich eigentlich nicht vorgestellt – aber das Wichtigste war doch, dass Magdalena ihn liebte und zu ihm hielt! Das Gefühl, dass sie ja gesagt und ihm für immer angehören wollte, machte ihn stolz und weitete seine Brust. Er rannte ihr nach und als er sie lachend einfing, sanken sie gemeinsam auf den weichen Grasboden. Schwindlig vor Liebe und vom Glück des Augenblicks wie berauscht, schloss er sie so fest in seine Arme, als wolle er sie nie mehr loslassen.

Die beiden Wochen des Urlaubs zogen wie ein schöner Traum an ihnen vorbei; es herrschte wunderschönes Frühlingswetter in Königsberg, und der Krieg war so weit weg wie ein böses Märchen, von dem man hoffte, dass es ein gutes Ende nehmen würde. Magdalena stahl sich in jeder freien Minute von zu Hause fort und schwänzte sogar einige Vorlesungen der Universität. Sie hatten sich Ringe gekauft und sie einander in der Nikolaikirche angesteckt. Magdalena bewahrte ihren Ring jedoch lieber in einem Medaillon auf, um die Mutter und Großmutter nicht zu beunruhigen. Die beiden Frauen, die jeden Tag das Grab von Lutz besuchten, waren so in ihrer Trauer erstarrt, dass es ihnen gar nicht auffiel, dass Magdalena, statt in ihrem Zimmer für die Prüfungen zu arbeiten, den ganzen Tag bei Paul verbrachte.

Pauls Mutter, Erika Hofmann, war eine temperamentvolle, jung gebliebene Frau, die seit dem Tod ihres Mannes den bescheidenen Papiergroßhandel weiterführte, der von der kleinen Druckerei, die ihr Mann in der Wirtschaftskrise übereilt verkauft hatte, geblieben war. Er hatte sein mühsam erarbeitetes Geld auf die Bank gebracht, doch diese machte wenig später Bankrott. Pauls Vater überlebte den Schicksalsschlag nicht lange – der Kummer über seine Unvorsichtigkeit brachte ihn ins Grab, und die Mutter versuchte, sich wenigstens die Kunden des Papiergroßhandels zu erhalten. Nachdem sie den Vertreter entlassen musste, besuchte sie selbst die Druckereien und kaufte in den Fabriken zum günstigsten Preis ein. Nun bewohnte sie mit ihrer noch ledigen Tochter Christine eine bescheidene Wohnung in einem Reihenhaus der Vorstadt mit einem kleinen Lager für die Papiervorräte. Die Wahl ihres ältesten Sohnes betrachtete sie zunächst mit dem üblichen Misstrauen einer zukünftigen Schwiegermutter. War dieses verwöhnte Fräulein von Walden, das Philosophie studierte und sich sicher wenig mit Haushaltsfragen beschäftigte, wohl die Richtige für ihren Sohn? Aber beim ersten Kennenlernen schloss sie das junge Mädchen mit dem blonden, zu einem dicken Zopf gebundenen Haar, dem ernsten, träumerischen Gesicht und den wachen, lebendigen Augen sofort in ihr Herz.

Weder Paul noch Magdalena kümmerten solche Fragen. Sie waren einfach nur glücklich, zusammen sein zu können. Paul schob den Gedanken an ein Ende der unbeschwerten und glücklichen Tage weit von sich; ahnte er doch dunkel, dass seine Karriere bei der Fliegerstaffel Richthofens seiner amputierten Finger wegen wohl endgültig vorbei war. Sein Traum vom Fliegen war geplatzt – aber was kam jetzt? Wohin schickte man ihn, den ausgebildeten Maschinenbauingenieur, der seine rechte Hand, die zwar jetzt einigermaßen verheilt war, nicht mehr richtig gebrauchen konnte? Als er sich bei der Frontleitstelle meldete, versuchte er vergeblich, das bange Vorgefühl, das ihn überkam, zu unterdrücken. Man beschied ihm zunächst, er sei nun der 11. Armee zugeteilt, die unter Generaloberst von Manstein um die Vorherrschaft auf der bereits von deutschen Truppen besetzten Krim kämpfte. Die Fahrt mit den Soldaten sollte zusammen mit Transportmitteln und anderem Material auf den Güterwaggons eines Zuges nach Odessa gehen und von dort mit Fahrzeugen weiter über die Landenge von Perekob. Als der Zug sich in Bewegung setzte, war ihm schwer ums Herz. Der Abschied von Magdalena schien ihm das Schlimmste; er hatte jetzt schon Sehnsucht nach ihr, vor allem, weil ihm niemand sagen konnte, ob und wann sie sich das nächste Mal wiedersahen!

Gertraud, das Pummelchen in der Familie von Walden, saß am Tisch der penibel aufgeräumten Küche, schmierte sich gerade ein Butterbrot und häufte dick Marmelade darauf. Die Köchin hatte heute ihren freien Tag, und den nahm Gertraud gerne zum Anlass, sich aus allen verbotenen Töpfen mit Köstlichkeiten aus der Speisekammer zu bedienen. Sie sah ihrer Schwester neugierig entgegen. »Na, ist er weg?«, fragte sie zwischen zwei Bissen mit vollem Mund.

Magdalena ließ sich auf einen Stuhl fallen, stützte den Kopf in die Arme und antwortete nicht.

»War's denn wenigstens schön?«, setzte Gertraud betont gedehnt hinzu und leckte sich das rote, klebrige Gelee von den Lippen. »Willst du auch was?«

Die Schwester schüttelte müde den Kopf. Sie fühlte sich wie ausgebrannt, seit Paul fort war, und hatte zu nichts Lust, nicht einmal zu reden.

»Sei froh, dass Mama nichts gemerkt hat …«, fuhr Gertraud fort und biss noch einmal herzhaft in ihre Schnitte.

»Was?«, fuhr Magdalena auf, »was soll sie gemerkt haben?«

»Na, dass du zweimal sogar die ganze Nacht weg warst!«, prustete Theo, der mit seinem Fußball unter dem Arm in der Tür stand. Er kickte den Ball voran, dribbelte hinterher und stibitzte Gertraud, die entrüstet aufschrie und ihn wegschubsen wollte, im Vorbeilaufen das Marmeladenbrot.

»Wir sind doch nicht blöd – uns kannst du doch nichts vormachen. Aber nett ist er, dein Paul, da kann man nichts sagen. Jedenfalls ist er nicht schlecht im Fußball, hat gleich ein Tor gemacht, neulich, als er uns auf der Wiese spielen sah.« Theodor kaute in gebührendem Abstand von Gertraud mit vollen Backen, steckte den Löffel in das Glas mit Johannisbeergelee und stopfte sich noch einen ganzen Löffel davon in den Mund. Gertraud war aufgesprungen, rannte um den Tisch herum und versuchte, ihn zu erwischen. »Immer musst du gleich so unverschämt sein und alles nehmen«, zeterte sie. »Das merke ich mir. Da kannst du demnächst was erleben!«

Theodor beachtete sie nicht, baute sich vor Magdalena auf und streckte die offene Hand aus. »Was kriege ich, damit ich nicht petze?«

»Du spinnst ja!«, fuhr Magdalena auf. »Gar nichts kriegst du. Außerdem werde ich Paul heiraten, ob es Mama passt oder nicht!«

»Ich hab gehört, wie sie zu Oma sagte, dass so ein Habenichts ihr nie ins Haus käme – schon gar nicht als Schwiegersohn!«, triumphierte er feixend. »Der hat nichts und ist nichts, ja, genau das hat sie gesagt. Frag Gertraud, die hat es doch auch gehört!«

Die Schwester nickte beifällig, während sie sich die goldgelbe Butter fingerdick aufs Brot strich. »Der Gottfried von Treskow war übrigens hier – er hat nach dir gefragt. Er hat so eine vornehme Art, der weiß, was sich gehört. Von mir aus könnte er öfter vorbeikommen!«

»Ist das der schlaksige, pickelige Jüngling mit dem großen Adamsapfel?« erkundigte sich Theo glucksend. »Sag bloß, dass der dir gefällt?«

Gertraud zog es vor, nicht zu antworten, und strafte den kleinen Bruder nur mit einem giftigen Blick.

»Ach, lasst mich doch in Ruhe mit euren Streitereien!« Magdalena, der jetzt bei jeder Gelegenheit die Tränen in die Augen traten, presste die Lippen zusammen. »Und wenn Mama etwas gegen Paul hat, geh ich einfach mit ihm fort, ganz weit weg!« Sie schluchzte auf und lief, so schnell sie konnte, in ihr Zimmer.

Die Geschwister sahen ihr erstaunt nach. Gertraud schüttelte den Kopf: »In letzter Zeit ist sie wirklich übertrieben empfindlich. Ich konnte ihr nicht mal sagen, dass Mama Gottfried von

Treskow zum Abendessen eingeladen hat. Ich werde mich schon mal umziehen.«

Theo ließ ein künstliches Stöhnen hören. »Ach du liebe Zeit! Das wird ja wieder ein langweiliger Abend! Dauernd erzählt er von seinen Heldentaten – oder er fragt mich, was wir in der Schule gemacht haben.« Er tippte sich mit dem Zeigefinger an die Stirn. »Der ist doch blöd – ich kann ihn einfach nicht leiden!«

»Du bist selber blöd!«, kreischte Gertraud entrüstet auf. »Ich find ihn sehr, sehr nett! Mir bringt er auch immer Pralinen mit!«

»Du bist ja total verknallt in ihn!«, stellte Theo schadenfreudig fest und brachte sich vorsichtshalber in Sicherheit. Doch der erwartete Protest blieb aus, Gertraud schraubte mit einem fast träumerischen Blick den Deckel über das Marmeladenglas, nahm die Butter und stellte alles zusammen wieder in die Speisekammer zurück. Im Vorbeigehen betrachtete sie sich selbstvergessen im Spiegel, drehte und wendete sich und zog ein paar Locken aus ihrem Pferdeschwanz. Sie freute sich auf den Abend.

In ihrem Zimmer betrachtete Magdalena das Amulett mit der heiligen Jungfrau, das sie Hanna Kreuzberger zurückbringen wollte. An der tristen Beerdigung von Lutz hatte das junge Mädchen zwar teilgenommen, war aber ohne ein Wort ganz plötzlich verschwunden gewesen. Und ihr selbst war danach immer etwas dazwischengekommen, das sie abgehalten hatte, die Kaufmannsfamilie, die vor der Machtergreifung der Nationalsozialisten in Königsberg ein großes Warenhaus besaß, aufzusuchen. Die Kreuzbergers hatten nach einiger Zeit, zermürbt von häufigen Attacken, eingeschlagenen Fensterscheiben und an die Wand geschmierten ›Juden raus‹ – Parolen, ihr Geschäft geschlossen und sich ins Privatleben zurückgezogen. Eines Tages war Hannas Vater unter undurchsichtigen Gründen vorübergehend ins Quednauer Gefängnis gebracht worden. Seitdem wusste man nichts mehr von ihm.

Matt sank Magdalena auf ihr Bett, verschränkte die Arme hinter dem Kopf und starrte gegen die Decke. Der Abschied von Paul hatte sie aufgewühlt und mit dunklen Gedanken erfüllt. Sie spürte weder Lust zum Lesen, noch dazu, sich auf die Vorlesung morgen in der Universität vorzubereiten. Nach einer Weile erhob sie sich seufzend. Sie musste es endlich hinter sich bringen und sich jetzt gleich zu Fuß auf den schweren Gang zu Hanna machen. Vielleicht würde dieser Besuch sie ja auch auf andere Gedanken bringen.

Als sie nach einem längeren Spaziergang schließlich vor dem großen Portal stand, an dem ein Mädchen mit Haube und weißer Schürze ihr erst nach geraumer Weile öffnete, spürte sie sofort die beklemmende Atmosphäre, die Angst, die unsichtbar hinter diesen Mauern herrschte. Schon eine Weile war Hanna nicht mehr zu den Vorlesungen gekommen – vielleicht hatte sie das wachsende Misstrauen entmutigt, die Abneigung gegen alles Jüdische, die Verachtung, die ihr plötzlich entgegenschlug.

Im Haus war es ungewöhnlich still, niemand von der Familie ließ sich sehen, als sie hinter dem Mädchen die Treppe zu Hannas Zimmer im ersten Stock hinaufstieg. Hanna stand am Fenster, als sie eintrat. Sie war blass, in einem dunklen Kleid mit weißem Kragen, und ihre zierliche, kleine Gestalt wirkte geradezu zerbrechlich.

»Guten Tag, Hanna!« Magdalena ergriff ihre Hand, die kalt und schlaff war. Sie versuchte, ein paar belanglose Worte zu drechseln, tat so, als habe sie Hanna an der Universität vermisst und geglaubt, sie sei krank. Doch der traurige Blick aus ihren dunkel umschatteten Augen machte sie verlegen. Unvermittelt unterbrach das Mädchen ihre Rede. »Ich bin sehr froh, dass du mich besuchst, Magdalena. Aber du weißt bestimmt nichts von dem Furchtbaren, das inzwischen mit uns geschehen ist. Man hat nach meinem Vater nun auch meinen Bruder Felix verhaftet und weggebracht – vielleicht in irgendein Gefangenenlager!« Ihre Stimme erstickte und sie musste sich erst wieder fassen. »Und bald wird man Mama, mich und Jakob auch holen. Dann sollen wir, wie alle Juden in Königsberg, deportiert werden. Wohin, weiß keiner.«

Hanna verzog das Gesicht, bedeckte die Augen mit der Hand und wandte sich ab.

Bestürzt sah Magdalena sie an. »Felix – man hat ihn verhaftet? Ich hatte ja keine Ahnung.« Ihr fehlten für einen kurzen Moment die Worte. »Du meinst, man wird es wagen …«, sie brach ab, weil sie das Wort nicht herausbrachte und schüttelte den Kopf. »Aber doch nicht euch, eine der angesehensten Familien in Königsberg?«

»Seit zweihundert Jahren leben wir hier – mein Vater ist Ehrenbürger«, sagte Hanna mit tonloser Stimme und wischte sich die Tränen ab. »Aber jetzt weiß ich nicht mehr, was ich tun soll. Mutter liegt mit Fieber im Bett, sie fantasiert und hat ein schwaches Herz. Der Doktor kommt nicht, jeder wendet sich von uns ab. Diesen Kummer, diese Demütigung, als sie Vater abführten und dann Felix verhafteten … das hat Mutter völlig zerschmettert.«

Magdalena blieb stumm. Sicher hatte man den Juden unter dem Nationalsozialismus das Leben in den letzten Jahren schwer genug gemacht, ja die meisten bereits aus Königsberg vertrieben – aber das, was jetzt geschah, spottete aller Humanität. Auch wenn die Ergebnisse der Konferenz am Wannsee bereits als bedrohlicher Schatten am Horizont der Zukunft standen, so machte es doch Mühe, die Unmenschlichkeit zu begreifen, mit der man die Stadt mit dem Flüstergespenst des Terrors unterhöhlte.

»Hanna, du musst fliehen – dich irgendwo verstecken, sofort!«, beschwor sie in einem ersten Impuls das Mädchen, das darauf nur unsicher die Schultern zuckte und sie mit großen, verweinten Augen ansah. »Aber wohin soll ich denn gehen?« Ihre Stimme klang wie ein Aufschrei. »Ich kann doch meinen Bruder und meine Mutter nicht allein hier lassen! Jakob ist noch klein – er versteht ja gar nicht, worum es geht! Als Lutz noch lebte«, ihre Stimme erstickte, sie brach in heftiges Schluchzen aus und war erst nach Weile in der Lage weiterzusprechen, »da haben wir überlegt, ob wir zusammen fliehen sollten. Aber dann wagten wir es nicht – es ging auch alles so schnell, als er eingezogen wurde. Es sollte eben nicht sein.« Mit einem tiefen Seufzer brach sie ab. »Ich danke dir jedenfalls, Magdalena, dass du überhaupt gekommen bist. Ich muss mich wohl in mein Schicksal fügen …«

»Musst du nicht«, unterbrach Magdalena sie scharf. »Ich kann nicht zulassen, dass man dich von hier verschleppt. Das bin ich meinem Bruder schuldig! Komm mit zu mir. Ich versteck dich, wenn es nötig ist. Bis alles vorbei ist …«

Hanna schüttelte abwehrend den Kopf. »Verstecken? Aber nein, wie stellst du dir das vor? Soll ich etwa hier weggehen und Mama, Jakob, das ganze Haus allein zurücklassen? Damit alles geplündert wird? Niemals!«

»Wie du willst! Aber ich wüsste nicht, was du sonst tun könntest!« Erschüttert sah Magdalena sie an. Dann besann sie sich darauf, weswegen sie überhaupt gekommen war. »Warte …«, sie zog das Amulett aus ihrer Tasche, »das wollte ich dir eigentlich schon die ganze Zeit zurückgeben. Lutz hatte es bei sich, als er …«, jetzt versagte auch ihr die Stimme und sie musste einen Augenblick innehalten, »in seinem letzten Moment.«

Hanna nahm das Amulett hastig an sich und küsste es mit tränenblinden Augen. Dann legte sie es sich um ihren Hals. »Ich werde es immer aufbewahren. Und ich danke dir – du bist sehr lieb zu mir! Das werde ich dir nie vergessen. Grüß alle, die mich kennen, von mir.«

»Versprich mir, dass du daran denkst – dass du zu mir kommst, wenn du in Schwierigkeiten bist!« Magdalena kamen die Worte wie von selbst über die Lippen, obwohl sie gar nicht wusste, wie es überhaupt möglich sein würde, Hanna und ihrer Familie zu helfen.

Hanna nickte mit einem schwachen Lächeln, bevor sie sich wieder zum Fenster wandte. »Adieu!«

Magdalena verließ bedrückt und mit langsamen Schritten das Zimmer. Die Leblosigkeit des Hauses, das Halbdunkel bei vorgezogenen Gardinen schien ihr plötzlich so unheimlich wie die Ruhe vor dem Sturm. Irgendetwas klapperte, als sie sich umwandte, sah sie einen kleinen, etwa fünfjährigen Jungen, der vor einem Kamin des Salons mit einer Spielzeuglokomotive spielte. Still hielt er ein, als sie vorbeiging, und sah sie aus großen dunklen Augen wortlos an. Das musste Jakob, Hannas jüngerer Bruder sein, von dem sie gesprochen hatte. Das arme Kind – welches Schicksal würde wohl auf ihn warten? Er schien zu spüren, dass etwas Unbegreifbares im Gange war, etwas Drohendes über allem lag, dem man sich nicht entziehen konnte. Magdalena versuchte ein Lächeln und ein Scherzwort, doch Jakob wandte sich mit ernster Miene ab und ließ seine Eisenbahn weiter hin und her fahren.

Als sie das Haus verließ und über die Straße ging, stand auf der anderen Seite plötzlich wieder der schlaksige Anton vor ihr und sah sie scheinbar verwundert an. »Das ist ja eine nette Überraschung«, sagte er gedehnt und grinste, »wir treffen uns bereits zum zweiten Mal … ganz zufällig! Was machst du denn hier?«

Magdalena war zusammengefahren, als er sie so unvermittelt ansprach, und versuchte, in seinen Knopfaugen unter dem straff zurückgebürsteten, aschblonden Haar irgendeine Absicht zu erkennen. Er versuchte ein einnehmendes Lächeln, das ihm aber misslang. Eine heftige Abneigung gegen ihn, sein knochiges Gesicht mit dem schmalen Mund, den er gerne zusammenpresste, um seine etwas schief geratenen Vorderzähne nicht sehen zu lassen, stieg in ihr auf.

»Ach Anton, du! Wohnst du hier?«, fragte sie und bemühte sich um eine freundliche Miene.

»Nicht direkt«, gab er mit besonderer Betonung zurück. »Hier wären mir zu viele Juden«, er streifte mit einem neidischen Blick die hübschen Villen und großzügigen Gärten. »Es störte mich, wenn ich jeden Tag in ihre dummen Gesichter sehen müsste! Die können sich natürlich mehr leisten als unsereiner. Aber das wird sich bald ändern, das garantiere ich dir.« Er verschwieg gerne, dass er eigentlich noch in einer engen, fast ärmlichen Mietwohnung mit seinen Eltern lebte. »Aber was machst du eigentlich hier?«

Magdalena schluckte und hatte schon eine schnippische Antwort auf der Zunge, dass ihn das eigentlich gar nichts anging. Dann besann sie sich. »Ich bin nur zufällig hier durchgekommen«, sagte sie leichthin. »Es ist eine ruhige Gegend, eigentlich ganz nett zum Spazierengehen. Ich muss noch einiges für meine Klausur lernen – das gelingt mir beim Spazierengehen am besten.« Sie hielt ihm ihre Mappe hin, als müsse sie ihre Worte beweisen. »Manchmal streife ich durch die Straßen und bin ganz verwundert, wo ich mich auf einmal befinde!«

»Verstehe. Wenn du erlaubst, begleite ich dich noch ein Stück. Und diesmal spricht ja wohl nichts gegen meine Einladung zu einem Kaffee, oder?« Er sah sie beinahe lauernd an.

Magdalena nickte; sie würde sich überwinden, um sich den eifrigen Parteigänger und Kommissaranwärter nicht unnötig zum Feind zu machen, oder, was genauso schlimm war, sich sein Misstrauen zuzuziehen. Irgendwie war sie sich nicht sicher, ob er ihr gefolgt und sie beobachtet hatte, oder ob diese häufigen Treffen wirklich nur dem Zufall entsprangen.

»Es wird Zeit, dass allmählich alle Juden in Königsberg enteignet werden und in die Judenhäuser der Vorstadt kommen«, begann er unvermittelt. »Die nehmen uns hier doch nur Platz weg, findest du nicht?«. Er nahm seine Brille ab und putzte die Gläser mit einem Taschentuch, während er Magdalena mit seinen kurzsichtigen grauen Augen anblinzelte. »Ich habe diesbezüglich bereits einen Antrag bei der Stadt gestellt.«

»Aber …ich kenne einige jüdische Mitbürger, die sehr viel für unsere Stadt getan haben, Dr. Friedländer, der Leiter des Kinderkrankenhauses zum Beispiel«, wagte Magdalena einen schwachen Einwand, »er hat meinem Bruder Theodor einmal das Leben gerettet, als er einen Blinddarmdurchbruch hatte …«

»Das hat doch damit nichts zu tun. Wir dürfen in Einzelfällen keine Ausnahme machen«, fuhr Anton sie scharf an. »Der Führer will eine rein arische Rasse – Mädchen wie dich zum Beispiel!«, fuhr er pathetisch fort und nahm vertraulich ihren Arm. »Mütter unserer zukünftigen Nation! Da haben die anderen keinen Platz. Sie müssen weg!« Dicht vor ihm stehend, schlug Magdalena sein schlechter Atem ins Gesicht, und sie sah wie unter einem Vergrößerungsglas sein weißes, unebenes Gesicht vor sich, das von der Erregung rote Flecken bekommen hatte, die fettige, aschblonde Haarsträhne, die ihm in die flache Stirn fiel, seine grauen, ausdruckslosen Augen unter farblosen Wimpern hinter der Brille. Unwillkürlich wich sie zurück und ging einfach weiter. Anton folgte ihr, und eine Weile schritten sie schweigend nebeneinander her, bis sie an der Konditorei Vogel anlangten. Anton schlug die Hacken zusammen, hielt ihr die Tür auf, und sie nahmen an einem kleinen Tisch in der Nähe des Fensters Platz. Man sah, dass er sich nun ganz in seinem Element fühlte. Die Ellenbogen aufgestützt, kaute er mit vollen Backen und schwafelte unablässig. Dabei blieben unappetitliche Reste und Tortenkrümel an seinem kurzen Oberlippenbart hängen, die Magdalena angewidert betrachtete und die ihr den Appetit auf die marzipanverzierte Schokoladentorte verdarben, die vor ihr stand. Dessen ungeachtet, erläuterte ihr Gegenüber die neuen Pläne der

Partei, schwärmte von der Strategie des Führers und berichtete von Säuberungsaktionen der Stadt, die schon bald im Frühjahr geplant seien und bei denen man die unerwünschten Juden Königsbergs nach Russland abtransportieren würde. Magdalena erschrak zutiefst: Hanna hatte mit ihren Befürchtungen recht gehabt – es war fünf Minuten vor zwölf. Mit einem schleimigen Lächeln rückte Anton jetzt näher und versuchte, den Arm um sie zu legen. »Magdalena, du weißt, ich sehe dich sehr gern ... wäre schön, wenn wir uns öfter treffen könnten. Was hältst du davon?«

Magdalena hätte ihm am liebsten einen Stoß vor die Brust versetzt, ihm eine Ohrfeige verpasst und laut Nein geschrien, so sehr fühlte sie sich von ihm und seiner ganzen Art abgestoßen. Aber sie beherrschte sich mit aller Gewalt und rückte nur beiseite. Mit einem sittsamen Augenaufschlag erwiderte sie. »Lass mir Zeit – der Tod meines Bruders hat mich ziemlich aus der Bahn geworfen. Ich möchte mich im Augenblick nur auf mein Studium konzentrieren! Was die Zukunft bringt – das werden wir sehen.«

Anton schien entzückt und fügte salbungsvoll hinzu: »Du bist eben ein durch und durch deutsches Mädchen. Gradlinig, offen, pflichterfüllt. Gerade das gefällt mir so an dir! Darf ich dich wenigstens nach Hause begleiten?«

Magdalena verzog leicht das Gesicht, schüttelte den Kopf und reichte Anton die Hand. »Nein, Anton, ein andermal vielleicht. Ich habe noch ein paar Kleinigkeiten für meine Mutter zu erledigen. Aber ich danke dir für die Einladung.«

Anton sah ihr mit offenem Mund nach, als sie, leichtfüßig und als könne es ihr gar nicht schnell genug gehen, das Café verließ und um die nächste Ecke verschwand.

3. Kapitel

EIN WEITES LAND

›Liebste Magdalena!
Es ist nicht so, dass ich nicht an Dich denke – im Gegenteil!
Aber erst jetzt bin ich wieder in der Lage, Dir zu schreiben.
Zuerst muss ich Dir sagen, dass mich die Sehnsucht nach Dir
fast umbringt! Wenn dieser Krieg doch endlich zu Ende wäre
und wir für immer beisammen sein könnten! Mich quält der
Gedanke, Du könntest vielleicht einen Anderen, Besseren fin-
den, wenn ich nicht bei Dir bin!
Der endgültige Abschied von den Kameraden der Fliegerstaf-
fel hat mich ziemlich niedergedrückt – aber es hilft nichts – mit
zwei Fingern weniger bin ich nach Meinung der Feldleitstel-
le nicht mehr in der Lage, ein Flugzeug zu bedienen. Jetzt soll
ich wenigstens als Fahrer des Kommandanten Dienst tun! Das
ist auf jeden Fall besser, als in irgendeiner Schreibstube hocken.
Du weißt doch, wie schwer es mir fällt, lange still zu sitzen!
Ich habe eine schier endlose und anstrengende Fahrt über die
Karpaten hinter mir, und es hat zwei Wochen gedauert, Kra-
kau zu erreichen. Wir sind ein großer Haufen Soldaten und
hatten jede Menge technisches Gerät zu transportieren. Es ging
so langsam vorwärts, weil unsere Lok einen Güterwagen mit
Steinen vor sich herschob, damit eventuelle auf die Schienen
gelegte Bomben zur Explosion kommen, bevor der ganze Zug
darüberfährt. Die Gegend war ziemlich einsam, und wenn der

Lok das Wasser ausging, standen wir still und froren erbärmlich in unserer, dem rauen Klima nicht sehr angepassten Ausstattung. Die wilde, menschenleere Natur mit den zerklüfteten Bergen hatte etwas Bedrohliches, und wir mussten uns ganz besonders wegen versteckter Partisanen in Acht nehmen, die im Hinterhalt lauerten und gezielt auf uns schossen, wenn wir uns nicht absicherten.

Als wir Odessa erreichten, wurde alles auf Fahrzeuge geladen, und unsere Wagenkolonne bewegte sich über Nikolajew und Cherson in Richtung Krim. Wie Du bestimmt gehört hast, ist die Krim bereits in deutscher Hand. Nur der äußerste Zipfel, die der Krim vorliegende Halbinsel Kertsch und die Festung Sewastopol, also die schwierigsten Gebiete, die vom Meer aus versorgt werden können, beherrschen noch die Russen. Sewastopol soll angeblich die stärkste Festung der Welt sein – aber mit unseren neuen Raketen, den schweren Werfern und Bomben, die elektrisch gezündet werden, haben wir die Möglichkeit, dort durchzukommen. Unser Vorgesetzter, Generaloberst von Manstein, ist ein kluger, bedächtiger Mann, zu dem wir Vertrauen haben.

Trotzdem fällt die Umstellung mir nicht leicht. Es ist ein großer Unterschied zwischen der Fliegertruppe unseres Generals von Richthofen und den Bodentruppen der 11. Armee. Wir halten uns zurzeit in Bereitstellung im Jaila-Gebirge und zwar bei den sehr deutschfreundlichen Tartarenverbänden. Die Tartaren sind ein einfaches, aber freundliches Volk; sie haben uns voll Begeisterung als ihre Befreier empfangen und helfen uns, wo sie können. Von den Russen sind sie immer als Menschen zweiter Klasse behandelt, unterdrückt und gedemütigt worden. Sie stellen sogar für uns Wachen auf, geben auf Partisanen Acht und verpflegen uns mit besonderen Speisen. Wir respektieren natürlich ihre Religion und da sie sehr gläubig sind, segnen sie uns vor jedem Einsatz.

Gestern habe ich mir eine arge Rüge des Kommandeurs eingefangen. Wegen einer Reparatur musste ich sein Geländefahr-
zeug, ein Mercedes Cabriolet, zur nächsten Reparaturstel-
le in die Nähe von Kachovka bringen. Auf dem Weg dorthin
kamen mir plötzlich Tiefflieger entgegen. Ich bog so schnell
wie möglich von der Rollbahn ab, landete in einem Gebüsch
und sprang aus dem Wagen in Deckung. Sie flogen erneut an
und feuerten. Als sie endlich abdrehten und außer Sichtweite
waren, war ich heilfroh, dass außer ein paar MG Treffern im
Blech nichts Gravierendes passiert war. Erst auf der Rückfahrt
bemerkte ich, dass der schwarzgelbe Ständer am Auto fehlte,
der die Anwesenheit des Chefs signalisiert. Etwas Schlimmeres
konnte mir wohl nicht passieren, denn gerade unser Oberst ist
sehr eigen und ein Kommandeur ohne Ständer am Wagen für
ihn undenkbar!
Denk nicht, Liebes, wir hätten hier keine anderen Sorgen; aber
die äußere Form und der Rang, der jedem zusteht, sind nicht
unwichtig, und all das hält eine Truppe wie die unsere zusammen. Ich musste eine gehörige Strafpredigt über mich ergehen lassen, und der Oberst hat mich sofort von meinem Amt
als sein persönlicher Fahrer enthoben. Jetzt bin ich vorläufig
Kradfahrer und Melder, um Nachrichten von Posten zu Posten zu übermitteln. Diese Aufgabe ist kein Pappenstiel – man
muss höllisch aufpassen, nicht abgeschossen zu werden und alles heil zu überbringen. Es gibt kaum Straßen, höchstens Wege,
und man sinkt in den nach dem Frost aufgetauten Boden fast
bis zum Knie ein. Er besteht aus zähem, festen Lehm, der vor
allem an den Reifen festklebt. Aber ich bin zuversichtlich,
tagsüber scheint die Sonne schon ziemlich warm herunter und
der Boden wird sicher bald fest werden.
Ach, Magdalena! Hast Du schon mit deiner Mutter gesprochen, damit wir bei meinem nächsten Heimaturlaub gleich
heiraten können? Ich möchte, dass Du endlich zu mir gehörst!

Ich bin zuversichtlich, dass es Dir gelingen wird, sie von unserer Liebe zu überzeugen!

Verzeih mir, aber meine linke Hand ist taub vor Verkrampfung, die Augen fallen mir zu, und ich kann keine gerade Linie mehr ziehen. Ich umarme und küsse Dich innig, mein Liebling, meine Einzige! Und damit Du siehst, wie sehr ich Dich liebe und an Dich denke, sende ich Dir diese Verse, die mir an einsamen Abenden, an denen ich in der Ferne das Meer vor mir schimmern sah, in den Sinn kamen.

Nur unserer großen Liebe Macht
leitet uns durch die einsame Nacht
Hin zum Glück, dem hellen Licht
Das wie ein Hoffnungsstrahl aus der Ferne bricht.

Schwer ist die endlose Trennungszeit
Die Tage werden zur Ewigkeit
Fern der Heimat, allein steh ich hier
Liebste, wann bin ich wieder bei Dir?

Für immer in treuer Liebe
Dein Paul

Magdalena presste den Brief mit einem verklärten Lächeln an ihr Herz und küsste ihn. Sie las ihn wieder von vorn, Wort für Wort, Zeile für Zeile. Immer dann, wenn sie Post von Paul erhielt, schloss sie sich für eine Weile in ihr Zimmer ein, um allein zu sein und so den Inhalt auf sich wirken zu lassen, als wäre er es selbst, der zu ihr sprach und sie hinter seinen Schriftzügen ansah. Das einfache Gedicht bewahrte sie wie einen Schatz, es sprach ihr mehr als alles andere von seiner Liebe und seiner Sehnsucht.

Diesmal war sie jedoch spät dran und musste sich zum Abendessen beeilen. Natürlich hatte sie noch nicht mit der Mutter wegen einer Heirat gesprochen. Sie schob es immer wieder hinaus, denn die abwesende, fremde Miene, ihre das Schicksal anklagende Haltung, in der sie seit Lutz' Tod förmlich erstarrt schien, machte ihr Angst. Auch Großmama Louise war wortkarger geworden, ihre Parolen und Begeisterung für Hitler klangen in letzter Zeit eher gedämpft – wenn sie überhaupt noch einmal über den Krieg sprachen.

Die Glocke klingelte zu Tisch, und wie gewöhnlich war die Tafel mit Silber, Kristall und gutem Porzellan eingedeckt, an dem niemals gespart wurde. Magdalena setzte sich auf ihren Platz und entfaltete die gestärkte Serviette. Die Atmosphäre war ruhig und gedrückt, obwohl die Großmama sich Mühe gab, eine Konversation in Gang zu bringen. Als es an der Tür läutete, führte das Mädchen den Besucher herein, Gottfried von Treskow, der in der Zeit seines vierzehntägigen Heimaturlaubs auffallend oft vorsprach und jedes Mal zum Essen eingeladen wurde. Die Stimmung lebte zwar sichtlich auf, doch Magdalena fühlte sich in seiner Gegenwart seltsam unwohl, und seine Aufmerksamkeiten waren ihr peinlich. Aus dem verklärten Blick, mit dem Gottfried sie bei Tisch ständig ansah, erriet selbst der Dümmste, aus welchem Grund er so häufig erschien. Auch diesmal konnte sie das nachsichtige Lächeln Louises, die zustimmende Miene der Mutter, das Tuscheln der Geschwister kaum ertragen.

Theo grinste, als Gottfried aus Verlegenheit leicht an einer Falte des Teppichs hängen blieb, und stieß Gertraud, die bei seinem Eintreten auffallend errötet war, unter dem Tisch mit dem Fuß an. »Guck mal, was Magdalena für ein Gesicht macht. Sie kann ihn überhaupt nicht leiden!«

Gertraud schubste ihn zurück. »Weil sie blöd ist!«, flüsterte sie. »Aber was geht dich das an. Halt lieber den Mund von Sachen, die du nicht verstehst.« Sie lächelte Gottfried schmelzend entgegen, der nach einem kurzen Gruß oberflächlich über sie hinwegsah und nur der Schwester innig die Hand küsste. Gertrauds Mundwinkel zogen sich nach unten: Wenn er ihr doch auch einmal einen solchen Blick senden würde! Aber wie immer hatte er nur Augen für Magdalena, die ihn wie einen lästigen Eindringling behandelte. Wie hypnotisiert starrte sie über die Kerzen des Leuchters hinweg den jungen Mann an, der stocksteif an seinem Platz saß und die Krawatte am Kragen seines weißen Hemdes zurechtrückte, als sei sie ihm zu eng. Gottfried galt ihr als der Held aller Helden – seit er kürzlich zum Leutnant befördert worden war und man ihm trotz seiner Jugend das Ritterkreuz verliehen hatte.

Die Großmutter beugte sich zu dem Gast hinüber. »Ich freue mich, dass Sie unserer Einladung gefolgt sind, lieber von Treskow! An unserer Tafel ist immer ein Platz für Sie frei! Wie lange bleiben Sie noch in Königsberg?«

Gottfried lächelte geschmeichelt. »Oh, nur noch ein paar Tage. Ich kann es eigentlich gar nicht erwarten, wieder an die Front zurückzukommen.«

»Dann erzählen Sie uns doch einmal ausführlich, wie es zum Ritterkreuz, dieser hohen Auszeichnung eigentlich kam!«

Das wollte sich Gottfried nicht zweimal sagen lassen, und er erzählte stolz, was der Wehrmachtsbericht des »Großdeutschen Rundfunks« schon vor einigen Wochen zu Propagandazwecken verbreitet hatte. Als Mitglied des »Adlergeschwaders« war es ihm nämlich mit seiner JU 88 in einer einzigartigen Glückssträhne gelungen, dem modernsten britischen Flugzeugträger, der »Ark Royal« im Sturzflug einen Nahtreffer an die Bordwand und noch einen weiteren auf das Vorschiff zu versetzen.

Zwar kannte inzwischen schon jeder die Geschichte der »Ark Royal«, aber interessanter war es doch, alles aus dem Mund des jugendlichen Helden zu hören.

Gertraud lauschte mit halb offenem Mund und heißen roten Wangen. Sie verschlang Gottfried förmlich mit den Augen, und Magdalena hatte fast ein wenig Mitleid mit ihr. Wenigstens schien auch die Mutter eine Weile aus ihrer stummen Lethargie erwacht, mit der sie seit Lutz' Tod jeden Tag versunken am Tisch saß und appetitlos im Essen stocherte.

Gottfried beendete seinen packenden Bericht, ließ sich den Schweinebraten mit Klößen schmecken und sah mit gerötetem Gesicht erwartungsvoll über den Rand seines Weinglases zu Magdalena hinüber, die ihm mit gezwungener Höflichkeit zulächelte.

»Es ist jedes Mal ein Vergnügen für mich, mit Ihnen zu plaudern, gnädige Frau!«, wandte er sich jetzt an Großmutter Louise, nachdem Frau von Walden auf einige seiner Bemerkungen nicht geantwortet und nach etlichen, rasch heruntergestürzten Gläsern Wein und einem unauffälligen Griff in das kleine Tablettendöschen vor ihr wieder in abwesende Teilnahmslosigkeit gefallen war, mit der sie blicklos auf die Tischdecke starrte. »Ihre Ansichten stimmen so ganz mit den meinen überein.«

»Ihre Eltern müssen sehr stolz auf Sie sein!« Wohlwollend nickte Louise ihm zu, sah aber gleichzeitig nach dem Zifferblatt der Standuhr und winkte dem die Teller abräumenden Diener Johann, den Radioapparat aufzudrehen. Aufgeregt trommelte sie mit den Fingern auf die weiße Tischdecke. Alle schwiegen nun erwartungsvoll vor dem Kommenden, gebannt der forschen Stimme des Nachrichtensprechers lauschend, der mit den Meldungen eines britischen Luftangriffes auf Essen und Köln und des Großangriffes der sowjetischen Krim-Front gegen die 11. deutsche Armee begann. Anlässlich des Heldengedenktages kam nach einer Weile schließlich Hitler selbst zu Wort. Seine aufpeitschende Stimme klang, vom Quäken und Knarzen des Radioapparates unterbrochen, durch den Äther: ›Die bolschewistischen Horden an der Krim, die unsere deutschen Soldaten in diesem Winter nicht zu besiegen vermochten, werden von uns im kommenden Sommer bis zur Vernichtung geschlagen sein!‹

Aufbrausender Jubel des Publikums verschluckte den Rest.

Magdalena fühlte ihr Herz so laut klopfen, dass sie beinahe keine Luft mehr bekam. Paul, ihr Paul kämpfte an der Krim! Wenn ihm dort nur kein Leid geschah! Die weiteren Meldungen, wie die Forderung von Reichsjustizminsters Freisler, der bei Zuchthausstrafen über zehn Jahren die Todesstrafe verhängen wollte, rauschten an ihrem Ohr vorbei, fanden aber den Beifall von Gottfried. Es entwickelte sich eine lebhafte Diskussion, in der der junge Mann in flammender Zustimmung dem Justizminister recht gab und nach einer rigorosen Säuberung des deutschen Staates, vor allem von den Juden, verlangte.

»Ihre Kommilitonin Hanna Kreuzberger ist ein gutes Beispiel!«, wandte er sich plötzlich an Magdalena. »Nicht, dass ich persönlich etwas gegen sie hätte – aber sie ist eben jüdischer Abstammung und gehört nicht in unsere Mitte! Ihr Studienplatz könnte einem deutschen Mädel zur Verfügung stehen! Aber das wird sich ja bald ändern ...«, er zögerte, konnte aber voller Wichtigkeit nicht an sich halten. »Ich sollte eigentlich nicht darüber sprechen – aber im Vertrauen gesagt: Ich hörte, dass eine Deportation Königsberger Juden ins nahe Ausland bevorsteht. Es soll eine Nacht- und Nebelaktion werden und ganz schnell über die Bühne gehen.«

Empört schluckte Magdalena die scharfe Entgegnung hinunter, die ihr auf der Zunge lag. Eine Deportation ins Ausland? Bei Nacht und Nebel? Wozu? Was bildete sich Gottfried eigentlich ein, der sich jetzt in einer Tirade gegen jüdische Mitbürger verlor, deren Schicksal er mit scheinheiligem Ernst bedauerte. Sie wagte nicht, ihm am Tisch offen zu widersprechen und war froh, als er endlich auf die Uhr sah und aufstand. Mit einem beklemmenden Gefühl dachte sie an Hanna Kreuzberger und den ernsten kleinen Jakob.

Nachdem Gottfried sich verabschiedet hatte, überlegte sie ernsthaft, ob sie mit Mama darüber sprechen sollte. Sie hatte

Hanna immer gern gemocht und ihre Beziehung mit Lutz nicht ungern gesehen. Sie ging auf ihre Mutter zu und umarmte sie. »Mama … ich muss dir etwas sagen …«, begann sie.

»Nicht jetzt, Kind!«, die Mutter erhob sich torkelnd, klammerte sich an den Tisch und sah mit glasigen Augen förmlich durch ihre Tochter hindurch. »Später …«

Nichts schien mehr durch den unsichtbaren Panzer der traurigen Abwesenheit zu dringen, der sie umgab, nichts sie zu interessieren. Magdalena hielt sich enttäuscht zurück. Es gab so viele Dinge, die sich verändert hatten. Schon lange nicht mehr hatte sich die Mutter wie früher nach den kleinen Sorgen der Tochter erkundigt – nach ihren Fortschritten in der Universität – oder auch nur gefragt, ob es ihr gefiel, dass dieser von Treskow immer erschien! Entgegen ihrer früheren Gewohnheit ging sie jetzt auch nach dem Abendessen sofort zu Bett. Magdalena hatte sich darüber gewundert – bis das Hausmädchen ihr eines Tages die Batterie Flaschen mit Hochprozentigem unter ihrem Bett zeigte. Das war schockierend, denn schließlich nahm die Mutter ja auch regelmäßig das Beruhigungsmittel, das ihr der Dr. Grabert, ihr Hausarzt nach Lutz Tod verschrieben hatte. Als sie mit Großmutter Louise darüber reden wollte, sah diese sie nur streng über ihre Brillengläser hinweg an. »Was redest du denn da für einen Unsinn, Kind!« Das war genau der preußisch strenge Tonfall, den sie immer anschlug, wenn sie keine Widerworte duldete. »So etwas kommt doch in unserer Familie nicht vor! Deine Mutter wird dieses Unglück überwinden! Als Lutz in den Krieg zog, musste man mit allem rechnen. Er hat sein Leben dem Vaterland geopfert. Wir stehen in Deutschland mit einem solchen Verlust schließlich nicht allein da. Die Zeit heilt alle Wunden!« Damit hatte sie wieder zu ihrem Buch, einer Ausgabe von Goethes Briefen an Frau von Stein, gegriffen und das Gespräch damit beendet.

Mutlos ging Magdalena in ihr Zimmer und setzte sich an den kleinen Schreibtisch, um einen neuen Brief an Paul zu beginnen. Doch ihre Hand gehorchte ihr nicht, ihr Kopf war leer, und sie war zu aufgewühlt. Immer wieder musste sie an Hanna denken und an Gottfried von Treskows Worte. Eine Nacht- und Nebelaktion? Was bedeutete das genau – und wann würde das sein? Sollte sie zu ihr gehen – sie noch einmal warnen? Aber das hatte sie ja bereits getan – Hanna vertraute ihrem Schicksal, war blind gewesen, gegen die Gefahr, die ihr drohte.

Sie legte sich zu Bett, ohne gleich einschlafen zu können. Ein unruhiges Gefühl hielt sie wach, und als sie weit nach Mitternacht gerade in einen leichten, oberflächlichen Schlummer gefallen war, wurde sie von Geräuschen draußen im Garten geweckt. Ihr war, als höre sie das unterdrückte Weinen eines Kindes. Und jetzt – ein Ton wie ein Kratzen an ihrem Fenster; nein, es waren kleine Steinchen, die mit einem leisen Klacken gegen die Scheibe fielen. Sie fuhr hoch, sprang mit einem Satz aus dem Bett und riss das Fenster auf. Unten stand Hanna, den Arm um Jakob geschlungen. Ihr Gesicht war verzerrt, weiß vor Angst, und sie streckte flehend die Hand nach ihr aus.

Viele tausend Kilometer weit weg, kämpfte sich Paul mit seinem Motorrad über den mit zähem Lehmschlamm bedeckten Boden der weiten, russischen Felder. Der Himmel war grau, es regnete in Strömen und immer wieder blieb sein Krad in der aufgeweichten Erde stecken, und es kostete große Mühe, es herauszuziehen und wieder flott zu machen. Seine Hand, erst kurz verheilt, schmerzte höllisch unter dem Druck, die Maschine in gerader Stellung zu halten und nach einem Sturz wieder aufzurichten. Immer abends, wenn er todmüde auf sein Lager fiel und seine Hand massierte, schmerzten und plagten ihn die fehlenden Finger, als seien sie noch vorhanden. Das einzig Erfreuliche war, dass die deutsche Armee weiterhin erfolgreich vorrückte. Aber noch hatten sie die Halbinsel Kertsch nicht erobert.

Immer wieder knallte auch an diesem Tag mehrfach feindliches Geschützfeuer, und er musste sich jedes Mal der Länge nach in den matschigen Dreck schmeißen, der danach fest an seinen Kleidern haftete. Auch die Angst vor Heckenschützen war immer da, den unsichtbar hinter Büschen lauernden Partisanen, die schon viele Kameraden mit einem einzigen, gezielten Schuss hinterrücks von ihrem Motorrad geholt hatten. Mehr als einmal verfluchte er seine Unachtsamkeit, den Verlust des Ständers am Kommandeurwagen, der ihn in diese Lage gebracht hatte.

Endlich erreichte er nach einer anstrengenden und gefährlichen Rumpelfahrt durch die unebene Schlammwüste die von den Kameraden provisorisch errichtete, etwas erhöht liegende Rollbahn. Die Fahrt ging trotzdem nicht gerade leichter voran, denn er musste höllisch aufpassen, nicht auf den abschüssigen Rand zu gelangen. Der Regen fiel jetzt heftiger und verwandelte die Rollbahn von einer Minute auf die andere in eine scheußlich glitschige Fläche. Die Nässe, von Windböen getrieben, brannte in seinen Augen und nahm ihm die Sicht. Er schien wie durch eine Welt aus Watte und Feuchtigkeit zu fahren. Aus dem Nichts der wässrigen Nebelschwaden tauchte urplötzlich ein Laster auf, der in hohem Tempo auf ihn zukam. Der Fahrer, der ihn zu spät sah, versuchte noch auszuweichen, doch sein Anhänger schleuderte und fegte ihn mitsamt dem Krad seitlich von der Bahn. In hohem Bogen landete er in einem wassergefüllten Graben und spürte nur noch, wie das Hinterteil des Motorrads gegen seinen Kopf knallte. Dann verlor er das Bewusstsein.

Die fremde Stimme mit den gutturalen Tönen drang zwar schwach, aber eindringlich an sein Ohr. Er öffnete die Augen, ohne seinen ertaubten Körper zu spüren, mit dem er bis zum Hals im kalten Wasser des Grabens lag. Irgendjemand hatte das

Motorrad herausgezogen und packte ihn jetzt unter den Armen.

»Dawai, dawai«, befahl die Stimme erneut, und als er den Kopf hob, erkannte er im Nebel halben Bewusstseins die deutsche Uniform eines Kommandanten mit den dazugehörigen Abzeichen auf der Schulter, der Befehle an umstehende Soldaten erteilte, deren scharf geladene Gewehre merkwürdigerweise direkt auf ihn gerichtet waren. Er wollte etwas sagen, aber er schlotterte so an allen Gliedern, dass er nichts Verständliches herausbrachte. Man legte ihn auf eine Pritsche und verfrachtete ihn in einen Wagen. Dann spürte er, wie man versuchte, ihm etwas Heißes durch die Kehle zu flößen. Gott sei Dank, er war gerettet!

»Danke!«, stammelte er, »danke, Kameraden.« Prickelnd und brennend rann das Blut in seinen Körper zurück, und er sank erneut in Ohnmacht.

Jemand rüttelte ihn aus den Tiefen der Bewusstlosigkeit an der Schulter. »Aufwachen!« Vorsichtig versuchte er, sich aufzurichten. In seinem Kopf dröhnte es. »Wo bin ich?« Niemand antwortete, doch das leise Bullern des Ofens in der Ecke, in dem ein Feuer prasselte, hatte etwas Anheimelndes. Er befand sich in einem dunklen, bunkerähnlichen Raum.

»Du warst auf dem Weg zum Armeegefechtsstand, nicht wahr? Wir haben die Nachricht an deine Einheit gelesen, die du bei dir hattest«, sagte eine stark akzentuierte Stimme in korrektem Deutsch. Sie klang sehr hoch, wie die eines sehr jungen Mannes. »Aber das meiste darin war verschlüsselt. Darum ist es gut, dass du wieder aufgewacht bist!«

Paul kniff die Augen zusammen, um im Halbdunkel das Gesicht des Sprechenden zu erkennen, der in der Ecke stand.

»Du wirst uns jetzt Rede und Antwort stehen und alles sagen, was du weißt, vor allem, was in der chiffrierten Nachricht steht!«

Paul begriff nicht. Der Mann in deutscher Uniform ging jetzt mit gesenktem Kopf vor ihm auf und ab, und unter der Mütze konnte Paul im flackernden Schein des Talglichtes nur die Umrisse seines Gesichtes sehen. Was wollte man von ihm wissen? »Sie haben mir das Leben gerettet«, stammelte er und betastete seinen Körper. Er war bis auf ein paar Schrammen und einen Brummschädel wohl unverletzt. »Wer sind Sie – ich meine, aus welcher Kompanie ...«

Der Offizier unterbrach ihn barsch. »Wann wird der Angriff auf die Halbinsel Kertsch stattfinden und wie soll das geschehen?« Die Frage war unumwunden, direkt und ziemlich seltsam. Paul versuchte, seinen schmerzenden Kopf anzustrengen.

»Wo wollt ihr durchbrechen? Mit wie viel Mann, welchen Geschützen? Ich will den Tag wissen, die Uhrzeit, Daten und Fakten, alles! Habt ihr Unterstützung der Luftwaffe? Komm, rück raus damit! Sag uns alles, sag uns die ganze Wahrheit, oder wir schmeißen dich in den Graben zurück!« Jetzt klang die Stimme richtig böse.

Paul kapierte gar nichts. Es musste an seinem Zustand liegen, seiner Benommenheit. Wo war er bloß, und wieso wollte dieser Uniformierte etwas von ihm erfahren, das ihm eigentlich doch bekannt sein musste?

»Aber ... das wissen Sie doch ...«, stotterte er schließlich verwirrt.

»Njet!«, schrie der Mann, und Paul fasste sich an die Stirn. Wahrscheinlich funktionierte sein Gedächtnis noch nicht ganz.

»Ich weiß einiges, aber nicht alles, was du mir sagen könntest. Du wärst beinahe ertrunken, Soldat!«, sprach die Stimme weiter. »Im Sumpfwasser. Ich hoffe, wir haben dich nicht umsonst rausgezogen.«

»Wer sind Sie?«, fragte Paul noch einmal und versuchte aufzustehen. Doch die beiden Bewacher rechts und links neben der Tür sprangen herbei, drückten ihn auf sein Lager zurück und pressten ihm den Lauf ihrer Gewehre auf die Brust. Jetzt erst sah er, dass es sich um russische Soldaten handelte.

Die Situation erhellte sich ihm mit einem Schlag. »Ein Spion«, schoss es Paul durch den Kopf, »der Mann, der mich verhört, ist ein Überläufer aus deutschen Reihen. Ein Verräter, der sich kaufen ließ!«

»Mir ist nicht ganz klar, was Sie meinen«, fragte er langsam, um Zeit zu gewinnen, »aber ich habe wirklich keine Ahnung, was in den Rohrpostbriefen steht, die ich von einem Gefechtsstand zum anderen transportiere. Es sind Geheimsachen! Glauben Sie mir doch! Ich bin bloß Bote, ein kleiner Kradmelder!« Das entsprach nicht ganz der Wahrheit, denn er wusste genau, dass der Gegner getäuscht werden und der Angriff auf die Stadt Kertsch der Halbinsel durch eine Überraschungsoffensive erfolgen sollte.

»Wo bin ich?« Er sah sich in dem engen, dunklen Raum um. »Und was machen wir hier? Wer sind Sie?«

»Du bist in einem Bunker, einer Festung, tief im Felsen an der Küste!« Die Stimme des Offiziers in der deutschen Uniform klang stolz. »Und wer ich bin, geht dich nichts an. Du wirst den Bunker so lange nicht verlassen, bis du uns alles verraten hast, was wir wissen wollen. Dann lassen wir dich vielleicht wieder zu deiner Einheit zurück. Wir wissen, dass ihr Deutschen es auf Sewastopol abgesehen habt, die stärkste Festung der Welt.« Er ging mit klackenden Schritten zum kleinen Fenster, das wie ein Bullauge aussah, aber wenig Licht gab.

Paul hörte ein Rauschen, das wie rhythmisch sich brechende Wellen des Meeres klang. Vielleicht in einer Kasematte in der Nähe der Küste?

»Aber da habt ihr euch getäuscht – denn du wirst uns eure Pläne verraten und von welcher Seite ihr angreifen werdet! Antworte!« Das Talglicht auf dem Tisch beleuchtete jetzt das junge Gesicht des Offiziers, der seinen Kopf zurücklegte und die Mütze abnahm. Langes, schwarzes Haar rieselte in dichten Locken über seinen Rücken.

Eine Frau! Eine Russin in deutscher Uniform. Paul starrte sie dermaßen entgeistert an, dass sie in lautes Lachen ausbrach.

»Schaut ihn euch an!«, sagte sie spöttisch zu den Soldaten, die sie umstanden und mit rauem Gelächter einstimmten. »Ich glaube, den könnt ihr getrost mir allein überlassen!« Sie wurde wieder ernst. »Geht! Das Bürschchen kriege ich schon noch klein!« Die Soldaten verließen salutierend den Bunker und schlossen die gepanzerte Eisentür hinter sich.

»Nun, was ist? Mir kannst du doch alles sagen!«, forderte sie Paul auf, schüttelte ihre schwarze Mähne, die offen bis zum Gürtel reichte, und beugte sich so nah über ihn, dass ihr Haar seine Wangen kitzelte. Er sah fasziniert zu ihr auf. War es das flackernde warme Talglicht in dem düsteren Bunker, war es die unwirkliche Atmosphäre? Eine so schöne Frau glaubte er noch nie in seinem Leben gesehen zu haben! Die milchweiße Haut ihres Gesichts mit den breiten Backenknochen war makellos, mandelförmige dunkle Augen mit langen Wimpern brannten darin mit seltsamer Eindringlichkeit, und der volle, fein gezeichnete Mund unter der schmalen Nase hatte einen spöttisch kühlen Zug. Sie erhob sich, zufrieden mit der Bewunderung, die sie in Pauls Augen gelesen hatte. Ihre biegsame schlanke Gestalt mit den langen Beinen steckte in der eng sitzenden deutschen Uniform wie in einem Maßanzug. Er glaubte zu träumen. »Wieso sprechen Sie meine Sprache?«, stieß er hervor. »Und wie kommen Sie zu dieser … Uniform?«

»Das möchtest du wohl gerne wissen, he? Aber das geht dich gar nichts an!«, fuhr sie ihn grob an. »Starr mich nicht so an. Das gehört sich nicht.« Sie nahm die Kappe, fasste ihr Haar zusammen und stülpte sie sich wieder über den Kopf. »Und jetzt rede – sonst rufe ich meine Leute herein, und dann wirst du dein blaues Wunder erleben!« Lässig zog sie eine Pistole hervor. »Los! Sprich! Ich höre!«

»Und wenn Sie mich vierteilen!«, rief Paul aus. »Ich kann nur das aussagen, was ich so nebenbei mitgekriegt habe. Es ist ja alles noch in der Vorbereitungsphase.«

»Dann raus damit!«, schrie sie in grobem Ton und stieß den Pistolenlauf gegen seinen Kehlkopf. »Wir haben gehört, dass ihr einen besonderen Plan habt, irgendeinen faulen Trick – und genau den will ich jetzt erfahren!«

Paul stieß einen Schmerzenslaut aus. Er musste jetzt etwas sagen, irgendetwas! »In der Parpatschlinie …«, würgte er hervor, » im Norden werden wir in Stellung gehen. Ein Großangriff mit Werfern und elektrisch gezündeten Bomben … damit wir über den Panzergraben durchbrechen können …«

Aufs Geratewohl erläuterte ihr Paul den ersten, einfachen Plan, von dem er wusste, dass General von Manstein ihn bereits längst infrage gestellt hatte. Der kluge Stratege wollte sein Vorgehen ändern und suchte nach einer anderen Möglichkeit – einem Täuschungsmanöver, das die Russen in die Knie zwingen konnte. Er wollte den Feind irreführen, ihn einkesseln, möglicherweise von Süden aus, über das Meer. Aber wie das geschehen sollte, war noch nicht ganz klar gewesen. Er hütete sich jedoch, von diesem Vorhaben auch nur ein Wort zu verraten, zumal der andere Angriffsplan weitaus plausibler klang.

»So was haben wir uns bereits gedacht. Aber das ist lächerlich! Wir fangen euch ab wie die Hasen – über unseren Panzergraben kommt niemand lebend hinüber!« Die Russin lächelte schwach, schien aber noch nicht ganz zufrieden. »Nun weiter – was habt ihr sonst noch vor?«

Paul überlegte krampfhaft. Er musste sie auf die falsche Spur führen und noch einiges dazu erfinden, wie man den Wölfen etwas zum Fraß vorwarf, um sie ruhig zu stellen.

»Wie ich schon sagte, dachten wir daran, bei vollem Bombardement am Panzergraben durchbrechen …« Er stockte.

Sie nahm die Pistole und richtete sie ungeduldig auf Pauls Schläfe. »Weiter! Welche Waffen werdet ihr einsetzen, und mit welcher Wirkung ist zu rechnen? Unser Graben ist breit, mit Wasser gefüllt und perfekt abgesichert. Ich warne dich zum letzten Mal. Wenn du nicht die Wahrheit sagst, schieße ich dich nieder wie einen tollwütigen Hund!«

»Lassen Sie mich nachdenken! Glauben Sie wirklich, dass ich das alles so aus dem Ärmel schütteln kann?«

Paul versuchte, in ihren halb zusammengekniffenen Augen eine menschliche Regung zu erkennen. War diese Frau wirklich so grausam, wie sie tat? Als sich ihre Blicke trafen, schien es Paul, als mildere sich das feindliche Blickfeuer, mit dem sie ihn musterte. Er legte den Kopf schräg und versuchte ein schmales Lächeln, das ihm bei seinem Grübchen im Kinn bei Frauen immer mehr als Sympathie eingebracht hatte. Es schien, als zaudere sie einen Augenblick, als öffneten sich ihre vollen Lippen, doch dann fuhr sie ihn grob an. »Was grinst du mich so einfältig an?«

In diesem Augenblick öffnete sich die Tür. »Anouschka?«, rief eine tiefe, beinahe grollende Stimme, und ein bärtiger Hauptmann trat ein. Er musterte ihn mit grimmigem Blick, dann wandte er sich um: »Täubchen, wo bleibst du denn?«

Die so Angesprochene erhob sich, steckte die Pistole in ihren Gürtel und antwortete ihm etwas auf Russisch, das er nicht verstand. Sie versetzte Paul noch einen heftigen Tritt und zischte. »Wenn ich wiederkomme, erzählst du mir auch den Rest. Du wirst mir auch alles genau aufzeichnen. Ich will wissen, wie eure Stellungen sein werden, wo sich euer Hauptquartier befindet und an welchem Platz sich der General während des Kampfes aufhält! Hörst du! Dieser von Manstein – den wollen wir uns kapern, ihn ausschalten, verstehst du? Dann wird die ganze Sache ein Kinderspiel werden!« Sie ballte die Faust, während der Hauptmann zufrieden nickte. Die Eisentür knallte hinter den beiden zu, dass es von den Betonwänden widerhallte. Paul hörte, wie sich draußen der Schlüssel mehrmals rasselnd im Schloss drehte.

Magdalena wich vom Fenster zurück. Was machte Hanna mitten in der Nacht hier? War es das, womit Gottfried von Treskow noch vor ein paar Stunden geprahlt hatte, diese obskure Nacht- und Nebelaktion, der Abtransport jüdischer Mitbürger aus der Stadt? Schnell legte sie sich einen Schal um und lief auf bloßen Füßen zum Eingangsportal, um so leise wie möglich die Tür aufzuriegeln. Hanna rannte wie von Furien gehetzt hinein und fiel ihr schluchzend um den Hals. Den kleinen Jakob schüttelte ein leises Wimmern. Er war schon so eingeschüchtert, dass er kaum wagte, Laute von sich geben.

»Komm rein, Hanna, schnell, hier in mein Zimmer!«, flüsterte Magdalena, die Angst hatte, irgendjemand im Haus könnte die Geräusche gehört haben. Besonders vor Gertraud, der eigenen Schwester, die Gottfried von Treskow so abgöttisch verehrte und überzeugtes Mitglied der HJ war, musste sie sich in Acht nehmen.

»Psst!«, sie legte den Finger auf den Mund. »Seid ganz leise, man darf euch nicht hören!«

Hanna zog die Schuhe aus, nahm den zitternden Kleinen auf den Arm und Magdalena führte sie vorsichtig die knarrende Treppe in den ersten Stock hinauf, in dem die Schlafzimmer lagen. Kaum hatte sich die Tür hinter ihnen geschlossen, hörte sie Gertrauds Tür und ihre Schritte im Flur.

»Magdalena!«, rief sie halblaut. »Irgendetwas war da im Garten. Hast du das auch gehört?«

Magdalena öffnete ihre Tür einen Spalt. »Nichts Besonderes. Geh wieder zu Bett. Mir war nicht gut und ich musste an die frische Luft. Hab wahrscheinlich heute zu viel zu Abend gegessen.« Sie hörte die Schwester noch eine Weile herumkramen, und

als alles wieder ruhig war, wandte sie sich Hanna zu, die kreide-
bleich und völlig aus der Fassung auf ihrem Bett saß. Der kleine
Jakob war, den Daumen im Mund, auf den weichen Kissen bereits vor Erschöpfung eingeschlafen. Magdalena deckte ihn zu
und legte beruhigend den Arm um Hannas Schulter. »Gut, dass
du gekommen bist. Was ist denn passiert?«

»Ich schlief schon, als in der Nacht plötzlich laut an die Tür
gehämmert wurde«, berichtete sie stockend und unter Tränen.
»Dann läutete es Sturm. Unser Hausmädchen hat nicht gewagt
aufzumachen, Mutter war noch geschwächt von ihrer Krankheit,
und Jakob fing an zu schreien. Irgendwann haben sie die Tür
eingeschlagen. Mama war im Nachthemd, sie trat ihnen entgegen. Sie haben sie mitgenommen, so wie sie war. Nicht mal umziehen durfte sie sich!«, sie schluchzte auf, und Magdalena legte
ihr mit einem leisen »Pscht!« die Hand auf den Mund.

»Sie waren so grob, haben sie an den Haaren gerissen und
mit sich gezogen, als sie sich geweigert hat. Zum Schluss nahmen sie noch unsere beiden Silberleuchter vom Kamin, packten
sie ein und meinten, das bräuchten wir ja jetzt doch nicht mehr.
Draußen wartete ein Lastwagen mit laufendem Motor. Wie ein
Stück Vieh stießen sie Mama zu den Leuten hinein, die schon gedrängt darin saßen. Wir haben durch den Türspalt alles mit angesehen, Jakob und ich. Dann kamen sie noch einmal ins Haus
zurück, wollten auch uns holen. Da hab ich Jakob bei der Hand
genommen, und wir sind einfach davongelaufen, auf die Terrasse über den Garten und in die Büsche, durch eine kleine Pforte.
Wir wussten nicht wohin – dann kamen mir deine Worte in den
Sinn und …«

Magdalena hatte dem Redestrom unbeweglich zugehört. In ihrem Kopf arbeitete es. Ohne groß darüber nachzudenken, hatte
sie Hanna in einem plötzlichen Impuls angeboten, sie zu verstecken, und das war ehrlich gemeint gewesen. Und nun war dieser
Fall schneller als gedacht eingetreten! Jedenfalls war sie gar nicht

vorbereitet. Wo und wie sollte sie die Flüchtlinge nun unterbringen, ohne dass ihre Familie oder sonst jemand es bemerkte?

»Gut, dass du das gemacht hast!«, ermutigte sie Hanna hastig, als sie die Angst in ihren Augen sah. »Aber hier, in diesem Zimmer könnt ihr natürlich nicht bleiben! Das würde auffallen. Lass mich überlegen!« Eine Stille entstand, in der niemand etwas sagte und nur die raschen, ängstlichen Atemzüge Hannas zu hören waren, die mit geschlossenen Augen totenbleich und zusammengesunken auf der Bettkante saß.

»Das Einzige, was mir im Augenblick einfällt, ist der Dachboden«, begann Magdalena unsicher. »Dort oben ist ein Kämmerchen mit einem Tresor, in dem Wertsachen und Papiere hinterlegt sind. Alles ist angefüllt mit altem Gerümpel – es ist eng, aber es gibt wenigstens ein Dachfenster! Da könntet ihr bleiben – vorläufig, bis wir Näheres wissen. Dahinter ist auch noch ein Hohlraum – für den Notfall. Ich bringe euch zu essen – und alles, was ihr braucht. Aber ihr müsst sehr leise sein – niemand darf auch nur ahnen, dass ihr hier seid. Versprich es mir, Hanna! Du musst gut auf Jakob aufpassen, damit er nicht schreit oder laut ist.«

Hanna nickte, verzweifelt krampfte sie die Hände zusammen. »Ach Magdalena, in welcher Zeit leben wir bloß! Was wird aus Mama werden, wohin bringt man sie? Sie ist ja nicht gesund!«

»Das kann ich dir nicht sagen. Aber du musst jetzt an dich und deinen Bruder denken. Deine Mutter würde es nicht anders wollen, hörst du!« Rasch packte sie Decken und Sofakissen zusammen und suchte Kleidungsstücke aus ihrem Schrank heraus. »Hier! Das muss für heute Nacht genügen.«

Der kleine Jakob stöhnte im Schlaf, dann schlug er die Augen auf. »Durst, Durst!«, rief er. Hanna legte ihm die Hand auf den Mund. »Psst, Jakobchen, sei ganz still. Du kriegst gleich was.«

»Wartet auf mich, aber rührt euch nicht!« Magdalena schlich barfuß in die Küche hinunter und packte in einen Korb Brot, eine Kanne mit Wasser, der sie etwas selbst gemachten Holundersirup hinzufügte. Dann nahm sie noch einen großen Putzeimer und trug alles, leise ihre Schritte auf die Treppenstufen setzend, hinauf bis zum Dachboden. Aber wie sollte sie bloß die Luke geräuschlos öffnen und herabziehen, deren Ring weit oben nur mit einem langen Stab mit Haken zu erreichen war? Wie lange war man dort schon nicht mehr hinaufgestiegen? Eigentlich war es ein ideales Versteck – und für Hanna würde es sicher nicht für lange sein!

Behutsam stocherte sie mit dem Holzstab an dem verrosteten Eisenring herum, der sich beim besten Willen nicht von der Stelle bewegen ließ. Es fehlte ihr einfach die Kraft, und sie stellte fest, dass sie unbedingt die Hilfe einer zweiten Person brauchte, um die Luke mit der Leiter herabzuziehen. Leise stieg sie die Treppen wieder herunter, an Gertrauds Zimmer vorbei, in dem glücklicherweise alles ruhig blieb.

»Hanna, komm mit – du musst mir helfen, die eingerostete Luke zu öffnen!«

Hanna warf einen Blick auf den schlafenden Jungen. Konnte sie ihn hier für ein paar Minuten allein lassen? Was wäre, wenn er wieder aufwachte und begänne zu schreien? Sie musste das Risiko eingehen. Sie folgte Magdalena, die vorsichtshalber das Zimmer hinter sich abschloss, auf den Dachboden, und gemeinsam schafften sie es, die unangenehm knarrende Dachluke Stück für Stück herunterzuziehen. Hanna kletterte ein paar Sprossen empor und nahm die Decken und den Eimer mit den Vorräten entgegen. Auf halbem Wege nach unten hörten sie, wie der allein gelassene Jakob plötzlich aus Leibeskräften zu rufen und zu weinen begann und gegen die verschlossene Tür klopfte. Magdalena schob Hanna in ihr Zimmer, schloss hinter ihr ab, schwang sich über den Handlauf nach unten und war in der nächsten Minute im Wohnzimmer, am Radioempfänger. Sie drehte ihn bis zum Anschlag auf und schraubte an ihm herum, bis dass das

Krächzen, Quietschen, die Teile von Stimmen und Musikfetzen schier unerträglich laut herausdröhnten und das ganze Haus mobil machten. Oben hatten sich schon die Schlafzimmertüren geöffnet, und die Erste, die unten neben ihr stand, war Gertraud.

»Bist du jetzt ganz übergeschnappt?«, schrie sie und hielt sich die Ohren zu. »Was machst du denn mitten in der Nacht für einen Krach?« Auch Theo kam verschlafen herbeigewankt, tippte sich an die Stirn, während Oma Louise ihr zerknittertes Gesicht durch die Tür steckte und versuchte, ihre Brille aufzusetzen.

Nur Mama schlief offenbar so fest, dass sie nichts hörte.

»Magdalena! Was ist denn in dich gefahren?«, rügte Louise, die das Radio energisch abstellte und sie streng durch die schief sitzenden Brillengläser ansah. Die plötzliche Stille sauste ungewohnt in den Ohren.

»Ich … ich konnte nicht schlafen«, Magdalena stellte sich zerknirscht, »mir … mir war nicht gut. Ich hab mir wohl den Magen verdorben, und da dachte ich, ich schaue mal, was im Radio ist. Aber es war wohl falsch eingestellt, und als es so laut wurde, habe ich nicht gleich den richtigen Knopf gefunden …«

»So ein Unsinn«, die Großmutter schüttelte den Kopf, »jetzt nimmst du mal Bullrichsalz und gehst wieder zu Bett. Ich mache dir eine Wärmflasche – da wird es dir sicher bald besser gehen!«

»Die spinnt doch!«, rief Gertraud erbost. »Die ganze Zeit rumort sie schon im Haus herum, und zwar so laut, dass ich nicht schlafen kann!«

»Halt den Mund, du Schlafmütze!«, fauchte Magdalena die Schwester an. »Steck dir doch Watte in die Ohren, wenn du so empfindlich bist!«

Mit einem giftigen Blick verschwand Gertraud wieder in ihrem Zimmer und knallte die Tür hinter sich zu.

Louise machte sich in der Küche zu schaffen, und als sie mit der Wärmflasche herauskam, war Hanna mit ihrem kleinen

Bruder im Arm bereits in fliegender Eile über die Luke auf den Dachboden geklettert. Sie hatte sich den Lärm zunutze gemacht und die quietschende Leiter so weit wie möglich hochgezogen. Doch ein deutlich sichtbarer Spalt blieb bestehen. Magdalena hatte sich mit der Wärmflasche und dem Bullrichsalz gehorsam in ihr Zimmer begeben und lauschte nun darauf, dass im Haus wieder alles ruhig wurde. Ihr Herz klopfte wie wild vor Angst, dass Gertraud oder Theo die noch halb offene Dachluke bemerkten. Es blieb ihr nichts anderes übrig, als noch einmal hinaufzuschleichen und sie ganz zu schließen!

Es klopfte leise an ihre Tür, und Magdalena sprang erschrocken mit einem Satz ins Bett. Louise trat ein, setzte sich zu ihr auf den Bettrand und sah sie mit ihren hellen Augen hinter den runden Brillengläsern kritisch an. »Fühlst du dich jetzt besser, Kind? Gibt es etwas, was du mir sagen möchtest?«

»Nein, Omi, wirklich nichts! Aber mir geht es wie Mama – ich kann das mit Lutz nicht vergessen. Nachts muss ich immer daran denken, und dann ist es mit dem Einschlafen vorbei, oder ich habe schlechte Träume. Warum musste er bloß so früh sterben?«

»Was für eine dumme Frage!« Louise drehte den Kopf zur Seite, damit man nicht sah, wie ihr die Tränen in die Augen stiegen. »Ich kann sie dir nicht beantworten. Auch für mich ist das sehr schwer zu begreifen. Er war mein Liebling. Aber er hat sein Vaterland verteidigt und ist dabei gefallen. Wir müssen uns damit abfinden.« Sie betupfte sich mit dem Taschentuch den Augenwinkel. »Du solltest heiraten, meine Kleine!« Sie nahm Magdalenas eiskalte Hand. »Dann kämst du auf andere Gedanken.«

Magdalena machte eine abwehrende Bewegung, und die Großmutter fuhr fort. »Ich weiß ja, du hast nur diesen Paul im Kopf! Aber diese Kleinbürgerfamilie, die Mutter, die von Tür zu Tür rennt, um ihr Papier zu verkaufen – so etwas ist doch nichts für dich!« Sie zog indigniert die Augenbrauen hoch. »Glaub mir!

Dieser von Treskow dagegen ... so einen würde ich mir für dich wünschen! Ein aufrechter, gerader Charakter aus guter Familie! Mutig, stolz und ...«

»... langweilig!«, setzte Magdalena rasch hinzu und richtete sich gerade im Bett auf. »Niemals! Ich empfinde nichts für ihn und werde es nie tun. Von mir aus kann Gertraud ihn ruhig haben. Ich heirate nur aus Liebe und keinen anderen als Paul!«

»Liebe!« Luise lachte in einem Ton auf, den Magdalena noch nie an ihr gehört hatte. »Liebe – was ist das schon! Ein kurzer Moment Glückseligkeit und ein Leben lang Enttäuschung!«

»Bei mir und Paul nicht! Da bin ich ganz sicher!«, sagte Magdalena eigensinnig und warf sich auf die Kissen zurück.

»Ich weiß schon – wie könnte es auch anders sein!«, die Großmama seufzte nachsichtig. »Du hast den Dickschädel von mir geerbt. Ich wollte auch nie hören – bis ich fühlen musste!« Sie zog die Decke über Magdalenas Schultern. »Gute Nacht, Lena. Schlaf jetzt. Und träum diesmal etwas Schönes!«

Sie zog die Tür hinter sich zu und Magdalena horchte auf ihre schleppenden Schritte auf der Treppe. Dann sprang sie wieder auf und lief nach oben. Leise auf einen Fußschemel steigend, drückte sie aus Leibeskräften gegen die Luke, während Hanna von oben zog. Schließlich versetzten sie der Holzklappe noch einen kräftigen Schubs, bis sie mit einem bösartigen und durchdringenden Knarren endlich einschnappte. Morgen würde sie sich Schmieröl besorgen und die Scharniere gut fetten, das war ihr letzter Gedanke, als sie sich nach einem Gute Nacht Klopfgruß für Hanna in ihrem Bett ausstreckte und todmüde einschlief.

4. Kapitel

In russischer Hand

Die schöne Anouschka hatte bei ihrem nächsten Besuch im düsteren Bunker Papier und Bleistift dabei. Sie löste die Handfesseln des Gefangenen und verlangte unumwunden, dass Paul ihr auf einer vorgegebenen Skizze die Stellungen der Deutschen aufzeichnete und Angaben über das mögliche Vorgehen eines Angriffs machte. Paul hatte erst versucht, sich weiter unwissend zu stellen – doch da wurde sie so wütend, dass er Angst bekam, sie würde ihn auf der Stelle erschießen. Ein rettender Gedanke ging ihm durch den Kopf: Er würde einfach etwas erfinden, einigermaßen plausible Fakten, die nichts mit den wirklichen Plänen zu tun hatten. Auf der Skizze erkannte er sogleich die Schwierigkeit des Geländes und das dichte Netz kleinerer russischer Anlagen, die sich vom Belbek Tal bis zum Schwarzen Meer hinzogen. Es war ein ganzes, stark ausgebautes, hervorragend verteidigtes Festungsfeld aus Stahl, Beton und Fels, das außer dem mit Wasser gefüllten Panzergraben unzählige andere Hindernisse wie Minenfelder, zahlreiche Stacheldrahtverhaue, Panzerbatterien und Granatwerfer aufwies. Wenn er das nur seinem General zeigen könnte! Er wusste, dass von Manstein gezögert, es als eine Unmöglichkeit bezeichnet hatte, von dieser Seite anzugreifen! Also konnte er in der Hinsicht alles Mögliche erfinden, das sicher nicht geschehen würde! Nebenbei versuchte er, sich die Befestigungen des Feindes zu merken und gut ins Gedächtnis zu prägen. Bereitwillig zeichnete er einen ausführlichen Phantasieplan, auf dem er die 11. deutsche Armee an der schwierigsten Stelle im Norden angreifen ließ und bezeichnete dort auch einen imaginären Punkt, an dem der General, sein Stab und die Positionen der Soldaten sich angeblich befänden. Schließlich fügte er noch etliche andere, völlig aus der Luft gegriffene Dinge hinzu und bemerkte, dass seine Geschichte Eindruck zu machen schien und Anouschka scheinbar mit ihm zufrieden war. Ihre Augen blickten sanfter, sie verschwand mit den Papieren und brachte ihm beim nächsten Mal etwas zu essen und sogar eine Flasche Wodka mit. Wahrscheinlich dachte sie, der Alkohol würde seine Zunge lösen und ihm noch letzte Geheimnisse entlocken. Ein paar Gläser des scharfen Zeugs hatten ihn tatsächlich erhitzt – aber auch auf eine völlig andere Idee gebracht. Als sie, die obersten Knöpfe ihrer Bluse aufgeknöpft, ihm mit übereinandergeschlagenen Beinen gegenübersaß und sich manchmal gespannt über das Papier neigte, um erkennen zu können, was er da zeichnete, kam sie ihm so nahe, dass ihr langes schwarzes Haar seine Wangen kitzelte und er den Duft ihrer Haut riechen konnte.

»Wie schön Sie sind!«, murmelte er plötzlich heiser und fast unhörbar und erlaubte sich, behutsam eine Strähne, die ihre Wangen umspielte, zurückzustreichen. Sie ließ es seltsamerweise geschehen, und es schien sie zu amüsieren, dass sie ihren Gefangenen ein wenig verwirrte. Tatsächlich kämpfte er gegen ein beinahe animalisches Gefühl an, sie an seine Brust zu ziehen und die Wärme ihres Körpers zu fühlen. So, als spüre auch sie die Spannung, die auf einmal in der Luft lag, stand sie ganz plötzlich auf, drehte ihm den Rücken zu und trat an das halb blinde Bullauge, das nur in einen leeren Schacht führte.

An ihrer milderen Behandlung am nächsten Tag, dem immer größeren Vertrauen, das sie ihm nach und nach entgegenbrachte, erkannte Paul, dass auch er ihr nicht ganz gleichgültig zu sein schien. So gut es unter diesen Umständen überhaupt möglich war, achtete er jetzt sehr auf sein Äußeres und verlangte Rasierzeug und Seife, was ihm auch gewährt wurde. Immer wieder suchte er den Blickkontakt mit seiner schönen Feindin und sah ihr tief und fordernd in die Augen. Sie wich aus, versuchte aber manchmal standzuhalten, bis ihr Blick weich wurde und ein leises Feuer darin zu lodern begann. Würde der ewige Zauber auch hier, in diesem schmutzigen, dunklen Bunker wirken? Es war wie ein Spiel um den Eros, ein Kräftemessen, und er wollte gewinnen, denn er spielte um sein Leben. Einmal, als sie ihm nahe genug war, wagte er es sogar, seine Hand vorsichtig auf ihr Knie zu legen. Ohne etwas zu sagen oder sich groß aufzuregen, schob sie sie nur leicht zur Seite – aber das leichte Flackern und weiche Verschwimmen in ihren Augen verriet ihre Verwirrung. Eines war sicher: Der Funke war übergesprungen, und er war dieser Frau gewiss nicht mehr so gleichgültig, wie sie tat! Das hier war seine einzige Chance! Es würde niemandem nützen, wenn er aus diesem Bunker nicht mehr lebendig herauskam und man ihn mit einer Kugel im Kopf in fremder Erde verscharrte. Seine beiden groben Bewacher betrachteten ihn mit gleichgültigen Mienen, er war hier nicht mehr als ein Stück Vieh, das man benutzte, um es dann auf die Schlachtbank zu führen. Er spannte all seinen Lebenswillen an: Er musste hier raus, egal wie, aber auf jeden Fall noch, bevor General von Manstein seinen Angriff startete! Denn dann würde man spätestens erkennen, dass er völlig erfundene Angaben gemacht hatte! Ob sein Plan aufgehen würde? Noch war er unsicher.

»Ich träume jede Nacht von dir«, sagte er am fünften Tag seiner Gefangenschaft zu Anouschka, und sein Blick wanderte von ihren dunklen, unergründlichen Augen bis zur vollkommenen Form ihrer Lippen, »davon, dich in meine Arme zu nehmen und zu küssen!«

Sie wich zurück. »Hör mit den Dummheiten auf, du Idiot«, fuhr sie ihn an, »was soll das?«

»Was das soll?«, antwortete er unbeirrt fort, ohne sie aus den Augen zu lassen. »Ich liebe dich – das weißt du ganz genau! Diese Leidenschaft, die in mir brennt, verzehrt mich, macht mich ganz verrückt! Du fühlst es doch auch, nicht wahr? Diese Anziehung, die Magie zwischen dir und mir?« Er fasste ihre Hand, ihre Taille, um sie an sich zu pressen und seltsamerweise schien sie sich nicht ernsthaft zu wehren.

»Das bildest du dir bloß ein!« Jetzt hatte sie sich doch losgerissen. »Ich vergesse niemals, dass du auf der falschen Seite stehst. Und außerdem bin ich vergeben.« Ihr hochmütiges Gesicht mit den hohen Backenknochen hatte sich leicht erhitzt und die Lider ihrer mandelförmigen Augen begannen zu flattern.

»Was macht das schon!« Paul bemühte sich, seiner Stimme einen rauen, verführerischen Klang zu geben und senkte seine Augen tief und verlangend in die ihren. Die blonde Locke war ihm in die Stirn gefallen und gab ihm ein verwegenes Aussehen. Er strich sie nicht zurück, trat auf sie zu und legte kühn seinen Arm um ihre Taille. »Komm«, flüsterte er mit aufleuchtenden Augen, »ich will dich, egal was geschieht! Komm heute Nacht zu mir! Wir werden uns lieben, uns aneinander wärmen! Niemand wird davon erfahren!« Sie starrte ihn wie hypnotisiert an, als er sie leicht an sich zog, die Hand hob und ihr zart von der Wange zum Hals hinunter strich, bis zur samtigen Weichheit ihrer vollen Brüste, die sich nun heftiger hoben und senkten.

»Njet!« Brüsk stieß sie seine Hand zurück und stürzte aus dem Raum, die Eisentür noch heftiger als gewöhnlich hinter sich zuknallend. Paul legte sich auf die Pritsche zurück. Ein zufriedenes Lächeln spielte um seine Mundwinkel. Es hatte gewirkt – die uralte Masche, so abgedroschen sie auch war, hatte selbst unter diesen miserablen Umständen ihren Effekt nicht verfehlt. Würde sie kommen? Jetzt musste er nur noch abwarten – aber es durfte nicht allzu lange dauern, bis sie sich ergab. Er wusste nicht, wann der Angriff auf die Halbinsel Kertsch und auf Sewastopol, die stärkste Festung der Welt, beginnen würde – aber wenn er dann noch hier war, hatte er das Spiel verloren und war tot!

Anouschka hatte den Bunker verlassen, als wäre sie auf der Flucht vor sich selbst. Sie wusste nicht, was mit ihr los war. Aber dieser blonde deutsche Gefangene mit dem Grübchen am Kinn und den blauen Augen, mit denen er sie so eindringlich ansah, verfolgte sie bis in ihre Träume. Sie musste unablässig an ihn denken, an seine zärtlichen, wie zufälligen Berührungen, die sie so erregten, dass sie fast den Verstand verlor. Er war so anders als ihr russischer Ehemann, so sanft, so – sie wagte es kaum zu denken – so verführerisch! Hatte Fjodor ihr jemals gesagt: Ich liebe dich? Jemals von verzehrender Leidenschaft gesprochen? Wie süß diese Worte klangen und wie der blonde Gefangene sie dabei angesehen hatte! Der zärtliche Ton seiner Stimme vibrierte noch in ihrem Ohr, die Berührung seiner Hand brannte auf ihrer Brust; sie hatte sie ganz durchschauert. Sie spürte, dass sie unter seinen Blicken ganz weich, ganz willenlos wurde, dass die harte Schale ihres kühlen überlegenen Äußeren, mit der sie sich umgab, wie eine brüchige Eierschale einzuknicken drohte und sie nur noch den Wunsch hatte, sich fallen zu lassen. Einmal sich hingeben, an seine Brust sinken, sich von seinen Armen umfangen lassen; seine Hände überall auf ihrem Körper zu fühlen und ihren Mund auf seine fordernden Lippen zu pressen …

Wenn Fjodor auch nur im Entferntesten ahnen würde, welch unsinniges und närrisches Begehren sie plötzlich plagte, er würde sie umbringen! Er war ein Bär von Mann, kräftig und praktisch visierte er sein Ziel an. Ihre Intelligenz, ihren Ehrgeiz und auch die für eine Frau so seltene Härte hatte er immer bewundert. Auch sie war immer stolz darauf gewesen, dass sie sich niemals von Gefühlen leiten ließ. Diese Eigenschaft, verbunden mit blindem Gehorsam und einer angeborenen Kälte des Gewissens, die vor Grausamkeiten nicht zurückschreckte, waren Grund genug gewesen, dass sie von den Genossen in Moskau für die Rolle einer Agentin ausgewählt worden war. Deshalb hatte man auch in sie investiert, sie in Hamburg studieren und sich die Sprache aneignen lassen. Immer hatte sie große Genugtuung darüber empfunden, für den Geheimdienst zu spionieren, denn ihr Hass auf die Deutschen, die ihren Vater ermordet hatten, ging tief. Der Offizier, dessen Uniform sie trug, hatte ihre Rache am eigenen Leib zu spüren bekommen – dieser Idiot! Es war ihr Auftrag, ihn zu benutzen, auszuhorchen und dann, wenn er unnütz geworden war, zu erschießen. Nichts hatte es ihr ausgemacht, gar nichts, ihn eigenhändig, ohne Gewissensbisse in ein Loch zu werfen! Tausende russische Soldaten ereilte bei den Deutschen das gleiche Schicksal, Tausende aus ihrem Volk mussten leiden und sterben!

Und gerade deshalb durfte sie nicht nachgeben, auch wenn diese gefährliche, unangebrachte Schwäche für den deutschen Soldaten nahezu übermächtig wurde und ihre Seele zu erweichen drohte! Der Gefangene hatte geredet, ihr alles gesagt und aufgezeichnet, was er wusste. Und sie war sich genau darüber im Klaren, was sie jetzt mit ihm tun musste, auch wenn ihr allein schon der Gedanke daran tief ins Herz schnitt. Sie ballte die Faust, um sich Stärke zu verleihen, doch ihre Hände zitterten, irgendetwas Feuchtes rann plötzlich über ihre Wangen. Tränen? Seit ihrer Kindheit hatte sie nicht mehr geweint. Ärgerlich wischte sie sie fort – doch es wurden mehr, eine nach der anderen strömte herab, ihr Mund verzog sich zu einer Grimasse, und sie schlug die Hände vor die Augen und versuchte vergeblich, das heftige Schluchzen, das tief aus ihrem Innern heraufstieg, zu unterdrücken.

Ein leises Geräusch, Flüstern vor der Tür und Schritte der Wachen, die sich entfernten, schreckten Paul mitten in der Nacht von seiner Pritsche. Ein Schlüssel rasselte im Schloss, die schwere Tür ging auf, und Anouschka stand vor ihm. Sie zitterte am ganzen Körper, und ohne ein Wort warf sie sich nur mit einem unterdrückten Stöhnen an seine Brust und küsste ihn mit unerwarteter Leidenschaft. Paul war verwirrt, er nahm den Kopf der jungen Frau in beide Hände und sah sie an. »Anouschka! Weißt du, was du da tust?«

»Es ist mir egal!« Ihre Stimme klang schluchzend, weich und samtig. »Noch nie habe ich so empfunden. Mir ist, als sei ich erwacht, als sei mein bisheriges Leben nur ein Gehorchen gewesen, ein Funktionieren im Lager der Bolschewisten! Aber jetzt weiß ich, was ich will«, ihre Augen brannten sich in die seinen. »Dich – nur dich!« Sie bedeckte sein Gesicht mit kleinen Küssen und murmelte: »Vielleicht bin ich jetzt erst eine Frau geworden, erwacht aus einem langen, leblosen Schlaf, in dem mein ganzes Fühlen unter Pflicht und Gehorsam begraben war! Lieber will ich tot sein, als so weiterzuleben!«

In Pauls Kopf überschlug sich eine Vielzahl von Überlegungen und Empfindungen. Jetzt kam es darauf an, ob er es schaffte, Anouschka von seiner Liebe zu überzeugen, damit sie keinen Verdacht schöpfte. Angst und Unsicherheit wechselten mit seinem Lebenswillen zu entkommen und dem körperlichen Begehren, Anouschka zu besitzen und sie zu bezwingen. Er wusste, dass es keinen Kompromiss für ihn gab, als er die schöne Russin an sich presste und ihr zärtliche Worte ins Ohr murmelte. Das, was die sonst so unerbittliche Spionin im Rang eines russischen Offiziers da tat, war Wahnsinn, Wahnsinn für sie – aber für ihn die Rettung aus einer Lage, die unweigerlich seinen Tod bedeutete! Nur noch ein ganz flüchtiger Gedanke an Magdalena streifte ihn. Anouschka spürte sein leises Zaudern und nahm sein Gesicht in beide Hände. Sie suchte seine Augen und sagte etwas, was er nicht verstand. Dann warf sie sich erneut in seine Arme, und ihre Hände glitten sehnsüchtig unter sein Hemd und suchten seine nackte Haut, während ihre Lippen seinen Hals liebkosten. »Moi ljublimez« (Mein Liebling), murmelte sie wie in Trance und schmiegte sich an ihn. Er nahm sie mit großer Anstrengung bei den Schultern und hielt sie ein Stück weit von sich weg.

»Aber wie stellst du dir das vor … was ist danach … ich meine, was sollen wir tun?«

»Ich gehe mit dir.« Anouschkas Stimme war nur noch ein zärtlicher Hauch. »Alles ist vorbereitet. Wir werden zusammen fliehen. Ich werde sagen, dass ich den Befehl habe, dich an einen anderen Ort zu überstellen. Wir verstecken uns vorerst bei Bauern – bei den Tartaren! Nur wir beide, zusammen!« Ihre Augen leuchteten. »Tief in den Wäldern Russlands wird uns niemand mehr finden. Dort werden wir überleben, bis der Krieg zu Ende ist! Ich habe dir eine russische Uniform mitgebracht.« Sie legte ein verschnürtes Paket auf die Pritsche. »Und auch deine deutsche – je nachdem, was du brauchen wirst!«, fügte sie hastig hinzu. »Aber es hat keine Eile – lass uns zuerst den Moment genießen … ich will nur bei dir sein. Hier sind wir ungestört. Mein schöner, blonder Germane! Hast du nicht gesagt, dass du mich liebst?«

Paul zog sie wieder an sich, während er jedes Wort abwog. Er durfte jetzt nichts Falsches tun, geschweige denn sagen. »Doch, ja, ich … liebe dich. Aber … was ist mit den Wärtern? Vielleicht schöpfen sie Verdacht, wenn du dich so lange in der Zelle aufhältst?«

»Sie würden es tun!« Anouschka lachte gurrend. »Wenn ich sie nicht fortgeschickt hätte …« Ihre Worte erstickten in dem leidenschaftlichen Kuss, mit dem sie Paul ungeduldig zu sich auf die Pritsche zog. Sie war nackt unter ihrem Anzug und der leichten Bluse, die er mit einem Griff von ihren Schultern streifte, um ihre Brüste zu liebkosen. Die Arme um ihn schlingend, bot sie sich ihm dar und stöhnte vor unterdrückter Lust auf, als er, ohne zu viel Zeit zu verlieren, von ihrem Körper Besitz ergriff. Es war wie ein Rausch, der sie beide überkommen hatte, eine Leidenschaft, in der der Verstand für kurze Zeit keine Rolle mehr spielte.

Pauls Denken begann jedoch mit verstärkter Intensität wieder einzusetzen, als er sich von ihr löste. Sie öffnete die Augen, trunken, fast schläfrig wie eine satte, zufriedene Katze schnurrte sie an seiner Schulter und atmete mit einem tiefen Seufzer aus. Dann schüttelte sie ihr schwarzes, an den Schläfen feucht gewordenes Haar zurück. »Ja ljublju« (Ich liebe dich), flüsterte sie ihm noch ein über das andere Mal ins Ohr, während sie sich mit trägen Bewegungen wieder anzog. »Lass uns fliehen! Die Wachen können ihre Posten vor morgen früh nicht verlassen.« Sie nahm aus ihrem Rucksack eine Flasche Wodka und etwas Proviant. »Dann sind wir längst fort. Ich habe einen Wagen organisiert, der draußen wartet. Komm«, sie zögerte leicht, »noch einen Kuss!« Sie sank wieder an seinen Hals, presste die Lippen auf seinen Mund, hing nahezu unersättlich an ihm und liebkoste ihn mit aller Inbrunst und allem Feuer, das bisher unerweckt in ihr geschlummert hatte. Vorsichtig schob Paul sie von sich. »Anouschka, wir haben doch noch so viel Zeit vor uns. Ich bin unruhig – lass uns erst fliehen.«

Sie nickte mit einem verzückten Lächeln. »Ja, du hast recht, Geliebter. Ich will alles tun, was du willst.« Noch einmal bedeckte sie seine Brust und Arme mit schnellen Küssen, bevor sie ihm die löchrige Decke, die auf seiner Pritsche lag, über die Schultern legte.

»Komm!« Er zog sie mit sich, doch als sie an der Tür waren, hörte man harte Stiefeltritte, die sich klackend und laut über den Betonboden näherten. Der Schlüsselbund klirrte.

»Was ist das?«, Anouschka fuhr erschrocken zurück. Die Eisentür schlug gegen die Mauer, so heftig wurde sie aufgestoßen.

»Höh – Sobaka!« (Verdammt), brüllte eine grobe Stimme, und Paul rann das vorher so erhitzte Blut plötzlich wie Eiswasser durch die Adern. In der Tür stand Fjodor, der bullige russische Offizier, Anouschkas Ehemann. Er war betrunken, sein Gesicht stark gerötet, und er schwankte sichtlich.

»Swinja (Schwein)«, grollte er unheildrohend in seine Richtung. »Was du machen mit meiner Frau?« Eine Alkoholfahne schlug Paul entgegen, als er sich ihm näherte und eine russische Schimpfkanonade auf ihn niederprasseln ließ, von der er nicht das Geringste verstand. Nicht ohne Furcht sah er ihm entgegen, aber er wich nicht zurück, als dieser mit der Faust vor seinem Gesicht herumfuchtelte.

»Beruhigen Sie sich!«, versuchte er ihn so kühl wie möglich in seinem gebrochenem Russisch anzusprechen. »Das ... das ist alles ganz harmlos! Sie hat mich nur verhört ...«

Er kam nicht dazu, weiter zu reden, denn der Offizier hatte ihm einen Faustschlag versetzt, bei dem er zu Boden stürzte. Schon holte er wieder aus, und Paul duckte sich zur Seite. Doch zu seinem Erstaunen hielt der Betrunkene plötzlich inne und begann irr zu lachen.

»Haha«, grunzte er. »Haha ... haha ...« Sein ganzer, kräftiger und muskulöser Körper wurde von diesem Lachen geschüttelt, und er trat noch einen Schritt auf ihn zu, ihn unverwandt ansehend. Doch dann wurde er ernst und seine Mundwinkel zogen sich grimmig nach unten. Er machte die Bewegung des Halsabschneidens und stieß kehlig und stockend, aber für Paul verständlich, hervor: »Du deutscher Teufel – ich dich umbringen!«

Paul erhob sich taumelnd. Sterne tanzten vor seinen Augen und in seinen Ohren summte es. Der Russe stieß ihn mit einem gutturalen Laut grob vor die Brust und zog dann die Pistole aus dem Koppel. Langsam hob er den Arm und kniff ein Auge zusammen, um besser zielen zu können, während Paul immer weiter vor ihm zurückwich. Er spürte, wie sich seine Nackenhaare sträubten und er zur Unbeweglichkeit erstarrte. Jetzt war alles aus.

Doch dann warf Anouschka, die sich zuerst in die Ecke der Zelle zurückgezogen hatte, sich plötzlich dazwischen. Die Pistole fiel zu Boden. Der bullige Offizier stürzte sich jetzt wie ein rasender Stier auf sie und brüllte: »Kurwa!« (Hure) Er packte sie bei den langen, schwarzen Haaren und umschloss ihre Kehle mit eisernem Griff. Die junge Frau stöhnte und würgte, als er erbarmungslos zudrückte. In diesem Augenblick gab es eine gewaltige Detonation, die den gesamten Bunker bis in die Grundfesten erschütterte und die Ohren ertauben ließ. Fjodor stolperte und fiel mit Anouschka zu Boden. Alarm schrillte. Die Wachen, die auf die Hilfeschreie und den Tumult in der Zelle herbeigeeilt waren, liefen zum Rapport. In der allgemeinen Verwirrung packte Paul die Pistole, die zu Boden geglitten war, versetzte Fjodor, der sich erheben wollte, einen kräftigen Stiefeltritt und zog Anouschka mit sich aus der Zelle, deren Tür er von außen ins Schloss schnappen ließ.

Sie liefen den Gang entlang, der in seinen Grundfesten erzitterte, und mit leichtem Schaudern dachte Paul einen kurzen Moment an die schweren deutschen Werfer, die mit ihrer unfehlbaren Reichweite selbst stärkste Betonplatten durchschlugen. Sollten ihn jetzt wie unter einem Fluch die eigenen Landsleute treffen? Wieder erschütterten starke Detonationen das Gebäude, Mauerteile fielen herab, und weißer Staub breitete sich wie eine Wolke vor ihnen aus. Die Wachen flüchteten mit ihnen in blinder Hast. Er folgte Anouschka nach Luft ringend durch die feuchten Gänge, und sie rannten um ihr Leben durch den engen Felsentunnel, der stellenweise bereits eingebrochen war. In fieberhafter Eile kletterten sie über im Weg liegenden Schutt und Betonteile, während aufeinander folgende, immer heftigere Erschütterungen Putz und Erde herabrieseln ließen und nun auch größere Brocken den Durchgang versperrten. Gerade, als sie den

Ausgang erreicht hatten, blitzte eine neue, schwere Explosion wie ein Feuerball auf. Mit seinem siebten Sinn für Gefahr riss Paul Anouschka mit sich zu Boden und rollte sich mit ihr zur Seite in einen Graben.

Magdalena hatte die ganze Nacht nicht geschlafen. Am Morgen fühlte sie sich wie gerädert. Was für eine vertrackte Lage! Wie sollte es weitergehen mit den Flüchtlingen im Haus? Wie lange konnte sie Hanna und den kleinen Jakob dort oben auf dem Dachboden verbergen, ohne dass irgendjemand Wind davon bekam? Sollte sie nicht doch die Mutter ins Vertrauen ziehen? Aber Frau von Walden schien es heute nicht sehr gut zu gehen, denn als Magdalena leise die Tür zu dem um diese Zeit noch verdunkelten Schlafzimmer öffnete, tönte ihr die fremd scheinende, schleppende Stimme der Mutter unwirsch entgegen, man solle sie in Ruhe lassen, da sie schlecht geschlafen habe. Magdalena wusste nicht, was sie davon halten sollte; seit Jahren war sie als Stütze der Familie immer die Erste gewesen, die in aller Frühe auf den Beinen war. Und so verwarf sie den Gedanken wieder, sie einzuweihen. Mama war nicht mehr die gleiche couragierte und lebenstüchtige Frau wie vordem – der plötzliche Tod des Vaters im letzten Jahr, dann der von Lutz – all das hatte etwas in ihr zerbrochen. Seit sie trank und abwechselnd Beruhigungs- und Schmerzmittel nahm, konnte man nicht mehr vernünftig mit ihr reden. Oma Louise schied ebenfalls aus – hatte sie doch aus einer gewissen Abneigung gegen die Juden nie ein Hehl gemacht. Unwohlsein vorschützend, beschloss sie, heute nicht in die Universität zu gehen, um erst einmal zu überlegen, was zu tun sei. In der Zeitung, dem Volksboten, der in der Diele lag, leuchtete ihr die Schlagzeile in fetten Druckbuchstaben entgegen: Juden raus aus Königsberg! Darunter stand ein Bericht über die vergangene nächtliche Blitzaktion, die angeblich schon lange fällig gewesene Deportierung jüdischer Mitbürger aus der Stadt in ein außerhalb gelegenes Lager. Hochtrabend war noch erwähnt, dass die von den Juden unrechtmäßig erworbenen Gelder und Gebäude konfisziert seien und dem deutschen Staat nun wieder zugeführt würden. Das bedeutete wohl nichts anderes, als dass Hanna und ihre Mutter ihr ganzes Vermögen verloren hatten und ihr Haus nie mehr betreten durften! Ein zum Himmel schreiendes Unrecht – aber wie musste erst Hanna das empfinden? Würde sie ihre Mutter, ihren Bruder Felix jemals wieder sehen? Sie hatte keine Ahnung, wie sie ihr das alles erklären sollte!

Als Gertraud und Paul in der Schule waren und Louise mit dem Hausmädchen zum Einkaufen ging, holte sie heimlich Essen und Getränke aus der Küche und schleppte alles hinauf auf den Dachboden. Vorsichtig zog sie die Luke herunter, die erneut erbärmlich quietschte und in den Angeln knarrte.

Hannas übermüdetes und blasses Gesicht erschien in der Öffnung. Sie lächelte Magdalena dankbar an, als diese ihr Brot, Butter und warme Milch hinaufreichte. »Jakob ist erst im Morgengrauen eingeschlafen«, flüsterte sie halblaut, »er war die ganze Nacht so unruhig und wollte zu Mama. Er hatte Alpträume und Angst vor den bösen Männern, die ins Haus kamen und sie mitgenommen haben! Ich habe selbst kein Auge zugetan, musste ihn beruhigen und erzählen, wir blieben jetzt so lange hier, bis Mutter wieder kommt.« Bang und mit ängstlichem Ausdruck setzte sie hinzu: »Hast du etwas erfahren können, wohin man sie gebracht hat – wohin der Transport gegangen ist?«

Magdalena schüttelte wortlos den Kopf. Es hatte keinen Zweck, Hanna mit dem Zeitungsbericht noch mehr in Angst zu versetzen. Sie tropfte Schmieröl auf die eingerosteten Scharniere und bewegte die Luke hin und her, bis kein Geräusch mehr zu hören war. »Reich mir die Wasserkaraffe, die leeren Teller und alles, was du da oben nicht mehr brauchen kannst.«

Verschämt reichte Hanna ihr auch den Eimer mit den Exkrementen hinunter, die sich nur auf diese Weise entsorgen ließen.

»Wir müssen abwarten!«, sagte Magdalena, so beruhigend sie es vermochte. »Ich komme später wieder und bring dir etwas zu lesen. Dann können wir überlegen, was wir unternehmen werden. Ich versuche auf jeden Fall, etwas in Erfahrung zu bringen. Allzu lange kannst du schließlich nicht hier in dem engen Loch verbringen.«

Unten begegnete ihr Louise, die gerade aus der Stadt zurückgekehrt war. Ihr silbernes Haar war tadellos frisiert, die rosigen Bäckchen gepudert und der weiße Blusenkragen mit der dezenten Spitze hoch geschlossen. Wie immer umgab sie ein zarter Duft von Lavendel und Seife. Magdalena kannte die Großmutter, die auf Stil hielt, nicht anders, hatte sie auch tagsüber noch nie nachlässig gekleidet oder gar im Morgenmantel gesehen.

»Ich sehe, es geht dir wieder besser, mein Kind«, sie bedachte Magdalena mit einem kritischen Blick, »aber eine simple Magenverstimmung sollte dich auf keinen Fall davon abhalten, deine Bücher vorzunehmen!«

»Was ist eigentlich mit Mama los?«, fragte Magdalena, um das Thema zu wechseln. »Sie liegt immer noch im Bett! Dabei ist sie doch gar nicht krank.«

Das Gesicht der Großmutter blieb unbewegt. »Das kannst du nicht beurteilen. Deine Mutter hatte immer schon Anfälle starker Migräne! Sie ist in dieser Hinsicht sehr empfindlich. Aber ich werde vorsichtshalber Doktor Grabert kommen lassen. Soll er auch einmal nach dir schauen?«

»Nein, nein«, erwiderte Magdalena hastig, »es geht mir schon bedeutend besser!« Bei der verschlossenen Miene Louises wagte sie nicht zu fragen, ob sie denn noch nichts gemerkt hatte, von Mamas ständiger Müdigkeit, ihrer schwankenden Teilnahmslosigkeit und vor allem davon, dass sie jeden Tag so stark nach Alkohol roch! Aber so etwas Ungeheuerliches hatte in einer Familie wie der von Waldens eben einfach nicht vorzukommen! Es war ein Tabu, etwas Unaussprechliches, über das man schwieg, es weitgehend ignorierte.

»Übrigens, Johann hat gekündigt«, wechselte Louise das Thema und zupfte an einem Löckchen ihrer Frisur. »Ich glaube, wir können in diesen unsicheren Zeiten auf einen Diener verzichten. Schließlich geben wir ohnehin keine Gesellschaften mehr.«

Magdalena nickte gleichgültig. Sie hatte andere Sorgen. Sobald es im Haus ruhig war, weil Louise den Speiseplan für die nächste Woche mit der Köchin besprach, nahm sie ein paar Bücher, die sie Hanna bringen wollte, und stieg wieder auf den Dachboden. Wenigstens quietschte und knarrte nun nichts mehr, und wenn man sich vorsah, würde niemand auf die Idee kommen, dass sich hier oben etwas anderes verbarg als altes Zeug, das man vor langer Zeit ausrangiert hatte. Zum ersten Mal sah sich Magdalena genauer in dem engen Raum mit dem winzigen Dachfenster um, in dem man nur gebückt stehen konnte. Alles war staubig und voller Gerümpel. Hinter der vom Tresor verdeckten Tür stand in einer Ecke auch der Eimer für die Notdurft. Im vorderen Bereich hatte Hanna mit Decken und Kissen, so gut es ging, ein Lager für sich und Jakob gerichtet und die Essensvorräte auf ein Tablett gestellt. Der Kleine, den Daumen im Mund, schlief immer noch fest und sah mit seinen roten Bäckchen und den blonden, zerzausten Locken so lieblich wie ein kleiner Engel aus.

»Was soll nun bloß werden?« Hanna sah sie ratlos und mit verzweifelter Miene an. »Vielleicht hätte ich Mama doch nicht allein lassen sollen. Aber ich war so in Panik. Nun weiß ich nicht einmal, wohin man sie gebracht hat – vielleicht ist sie im Judenhaus vor den Toren der Stadt! Die Männer waren so grob zu ihr ...«

»Mach dir keine Sorgen. Ich werde Anton fragen, einen Bekannten von mir, der im Kommissariat der NSDAP oben in Quednau arbeitet! Vielleicht kann er sich darum bemühen, dass man deine Mutter zurück nach Königsberg bringt«, beschwichtigte sie Magdalena, die sich einer dunklen Vorahnung nicht erwehren konnte. »Sie ist doch krank, nicht wahr? Ich könnte sagen, dass sie unbedingt ärztliche Hilfe braucht. Es wird alles gut werden. Du und Jakob, ihr seid hier erst mal in Sicherheit.«

»Aber meine Kleider, meine Wäsche – mein Schmuck, Jakobs Sachen! Alles ist noch im Haus. Ich konnte gar nichts mitnehmen …«

»Dann gehe ich einfach hin und hole dir das Nötigste«, sagte Magdalena nach kurzer Überlegung. »Hast du einen Schlüssel?«

»Ja, natürlich. Wenn du das für mich tun könntest!« Hanna ergriff dankbar ihre Hand. »Vor der Haustür ist rechts an der Seite unter einem Rosenbusch ein Stein. Darunter liegt immer ein Ersatzschlüssel!«

Jakob stieß ein leises Wimmern aus und drehte sich auf die andere Seite. Er war von dem leisen Flüstern nicht erwacht, und Magdalena betrachtete sein blasses Gesicht, in dem die Wangen unnatürlich rot wie kreisrunde Flecken leuchteten. In einem plötzlichen Impuls legte sie die Hand leicht auf seine Stirn.

»Ich glaube, Jakob hat Fieber!«, sagte sie unsicher. »Er ist krank. Fühl selbst, er ist ja ganz heiß!« Hanna erschrak, als sie seine kleine Hand in die ihre nahm, an der der Puls wie rasend pochte. »Stimmt! Um Himmels willen, er glüht ja!«, jammerte sie. »Und ich habe gar nichts bemerkt, außer dass er etwas unruhig war. Was hat er bloß?«

»Vielleicht ist es nur die Aufregung!«, beruhigte sie Magdalena. »Wir müssen abwarten, ob es sich von selbst legt. Kinder bekommen leicht Fieber! Gib ihm viel zu trinken! Ich muss jetzt gehen – später komme ich dann wieder, bring Leinenlappen und frisches Wasser mit, damit du ihm vorsichtshalber Wadenwickel machen kannst!« Sie kroch zur Leiter, um hinabzusteigen.

»Jakob, mein kleiner Schatz!«, hörte sie Hanna leise vor sich hin weinen, die vor dem Bruder kniete. »Du darfst doch jetzt nicht krank werden – nicht ausgerechnet in diesem Moment – und nicht hier!« Magdalena brach es fast das Herz, als sie ihr verzweifeltes Gesicht hinter der Luke verschwinden sah.

Unten hörte sie plötzlich etwas mit dem lauten Klirren zerbrechenden Glases zu Boden fallen. Sie lief in den Salon. Aus den Scherben einer zerbrochenen Karaffe und dazugehörigen Gläsern stieg ihr der scharfe und gleichzeitig süßliche Geruch von Alkohol in die Nase. Dazwischen kniete Mama im Nachthemd und schaute mit einem glasigen Blick zu ihr auf. »Oh ... pardon«, stammelte sie, »es ist nichts. Nur – eine kleine ›Bêtise‹«, lallte sie verlegen, die französische Umschreibung für Unannehmlichkeit wählend, und starrte auf die Bescherung vor ihr. Ihre Hand blutete, weil sie in die Splitter gegriffen hatte. Ein Speichelfaden rann ihr über das Kinn und ihre Haare waren zerzaust.

»Schon gut, Mama, ich mach das gleich weg!« Mit einem Gefühl inneren Entsetzens half Magdalena ihr auf und führte sie zum Sessel. Noch nie hatte sie ihre immer so beherrschte und gepflegte Mutter in einem solchen Zustand gesehen! Mit zitternden Fingern suchte sie in dem kleinen Medikamentenschrank bei der Anrichte nach einem Pflaster und verarztete die Teilnahmslose. Dann holte sie rasch einen Lappen und eine Kehrschaufel aus der Besenkammer und wischte die klebrige Lache vom Boden auf, bevor irgendjemand die Bescherung sehen konnte.

Die Mutter starrte immer noch hilflos, mehr im Sessel hängend als sitzend, vor sich hin. So eindeutig betrunken war sie noch nie gewesen, und ihr Anblick jagte Magdalena schreckliche Angst ein. »Gib mir noch was – ich brauch das jetzt unbedingt«, stammelte die Mutter, ohne recht zu wissen, was sie sagte und wie es wirkte, »dann wird alles leichter. Glaub mir, Kind ...«

In diesem Moment klingelte es. Gertraud und Theo mussten aus der Schule zurück sein – aber sie durften ihre Mutter auf keinen Fall in diesem Zustand sehen! Was sollte sie bloß tun? Sie hörte die Schritte des Hausmädchens, das im Begriff war, die Tür zu öffnen. »Du musst ins Bett, Mama«, sagte sie in einem Ton, der keinen Widerspruch duldete, »komm, ich helfe dir. Ich bringe dir auch gleich noch was ins Zimmer!«

»Aber sofort, hörst du?«, quengelte die Mutter in kindlichem Ton. »Etwas Starkes – was mich wieder auf die Beine bringt! Ich fühl mich so komisch.«

Von draußen ertönte das übliche Gezänke zwischen Gertraud und Theo wegen irgendwelcher nichtiger Kleinigkeiten. Magdalena packte die Mutter energisch unter den Achseln und führte sie über die kleinere Treppe des Salons in den ersten Stock hinauf. Hoffentlich kam Doktor Grabert bald, damit sie mit ihm über Mama sprechen konnte! Ob er schon wusste, dass die Migräneanfälle seiner Patientin eigentlich Alkoholexzesse waren, mit denen sie sich in letzter Zeit betäubte?

Im Esszimmer begann das Eindecken für die Mittagstafel, das Großmutter Louise wie gewöhnlich selbst überwachte. Magdalena war sicher, dass sie diesmal keinen Bissen herunterbrachte – sie würde einen Teil ihres Essens für Hanna und Jakob beiseite stellen. Ja, und die Essigumschläge für den kranken Kleinen! Das hätte sie beinahe vergessen! Mit bebenden Händen wrang sie ein paar alte Küchenhandtücher unter kaltem Wasser aus und kippte, ohne dass die Köchin es sehen konnte, ein wenig Essig darauf. Jetzt musste sie nur noch abwarten, bis alle an der Tafel saßen, bevor sie Essen und Umschläge nach oben zu Hanna bringen konnte. Schon wieder läutete es an der Tür. Das Hausmädchen meldete ausgerechnet Anton Schäfer und führte ihn herein.

»Ich hoffe, ich störe nicht, aber ich war gerade auf dem Weg und wollte nur einmal sehen, wie es dir geht!« Anton schien sichtlich verlegen. »Ich habe in der Mittagspause zufällig Marga, deine Kommilitonin, getroffen. Die sagte, du seiest krank!«

»Ach, ist schon fast vorbei!«, sagte Magdalena und bot Anton einen Platz an, obwohl sie ihn am liebsten rausgeschmissen hätte. Doch das wäre in ihrer Situation äußerst unklug gewesen.

»Kopfweh! Ich hab nicht gut geschlafen. Möchtest du mit uns essen?«

»Nein danke, sehr liebenswürdig«, lehnte Anton höflich ab. »Aber eigentlich bin ich hauptsächlich gekommen, weil ich dich und deine Familie persönlich einladen wollte – zu einem Festakt der NSDAP in einer Woche, bei dem Ehrungen und Auszeichnungen für verschiedene Soldaten aus Königsberg vergeben werden. Die offizielle Einladung kommt natürlich noch.« Er tat geheimnisvoll. »Ich dürfte ja nicht darüber sprechen – aber dein Bruder Lutz ist auch dabei, posthum, meine ich!«

Magdalena gab es einen Stich ins Herz. Wie naiv war Anton eigentlich? Sie fühlte, wie Wut in ihr hochstieg. »Meinst du wirklich, Mama und Louise hätten etwas davon, nach seinem Tod so etwas entgegenzunehmen? Das ist doch reiner Hohn!«

»Aber …«, Anton sah sie verständnislos an. »Ich habe mich selbst dafür eingesetzt! Dein Bruder hat es sicher verdient, er ist ein Held des Vaterlandes …«

»Held hin oder her!«, fauchte Magdalena, die sich jetzt nicht mehr beherrschen konnte, »ich wünschte, er lebte noch und würde nicht geehrt.« Sie brach in Tränen aus. Antons Gesicht verschloss sich beleidigt, sein gelblicher Teint wirkte wie aus Wachs, und hinter der Brille gingen seine Knopfaugen nervös hin und her. »Ich bin erstaunt, dass du so denkst«, sagte er dann kühl und in einem Ton, der Magdalena zur Vorsicht mahnte. Sie durfte sich Anton auf keinen Fall zum Feind machen.

»Entschuldige!«, sie legte die Hand auf seinen Arm und zwang sich zu einem Lächeln, »aber ich bin nach der schlaflosen Nacht wohl etwas mit den Nerven runter. Und Mama ist krank. Ich weiß nicht, ob sie es schafft zu kommen. Aber ich werde beim Festakt natürlich dabei sein – mit meiner Oma Louise.« Hastig fügte sie hinzu: »Übrigens sollten wir bald einmal in Ruhe einen Kaffee zusammen trinken? Willst du? Natürlich nicht heute – aber sobald ich wieder in Ordnung bin.«

Antons Miene entspannte sich. »Gern. Sag mir Bescheid, wann du Lust hast. Erlaubst du mir, hin und wieder bei dir vorbeizuschauen?«

»Warum nicht?«, Magdalena tat ganz unbeschwert. »Gerne! Ich wollte dich übrigens noch etwas fragen. Komm doch mit in mein Zimmer. Vielleicht kannst du mir einen kleinen Gefallen tun!« Sie nahm seine Hand, zog ihn mit sich und zwinkerte ihm verschmitzt zu. Der fahle Teint Antons rötete sich langsam. »Wenn es in meiner Macht steht«, versuchte er lässig zu bleiben und stieg hinter ihr die Treppen hinauf.

Sie bot ihm einen Platz auf ihrem kleinen Sofa, während sie auf dem zierlichen Rokokosessel vor dem Schreibtisch Platz nahm.

Anton sah sich interessiert um. »Schön hast du es hier. Sind das echt antike Möbel?«

»Ja, ich habe sie selbst zusammengestellt. Ich mag alte Sachen. Übrigens, die Aktion heute Nacht – ich meine, die mit den Juden! Die Kreuzbergers, von denen wir neulich gesprochen haben – die hat man doch sicher auch weggebracht ... ich meine, deportiert? Hast du eine Ahnung, wohin?«

»Wieso willst du das denn wissen?«, gab Anton sofort misstrauisch zurück. »Hast du etwa noch eine Verbindung zu ihnen?«

»Ich nicht ... aber du weißt ja, Lutz war früher mal mit Hanna befreundet. Er hat noch ein Medaillon von ihr – das möchte ich natürlich auf keinen Fall behalten, du verstehst doch?«

»Klar!« Anton schien zu überlegen. »Also, soviel ich weiß, wurden der Transport nach Minsk umgeleitet – in ein Konzentrationslager! Aber darüber darf ich eigentlich gar nicht reden.«

»Nach Minsk! So weit weg?« Magdalena versuchte, ihre Aufregung hinter einer gleichgültigen Miene zu verbergen. »Warum denn dorthin?«

»Geheimsache!« Das Gesicht Antons verschloss sich. »Es ist

eine Sammelstelle, in der alle Juden untergebracht werden. Später wird dann entschieden, was mit ihnen geschieht.«

Magdalena fühlte, wie eine kalte Hand nach ihrem Herzen griff. Sie durfte sich jetzt nicht zu weit vorwagen. »Aber ... man wird ihnen doch wohl nichts tun?«, fragte sie wie nebenbei.

Anton ging darüber hinweg. »Wir brauchen hier keine Juden. Unsere Stadt wird nach der endgültigen Ausweisung ganz anders sein. Gereinigt – würde ich sagen. Wenn wir endlich unter uns sind, hat jeder Deutsche größere Chancen. Übrigens – das Medaillon kannst du ruhig mir überlassen. Ich gebe es weiter an die Sammelstelle, die sich um die konfiszierten Vermögen des Judenpacks kümmert.«

Magdalena wäre ihm am liebsten an die Kehle gegangen, aber sie beherrschte sich. Es wäre unklug, es mit ihm zu verderben.

»Ich gebe es dir gerne beim nächsten Mal!«

Er wechselte das Thema. »Übrigens – hast du schon von dem neuesten Skandal in Königsberg gehört? Von der Universität Albertina aus sollen Flugblätter gegen das Nationalsozialistische Regime überall in der Stadt verbreitet worden sein.« Empört sah er sie an. »Welche feigen Hunde da wohl dahinterstecken! Wenn du irgendwelche Beobachtungen gemacht hast, oder vielleicht einen Verdacht hast, kannst du mir das ruhig mitteilen.«

Magdalena schüttelte den Kopf, ohne etwas zu sagen, aber ein eisiger Schauer rann ihren Rücken herab. »An der Universität?«, fragte sie mit matter Stimme und starrte wie gelähmt auf die Buchreihe, hinter der sie die restlichen Flugblätter gelagert hatte. »Weiß man denn, wer ...«

»Nein, noch nicht. Ich habe diese unglaubliche Nachricht gestern erhalten und bin gerade dabei, sie genau zu untersuchen«, fuhr Anton, sich ereifernd, fort. »Keine Gnade diesen Verrätern! Aus den eigenen Reihen! Aber wir stöbern sie auf – und sie werden diese Dummheit noch bereuen!«

Er sah auf seine Armbanduhr, stand auf und reichte ihr die

Hand. »Ich muss jetzt leider gehen! Meine Mittagspause ist vorbei. Hoffentlich geht es dir bald besser. Du bist wirklich noch ganz blass. Bleib nur, ich finde schon allein hinaus. Auf bald!«

Magdalena nickte mit trockenem Mund und sah ihm nach. Das Blut war ihr aus dem Kopf gewichen, und sie fühlte sich tatsächlich einer Ohnmacht nahe. Die Flugblätter – irgendetwas war da schiefgelaufen. Und was sollte sie jetzt bloß Hanna sagen?

Die Wachen vor dem Bunker waren damit beschäftigt, sich selbst vor den Erschütterungen in Sicherheit zu bringen und so achtete im allgemeinen Durcheinander niemand groß auf Anouschka und Paul. Anouschka schritt in ihrer russischen Offiziersuniform hoch erhobenen Hauptes voraus, während Paul ihr als Gefangener mit gesenktem Kopf wie zu einer Hinrichtung folgte. Rasch durchquerten sie unbehelligt den Sicherheitstrakt bis zur Absperrung, und Anouschka herrschte den dortigen Wachmann an, der mit einem Feldstecher gespannt die Truppenbewegungen in der Ferne beobachtete, sie augenblicklich aus der Gefahrenzone zu lassen. Er gehorchte sofort. Die Wolldecke über den Schultern stellte Paul sich, als sei er immer noch gefesselt. Eine neuerliche Explosion ertönte, und sie rannten jetzt mit großen Schritten zielgerade zu dem wendigen Geländewagen der Marke Ford, zu dem Anouschka die Schlüssel besaß. Ohne sich umzusehen setzte sie sich ans Steuer und gab sofort Gas. Immer noch befand sich die gesamte Bunkerbesetzung im Alarmzustand und versuchte, sich den anrollenden Panzereinheiten mit ihren feuerspeienden schweren Werfern entgegenzustellen. Befehle schallten, und alles lief wirr durcheinander.

Als die Genossin Anouschka Gregorewitsch, deren Ausweis die Soldaten an der Windschutzscheibe erkannten, nun in rasender Fahrt angebraust kam, ließen sie sie ungehindert passieren. Ein kurzes Salutieren – und der Wagen fuhr an den russischen Panzerbatterien vorbei und durfte das Sperrgebiet durchqueren.

Als die beiden Flüchtlinge endlich freieres Gelände erreichten, war hinter ihnen noch einmal eine ohrenbetäubende Detonation zu hören. Als sie sich umwandten, sahen sie mit Schaudern ein gewaltiges Flammenmeer am Horizont auflodern, das aus der Richtung des Felsenbunkers am Meer kam, den sie gerade verlassen hatten.

»Schade um die vielen Sektflaschen, die da unten lagern und die jetzt in die Luft gegangen sind«, sagte Anouschka zynisch. »Sicher hat es deshalb so geknallt.«

»Sekt?« Paul sah sie fragend an.

»Ja. Dein Gefängnis, das 30 Meter tief in den Felsen reichte, war das Depot einer Sektkellerei, bevor wir es im Krieg zu einem Munitionslager, Gefängnis und Lazarett umfunktionierten. Die Bunkeranlagen wurden übrigens direkt in die Felsen der Steilküste der Ssewernaja Bucht hineingehauen!«

»Dabei dachte ich schon, ich hätte mir das Geräusch der Meeresbrandung nur eingebildet!« Er sah sie von der Seite an, und sie erwiderte seinen Blick mit einer zärtlichen Geste, bevor die Fahrt weiter in Richtung des gebirgigen Hinterlandes ging. Anouschka war nervös, sie gab ordentlich Gas, fuhr in hohem Tempo und verlangsamte ihre Fahrt nicht einmal, als der Boden auf der provisorischen Straße uneben und holprig wurde.

Auf der Anhöhe eines buschig bewachsenen Hügels hielt sie schließlich den Wagen an. In einer Felshöhlung befand sich ein kleines, unbewachtes Munitionslager.

»Komm mit mir!« Sie zog ihn mit sich, fiel ihm wie besessen um den Hals und riss sich die Uniformjacke bis zur Brust auf. Es war unmöglich für Paul, ihr zu widerstehen und sie jetzt abzuwehren. Sie sanken atemlos auf den steinigen Boden und liebten sich mit einer Ekstase, als sei es das letzte Mal in ihrem Leben. Anouschka presste sich mit unersättlicher Gier an ihn, sie stöhnte, biss ihn, um ihn dann wieder verzückt zu streicheln, so als müsse sie das Gefühl, das sie beherrschte, in dieser einen Stunde bis zur Neige auskosten.

»Du bist ein Teufelsweib!«, murmelte er schließlich zwischen zwei leidenschaftlichen Küssen. »Und ich kann gar nicht genug von dir haben. Aber hier ist es zu gefährlich. Wenn man deinen Mann im Kerker entdeckt, wird man uns suchen ...«

Der Gedanke an den brutalen Fjodor kühlte Anouschka augenblicklich ab. »Du hast recht – er wird toben, und wenn er auf irgendeine Weise die Sprengung überlebt haben sollte, dann Gnade uns Gott. Er wird mich suchen, und wenn er mich findet, bringt er mich um und dich dazu! Aber das ist mir egal.« Sie erhob sich wie erwachend, nahm ihre Uniform, klopfte den Staub heraus und begann, sich langsam und mit verführerischen Gesten anzuziehen. Zärtlich sah sie Paul in die Augen. »Ich liebe dich! Es gibt für mich nichts anderes mehr auf der Welt als dich!«

»Komm, sonst werde ich wieder schwach!« Paul zog sie ins Auto. »Aber wir müssen weiter!«

Sie wandten sich noch einmal zurück und sahen auf das in der Ferne aufsteigende schwarze Rauchgewölk über der schwelenden Kasematte am Meer. »Dieser Felsenbunker galt als einer der sichersten an der Küste ...«, ein leiser Schauer lag in Anouschkas Stimme, »ich hätte nicht gedacht, dass man ihn sprengen könnte. Wir haben wirklich großes Glück gehabt!« Sie ließ den Motor aufheulen, und es ging weiter in halsbrecherischer Fahrt über Stock und Stein an unzähligen Befestigungen und Widerstandsnestern vorbei, die teilweise in dichtem Buschwald lagen oder tief in die Felsenhöhlen des gebirgigen Umfeldes hineingesprengt waren. Paul staunte insgeheim über den gewaltigen Aufwand, den die russische Seite vor Ort geleistet hatte, und betrachtete aus der Ferne die verwirrenden Umrisse von Panzergräben, Bunkern und Drahthindernissen. Er war sich nicht sicher, ob er die Position der in die Erde gegrabenen, gut getarnten Partisanenverstecke, die geschickt verborgenen Felsstationen, die ihm Anouschka beim Verhör auf ihrem Lageplan gezeigt hatte, auf Dauer im Gedächtnis behalten würde.

Immerhin ließ man die beiden in ihren olivfarbenen russischen Offiziersuniformen überall anstandslos passieren, nur ein russischer Vorposten, der mit einer kleinen Panzergrenadierkompanie unterwegs war, hielt den Wagen neugierig an. Anouschka empfahl Paul, auf jeden Fall den Mund zu halten und sich taub und verletzt zu stellen.

»Kommt ihr von der Küste?«, rief er ihnen entgegen.

»Ja, ich habe meine Leute verloren, bin versprengt«, antwortete Anouschka. »Wir sahen, wie es an den Felsen brannte und alles explodierte. Die anderen waren plötzlich weg, und jetzt wollte ich wieder Anschluss an die Division hinter Charkow finden! Diesen Mann hier«, sie deutete auf Paul, der die Hände auf die Ohren presste und sein Gesicht verzerrte, als habe er Schmerzen, »muss ich ins Lazarett bringen. Es hat ihn erwischt – Kopfverletzung. Er hat sein Gedächtnis und die Sprache verloren.« Sie tippte mit dem Zeigefinger an die Stirn.

»Verstehe!« Der Russe schüttelte den Kopf und betrachtete mit Hochachtung die Offiziersabzeichen auf Anouschkas Schulter. »Da haben Sie aber großes Glück gehabt, Genossin! Wenn Sie eine Ahnung hätten, was da unten inzwischen los ist!« Er deutete in Richtung Küste. »Wir haben die Funksprüche abgehört. Die Deutschen bombardierten von Norden und haben den Felsenbunker über den Panzergraben hinweg mit einer Art Wunderwaffe getroffen.«

»Ich habe die Detonation gehört!« Anouschka nickte. »Es sieht so aus, als sei beinahe der ganze Küstenfelsen explodiert!«

»Das Schlimmste war leider, dass unsere Leute von den Kommissaren den Befehl hatten, den Bunker bei drohender Übergabe in die Luft zu sprengen. Nichts sollte in die Hände der Feinde fallen. Irrtümlicherweise haben sie diesen Befehl gleich ausgeführt, obwohl es noch gar nicht nötig war. Ich denke, da hat niemand überlebt.« Er schüttelte bedrückt den Kopf und sein volles Gesicht glich dem eines beleidigten kleinen Jungen.

Anouschka zog die Augenbrauen zusammen. »Soviel ich weiß, befand sich in den Nachbarhöhlen der Felswand ein ganzes Lazarett – mindestens tausend Landsleute! Dazu die Zivilbevölkerung ... Das muss Genosse Stalin doch gewusst haben!«

Der Soldat nickte mit unbeweglicher Miene. »Kapitulation ist bei uns eben verboten, Genossin. Wir sterben, damit Mütterchen Russland lebt.« In seinen Augen stand der stoische Gehorsam, dem ein jahrelanger Drill vorausgegangen war.

Paul verstand kein Wort der Unterhaltung, erriet aber aus dem Mienenspiel und den Gesten, um was es sich handeln musste. Was für ein Glück, rechtzeitig aus dieser Hölle entkommen zu sein!

Anouschka schwieg – nur einen kurzen Moment dachte sie an Fjodor, ihren Mann, der das Unglück wahrscheinlich nicht überlebt hatte. Doch sie empfand kein wirkliches Bedauern über seinen Tod.

»Schließt euch uns an, Genossen«, sagte der Vorposten schließlich, »wir ziehen uns hinter die Frontlinie zurück. Dort ist ein Notlazarett eingerichtet, und da wird man uns neu aufstellen.«

Anouschka blieb nichts anderes übrig, als einzuwilligen, um keinen Verdacht zu erwecken. Doch sie behielt den Wagen im Auge, ließ ihre Sachen darin und machte Paul ein Zeichen, dass sie sich im Dunkeln bei der ersten Gelegenheit davonmachen würden. Es gab in den Bergen etliche Dörfer, in denen sie Zuflucht finden konnten.

Als die Nacht hereinbrach, verwickelte Anouschka zwei der sich geschmeichelt fühlenden Wachen in ein kokettes Geplauder, und Paul, der inzwischen noch einige Kanister Benzin aus dem Lager organisiert hatte, machte sie wenig später aus dem Hinter-

halt mit einem kurzen Nackenschlag des Pistolenlaufs kampfunfähig.

Mit allen Kräften bemühten sich die beiden Flüchtlinge nun,
den leichten Geländewagen so geräuschlos wie möglich vor-
wärtszurollen, denn das Brummen eines Motors so dicht am Lager wäre allzu verräterisch gewesen. Erst, als sie genügend Abstand hatten, wagten sie ihn zu starten.

Gegen Morgen, nach etlichen mühsamen Kilometern landwärts durch unwegsames, steppenartiges und gebirgiges Gebiet
lag plötzlich, in ein enges Felsental eingebettet, ein malerischer
Ort vor ihnen, das Tartaren-Dorf Juchary Karales. Müde und erschöpft beschlossen sie, dort zu bleiben. Paul war auf der Hut,
denn er wusste, dass in diesem Gebiet auch deutsche Infante-
rie-Divisionen der 11. Armee untergebracht waren. Es war also
angezeigt, die Kleidung zu wechseln; das hieß für Anouschka,
ein Kopftuch und einen hässlich verschlissenen Wollrock anzu-
legen, den sie einer zahnlosen Bäuerin abgekauft hatte, und für
Paul, seine deutsche Uniform anzuziehen. Den Ford versteckten
sie geschickt zwischen Bäumen und Büschen. Da die freiheits-
liebenden Tartaren das bolschewistische Joch hassten und die
Deutschen bewunderten, durch die sie sich eine Befreiung durch
die russische Übermacht erhofften, gab sich auch Anouschka als
Deutsche aus. Nachdem sie einer Tartarenfamilie Geld für eine
abgeteilte Unterbringung in ihrem einfachen, ein wenig abseits
des Ortes liegenden Holzhäuschen geboten hatten, das eher einer komfortablen Bretterbude glich, schien sie vor allem erst einmal glücklich zu sein, Paul nun ganz für sich zu haben.

Die kinderreiche Tartarenfamilie, bei der sich Anouschka vorsichtshalber als Deutsche ausgab, war freundlich und der Großvater, ihr Oberhaupt, lud das Pärchen sofort zum gemeinsamen
Abendessen ein.

Mit Händen und Füßen, einige deutschen Brocken eingestreut,
sprach der Alte, dessen Augen vor Hass funkelten, davon, wie

sehr sie sich von den Russen unterdrückt und ausgenutzt fühlten, weil diese Kolchosen errichteten und ihnen alles wegnahmen, was sie besaßen. Die Empörung war gerade groß, weil russische Vernichtungs-Bataillone aus Kriegsgründen rücksichtslos ihre sämtlichen Mühlen und Lebensmittellager zerstört hatten, um die Krim zu räumen.

»Ein Teufelswerk«, eiferte sich der Alte, »die Religion zu verbieten und aus unserem blühenden Land eine kommunistische Wüste zu machen!«

Mit Anouschka als Übersetzerin berichtete Paul ihm von der Tragödie im Felsenbunker und wie er der russischen Gefangenschaft und Todesgefahr bei der Explosion entronnen war. Der Alte bekreuzigte sich und musterte ihn andächtig. »Gelobt sei Jesus Christus, er hat dich beschützt!«

Während des einfachen, aber ausgedehnten Mahls schweiften Pauls Gedanken jedoch immer wieder ab und kreisten um seine eigene verzwickte Lage. Er hatte von dem Alten erfahren, dass im benachbarten Ort eine deutsche Kompanie einquartiert sei. Dorthin musste er sobald wie möglich gelangen und sich Anouschka vom Hals schaffen, die in ihrer blinden Besessenheit wie eine Klette an ihm hing und ihm in vielerlei Hinsicht im Wege war. Sie wollte eine Liebe von ihm, die er ihr nicht geben und auch nicht länger vorspielen wollte. Wenn man ihn zudem in den Armen einer Russin erwischte, ohne dass er sich vorher bei seiner Truppe gemeldet hatte, war wohl sein Schicksal besiegelt. Noch während des Essens verließ er nach etlichen unvermeidlichen Gläsern des selbst gebrauten Schnapses heimlich das Haus, nahm den Wagen und fuhr davon, um die Garnison zu suchen.

Der Hauptmann der deutschen Kompanie lauschte dann verwundert seiner schier unglaublichen Geschichte, seiner Gefangenschaft im Felsenbunker, der er wie durch ein Wunder entkommen war. Natürlich erwähnte Paul mit keinem Wort seine

Begegnung mit Anouschka, die er nun ihrem Schicksal überlassen musste. Aber er hatte kein Mitleid – seiner Einschätzung nach würde eine Frau wie sie überall durchkommen.

Der Befehlshabende, der zunächst noch einige Zweifel an seiner abenteuerlichen Erzählung hegte, sandte sofort einen Funkspruch zum Hauptquartier, das seine Aussage bestätigte, er sei der vermisste Kradmelder Paul Hofmann, den man tot oder in russischer Gefangenschaft glaubte.

Nahtlos reihte man ihn gleich unter die Soldaten der Truppe ein, denn jeder Mann wurde gebraucht. Die Vorbereitungen zur Eroberung der angeblich uneinnehmbaren Festung von Sewastopol liefen bereits auf vollen Touren. Der Großangriff sollte sich vorerst vor allem auf die Sapun-Höhen und die Sswernaja-Bucht konzentrieren – aber es war von einer besonderen Aktion die Rede, einem Spezialfall, der vorerst noch geheim gehalten wurde.

Anouschka, von dem reichlich genossenen Rübenschnaps des Tartarenbauern benebelt und in gelöster Stimmung, bemerkte erst spät, dass Paul schon seit geraumer Zeit fort war und nicht wieder erschien. Sie wurde langsam unruhig, wartete noch eine Weile, sah immer wieder zu der niedrigen Holztür und brachte bald keinen Bissen mehr herunter. Schließlich hielt sie es nicht mehr aus und lief hinaus. Die Nacht war dunkel, ruhig und sternenklar. Hinten, im Schatten des Gebüschs war der Wagen verschwunden. Es war, als steche ihr jemand ein Messer mitten ins Herz. Er war fort! Sie hastete zu dem barackenartigen Verschlag, in dem sie die Nacht verbringen wollten. Seine deutsche Uniformjacke, die dort gelegen hatte, war nicht mehr da und die Russische lag zusammengeknüllt am Boden. Anouschka stieß einen unterdrückten Laut zwischen Wut und Schmerz aus, der begleitet wurde von einem Schwall russischer Flüche und Verwünschungen. Es fiel ihr schwer zu begreifen, dass der Mann, für den sie alles aufs Spiel gesetzt hatte, den sie grenzenlos liebte, sich so einfach aus dem Staub gemacht, sie getäuscht und verlassen hatte! Ein brennendes Gefühl der Rache stieg in ihrem Herzen auf, das sich bisher so unverwundbar und gefühllos glaubte! Sie würde ihn finden, wo auch immer er sich aufhielt! Wutentbrannt packte sie das in ihrem Gürtel verborgene Messer und stieß es so lange in die weiche Erde, bis sie keuchend innehalten musste. »Das wirst du mir büßen, du falscher Hund!«, keuchte sie. So würde sie ihn treffen, wenn er noch einmal vor ihr stünde, ihm die verräterischen blauen Augen auskratzen, ihm den Schädel einschlagen! Vernichten wollte sie ihn – das schwor sie sich in diesem Moment, während sie ihre Hände um einen dicken Ast krallte, als müsse sie prüfen, ob sie stark genug seien, ihn damit zu erwürgen! »Betrüger – Lügner! Aber ich finde dich!«, stieß sie hasserfüllt hervor, »wo du auch bist! Und wenn ich selbst dabei draufgehe!« Erschöpft schluchzend wie ein enttäuschtes Kind brach sie schließlich am Fuß des Baumes zusammen.

Paul hatte dem Hauptmann der Kompanie eine genaue Schilderung seiner Gefangenschaft im russischen Bunker tief im Felsen der Küste gegeben – und auch, wie es ihm gelungen war, von dort zu fliehen. Auf einem Blatt Papier begann er noch in der Nacht, aus dem Gedächtnis Zeichnungen von der Umgebung, den versteckten Widerstandsnestern und Minenfeldern anzufertigen und deren Lage, so gut es ging, zu bestimmen. Der Hauptmann erkannte sogleich, dass Paul durch seine ausgezeichneten Geländekenntnisse hervorragend dafür geeignet war, sich in vorderster Linie zu bewähren. Per Funkspruch gab er alle Informationen durch, die er von ihm erhalten hatte. Dennoch würde es ein schwieriges Unternehmen werden, der Festung Sewastopol Herr zu werden. In unaufhörlichen Diskussionen rang man darum, wie man am besten vorgehen sollte. Der erste, von General von Manstein entwickelte Plan, die Festung von Norden und vom Land her mit seiner 11. Armee möglichst lückenlos von allen Seiten einzukreisen und abzuschließen, um den Hafen der Ssewernaja-Bucht unter Kontrolle zu bekommen, war ja von ihm selbst inzwischen verworfen worden. Trotzdem das Gelände und vor allem die Bunker im felsigen Gelände aus der Ferne erfolgreich bombardiert werden konnten, würden die Panzer-Divisionen am tiefen, gut verteidigten Panzergraben mit seinen Drahtverhauen und unzähligen Hindernissen sicher schon bei der ersten Angriffswelle scheitern. Außerdem erwarteten kampfbereite Russen sie gerade an dieser Stelle, und so würde es hohe Verluste geben.

Ein weiterer Plan stand jetzt im Raum, der erwogen und mehrfach als zu unsicher und gefährlich verworfen wurde, bis General von Manstein ihn wieder aufgriff und leidenschaftlich verteidigte. Wenn man nun den Angriff im Norden nur vortäuschte, um die Aufmerksamkeit des Gegners auf diesen Punkt zu lenken, sich aber zur gleichen Zeit unbemerkt von der Seeseite her näherte? Eine tollkühne Idee, und wenn das Wagnis glückte, hatte man gewonnen. Nach einigem Hin und Her wurde beschlossen, bemannte Sturmboote ostwärts von Feodosia auf den Weg über das nächtliche Meer zu schicken. Sie sollten sich leise rudernd heranpirschen – erst ganz nahe am Ufer die Motoren anlassen. Das Unternehmen war gewagt, schwierig, von Zufällen abhängig und deswegen hoch gefährlich. Bis tief in die Nacht hinein saß der General mit seinem Stab über den letzten Planungen. Dann war die »Operation Störfang« festgelegt.

Wenn das Durchbrechen an der südlichen Front gelang, die Sturmboote unbemerkt zur Landung kamen, konnte es gelingen, die Sowjets von der Krim und aus der Festung Sewastopol zu vertreiben.

Schnell hatten sich mutige Männer gefunden, die mit dem Navigieren von Booten vertraut waren. Alle dafür eingesetzten Soldaten ahnten, dass es ein Selbstmordkommando sein konnte, aber sie zögerten keine Minute, auch wenn sie genau wussten, dass, wer im Boot auf den schwankenden Wellen trieb, im Fall einer Entdeckung als Zielscheibe diente und keine Rettung mehr erwarten konnte.

Paul hatte sich freiwillig gemeldet, da er mit seinem Vater oft genug auf den stürmischen Wellen der Ostsee gesegelt war und die Tücken des Meeres kannte. Alle hofften, dass man mit einer täuschenden List, einem einzigen Schachzug den Gegner auf einen Schlag mattsetzen konnte! Der Befehl erging, die Vorbereitungen liefen an. Die »Operation Störfang« konnte beginnen.

Während großer Gefechtslärm im Norden anbrach, wurden auf der anderen Seite still und heimlich Sturmboote und Waffen über die Felsen geschleppt und nicht ohne Mühe zu Wasser gelassen.

5. Kapitel

»Operation Störfang«

Die mit großer Spannung erwartete Nacht der »Operation Störfang« kam heran, in der der tollkühne Plan von Mansteins zur Ausführung gelangen sollte. Unaufhörliche Bombenwürfe sollten alle Geräusche am Nordufer der Bucht überdecken. Es schien, als würde an dem wilden und zugleich faszinierend lieblichen Küstenstreifen der Krim die Welt untergehen, so heftig prasselte das deutsche Feuer auf die russischen Linien ein, versuchte die Artillerie, mit Werferabteilungen und schweren Geschossen den Feind zu verblüffen und einzuschüchtern. Doch das alles war nur Theater, wurde nur inszeniert, um von der wahren Absicht abzulenken: Während die gesamte Aufmerksamkeit der sowjetischen Abwehr auf die Angriffe im Norden gerichtet war, sollten sich indessen vierzig Sturmboote ohne eingeschalteten Motor von Feodosia aus im Rücken zur Parpatschstellung über das Schwarze Meer auf den Weg machen und sich nahezu unsichtbar von der Seeseite dem Panzergraben nähern.

Ein kalter Wind wehte, der Himmel zog sich zusammen, und es begann, leicht zu regnen, als sich Paul nach dem anstrengenden und komplizierten Beladen der Boote mit Waffen als Letzter einschiffte. Ein Sturmboot nach dem anderen war um ein Uhr nachts bereits so geräuschlos wie möglich zu Wasser gelassen worden, Gruppe um Gruppe war zugestiegen, hatte abgesetzt, und nun schaukelten die Stoßkompanien unbemerkt die Küste entlang über die Ssewerjana-Bucht nach Osten. Die nächtliche See war bewegt und in der Schwärze der Nacht zerflossen Himmel und Horizont zu einer undurchsichtigen Mischung. Die Brandung mit den hoch gischtenden Wellen durfte nicht unterschätzt werden, und die Männer ruderten leise, aber mit allen verfügbaren Kräften, um die Annäherung zum Südufer möglichst lautlos und schnell zu vollziehen.

Die tintenschwarze Nacht erhellte sich in Abständen in der Ferne vom Feuer der krachenden Granatwerfer und dem Prasseln der Artillerie. Paul fror, obwohl ihm vom heftigen Rudern der Schweiß auf der Stirn stand. Unter ihm, im Schwanken des Bootes, schäumte das unheimlich bläulich brodelnde Wasser, das alle Bootsinsassen, von nur einem einzigen Geschoss getroffen, unerbittlich hinab in die nasse, kalte Tiefe auf den Meeresgrund reißen würde. Keiner sprach oder flüsterte, schweigend taten alle ihre Pflicht, ruderten mit keuchenden Lungen gegen die Strömung, was das Zeug hielt. Paul sandte ein Stoßgebet zum Himmel. Er hatte Magdalena ein Wiedersehen versprochen – vor allem aber, heil zurückzukommen! Seine Muskeln spannten sich zum Zerreißen – jeder Zentimeter vorwärts kostete unendliche Kraft. Den Männern lief jetzt der Schweiß in Bächen über das Gesicht, doch der scharfe, böige Wind trocknete ihn sofort. Immer noch hatten die russischen Späher sie nicht bemerkt. Würden sie es schaffen, schnell genug zu sein, bevor der graue Morgen aufzog und sie sichtbar machte? Aus der Ferne sah man jetzt am Himmel Flugzeuge heranbrausen, das Geschwader des 8. Flieger-Korps General von Richthofens. Ein Ablenkungsmanöver für den Feind, für sie das Zeichen, im Getöse die Motoren der Boote anzulassen, um schneller an Land zu kommen! Die Jäger fegten durch die Luft und warfen unaufhörlich Bomben ab, um die Geräusche am Nordufer der Bucht zu überdecken. Paul sah zum Himmel hinauf und grüßte in Gedanken die ehemaligen Kameraden. Die leise Wehmut, die ihn beim Anblick der Sturzkampfbomber erfüllte, lenkte ihn nur kurz von seiner schweren

Aufgabe ab. Die Motoren der Boote dröhnten nun los, sie rauschten vorwärts, und die Fliegerstaffel mit ihrer Bombenlast und die heulenden Stukkas überdeckten alles mit ihrem infernalischen Lärm. Nun war die Spannung kaum mehr zu ertragen, mit der sie sich unaufhörlich dem Panzergraben von der anderen Seite her näherten. Der Feind hatte glücklicherweise noch nichts bemerkt, doch nun dämmerte der Morgen grau über dem Meer herauf, machte alle Umrisse sichtbar. Die Gefahr der Entdeckung wuchs zusammen mit der Angst, in letzter Minute doch noch auf dem kalten Meeresboden versenkt zu werden. Sie kamen nun schnell vorwärts und der waghalsige Sprung über die Meeresbucht schien fast vollständig geglückt, als die sowjetische Abwehr erkannte, was sich da hinter ihrem Rücken auf den Wellen der in sanftem Morgenglanz liegenden See abspielte.

Die Landung einiger Boote war bereits gelungen, als zwei russische Jäger versuchten, aus der Luft einzugreifen. Mit einem Schlag peitschten und krachten die Einschläge aus Fliegerbordwaffen in die aufgewühlte See, und das letzte Boot, in dem Paul saß, fing Feuer. Er hörte Schreie, einige seiner Kameraden waren getroffen, aber es war unmöglich, ihnen zu Hilfe zu kommen. Das Boot hatte sich auf die Seite gelegt, die Flammen loderten hell, und die Gefahr bestand, dass es mit seiner geladenen Munition jeden Augenblick explodierte. Ohne nachzudenken, sprang Paul kopfüber ins Wasser. Das Ufer war nicht mehr weit entfernt, und auch wenn er kein guter Schwimmer war, konnte er es vielleicht mit den anderen, die es ihm gleich taten, erreichen. Doch die Brandung erfasste ihn und trieb ihn wie mit einem Sog durch die Wellen. Als er, nach Luft ringend, den Kopf wieder aus dem Wasser bekam, sah er sein Boot unweit von ihm mit einem lauten Feuerball explodieren. Die Druckwelle nahm ihm erneut den Atem, er kämpfte verzweifelt mit den Wellen, die ihn von der Landzunge abzutreiben drohten. Um ihn herum schien die Welt unterzugehen, und der graue Morgen war zerrissen von

Feuer und Rauch, scharfem Zischen, ohrenbetäubenden Detonationen und aufspritzenden Wasserfontänen der Einschläge. Er trieb als Spiel der Wellen irgendwohin und versuchte nur, von Zeit zu Zeit an die Wasseroberfläche zu gelangen, bevor ihn die hochgehende Brandung wieder verschlang. Wie durch ein Wunder gelang es ihm, unbehelligt durch die Hölle des Bombardements in Ufernähe zu schwimmen. Aber das Wasser war kalt, und er spürte schon, wie ihn die Kräfte langsam verließen. Dann, als er schon begann, Salzwasser zu schlucken, geriet er plötzlich in eine seichtere Strömung, die ihn landwärts an die Küste in eine ruhige Bucht schwemmte. Er legte sich, halb ohnmächtig vor Kälte und Anstrengung, auf den Rücken und ließ sich durch die sanfter gewordene Brandung ans Ufer tragen. In diesem Moment dachte er nicht daran, was ihn an Land wohl erwarten würde, obwohl ihm klar war, dass er dem Feind in die Hände fallen konnte, sobald er einen Fuß auf festen Boden setzte. Zutiefst erschöpft blieb er im feuchten Ufersand eine geraume Zeit liegen, dann kroch er vorwärts, wegen möglicher Minen immer einen Stein vor sich her werfend. Der von der aufgehenden Sonne leicht erwärmte Sand war weich, und er tastete sich zu einem Busch, hinter dem er, nur halb bei Bewusstsein, liegen blieb.

Er spürte, wie sich jemand über ihn beugte und schrak hoch.

»He, bist du verletzt, Kumpel?«, fragte leise eine Stimme. Im fahlen Licht des Tages sah er das Gesicht eines deutschen Landsers, einer der Kameraden, die mit ihm im Boot gesessen waren.

Langsam schüttelte er den Kopf. »Soweit in Ordnung, glaube ich. Und du?«

»Es geht. Bin froh, dass ich noch lebe. Wir haben Glück gehabt. Die anderen aus dem Boot hat es wahrscheinlich erwischt! Ich hab nur einen leichten Treffer abgekriegt!« Er wies auf sein Bein, das durch die Hose geblutet hatte. »Ist nicht so schlimm, wie es aussieht, wahrscheinlich ein Steckschuss. Immerhin konnte ich noch weit genug schwimmen! Übrigens, bist du nicht der Neue, der Paul – der bei den Russen gefangen war?«

»Ja, und du heißt Hans, wenn ich nicht irre?« Er musste husten und spuckte einen Schwall Salzwasser aus.

»Genau. Aber ich habe keine Ahnung, wie wir hier wieder wegkommen. Da hinten ist der Teufel los – aber hier …«, er wies auf Stacheldrahtverhaue, spanische Eisenigel und zusammengeschweißte Eisenbahnschienen, die den Zugang zum Strand absperrten, »sieht es auch nicht besser aus!«

»Ja, kann man wohl sagen. Gewehr haben wir auch keins mehr … psst!« Beide warfen sich wieder hinter den Busch und gruben sich in den kiesigen Sand. Ein russischer Soldat, die Waffe nach allen Seiten drehend, näherte sich dem kleinen Strand. Doch er war so abgelenkt von dem Feuerwerk, das sich auf dem nicht weit entfernten »Tartarenhügel« abspielte, dass er die beiden Gestrandeten nicht bemerkte. Er trat nahe ans Ufer und sah übers Meer. Paul packte einen scharfkantigen Stein in seiner Nähe und kroch langsam durch den Sand. Mit einem Satz warf er sich so heftig auf den überraschten Russen, dass beide zu Boden stürzten. Ein kurzer Schlag auf den Kopf genügte, um ihn kampfunfähig zu machen und ihm die Pistole aus dem Koppel zu ziehen. Er winkte Hans, und sie rannten los, einen schmalen, markierten Pfad entlang, von dem sie hofften, dass sie dort vor Minen geschützt waren. Um die Stacheldrahtverhaue zu meiden, schlug Paul vor, über die Felsen nach oben zu klettern. Schnaufend folgte ihm Hans, der sich über sein Bein beklagte und darüber, dass er nicht schwindelfrei sei.

»Schau immer nach vorne – nie nach unten!«, rief ihm Paul stoßweise atmend zu. Es war anstrengend, sich Schritt für Schritt über die grauen Felsen zu tasten, höher und höher zu steigen. An gefährlichen Passagen reichte er dem Kameraden die Hand und zog ihn vorwärts, bis sie die erste Anhöhe mit einem kleinen Plateau erreicht hatten. Weiter oben sah man schon die öde, trockene Steppenlandschaft mit dürren Sträuchern. »Wir müssen ganz hinauf, es ist die einzige Möglichkeit, wieder zu den Unseren zu kommen«, keuchte Paul. »Die Russen sind jetzt alle hinten am Panzergraben, dort, wo der Angriff stattfindet.« Er bückte sich nach einem festen Stock zum Aufstützen, und als er den Kopf hob, blickte er geradewegs in das grinsende Gesicht eines russischen Soldaten, der gerade auf ihn anlegte.

Über der Stadt Königsberg stand eine freundliche und heitere Frühlingssonne und das Leben schien seinen Gang zu gehen wie eh und je, und genauso, als würde dieser Krieg die blühende Stadt gar nicht berühren. Doch das heimliche Gespenst der Kontrolle, der Überwachung, der Ausführung von Befehlen, deren Sinn unverständlich blieb, war unsichtbar präsent. Die übermächtige Gestapo-Stelle im Land, das Polizeipräsidium in Kassel, sandte immer wieder Befehle an das Kommissariat in Königsberg und ins Quednauer Internierungslager. Diese Institution war es auch, die die Verschickung der in der Stadt lebenden Juden in ein polnisches Lager angeordnet hatte. Das Netz der Überwachung zog sich immer fester zusammen. Jeder Gegner des Regimes wurde nun schon bei dem geringsten Verdacht des Ungehorsams unbarmherzig verhaftet und verhört. Auch in Königsberg fügte man sich deshalb den obersten Befehlen, die im Land angeblich für Recht und Ordnung sorgten und mit denen man als Nächstes auch die umherziehenden Zigeuner ausrotten wollte, die man vorläufig am Rande der Stadt zusammensperrte.

Magdalena war das, wogegen sie bisher nur auf trockenem Papier, in Flugblättern und Aufrufen protestiert hatte, plötzlich ganz nah gekommen, und es zeigte offen seine hässliche Fratze. Aber sie war hilflos und musste nur zusehen. Außer dem Wissen um die Alkoholsucht ihrer Mutter trug sie nun auch die Verantwortung für Hanna und ihren Bruder, deren Versteck man jederzeit durch einen dummen Zufall entdecken konnte. Sie durfte gar nicht daran denken, dass der kleine Jakob vielleicht ernsthaft krank war! Gespannt erwartete sie Doktor Grabert, der heute nach ihrer Mutter sehen wollte. Sie würde ihn einfach bitten, ihr ein fiebersenkendes Medikament zu geben – ihn fragen, welche Dosierung ein Kind brauchte.

Aber was, wenn Jakob Masern, Scharlach oder irgendeine andere, vielleicht gefährliche Kinderkrankheit hatte? Was tun, wenn sein Zustand sich verschlimmerte? Den Arzt ins Vertrauen ziehen? Das war nicht ohne Risiko: Dr. Gabert bewunderte den Führer grenzenlos und hatte nie einen Hehl aus seiner Abneigung gegen die Juden gemacht. Wenn sie nur irgendjemanden um Rat fragen könnte! Endlich läutete es, und der Doktor trat ein. Er trug seine schwarze Tasche bei sich, unter deren Gewicht seine rechte Schulter in Schieflage geriet.

»Ihre Frau Mutter leidet unter Kopfschmerzen? Kein Wunder, bei dem wechselhaften Wetter!«, begann er leutselig. »Wollen wir uns die Patientin doch gleich einmal ansehen.«

Magdalena versuchte, in seinen Augen irgendein Zeichen, etwas wie Besorgnis zu lesen, mit der er den Zustand ihrer Mutter bereits bemerkt hatte und sich Gedanken machte, was man dagegen tun konnte. Doch dem gleichgültigen und etwas müden Ausdruck, mit dem er vor ihrem Bett stand, in dem sie tief und fest schlief, war nichts dergleichen zu entnehmen.

»Mama?« Magdalena fasste sie bei der Schulter, um sie zu wecken, doch es gelang nicht ganz. Die Angesprochene öffnete nur halb die Augen und lallte etwas Unverständliches.

»Sie schläft – das beschleunigt die Heilung«, sagte der Arzt, fühlte ihren Puls und setzte das Stethoskop flüchtig auf ihre Bluse. »Ein Migräneanfall ist wie ein Gewitter im Kopf!« Geschäftig zog er eine Spritze auf und verabreichte ihr eine Injektion. Dann erhob er sich, nahm ein Medikament aus seiner Tasche. »Ihr übliches Beruhigungsmittel!«

Er reichte der erstaunten Magdalena die Tablettenschachtel. Hatte Doktor Grabert denn nicht den starken Alkoholdunst bemerkt, der im Zimmer stand und den die Mutter bei jedem Atemzug ausströmte?

»Geben Sie ihr davon dreimal täglich zwei Tabletten – wenn sie sehr unruhig ist, drei!«, ordnete er an.

»Aber Herr Doktor«, begann Magdalena verständnislos, »sehen Sie denn nicht, dass …«

»Was?«, der Arzt wandte ihr sein glatt rasiertes Gesicht zu. »Was soll ich denn sehen?«

»Aber sie ist, sie hat …«, Magdalena kam ins Stottern, sie musste sich überwinden, die Worte auszusprechen, »sie ist doch völlig betrunken!«

»Mein liebes Kind!«, seine Stimme klang satt und wohlwollend. »Ein paar Gläser hin und wieder werden Ihrer Mutter gewiss nicht schaden. Davon kann sie wohl in dem Alter kein Mensch mehr abbringen. Ich kenne sie sehr lange – sie hat schon immer, sagen wir mal, gerne ein wenig tief ins Glas gesehen.« Er zwinkerte ihr zu. »Damals waren Sie natürlich noch ein Kind und haben nichts bemerkt. Meine Bedenken hat sie von jeher in den Wind geschlagen. Der Tod Ihres Bruders hat die Sache natürlich verschlimmert. Aber sie wird sich schon wieder fangen. Glauben Sie mir, gegen den Alkohol gibt es kein Heilmittel. Ich habe da noch ganz andere Fälle …« Er klappte entschlossen seine Tasche zu, bereit, sich zum Gehen zu wenden.

»Aber … aber man muss doch etwas tun!« Magdalena trat ihm in den Weg. »Sie hat heute eine ganze Karaffe Likör fallen lassen – sie saß am Boden vor den Scherben, hilflos …«

»Ich rate Ihnen, das lieber für sich zu behalten, liebe Magdalena. Sie schaden Ihrer Mutter nur, wenn Sie die Sache unnötig aufbauschen!« Der Arzt sah sie streng hinter seinen Brillengläsern an. »Und jetzt muss ich leider gehen. Meine anderen Patienten warten auf mich! Sie brauchen mich nicht zur Tür zu begleiten. Ich kenne ja den Weg. Ach – halt!«, er wandte sich noch einmal um und kramte in seiner Tasche. Mit einem aufgesetzten Lächeln drückte er Magdalena eine Schachtel in die Hand. »Das hätte ich ja fast vergessen. Hier ist noch etwas zum Schlafen. Sie ist daran gewöhnt.« Er nahm eilig seine Tasche und strebte mit raschen Schritten fort.

»Herr Doktor …«, rief Magdalena ihm fassungslos nach, als er schon auf der Treppe war und so, als habe er nichts gehört, eilig das Haus verließ. Sie lief ihm nach, wurde aber von Louise, die am Treppenabsatz stand, aufgehalten. Als sich ihre Blicke kreuzten, sah sie an dem ernsten und schmerzlichen Ausdruck in den Augen der Großmutter, dass sie Bescheid wusste. Magdalenas Kehle wurde eng, sie warf die Tabletten auf den Tisch, stürzte nach oben in ihr Zimmer, schlug die Tür hinter sich zu und ließ sich weinend wie ein kleines Kind auf ihr Bett fallen. Nicht einmal nach einem fiebersenkenden Mittel für Jakob hatte sie den Arzt noch fragen können!

Was sollte sie jetzt bloß Hanna sagen? Sie würde noch bis zum Abend warten – vielleicht konnte sie irgendwo anders Rat einholen. Sie nahm ihre Bücher und verließ unter Louises misstrauischen Blicken das Haus, als würde sie zur Universität gehen. Dann schlug sie die Richtung zum Rossgarten ein. Schon von Weitem erkannte sie, dass das Anwesen der Kreuzbergers unter Bewachung stand. Arbeiter gingen ein und aus und schleppten Sachen und Möbel in einen Lastwagen, der vor dem Haus wartete. Sie näherte sich mit unschuldiger Miene.

»Das Haus ist konfisziert!«, herrschte sie der Wachmann an, als sie Anstalten machte einzutreten. »Was haben Sie hier zu schaffen?«

»Ich … ich … bin das Kindermädchen und wollte etwas holen!«, stotterte Magdalena unsicher. »Ein Spielzeug.«

»Unterstehen Sie sich! Keinen Schritt weiter! Die Leute, die hier wohnten, brauchen keine Spielzeuge mehr«, grinste er zynisch, und Magdalena wich zurück. »Schon gut, schon gut!«

»Wer hat Sie überhaupt geschickt?«, fragte der Wachmann jetzt misstrauisch und tat einen Schritt auf sie zu.

Magdalena geriet in Panik, sie drehte sich um und begann, so schnell sie konnte, zu laufen. Hinter sich hörte sie das »Halt! Bleiben Sie sofort stehen!« des Wachmanns, das sie noch weiter antrieb. Erst, als sie in der Innenstadt in die Menschenmenge, die wie gewöhnlich durch die Straßen flutete, eintauchen konnte, blieb sie atemlos stehen und sah sich um. Niemand folgte ihr mehr. Vor ihr ragte das mächtige Backsteingebäude des Doms auf. Ganz automatisch hatte sie den Weg hierher eingeschlagen, da, wo die Idee von der Unbedingtheit des geistigen Widerstandes geboren war und wo sie auch jeden Tag um Schutz für ihren Bruder und für Paul gebetet hatte. Sie betrat das kühle, friedliche Innere und kniete sich mit gesenktem Kopf in eine Bank. Langsam beruhigten sich mit ihrem Atem auch Herz und Kopf. Doch eine ruhige Andacht wollte trotzdem nicht gelingen, immer wieder schoben sich andere bedrohliche und beunruhigende Gedanken dazwischen. Sie stand auf und trat in den Beichtstuhl. Wie mit den anderen abgemacht, lag in seiner Höhlung, gut unter dem Sitz versteckt, wie üblich der Stapel Flugblätter, zur Verteilung in der Stadt bestimmt. Sie musste die anderen unbedingt warnen, ihnen sagen, dass Anton Schäfer aus irgendeiner dunklen Quelle Wind von der Sache bekommen hatte! Vorsichtig schob sie die Flugblätter mit dem Fuß tiefer unter den Beichtstuhl, bevor sie die Kirche verließ. Als sie das große Portal hinter sich schloss, kam durch einen glücklichen Zufall gerade Frank Schiffner des Wegs. Er trug eine große Tasche, an der sie sofort erkannte, dass er wieder neues Material bei sich hatte. Fiebernd vor Erregung nahm sie seine Hand und zog ihn auf eine Bank, die im Schatten der Bäume lag, die den Dom umgaben.

»Frank«, flüsterte sie ihm zu. »Wir müssen Schluss machen –

die Verteilung der Flugblätter sofort einstellen und alles Beweismaterial vernichten. Sofort, hörst du! Man weiß Bescheid über unsere Aktion. Irgendjemand hat nicht dichtgehalten – in der Albertina wird jetzt nach den Herausgebern und Beteiligten gesucht! Wir müssen alles verbrennen, sonst wird man uns verhören und vielleicht sogar …verhaften!«

»Beruhige dich, Magdalena! Was kann man uns schon anhaben?« Frank versuchte, überlegen zu wirken, doch man sah am Zucken seines Augenlids, dass er nervös geworden war. »Verhaften! Wir sind doch nur kleine Studenten! Da wird man uns schon nicht den Kopf abreißen, wenn wir unsere Meinung sagen – höchstens eine kleine Strafe aufbrummen.«

»Ich weiß nicht recht – ich hab Angst, Frank!« Magdalena zitterte am ganzen Körper. »Es ist so viel geschehen! Du kannst dir gar nicht vorstellen, in welcher Lage ich bin! Gestern war Anton Schäfer da, du weißt schon, der Bursche, der im Kommissariat der NSDAP arbeitet! Wir waren in der HJ zusammen. Seitdem verehrt er mich, läuft mir nach und klebt wie eine Klette an mir. Ich lass ihn, weil ich denke, wenn ich ihn ganz verprelle, kann er mir nur schaden. Aber diesmal hat er so komisch geredet – so, als wäre es bereits heraus, wer die Flugblätter verteilte. Und dann hat er gedroht, dass derjenige, der so etwas täte, schon sehen würde, was passiert …«

»Ach, dummes Geschwätz!«, versuchte Frank sie zu beschwichtigen. »Der Kerl macht sich doch bloß wichtig. Er wollte dir einen Schrecken einjagen! Aber vielleicht sollten wir es wirklich nicht aufs Letzte ankommen lassen!«, fuhr er, nachdenklich geworden, fort. »Auch mein Alter würde völlig ausrasten, wenn er Bescheid wüsste – bei seiner Überzeugung!« Er machte eine kleine Pause. »Ich lass mir das mal durch den Kopf gehen. Wir könnten auf jeden Fall eine Pause machen – die Verteilung vorläufig einstellen. Das besprechen wir vielleicht heute Abend im Café am Kneiphof.«

»Ich kann nicht!«, stieß Magdalena hastig hervor. »Hör zu, ich hätte da noch eine Frage! Du studierst doch Medizin. Was macht man, wenn … wenn ein Kind hohes Fieber hat?«

Frank, der schon ein Stück fort war, blieb erstaunt stehen. »Wieso willst du das denn wissen?«

»Frag nicht! Ich erzähl dir später einmal alles!«, sagte Magdalena.

»Na, auf jeden Fall musst du das Kind unbedingt einem Arzt vorstellen. Fieber kann schließlich ein Zeichen für alle möglichen Kinderkrankheiten sein … von Masern angefangen über Diphtherie, Keuchhusten …«

»Um Himmel willen!«, unterbrach ihn Magdalena. »Das hört sich ja schrecklich an …«

»Wieso? Ihr habt doch einen Hausarzt, oder nicht?«

»Ach der«, Magdalena machte eine wegwerfende Handbewegung. »Das geht nicht – ich kann ihn nicht fragen.«

»Jetzt sag doch, was los ist!«, fragte Frank verständnislos. »Ist Theo krank?«

»Nein, nein, bitte stell mir jetzt keine Fragen …«

»Wie du willst. Aber in einem ganz speziellen Fall könntest du dich an Doktor Friedländer, den Leiter des hiesigen Kinderkrankenhauses wenden, eine Kapazität! Er ist zwar Jude, aber man lässt ihn wegen seiner Verdienste weiter praktizieren.«

»Das trifft sich gut … ich meine, das ist eine gute Idee. Ich kenne ihn zwar nicht – aber er hat früher schon einmal meinem Bruder Theo geholfen. Ich danke dir jedenfalls!« Magdalena warf ihm eine Kusshand zu und war wie der Wind um die nächste Ecke verschwunden. Frank sah ihr kopfschüttelnd nach. Als er an der nächsten Mülltonne vorbeikam, öffnete er seine Tasche, sah sich nach allen Seiten um und machte Anstalten, den Packen Flugblätter hineinzuwerfen. Doch dann besann er sich und legte alles wieder zurück. Es war doch zu schade um all die Mühe, die er sich damit gegeben hatte! Sollten sie jetzt schweigen und zu Mitläufern werden? Er würde die Blätter wenigstens ein letztes Mal auslegen; in Telefonzellen, am Bahnhof, in der Nikolaikirche und bei ein paar Ämtern. Aber diesmal musste er doppelt so vorsichtig sein wie bisher. Als er bei der ersten Telefonzelle angelangt war und einen kleinen Stapel aus der Tasche nehmen wollte, öffnete sich die Tür, und jemand packte ihn grob am Ärmel. Er sah in die Augen eines Polizisten. »Was machst du da?«

»Nichts …nichts …«, stotterte Frank, rot vor Angst.

»Lass doch mal sehen, was du da in deiner Tasche hast!«

Frank drückte die Tasche an sich, riss sich los und versuchte zu fliehen. Doch der Kollege des Polizisten hatte damit gerechnet, er fing ihn ab und hebelte mit geübtem Griff seine Arme auf den Rücken. Frank schrie vor Schmerz auf, er ließ die Tasche fallen, aus der die Blätter herausrutschten, ungeordnet vom Wind in die Luft gehoben wurden und davonflatterten. Als er aufsah, erblickte er hinter den beiden Polizisten das schadenfrohe und zufriedene Gesicht Anton Schäfers, der eines der davonwirbelnden Papiere aufgehoben hatte und nun laut vorlas: Stoppt Hitler! Stoppt die Tyrannei, mit der einer ganzen Nation die Meinungsfreiheit genommen wird …«

»Sie sind verhaftet!«, die Stimme klang wie ein Donnergrollen vor dem Sturm.

Frank presste die Lippen zusammen und senkte den Kopf, als die Polizisten ihn derb vorwärtsstießen.

›Mein liebster Paul!
Schon so lange habe ich keinen Brief mehr, kein Lebenszeichen von Dir erhalten! Du fehlst mir so sehr, und ich kann nicht nur vor Sehnsucht keine Nacht mehr schlafen, sondern auch vor Sorge. Deine schönen Verse trage ich immer bei mir, direkt an meinem Herzen! Ich habe sie wieder und wieder gelesen. Sie sind für mich ein Zeichen Deiner Liebe! Ich bete jeden Abend

um Gottes Schutz für Dich. Man hört hier die schlimmsten Berichte über den Kampf an der Krim ...‹

Magdalena ließ mutlos den Stift sinken. Warum schrieb Paul auf einmal nicht mehr? Warum antwortete er nicht auf ihre Briefe? Was war passiert? Immer mussten sich alle Widerstände, alles Schlimme auf einen Schlag zusammenballen! Seufzend schob sie das Briefpapier beiseite, holte Pauls Bild aus der Schublade und betrachtete es voll Innigkeit. Der zuversichtliche Blick seiner blaugrauen Augen, sein Lächeln ließen ihr diesmal die Tränen in die Augen treten. Sehnsucht und Kummer überwältigten sie, und leise vor sich hinschluchzend sank ihr Kopf auf ihre verschränkten Arme.

Geräusche von draußen, Kichern und exaltiertes Lachen ließen sie zusammenfahren. Lauthals und einander schubsend, polterten Gertraud und ihre Freundin über die Treppe, zwei ungebärdige Halbwüchsige, die schon den ganzen Nachmittag das Haus unsicher machten, wenn sie sich entweder in der Küche Brote strichen, im Bad neue Frisuren ausprobierten oder gerade da auftauchten, wo man sie nicht vermutete. Theo hatte sich schon ein paar Mal altklug über den Lärm, den seine Schwester machte, beschwert; jetzt brütete er noch über seinen Hausaufgaben und wartete auf den Moment, wo sein Freund läuten und ihn zu einer Kundgebung der HJ mitnehmen würde. Eigentlich war er ja noch Pimpf, fühlte sich aber schon ungeheuer wichtig in seinem Streben, bald ein vollwertiges Mitglied zu werden.

Magdalena horchte ungeduldig auf die Geräusche vor ihrem Zimmer, auf der Treppe und im Salon. Sie musste warten, bis es im Haus still wurde, bevor sie unbeobachtet zu Hanna auf den Dachboden klettern konnte. Wie mochte es wohl dem kranken Jakob gehen?

Wenigstens war Louise mit einer Bekannten in der Stadt Kaffee trinken und Mama lag im Bett und kurierte offiziell ihre

Migräne. So traurig es war – aber in Wirklichkeit schlief sie immer noch ihren Rausch aus, eingedämmt durch die Beruhigungs- und Schlafmittel Dr. Graberts.

Endlich wurde es still, Gertraud, ihre Freundin und Theo waren fort. Magdalena konnte es kaum erwarten, nach oben zu steigen und die Dachluke aufzuziehen. Hannas verweintes Gesicht tauchte auf, stickige, schlechte Krankenluft schlug ihr entgegen.

»Oh, Lena!« Hanna warf sich verzweifelt in ihre Arme. »Es ist schrecklich, so eingesperrt zu sein und sich nicht helfen zu können! Ich bin halb wahnsinnig vor Angst – wollte schon klopfen, die Luke öffnen, irgendetwas tun! Wir brauchen dringend einen Arzt! Jakob ist benommen – er atmet so schnell und macht dabei ganz komische Geräusche! Sieh nur!« Magdalena warf einen Blick auf den hochroten, mit offenem Mund daliegenden Jungen, dessen Brust sich röchelnder, schneller Atem entrang, und erschrak. »Was ist mit den Essigumschlägen?«, fragte sie.

»Hat nichts genutzt – das Wasser ist mit der Zeit warm geworden. Hier oben ist es ohnehin so heiß, wenn die Sonne hereinscheint!« Hanna wischte sich den Schweiß von der Stirn. »Ich halte es in diesem Loch nicht mehr länger aus!«, rief sie mit erstickter Stimme aus. »Lieber melde ich mich und gehe zu Mama ins Lager! Dort gibt es bestimmt einen Arzt.«

»Komm!« Trotz eines Anflugs von Panikstimmung versuchte Magdalena, Ruhe zu bewahren, und legte Hanna tröstend den Arm um die Schulter. »Du darfst jetzt auf keinen Fall die Nerven verlieren. Jakob braucht so schnell wie möglich ärztliche Hilfe. Ich bringe ihn einfach zu Dr. Friedländer ins Kinderkrankenhaus. Er ist Jude und wird uns bestimmt nicht verraten!«

Hanna sah sie zweifelnd an. »Aber wie willst du das denn machen?«

Magdalena ging nicht darauf ein. »Hier, ich habe dir Tabletten mitgebracht, die ich in Louises Hausapotheke gefunden habe. Zerreibe ein Drittel der Tablette zu Pulver, mische es mit

Wasser und versuche, Jakob etwas davon einzuflößen. Es ist ein Schmerzmittel, aber es wirkt zugleich fiebersenkend. Warte ein paar Minuten und dann wickelst du Jakob in eine Decke.« Sie schwieg und überlegte kurz. »Wir haben im Keller noch einen alten Kinderwagen – dort hinein lege ich ihn und fahre ganz ruhig mit ihm zum Krankenhaus. Inzwischen kannst du das Bad benutzen, dich waschen und hier oben alles in Ordnung bringen. Es ist niemand im Haus außer Mama – aber sie liegt mit Migräne im Bett und wird ganz gewiss nicht aufstehen!«

Magdalena spürte ihr Herz laut und aufgeregt klopfen. Sie musste sich beeilen, alles erledigen, bevor Louise und die Geschwister zurückkamen. In fliegender Hast rannte sie los, sperrte die Kellertür auf, lief die Treppe hinunter und zerrte einen zwischen Kohlenbergen stehenden, staubigen und mit Spinnweben bedeckten Kinderwagen, der noch aus Theos Babyzeit stammte, herauf. Hanna kam ihr schon weinend mit dem kleinen Jakob auf dem Arm entgegen. »Es war nicht möglich, ihm die Medizin zu geben – er hustete, konnte nicht schlucken und hat alles wieder ausgespuckt. Irgendetwas ist mit seinem Hals nicht in Ordnung, er ist geschwollen, und Jakob hat große Schmerzen!« Schluchzend sah sie Magdalena an. »Er braucht Hilfe, schnell! Bitte beeil dich!«

Magdalena spürte, wie würgende Angst in ihr hochstieg. Wenn Jakob starb! Sie nahm den fiebernden Jungen, der wieder in seine vorherige Lethargie gefallen war, auf den Arm und legte ihn, so gut es möglich war, in den zu engen Kinderwagen. Dann zog sie das Verdeck hoch, wickelte eine Decke um seine herabhängenden Beine, breitete den Rest über seine Brust und bedeckte seinen Kopf mit ihrem Halstuch. Jakob ließ alles mit sich geschehen, ohne sich zu rühren. War er bereits bewusstlos? Sie versuchte, nicht daran zu denken, sondern sich nur auf den Transport zu konzentrieren. Hanna sah ihr hinter dem Türspalt nach, wie sie auf der Straße, mit äußerlich scheinender Gelassenheit, den Kinderwagen vor sich herschob, eine junge Frau wie viele andere, die das schöne Frühlingswetter zu einem kleinen Spaziergang mit ihrem Kind nutzten. Im obersten Stock des Nebenhauses, einem schmucklosen Bau, beobachtete hinter der Gardine stehend, noch jemand die Straße. Frau Schmitz, eine ältere Frau mit sorgfältig onduliertem, gelblichen Haar und verkniffenem Gesichtsausdruck öffnete jetzt sogar die Terrassentür und trat auf den kleinen Balkon, auf dessen breiter Brüstung ein vorbereitetes Kissen lag. Mit verschränkten Armen stützte sie sich darauf und beugte sich weit vor, um der jungen Frau mit dem Kinderwagen kopfschüttelnd nachzusehen.

Sobald sich Magdalena auf der breiten Allee des Steindamms befand, schlug sie eine schnellere Gangart ein und begann zu laufen. Es war nicht allzu weit zum Kinderkrankenhaus – aber was sollte sie dort bloß sagen, wie den viel beschäftigen Dr. Friedländer unter vier Augen in einer so heiklen Sache sprechen? Ab und zu sah sie nach Jakob, aber der regte sich nicht, und nur ein Seufzer und die röchelnden Geräusche seiner Atemzüge waren von Zeit zu Zeit zu vernehmen.

Als sie das Tor der Klinik erreichte, ließ sie den Kinderwagen stehen und trug den Jungen, in die Decke gehüllt, rasch an der Anmeldung vorbei. Ein Mann im weißen Kittel hielt sie auf. »Halt, junge Frau! Wo wollen Sie hin?«

Sie schob einen Zipfel von Jakobs rotem, verzerrtem Gesicht. »Zu Professor Friedländer! Schnell, ich habe bereits mit ihm telefoniert. Ich bin Magdalena von Walden – er erwartet mich mit dem Jungen. Es geht um Minuten – Sie sehen ja, er hat schon das Bewusstsein verloren!«

»Kommen Sie mit mir!« Mit raschen Schritten eilte der Pfleger voraus, und Magdalena hatte Mühe mitzuhalten. Nach kurzem Anklopfen betraten sie den Ordinationsraum, in dem Dr. Friedländer, über ein Waschbecken gebeugt, gerade seine Hände desinfizierte. Er war kräftig, mit Vertrauen erweckenden Zügen, und sein dunkles, leicht gekräuseltes Haar hatte nur wenige graue Fäden. Erstaunt sah er auf.

»Ihr bestellter Patient, Herr Doktor!«

»Welcher Patient?«

»Hören Sie mich an, Dr. Friedländer. Ich muss mit Ihnen unter vier Augen sprechen!«, stieß Magdalena atemlos hervor und heftete ihren bittenden Blick auf ihn. »Es geht um das Leben dieses Kindes!«

Jakobs ungleichmäßig röchelnde Atemzüge durchschnitten bedrohlich die eingetretene Stille.

Der Pfleger sah unschlüssig von einem zum anderen, doch auf den Wink des Arztes zog er sich zurück und schloss die Tür.

»Und um was handelt es sich denn so dringend?«

Ohne zu fragen, legte Magdalena den kleinen fieberheißen Körper vorsichtig auf eine im Raum stehende Liege und mühte sich, zu Atem zu kommen. »Der Kleine ist sehr krank ...«, sie machte eine Pause und wusste nicht, wie sie fortfahren sollte.

Der Arzt trat näher und warf einen kurzen Blick auf Jakob, der die Augen verdrehte und leise zu wimmern begann.

»In der Tat, das ist unschwer zu erkennen!«, sagte er kurz und begann, seinen Puls zu fühlen. »Sind Sie die Mutter?«

»Nein – aber er ist der Sohn meiner jüdischen Freundin ...«, wollte Magdalena erklären, doch der Arzt unterbrach sie. »Ich verstehe! Und welche Beschwerden hat er?«

»Er fiebert ... und jetzt atmet er so seltsam ...«

»Halten Sie ihn fest und versuchen Sie, seinen Mund zu öffnen!«, unterbrach Dr. Friedländer.

Jakob wimmerte stärker, doch der Arzt hatte bereits einen Blick in seine entzündete, mit dickem weißem Belag bedeckte Mundhöhle geworfen. »Diphtherie«, stellte er kurz fest und legte seine Hand auf die Stirn des Jungen. Dann sah er Magdalena ernst an. »Ich will ehrlich sein: Es sieht nicht gut für ihn aus. Wie lange ist er schon krank, und seit wann ist er in diesem Zustand?«

»Seit ... vorgestern! Es ging ganz schnell. Wir haben es mit Wadenwickeln versucht, aber das half nicht!«

»Ich kann Ihnen nicht versprechen, dass er es schafft. Seine Natur scheint ziemlich schwächlich. Lassen Sie ihn hier – geben Sie mir Ihre Adresse, Namen und Telefonnummer, damit ich Sie benachrichtigen kann.«

»Nein, das ... das geht nicht!« Magdalena ließ sich ohne Aufforderung auf einen Stuhl fallen. »Ich glaube, ich muss Ihnen die Wahrheit gestehen. Der Junge heißt Jakob – und wie ich schon sagte – er ist aus jüdischer Familie. Seinen älteren Bruder Felix hat man bereits verhaftet. Und seine Mutter wurde gestern mit einem Lastwagen abgeholt und in ein Lager gebracht. Wohin, das weiß niemand! Das Haus ist konfisziert – es ist schrecklich.«

»Und was haben Sie damit zu tun?«

»Ich?« Magdalena sah ihn erstaunt an. »Aber ich musste doch helfen – ich kenne die Leute schon so lange. Es sind Königsberger Bürger! Jakobs Schwester Hanna geht mit mir zur Universität! Ich habe sie mit dem Kleinen an einen sicheren Ort gebracht ...«

»Das ist sehr nobel von Ihnen! Aber wissen Sie, was Ihnen blüht, wenn jemand erfährt, was Sie da tun?« Der Arzt ging mit großen Schritten im Zimmer auf und ab. »Außerdem bringen Sie auch mich in eine schwierige Situation. Ich bin selbst Jude ... aber man hat mich bis jetzt in Ruhe gelassen. Man wird mir nichts anhaben, solange man mich braucht! Aber ich hätte Deutschland mit meiner Familie schon lange verlassen sollen!« Er trat zum Medikamentenschrank, zog eine Spritze auf und injizierte das Mittel in den dünnen Oberschenkel Jakobs, der zusammenzuckte und sich weinerlich klagend aufbäumte. Dann klingelte er der Schwester, die nach kurzer Zeit eintrat. »Ein Fall von Diphtherie. Bringen Sie den Kleinen auf die Isolierstation und legen Sie eine Infusion an.«

»Jawohl Herr Doktor. Wie heißt das Kind?«

»Alfred, Alfred Meier!«, gab der Arzt anstelle Magdalenas zur Antwort. Er wandte sich ihr wieder zu, als die Schwester die Trage mit Jakob herausgerollt hatte, und seine Augen blickten sie mit einem seltsam hoffnungslosen und müden Ausdruck an. In seinem markanten Gesicht waren plötzlich tiefe, graue Linien zu erkennen. »Man hat auch mich gewarnt, mir nahegelegt, fortzugehen. Aber ich kann doch meine Kranken – alles, was ich hier in Jahren aufgebaut habe, nicht so einfach im Stich lassen!« Er ging zum Fenster und starrte blicklos hinaus. »Ich fürchte nur, wenn alles so weitergeht, wird man mich eines Tages mitten in der Arbeit abführen ...«

Magdalena nickte, sie brachte keinen Ton mehr heraus vor Angst, im nächsten Augenblick in Tränen auszubrechen.

Die Züge des Professors hatten wieder seinen berufsmäßig kühlen Ausdruck angenommen, als er sich umwandte. »Wie kann ich Sie benachrichtigen?«

»Ich komme wieder – werde mich nach Jakob ... ich meine nach Alfred Meier erkundigen!«

»Alles Gute, mein Kind!« Der Arzt nahm ihre Hand, und Magdalena küsste mit einer impulsiven Geste die seine. »Ich danke Ihnen. Sie sind gut. Retten Sie den Jungen, ich bitte Sie!«, stammelte sie, bevor sie das Ordinationszimmer verließ. Der Arzt sah ihr mit dem Ausdruck eines Mannes nach, der gewohnt ist, die Entscheidungen des Schicksals zu akzeptieren und sich selbst nicht so wichtig zu nehmen. Er seufzte. Wohin würde das alles führen? Ein Damoklesschwert mit dunklen Vorzeichen stand am Himmel, an dem drohende Wolken wie eine riesige Woge der Vernichtung heranzogen. Obwohl er sie bisher immer ignoriert hatte, hatte sie sich jetzt doch schon bis Königsberg gewälzt! Es war ein Verbrechen, was an seinen Landsleuten geschah – und er konnte es nicht aufhalten, ihm nicht entgegentreten, ja nicht einmal mehr ausweichen!

Magdalena schob den leeren und altmodischen Kinderwagen noch ein Stück weit durch die Stadt und ließ ihn dann einfach in einer Toreinfahrt stehen. Sie schlenderte unschlüssig an dem ruhigen, sich in leichten Wellen kräuselnden Wasser der Pregels entlang und versuchte, ihre Gedanken zu ordnen. Sie hatte es nicht eilig, Hanna beizubringen, dass es nicht gut um Jakob stand. Wie sah die Zukunft der beiden aus, die ja nicht unbegrenzt auf dem Dachboden der Villa bleiben konnten?

»Magdalena!« Die helle, fröhliche Stimme schreckte sie aus ihren Gedanken. »Hier bist du also! Hab ich mir doch gedacht, dass du schwänzt, weil du es vorziehst, spazieren zu gehen!« Eine zierliche Blondine mit hochgesteckten lockigen Haaren und blitzblauen, neugierigen Augen nahm sie beim Arm. »Professor Gallep hat heute zu deinem Fehlen bemerkt, das Studium würde dich wohl nicht mehr so interessieren, weil du sicher bald heiraten möchtest.«

»Ach was, Marga«, Magdalena hatte sich überrascht umgewandt. »Der hat doch keine Ahnung!« Sie bemühte sich um ein Lächeln. »Nein, ich schwänze natürlich nicht – ich muss nur über etwas nachdenken – über eine besondere Entscheidung.« Einen Moment überlegte sie, ob sie Marga einweihen sollte. Franks Schwester war geradeheraus, ein patentes Mädel und eigentlich die verlässlichste Freundin, die sie in Königsberg hatte. Vielleicht konnte sie ihr die Last der Verantwortung ein wenig tragen helfen.

»So, so, eine Entscheidung …«

»Ja«, unterbrach Magdalena sie hastig, die es sich im selben Moment doch anders überlegt hatte. »Übrigens ist mir dein Bruder vorhin über den Weg gelaufen. Hat er dir schon gesagt, dass es heute ein Treffen im ›Kneiphof‹ gibt? Und dass wir als Vorsichtsmaßnahme die Ausgabe der Flugblätter vorläufig einstellen müssen?«

Marga schüttelte bedrückt den Kopf. »Nein, keine Ahnung. Aber ganz ehrlich gesagt: Ich bin froh darüber, denn ich wollte sowieso nicht mehr mitmachen. Wartet nicht auf mich – ich werde ganz aus unserem politischen Bund aussteigen. Eigentlich war ich nie so ganz von der Sache überzeugt – hab es mehr Frank zuliebe gemacht. Und wenn ich ehrlich bin: Ich finde es eigentlich gar nicht so schlecht, dass die Juden jetzt unser Land verlassen müssen! Sie nehmen uns doch bloß Arbeits- und Studienplätze weg …«

»Denkst du das wirklich? Diesen Unsinn will Hitler uns doch nur einreden!«, unterbrach Magdalena sie entsetzt. »Sie passen nur nicht in sein Bild von der Rasse der blonden Arier. Er will sie umbringen, um an ihr Vermögen zu gelangen.« Das Ungeheuerliche ging ihr so rasch über die Lippen, dass sie fast vor ihren eigenen Worten erschrak. Aber wenn sie an das Räumungskommando dachte, das alle Wertsachen der Kreuzbergers fortgetragen hatte, dann konnte es nur so und nicht anders sein. »Erinnerst du dich an Hanna? Man hat ihre Familie verschleppt und räumt gerade ihr Haus aus!«

Marga zuckte die Schultern. »Ach, du meinst wohl dieses hässliche, schmächtige Mädchen mit den krausen Haaren, die man schon lange nicht mehr in der Uni gesehen hat? Die immer so komisch, scheu und gedrückt wirkte? Eine Streberin – Außenseiter, ganz typisch. Die hat sich doch wunder was auf ihre Intelligenz eingebildet! Ihre Familie ist schwer reich, lebt im Luxus! Irgendwoher muss das doch kommen …«

»Wie kannst du so etwas sagen? Hannas Vater hatte das Kaufhaus in der Stadt – er war geschäftstüchtig …«

»Aber er musste es aufgeben. Wahrscheinlich hat er krumme Geschäfte gemacht. Er sitzt ja nicht umsonst in Quednau. Seinen Sohn hat man ja auch verhaftet. Papa hat davon gewusst und mir alles erklärt. Die Juden sind nie ehrlich, das weiß man doch. Sie sollen uns einfach in Ruhe lassen und weggehen! Denk doch nur mal an die Zigeuner, die hier immer herumlungerten! Das sind doch in Wahrheit Kriminelle. Seit sie fort sind, gibt es kaum mehr Einbrüche in der Stadt, und die Bettelei in den Straßen hat aufgehört!«

Sie redete sich jetzt völlig in Rage und Magdalena konnte den raschen Sinneswandel Margas immer noch nicht so recht begreifen. Sie versuchte es noch ein letztes Mal. »Aber würdest du nicht jemanden, den du sehr gut kennst und der in Gefahr wäre, Unterschlupf bieten?«

»Nicht, wenn es ein Jude wäre!«, gab Marga trotzig zurück und wölbte die Unterlippe vor.

»Ich muss gehen«, Magdalena gab entmutigt auf und reichte ihr die Hand. In Marga würde sie nie und nimmer eine Komplizin finden. »Ab morgen bin ich wieder bei den Vorlesungen!«

Im Haus war es immer noch seltsam still, als sie zurückkehrte. Hanna ruhte sich wohl noch von der durchwachten Nacht mit Jakob in ihrem Dachkämmerchen aus und Mama schlief immer noch ihren Rausch aus. Eines war ihr klar: Hanna musste sobald wie möglich hier weg – aus der Stadt hinaus, am besten in ein anderes Land. Im deutschen Reich war sie nirgendwo mehr sicher. Aber wie sollte das geschehen?

Ein dumpfes Geräusch aus den Schlafräumen, wie ein schwerer Fall auf den Boden, schreckte sie auf. Wie der Wind lief sie die Treppe hinauf. Vor Mamas Zimmer blieb sie einen Augenblick zögernd stehen. Irgendetwas hielt sie ab, sofort einzutreten. Die Stille war jetzt unheimlich. Langsam öffnete sie die Tür. Die Gardinen waren zugezogen, es herrschte Dämmerlicht. »Mama?«, rief sie leise, während sie fühlte, wie ein Zittern ihren ganzen Körper erfasste. »Mama?« Sie trat ans Bett, doch es war leer. Entsetzt wanderten ihre Augen weiter, und sie starrte auf das Bild, das sich ihr bot: Die Mutter lag rücklings, mit ausgebreiteten Armen, reglos am Boden, die Augen starr und offen gegen die Decke gerichtet. Sie stürzte auf sie zu und wollte sie in ihre Arme nehmen, sie hochziehen. Erst, als sie sich zu ihr hinabbeugte, begriff sie, was geschehen war.

6. Kapitel

Die Lage wird ernst

Das feiste, grinsende Gesicht des russischen Soldaten verzerrte sich durch mehrere Einschüsse, er sackte zusammen und stürzte in den Sand. Als Paul sich umwandte, bemerkte er einen Trupp näher gekommener deutscher Pioniere, die die Waffen senkten. Sie waren ausgeschwärmt, um die Bucht zu sichern.

»Danke für die Rettung, Kameraden! Das war knapp!« Erst jetzt bemerkte er, wie verzerrt seine Worte zwischen den krampfartig zusammengebissenen Zähnen klangen. Ihm war immer noch kalt.

»Wo kommt ihr denn her?«, rief ihn der Truppenführer erstaunt an, der unter seinem Stahlhelm einen übernächtigten und erschöpften Eindruck machte.

»Von der Besatzung der Sturmboote! Wir haben einen Treffer abgekriegt, sind gekentert und an Land geschwommen!« Er deutete auf Hans, der sich mit schmerzverzogenem Gesicht auf den Boden gesetzt hatte. »Mein Kumpel ist verletzt! Er hat wohl auch Blut verloren.«

»Ich kann leider nicht mehr für euch tun«, erwiderte der Feldwebel eilig, Hans nur mit einem flüchtigen Blick streifend, »wir sind mit allen Leuten im Einsatz, haben Befehl, den Kameraden da drüben beizustehen und den Kessel zuzumachen.« Er wies in die Richtung des rauchenden Hafens von Sewastopol und zerrte im Weitermarschieren noch ein paar Verbandspäckchen aus seinem Tornister, um sie Paul zuzuwerfen. »Am besten, ihr steigt ganz nach oben«, rief er noch über die Schulter zurück, »dort stoßt ihr auf den Rest der Truppe. Meldet euch, die können jeden Mann brauchen.«

Paul sah zur Höhe der steilen Felswand mit ihrem schwindelerregenden schmalen Pfad auf, und ihn packten leise Zweifel. Als Erstes hob er das Päckchen Mullbinden auf und begann, den verletzten Kameraden zu verarzten. Die Wunde schien nicht allzu tief, aber die Kugel steckte noch drin, und es blutete ziemlich. Dann zog er sein nasses Hemd aus und streckte sich neben Hans der Länge nach auf dem Felsplateau aus, das von der Sonne etwas angewärmt war. Seine Muskeln zitterten immer noch unaufhörlich, vom Schock der Erlebnisse oder vom kalten Wasser, aber er spürte, wie sie sich unter den stärker werdenden Sonnenstrahlen langsam beruhigten. Sie mussten sich erst etwas ausruhen, bevor sie es wagen konnten, weiter aufzusteigen.

Aus dem Morgennebel, der sich allmählich lichtete, sah er hinter ihnen auf dem kleinen Vorsprung die Trümmerlandschaft einer in die Felsen geschlagenen Festungsanlage auftauchen. Von dort ertönten gedämpft vereinzeltes Gewehrfeuer und immer wieder neue Sprengungen. Es sah so aus, als bliebe den wenigen Überlebenden angesichts der deutschen Übermacht nichts anderes übrig, als sich zu ergeben. Paul richtete sich auf, kniff die Augen zusammen, um in der Ferne Genaueres erkennen zu können. Die Sonne beschien jetzt deutlich herausgeschlagene Felsentrümmer, zwischen denen Leichen lagen, von denen bereits ein penetrant süßlicher Geruch ausging, der nach oben stieg. Die Piontruppe von vorhin stürmte weit voran und hatte bereits den Strandstreifen der Bucht in Richtung Sewastopol besetzt, während das nahe Rauchfeuer der Geschütze den lieblichen Morgen verdunkelte.

»Schau sich einer das da unten an!« Er wandte sich Hans zu und deutete auf die Felsenhänge am Nordufer der Bucht, von der immer neue Detonationen Kunde von der Eroberung neu entdeckter Bunker und Höhlen gaben, die tief in die Felsen hineinreichten und deren Bewohner sich verzweifelt verteidigten. »Die geben nicht auf«, murmelte er, »lieber bringen sie sich um, als in Gefangenschaft zu geraten.«

Sein Blick streifte die steilen Ufer der Küste mit den zackigen Einschnitten. »Wie geht es dir? Traust du es dir zu, am Grat raufzusteigen?«

Hans betrachtete mit flackerndem Blick die Felswand, presste die Lippen zusammen und zog ächzend sein Bein hoch, um es von allen Seiten zu betasten. »Weiß nicht, ob ich das schaffe – die Wunde tut ziemlich weh. Aber mir bleibt wohl nichts anderes übrig.«

Unten auf dem Meer, von der anderen Seite her, tauchten aus dem Dunst des Morgens plötzlich zwei dunkel gestrichene Boote auf, die sich kaum von der blauen, bewegten Wasserfläche abhoben. Sie landeten in der durch eine weit ins Wasser reichende Landzunge getrennten, zweiten Bucht und legten dort am steinigen Strand an. Undeutlich konnte Paul eine Gruppe Bewaffneter erkennen, die ausstiegen und an Land gingen. »Verdammt noch mal, siehst du das? Das könnten russische Soldaten sein – oder Partisanen! Ich glaube, wir sind jetzt genau zwischen den beiden Fronten. Wenn die uns erwischen, dann gute Nacht! Wir müssen nach oben, und zwar so schnell wie möglich! Komm, ich helfe dir!«

Hans stöhnte auf. »Ich bin nicht schwindelfrei – und der Schmerz …«

Paul ließ seinen Einwand nicht gelten. »Beiß die Zähne zusammen – wenn du hierbleibst, bist du so gut wie tot! Komm, wir gehen erst mal über das gerade Stück zu den Felsen da«, er wies auf einen der unweit umherliegenden Felsentrümmer, »und dann steigen wir Schritt für Schritt auf. Wenn ich mich nicht irre, gibt es sogar eine schmale Spur; sieht wie ein Pfad aus.« Er beschattete die Augen mit der Hand. »Da, an dem seitlichen Gestrüpp findest du Halt. Und wenn es dir zu steil wird«, er schnallte seinen Gürtel ab und reichte ihm das andere Ende, »dann ziehe ich dich damit hoch.«

Hans ließ seine skeptischen Blicke über die Felsabhänge schweifen und nickte mit gequältem Ausdruck. Er war blass geworden. »Gut, ich versuche es. Aber in den Felsen sind wir doch lebendige Zielscheiben!«

»Kommt ganz darauf an, ob die Russen ausgerechnet jetzt Zeit haben, auf zwei einzelne Männer zu schießen«. Es sollte spöttisch klingen, doch Paul fühlte ein Grummeln im Magen und das Zittern in Kiefer und Armen wurde wieder stärker. »Sie haben jetzt wirklich zu tun, sich selbst zu verteidigen.« Eine neue Explosion von den Sapun-Höhen her unterstrich seine eher flapsig gemeinte Bemerkung. »Überhaupt sieht es ganz so aus, als hätten unsere Leute einen entscheidenden Vorteil errungen. Das ganze Terrain ist bereits in deutscher Hand. Da!« Er deutete auf den Ort, von dem aus schwarzer Qualm zum Himmel stieg, aus dem helle Flammen schlugen. Das Fort Sewastopol auf dem Felsen im Meer schien jetzt zu brennen, und die stärkste Festung der Welt zitterte bis auf ihre Grundmauern. Über die davor liegende Ssewernaja-Bucht fegte unablässig donnerndes Geschützfeuer aus allen Rohren der deutschen Division, und Meer und Land lagen unter einer dunklen Rauchwolke.

»In der Festung kämpfen sie bis zum letzten Mann! Aber bald werden sie sich ergeben müssen.«

»Diesen Zeitpunkt können wir jetzt leider nicht mehr abwarten!«, versuchte Paul zu scherzen und deutete zu der Truppe russischer Soldaten hinüber, die die benachbarte Bucht über die Felsen erreicht hatten und nun mit schussbereitem Gewehr von einer Deckung zur anderen über den Kies geradewegs in ihre Richtung liefen.

»Los, komm! Das schaffen wir!«, ermunterte ihn Paul und überquerte das Plateau und schlug den Pfad aufwärts ein. Hans folgte ihm humpelnd, so schnell es sein verletztes Bein erlaubte. Geduckt liefen sie hinter den Geröllbrocken entlang. Aber der schwierigste Teil lag noch vor ihnen – der Aufstieg durch das steile, steinige Gelände. Paul riss einen neuen Streifen aus seinem Hemd und band ihn über Mund und Nase, denn der von unten kommende üble Geruch, der sich rasch zersetzenden, zu Hunderten umherliegenden Leichen war penetranter geworden und raubte ihnen den Atem. Hans, dessen Bein durch die Anstrengung neu in den Verband hineinblutete, hinterließ rote Spuren auf dem trockenen Fels. Außer dornigem, vertrocknetem Gestrüpp zeigte sich an den verkrusteten Abhängen weder Baum noch Strauch, der Schutz bot.

Wie einen Rettungsanker umklammerte Hans Pauls Gürtel, den dieser fest um seine Hand geschlungen hatte. Er fühlte jedoch, wie seine Kräfte durch die ungewohnte Anstrengung stark abnahmen. Gepeinigt durch höllischen Durst, der durch seinen Blutverlust noch verstärkt wurde, sah er schwarze Punkte vor seinen Augen tanzen und fürchtete zu mehreren Malen, das Bewusstsein zu verlieren. Sein Leben hing jetzt nicht an einem seidenen Faden, sondern an dem Ledergürtel, mit dem ihn Paul, selbst bis zum Äußersten erschöpft, hinter sich herzog.

Auf dem zweiten Felsvorsprung, wo sie völlig außer Atem rasten mussten, lag eine Höhle, ein verlassenes Munitions- und Waffenlager der Russen mit aufgesprengter Bunkertür. Zunächst sanken beide vor der ein wenig Schatten gebenden Höhle zusammen, doch als sie sich umsahen, wichen sie vor dem grausamen Bild, das sich ihnen bot, zurück. Wieder hatten sich hier die russischen Höhlenbesetzer selbst in die Luft gesprengt, als ein deutscher Sturmtrupp eindringen wollte. Unter den zahlreichen Toten, die hier lagen, befanden sich diesmal auch die bedauernswerten Opfer deutscher Soldaten, die nur noch an der Uniform und den Stahlhelmen zu erkennen waren. Sie hatten ihren Mut, als Erste in die Höhle einzudringen, mit dem Leben bezahlt, und ihre Angehörigen würden über ihren sinnlosen Tod weinen! Über zahlreiche Kadaver und herausgeschleuderte Steine hinwegsteigend, kletterte Paul ins Innere der Höhle, um nach Resten von Proviant und Getränken zu suchen, während Hans erschöpft und angewidert liegen blieb. Auf jeden Fall schien es hier keine Überlebenden mehr zu geben, und er konnte sich nur noch mit ein paar Handgranaten versorgen, die er in seine Taschen stopfte. Im Hintergrund entdeckte er unter einem Haufen Glassplitter auch eine Flasche Wodka. Er köpfte sie an der Felswand und brachte sie zuerst Hans, der apathisch und wie leblos am Boden lag und gierig davon trank, bevor er auch selbst einige Schlucke nahm, die ihm sofort zu Kopfe stiegen. Der Alkohol verlieh ihm jene lockere Gleichgültigkeit der Gefahr gegenüber, die er normalerweise vermied. Aber diesmal nahm er ihm die Angst vor dem schmalen, kaum erkennbaren Pfad am bröckeligen, ungesicherten Rand des Abgrunds. Die Trittspuren in dem abschüssigen Gelände führten jetzt steil aufwärts. Den Blick nur einen halben Meter voraus auf den Boden gerichtet, setzte er vorsichtig Schritt für Schritt, während Hans ihm stöhnend und fluchend folgte. Über der grauen Wand in schroffer Höhe leuchtete jetzt ein blauer Himmel ohne die kleinste Wolke, und die Herbstsonne blendete unangenehm. Hans brach von Zeit zu Zeit kraftlos in die Knie, sich mit einer schweißnassen Hand verzweifelt an die dürren Zweige eines stacheligen Gestrüpps klammernd und mit der anderen an Pauls Gürtel.

Als sich beide gerade auf der Mitte eines schmalen Grates zwischen zwei Felsabhängen befanden, tauchte plötzlich hinter einer Biegung eine zerlumpte Gestalt mit tiefbraunem, ledernen Gesicht aus einer Felsenhöhle auf. Alle erschraken gleichzeitig. Paul blieb stehen, da nur ein einziger falscher Schritt ihn in das türkisgrün schimmernde Meer katapultieren würde, dessen schaumgekrönte Wellen gierig an den spitzen Felsen leckten. Der Partisane trat zurück, griff nach seiner Waffe, doch diese hastige Bewegung hatte einen Stein unter seinen Füßen ins Rollen gebracht. Erde bröckelte herab, er strauchelte und fiel taumelnd, mit einem lang gezogenen Schrei und rudernden Armen, kopfüber in den Abgrund, wo er platschend auf der gurgelnden, grünlichen Wasseroberfläche aufschlug und sofort versank. Eine Lücke klaffte nun auf dem Grat und trennte den Pfad in zwei Teile. Paul, sich an einen Felsen klammernd, war geistesgegenwärtig hinübergesprungen, doch Hans, dem das andere Ende des Gürtels aus der Hand geglitten war, befand sich noch auf der anderen Seite. Er war in die Hocke gegangen und starrte in die aufgewühlten Wassermassen unter ihm, die den Fallenden wie der Rachen eines bösen Tieres verschlungen hatten. Er begann, am ganzen Körper zu zittern. Ein Sog schien von der bedrohlichen Tiefe auszugehen, und um nicht vornüberzukippen, schloss er die Augen. »Hilf mir!«, stöhnte er auf, »lass mich nicht im Stich!«

»Halt dich irgendwo fest!«, schrie Paul ihm zu, »sieh nicht nach unten!« Sollte er es wagen, Hans den Gürtel zuzuwerfen, versuchen, ihn damit auf die andere Seite ziehen? Aber würde ihn der Kamerad, falls er schwankte, dann nicht mit sich in die Tiefe reißen? Hans biss die Zähne zusammen und heftete seinen Blick ausschließlich auf die silbrig glänzende Felswand vor sich, an deren Schrunden und Vorsprüngen er sich einkrallte. Die starken Regenfälle in den letzten Wochen hatten jedoch den Boden aufgeweicht, die sandige Erde zwischen den Steinen teilweise weggeschwemmt, bevor der Wind sie wieder austrocknete. Er wusste, dass es nur eine Chance gab: Der beherzte Sprung über das Loch auf die andere Seite; selbst auf die Gefahr hin, dass durch den heftigen Druck das rissige Erdreich einbrach.

»Du musst springen«, rief Paul dem Kameraden über das Geräusch der tosenden Wellen zu. »Zu mir – los, beeil dich!«

Hans verharrte totenbleich, mit geschlossenen Augen, als habe er mit dem Leben abgeschlossen, und stieß hervor: »Ich kann nicht! Grüße meine Frau – meine Kinder! Sie sollen mich nicht vergessen …«

»Spring!«, brüllte Paul ihn jetzt grob an. »Versuch es wenigstens! Soll ich deiner Frau und deinen Kindern erzählen, dass du ein Feigling bist? Ich zähle bis drei und dann los! Hier – meine Hand.« Er presste seinen Rücken fest gegen den von einem dornigen Klettergewächs überzogenen Überhang des Felsens hinter ihm und streckte den Arm aus.

Hans blinzelte, der Schweiß rann ihm in großen Tropfen über die Stirn. In diesem Moment knallte ein Schuss durch das Tosen der Brandung, ein zweiter, und ein dritter fuhr mit pfeifendem Geräusch nah an den Köpfen der beiden vorbei und prallte am harten Felsgestein ab. Der Trupp russischer Soldaten aus dem Boot hatte die beiden in der Felswand erspäht. Hans war mit einem Schrei zusammengefahren und hatte gleichzeitig einen großen Satz nach vorne gemacht – direkt auf die andere Seite des Grats. Dort packte er Pauls Arm, der sich mit einem gewagten Klimmzug ein wenig weiter nach oben zog, bis sein suchender Fuß einen Spalt fand und er sich auf weiterführendem Gestein in Sicherheit bringen konnte. Hans atmete erleichtert auf, krallte sich in ein Büschel trockenen Gestrüpps an der scharfkantigen Felswand, ohne zu begreifen, wie er genau über das Loch gekommen war. Paul war ihm ein Stück voraus und setzte jetzt bedächtig wieder einen Fuß vor den anderen, ohne nach rechts, links und schon gar nicht nach unten zu sehen. Nach der vorangegangenen brenzligen Situation kletterte er nun mit viel größerer Sicherheit als zuvor – aber auch Hans hatte neuen Mut geschöpft.

Die russischen Soldaten in der Bucht hatten sich nach einem kräftigen Maschinengewehrbeschuss unter einem Felsüberstand in Sicherheit gebracht und sich dann vorsichtshalber ganz verzogen.

Doch ganz unvermittelt zeigte sich ein neues, noch ernsteres

Hindernis: Hinter einem Felsstück, mitten ins Gestein geschlagen, klaffte ein unüberwindbares Loch, vermutlich verursacht von einem Treffer aus einem Flugzeug. Geröll war gesplittert, ins Rutschen gekommen und hatte Unmengen von Steinen abgebrochen und ins Meer absinken lassen.

Keuchend blieb Paul stehen. Unter den zackigen Felsen rauschte die blaue Flut mit weißen Schaumkronen. Was nun? Jetzt war alles aus. Zurück ging nicht, das würden sie nicht mehr schaffen. Die höher gewanderte Sonne flimmerte weiß und blendend und vor seinen Augen verschwammen die Konturen. Sollten sie nach all der Anstrengung hier verhungern, ins Meer stürzen, in die Felsen fallen, damit ihre Kadaver von der Sonne ausdörrten wie reife Pflaumen? Nie mehr die Heimat wiedersehen?

Lieber Gott, lass es schnell gehen! Einfach vornüber fallen lassen, dann spürt man nicht viel. Magdalena, dachte er nur noch, Magdalena, bevor er langsam die Augen schloss.

»He! Kameraden«, der raue Ton der Stimme riss ihn gerade noch rechtzeitig zurück, »hierher!« Als er aufsah, erkannte er etliche Meter über sich wie eine Fata Morgana schweißbedeckte, geschwärzte Gesichter unter vertrauten Stahlhelmen, Männer, die sich über die steile Wand beugten und mit einer Seilwinde hantierten.

»Los, pack an!« Vor seinem Gesicht baumelte ein herabgelassener, fester Strick. Rettung in letzter Minute? Er griff zu, schlang das Ende um seine Hüften und knüpfte es zusammen. Schon schwebte er über dem Abgrund.

»Hans!«, brüllte er zu dem schon halb Besinnungslosen hinunter. »Halt aus, bald haben wir es geschafft.« Ein zweites Seil sank herab. Er packte es und warf es ihm zu. Wie ein schlaffes Bündel hing auch Hans kurz darauf über den Felsen, während von oben die Seilwinde in Gang gesetzt wurde. Sie waren oben! Ein Glücksgefühl, als wäre er in diesem Moment neu geboren, durchzog Paul. Davongekommen – wieder einmal! Er schickte einen Dankesblick zum immer noch wolkenlos blauen Himmel und fiel den Kameraden völlig erschöpft in die Arme.

Hans, dessen verletztes Bein nach all der Anstrengung stark blutete, war jetzt so schwach, dass man ihn auf eine Trage betten musste.

Erst am Abend, als alle zutiefst erschöpft, bei doppelter Verpflegung und einer Ration Wein zur Belohnung, ihr Quartier bezogen hatten, spürte Paul auch seine eigene Verletzung, die er bis dahin verdrängt hatte. Es war zwar nur ein Kratzer an der Schulter, aber Schmutz war eingedrungen. In der Nacht begann es darin zu pochen, er fror und spürte, wie er leichtes Fieber bekam. Am nächsten Morgen wurde auch er ins Lazarett eingewiesen und traf so wieder mit Hans zusammen, der ihm blass und mitgenommen von seiner Pritsche entgegensah. Sein Bein war verbunden, und der Arzt hatte ihm die Kugel, die zwar nur oberflächlich, aber dennoch schmerzhaft im Oberschenkel steckte, entfernt. Jetzt musste er sich allerdings noch von dem nicht unerheblichen Blutverlust erholen, den er durch die unfreiwillige Kletterpartie erlitten hatte. Paul erhielt auf seine Bitte ein Lager neben dem neu gewonnenen Freund, der sich immer wieder für die Rettung seines Lebens bedankte, das er bereits abgeschlossen glaubte.

Pauls Fieber blieb noch in leichter Form bestehen; er war von den Strapazen der letzten Wochen körperlich sehr erschöpft und hatte auch an Gewicht verloren. Der Stabsarzt schrieb ihn eine Zeit lang krank, damit er sich erst einmal erholte. Nach den hinter ihm liegenden Ereignissen, den blutigen Kämpfen, die in diesen Wochen ausgefochten wurden, war er allerdings auch nicht sehr erpicht, sofort wieder ins Gefecht geworfen zu werden.

In der Baracke des Lazaretts ging es allerdings keineswegs ruhig zu – es lagen dort fast fünfhundert Patienten, zum größten Teil Schwerverletzte auf engem Raum. Sie wurden von zumeist rumänischen Sanitätern und fünf Krankenschwestern betreut, die fast unablässig Dienst tun mussten. Die Verhältnisse waren beengt, die Verwundeten stöhnten die ganze Nacht, und die Operationen erfolgten fast ohne Pause.

Draußen, an der Küste der Krim ging die Schlacht weiter, wurde verbissen um die Festung gekämpft. Würde es tatsächlich gelingen, diese vom Meer geschützte, Eisen und Feuer spuckende Bastion aus Felsen und Beton ganz einzunehmen?

›Meine liebste, über alles geliebte Magdalena!

Ich schreibe Dir heute aus dem Lazarett in Simferopol – aber erschrick nicht, mir ist nichts Schlimmes geschehen. Ich habe wieder einmal Glück gehabt und Gott hat mich bei dem riskantesten Unternehmen, an dem die 11. Armee bisher beteiligt war, beschützt. Nur ein kleiner Kratzer an der Schulter und leichtes Fieber erinnern mich noch an die Überfahrt in der Nacht am stürmischen Meeresufer der Küste der Krim, wo wir mit Sturmbooten hinter dem Panzergraben, den die Russen zu unserer Abwehr errichtet hatten, von der Seeseite her landeten. Als unser Boot als einziges einen Treffer erhielt, habe ich mich mitten durch die hohe Brandung ans Ufer gerettet und das, obwohl ich gar kein guter Schwimmer bin!

Nun sind wir der Eroberung von Sewastopol, der »stärksten Festung der Welt«, mit seiner Unzahl von kleinen Bunkern und Befestigungen, die rundherum ein weites Gebiet abdecken, schon ganz nahe gekommen. Ich bin zuversichtlich, dass wir das mit allen militärischen Finessen ausgestattete Fort in den nächsten Tagen ganz einnehmen werden.

Stell dir diese uralte Festung hellenischen Ursprungs einmal vor – wie sie am blauen, weiten Meer liegt – ein Denkmal der Geschichte! Schon seit Jahrhunderten wurde sie von Tartaren, Römern und Engländern berannt und belagert! Es ist ein erhebender Gedanke, ein solches Monument zu erobern, aber dieser Kampf ist erbittert und grausam.

Jetzt liege ich hier und habe Zeit, an Dich zu denken, mir Dein liebes Gesicht vorzustellen und von Dir zu träumen! Meine Sehnsucht ist immer da, wo Du bist und folgt Dir, wohin Du auch gehst. Denkst Du auch an mich, mein geliebtes Herz? Die Trennung macht mir Angst und oft erwache ich aus einem Alptraum, in dem ich Dich überall suche, aber nicht finden kann! Wirst Du mir immer treu sein – werde ich gesund zurückkehren? Das sind Fragen, die mich bei der erzwungenen Ruhe immer wieder quälen. Kein Wunder: Ich sehe hier im Lazarett so viele Kameraden, die ein Bein oder gar einen Arm verloren haben ... Sag, würdest Du mich auch dann noch lieben, wenn ich so verstümmelt zurückkehrte? Ich glaube, ich wagte es nicht, Dir so unter die Augen zu treten! Du, das schönste Geschöpf unter der Sonne, solltest keinem Krüppel angehören ...

Aber wenn Gott will, dass ich eines Tages heil aus diesem Krieg heimkomme, dann, wenn endlich Frieden ist, möchte ich mit Dir, meine Liebste, einmal hierher zurückkehren! Dieses wunderbare Stückchen Erde mit seinen orientalisch anmutenden Überbleibseln, kleinen Schlösschen, verspielten Bauten und lieblichen Dörfern, das wir jetzt mit unseren Kanonen, Werfern und dem Blut beider Nationen beschmutzen, das unser russischer Gegner betoniert, sprengt, unterhöhlt und zu Bunkern missbraucht, das ist in Wahrheit das verlorene Paradies! Wenn du die Früchte in den Tartarendörfern sehen würdest, die Pracht der seltenen Blumen und Gewächse, den Reichtum der Kolchosen! Doch alles hat der Russe hier zerstört, den armen Leuten die Lebensader abgeschnitten, nur, damit der Feind nicht von ihren Vorräten profitiert! Dabei geben die Tartaren uns noch freiwillig von dem wenigen ab, was ihnen geblieben ist! Auf eine rührend anhängliche Art stellen sich diese einfachen Menschen nun auf unsere Seite und möchten am liebsten mit uns kämpfen ...‹

Hier hielt er inne, weil mit einer Art schlechten Gewissens der Gedanke an Anouschka in ihm aufstieg, an ihre leidenschaftlichen Umarmungen und den milden, warmen Abend, an dem er mit ihr an der gastfreundlichen Tafel der Bauernfamilie gesessen hatte. Wo mochte sie jetzt sein? Mit ihrem wilden Temperament musste sie ihn doch hassen, bei allem, was er ihr vorgetäuscht hatte! Magdalenas liebliches Bild schob sich vor das der schönen Russin, ihr sanfter Blick, ihre feinen Züge verdrängten das gröbere Gesicht mit den leidenschaftlich lodernden Augen, den breiten Wangenknochen und wilden schwarzen Haaren. Wie anders sie doch war, wie zart und perlmuttern ihre Haut schimmerte, wie anmutig sie sich zu bewegen verstand! Niemals würde sie sich wie Anouschka in einen Mann verwandeln können!

Hans, der sich mit leisem Stöhnen auf der Pritsche höher zog, war erwacht und beobachtete ihn mit unverhohlener Neugier. »Du schreibst ja so fleißig – sicher an deine Frau?«

»Das wird sie hoffentlich bald sein!«, antwortete Paul mit verträumter Miene. »Ich lade dich schon jetzt zur Hochzeit ein!«

»Wenn wir das alles überleben«, seufzte Hans mit pessimistischem Unterton, »komme ich natürlich gerne!« Leiser fügte er hinzu: »Aber ich fürchte, Hitler wird sich mit diesem Sieg nicht begnügen – manchmal denke ich, er ist größenwahnsinnig geworden, will sich mit der ganzen Welt anlegen! Am liebsten würde ich abhauen! Mein Bein ist eigentlich schon ganz gesund.«

»Psst, nicht so laut!« Paul sah sich nach allen Seiten um. »Du willst wohl an die Wand gestellt werden?«

»Na dann gute Nacht!« Hans grinste, rückte das harte Rosshaarkissen zurecht und war im nächsten Moment wieder eingeschlafen.

Es war mitten in der Nacht, als Paul auf einmal einen leichten Druck auf seiner Wange spürte, einen leisen Hauch nach Jasminblüten, der ihn umwehte und sanft kitzelte. »Magdalena«, flüsterte er schlaftrunken, halb im Traum und streckte sich den weichen vollen Armen entgegen, die ihn umfingen. Er glaubte immer noch zu träumen, als er samtige, wollüstige Lippen auf den seinen fühlte und gab sich unbewusst dem leidenschaftlichen Kuss hin, der seine Sinne erregte. Der scharfe Schmerz spitzer Zähne ließ ihn jedoch im nächsten Moment zusammenzucken und hellwach werden. Nein, es war kein Traum, und es war auch nicht Magdalena, die über ihn gebeugt ihn mit funkelnden Augen betrachtete. Er schmeckte das warme Blut, das ihm übers Kinn rann und starrte der Krankenschwester ins Gesicht, die ihn mit einem seltsamen, fast wehmütigen Lächeln betrachtete.

»Du?«, fuhr er auf. »Was machst du hier?«

Anouschka legte den Finger auf die Lippen. »Du hast mich gerufen, weil du Schmerzen hast«, säuselte sie kaum hörbar, »und ich wollte dir etwas zur Beruhigung geben«, sie schob die Hand mit der Spritze vor, die sie hinter dem Rücken gehalten hatte, »für eine ewige Ruhe!«

Paul wich zurück und starrte sie stumm, mit weit aufgerissenen Augen an.

»Büßen sollst du!«, stieß sie heftig hervor, doch dann ließ sie ihren Arm plötzlich sinken. Ihre Hand zitterte wie Espenlaub und die Spritze rollte zu Boden. »Es ist unmöglich – ich kann es nicht tun ...«, murmelte sie wie zu sich selbst. Tränen schossen in ihre Augen und ihr Mund zuckte.

»Du ... du wolltest mich umbringen?«, stieß Paul entsetzt hervor und packte schnell ihre Hand mit festem Griff. »Und wenn ich jetzt den Sanitäter rufe?« Sie wehrte sich gegen ihn, während sie zu Hans hinübersah, der auf dem Rücken lag und mit offenem Mund geräuschvoll schnarchte.

In der nächsten Minute hatte sie sich wieder in der Gewalt und ihre frühere Kaltblütigkeit kehrte zurück. »Du kannst mir gar nichts beweisen«, zischte sie mit funkelnden Augen. Mit diesen Worten riss sie ihre Hand aus der seinen und stieß ihn auf sein Lager zurück. »Mach kein Aufsehen – du bist krank und phantasierst!« Sie sah sich um, doch ringsumher hörte man nur ein gemischtes Schnarchkonzert. »Nimm dich in Acht, mein Lieber, du bist hier ganz in meiner Hand!«

»Nicht, wenn ich laut um Hilfe schreie. Dann bist du verraten!«

»Schrei doch, du Schuft!«, gab sie zurück. »Aber in der nächsten Sekunde wirst du mausetot sein!« Sie hob rasch die Spritze auf und hielt sie wie eine Waffe. Paul, der wusste, wie skrupellos sie war, versuchte, keine Furcht zu zeigen und zog sich weiter auf der Pritsche zurück.

»Mir kannst du keine Angst einjagen! Wie bist du überhaupt hierher gekommen?«

»Dumme Frage, ich bin Krankenschwester, wie du siehst. Ich habe mich freiwillig gemeldet.« Ohne ihn aus den Augen zu lassen, drehte sie leicht den Kopf mit dem Häubchen, auf dem das Rote Kreuz-Zeichen prangte. »Das hier habe ich mir leicht besorgen können! Und wie du weißt, spreche ich eure Sprache sehr gut.«

»Du bist ein Teufelsweib! Bist du bloß gekommen, um mich zu töten oder was willst du von mir?«

»Ich bin gekommen, um das zu fordern, was du mir versprochen hast – Liebe! Wir wollten zusammenbleiben, hast du das etwa vergessen? Aber du hast mich reingelegt, angelogen, getäuscht. Und das sollst du mit deinem Leben bezahlen!« Sie setzte sich wieder zu ihm auf den Rand der Pritsche, während sie die aufgezogene Spritze außer Reichweite hielt. »Hier, darin ist eine geringe Menge Zyankali. Es wirkt sofort – ein einziger Stich in die Haut, dann hast du keine Sorgen mehr! Der Chirurg hat es für sich selbst aufbewahrt, für den Fall, dass der Feind das Lazarett stürmt. Aber diese Gefahr besteht ja jetzt nicht mehr.« Sie lächelte mit verzerrter Miene. »Du kannst mir nicht entgehen. Ich will dich, tot oder lebendig!« In ihren Augen flackerte ein irres, beinahe dämonisches Feuer, und sie schob die Hand mit der Spritze langsam vor. »Aber wenn ich dich töte, dann wäre es mir lieber, wenn es langsam geschieht, damit ich mich an deinen Qualen weiden kann. Du sollst das fühlen, was du mir selbst zugefügt hast!«

»Was für ein Unsinn!« Paul blieb ruhig, unbeweglich und wich ihrem Blick nicht aus, ihr fest in die Augen sehend. »Und wenn ich es darauf ankommen lasse? Sie werden dich verhaften und in ein Gefangenenlager stecken!«

Anouschka lachte böse auf. »Ich habe an alles gedacht. Niemand wird deinen Tod untersuchen oder ausgerechnet mich verdächtigen!« Ihr Lächeln erstarb so plötzlich wie es gekommen war. »Ich könnte auch mich töten! Dann wirst du verdächtigt! Liebster – zwing mich nicht, solche Dummheiten zu begehen!«

Mit einer kurzen Bewegung schlug er ihr plötzlich die Spritze aus der Hand, die unter die Pritsche rollte. Das klirrende Geräusch weckte Hans, er fuhr hoch, sah auf die Krankenschwester und fragte verschlafen: »Ist was passiert?«

»Nichts Besonderes, brauch nur ein Schlafmittel!«, antwortete Paul gequält und Hans drehte sich knurrend auf die andere Seite und schlief weiter.

Die beiden hatten für kurze Zeit die Luft angehalten, doch dann stöhnte Anouschka leise wie ein verwundetes Tier auf. »Ich liebe dich doch so sehr!«, hauchte sie. »Und auch du liebst mich – das habe ich gespürt!«

Paul starrte sie an. Sie würde zu allem fähig sein, und es war besser, auf sie einzugehen. »Ich habe noch nie eine Frau wie dich getroffen«, er überlegte, wie er es am besten formulieren konnte, »und mit solcher Leidenschaft geliebt! Aber du musst verstehen, dass ich meinen Gefühlen nicht nachgeben konnte …«

Sie zögerte einen Moment, es ging wie ein Licht über ihr Gesicht, und sie flüsterte hastig. »Das war es also – ich wusste es! Aber es ist ja noch nicht zu spät. Ich bin bereit, deinen Fehler zu vergessen – lass uns noch einmal von vorn beginnen. Fjodor ist tot – ich weiß es. Er ist bei dem Angriff auf den Bunker ums Leben gekommen. Komm mit mir – wir fliehen zusammen ins Gebirge, so wie wir es geplant hatten! Niemand wird uns dort suchen. Der Krieg ist bald zu Ende. Du musst nicht mehr kämpfen. Wir fangen ein neues Leben an, nur wir beide …« Ihre Augen sahen über ihn hinweg zum Fenster des Lazaretts, hinter dem der volle Mond die Nacht erhellte. »Ich liebe dich! Ich kann ohne dich nicht mehr leben!« Ihre Stimme erstickte, sie nahm seine Hand und küsste sie beinahe andächtig. »Sag, dass auch du mich liebst – das alles nur ein Irrtum war. Dass du mich nie mehr verlassen wirst …«

Sie ist wahnsinnig!, schoss es Paul durch den Kopf. Diese Frau hat völlig den Verstand verloren! Und sie kann mich damit in Teufels Küche bringen!

»Es ist unmöglich für mich zu fliehen«, antwortete er heiser, »so etwas kann ich nicht machen. Desertation – dafür wird man bei uns an die Wand gestellt! Verschwinde, solange es noch Zeit ist. Sonst zeige ich dich an!«

»Wenn du das tust, werde ich behaupten, dass du mit der russischen Seite konspirierst … und das Gegenteil musst du erst mal beweisen!«, fauchte Anouschka. »Ich habe an alles gedacht. In deinem Spind liegen die russische Uniform und die Papiere eines Oberst. Man wird dir nicht glauben – dich gerade deswegen an die Wand stellen! Überleg es dir, aber nicht zu lange.« Sie beugte sich zu ihm und er spürte ihre weichen, sinnlichen Lippen auf seinem Mund, und es schien ihm, als schmelze jeder Widerstand in einem berauschenden Schwindelgefühl, mit dem er ihren Kuss erwidern musste, ob er wollte oder nicht.

»Ich weiß, du liebst mich!«, triumphierte sie. »Komm – die Tür ist offen!« Über ihn gebeugt, hatte sie ihre Hand unter sein Hemd geschoben, um ihn zu liebkosen. Sie sah die Verwirrung in seinen Augen, und ihre Stimme war nur noch ein verführerisches Gurren: »Wir nehmen eines der Motorräder aus dem Fuhrpark und einen Kanister Benzin. Mehr brauchen wir vorerst nicht. Alles andere kannst du mir überlassen! Komm!«

»Gut! Ich gehe mit dir!«, willigte Paul schließlich zum Schein ein und erhob sich so leise wie möglich von der knarrenden Pritsche. Es gab keine andere Möglichkeit – er musste zumindest so tun, als ginge er auf ihren Vorschlag ein, bevor sie irgendeinen Unsinn erzählte und sich Geschichten zusammenphantasierte, die nicht so schnell zu widerlegen waren!

Auf Zehenspitzen verließen sie den Saal des Lazaretts. Die Nacht draußen war schwül und von einer Mischung aus Qualm und süßlichem Leichengeruch, der aus den Höhlen an der Küste herüberwehte, durchsetzt.

Ihre Lider flatterten, als sie ein paar Nadeln aus ihrem Haar nestelte und die schwarze Flut ihrer Haare über Schultern und Rücken fiel. Kokett setzte sie das weiße Häubchen darüber. Dann öffnete sie mit gekonntem Griff die oberen Knöpfe ihrer weißen Bluse bis zum Busenansatz. Sie war schön, viel zu schön, als dass ein Mann ihr widerstehen konnte, und es fiel ihr nicht schwer, die Wachen in ein kleines Geplänkel zu verwickeln und sie eine Weile ihren Dienst vergessen zu lassen. Leise tat Paul inzwischen so, als ob er zum Fuhrpark schlich, während er krampfhaft überlegte, auf welche Weise er die leidenschaftliche Wildkatze, die ihn nicht aus ihren Fängen lassen wollte, am besten loswurde.

Aber wem sollte er sich anvertrauen? Was sagen? Dass eine Frau, eine Spionin zwischen zwei Fronten ihn aus dem Lazarett entführt hatte? Weil sie ihn liebte? Man würde ihn auslachen, ihm nicht glauben, das war so gut wie sicher.

Wenn er Hans doch wenigstens einmal von dieser Geschichte erzählt hätte! Er zischte einem Wachtposten zu: »Weck den Stabsarzt, Dr. Müller! Gib Alarm! Ich erklär's dir später!«

Dieser sah ihn so verständnislos an, dass er sich fragte, ob er überhaupt begriffen hatte, was er von ihm wollte. Er schob eine der Maschinen heraus, eine BMW und versuchte, sie zu starten. In diesem Moment hörte er das Alarmsignal durch das Lager schrillen. Scheinwerfer gingen an und die Soldaten sprangen aus ihren Betten.

Anouschka rannte auf ihn zu, doch er drückte ihr nur den Lenker des Motorrades in die Hand. »Flieh!«, schrie er, »rette dich! Du tust mir leid.«

Die Wachposten sahen mit Verwirrung und Zögern zu, wie Anouschka sich auf den Sitz der Maschine schwang. Das war doch eine der tüchtigen Rot-Kreuz-Helferinnen. Wo wollte die denn hin?

»Nehmt sie fest, die falsche Krankenschwester: Das ist eine russische Spionin«, schrie jetzt jemand, und Anouschka, die erkannte, dass alles vergeblich gewesen war, spuckte Paul verächtlich vor die Füße, bevor sie rücksichtslos Gas gab. Die Unsicherheit, mit der man nicht auf eine Frau in Schwesterntracht schießen wollte, ließ sie Zeit gewinnen. In halsbrecherischem Tempo raste sie unter den erstaunten Blicken der Soldaten, die das schussbereite Gewehr sinken ließen, davon.

»Eine Verrückte!«, murmelte Hans, der mit den anderen Gehfähigen aus dem Lazarett gehumpelt kam. »Kennst du sie? Habe ich die nicht eben an deinem Bett gesehen?«

Paul schüttelte den Kopf. »Eine russische Spionin! Sie hat sich hier eingeschlichen und wollte mich zwingen, ihr zu helfen!«

Dr. Müller, der Stabsarzt, schlurfte verschlafen aus der Baracke. »Was ist denn hier los? Ich hab die paar Stunden Schlaf wirklich nötig …«

»Nichts Besonderes!«, winkte Paul ab. »Es tut mir leid – aber diese Krankenschwester, die vorgestern eingestellt wurde, hat plötzlich durchgedreht. Sie hat mir irgendeinen Unsinn erzählt, mich mit einer Giftspritze bedroht und wollte mich zwingen, mit ihr zu gehen. Natürlich hab ich das nicht gemacht. Als der Alarm schrillte, hat sie Angst bekommen und ist abgehauen. Die

Maschine, die sie geklaut hat, werden wir leider verschmerzen müssen.«

»Was ist denn das für ein Gequatsche? Sind Sie von allen guten Geistern verlassen, Mann? Hier Liebeleien anfangen!«, schrie der Stabsarzt und strich sich das wirre Haar zurück. Sein Gesicht war müde und grau, sein Hemd durchgeschwitzt, und man sah ihm an, dass er keine Lust hatte, sich mitten in der Nacht mit so unwichtigen Dingen zu befassen.

Paul senkte den Kopf. »Ich hab wirklich nichts gemacht!«

»Erzählen Sie das doch Ihrer Großmutter!« Sein Ton wurde ein wenig leutseliger. »Aber nicht mitten in der Nacht!« Er schwieg kurz und wischte sich mit einem Tuch den Schweiß von der Stirn. »Ich verstehe Sie ja!«, brummte er. »Diese schwarzhaarige Vollbusige ist mir sofort aufgefallen. Eine seltene Schönheit, viel zu schade für die Drecksarbeit hier! Aber lassen Sie in Zukunft solche Dummheiten und verdrehen Sie meinen Krankenschwestern hier nicht den Kopf. Wir brauchen sie alle dringend. Wenn so etwas noch mal vorkommt, mache ich Meldung!« Er gähnte und ging mit schleppendem Schritt in seine Baracke zurück. Morgen standen den ganzen Tag wieder Operationen auf dem Plan. Und die Bedingungen, die in diesem Lazarett herrschten, waren wirklich nicht die besten.

7. Kapitel

HARTE PRÜFUNGEN

›Liebster Paul,
verzeih mir, wenn meine Zeilen heute gedämpft klingen. Ich weiß, Du stehst im Feld, weit fort an der russischen Küste, der Krim und siehst an jedem Tag dem Tod in vorderster Front ins Auge. Mein Herz zittert vor Angst, wenn ich auch nur daran denke, in welcher Gefahr Du tagtäglich schwebst. Ich kämpfe dagegen nur mit mir selbst, mit dem Schmerz in meinem Innern, der wie ein Eisenring meine Brust umschnürt und dessen ganze Wahrheit ich immer noch nicht fassen kann. Gestern haben wir meine liebe Mutter beerdigt! Obwohl sie seit Monaten nicht mehr sie selbst war, weil sie sich nach Lutz' Tod mehr und mehr mit Beruhigungsmitteln und Alkohol betäubte, so war es doch bitter, dass sie so plötzlich verlöscht ist. Aber noch schwerer war es zuzusehen, wie sich ihr Verfall beschleunigte. Großmama Louise zog es vor, die Augen vor den Tatsachen zu verschließen, und auch für Theo und Gertraud ist es wohl besser, dass sie nicht ganz begriffen haben, was sich hier wirklich abgespielt hat. Sie werden Mama so in Erinnerung behalten, wie sie war.
Sicher hast Du jetzt ganz andere Sorgen, aber ich wollte Dir doch auch schreiben, was in der Heimat passiert und wie sehr mich die vergangenen Ereignisse niedergedrückt haben. Mein Leben ist ein wenig in Unordnung geraten, und es gibt noch etliches Andere, das ich nur Dir sagen möchte –

nicht aber in einem Brief. Man weiß ja nie, wer ihn sonst noch liest.

Wirtschaftlich leiden wir keine Not; Louise hat gute Beziehungen zu den ehemaligen Kunden des großväterlichen Unternehmens, unter denen sich viele Bauern im Umfeld von Königsberg befinden, die uns treu mit guten Dingen wie Butter, Eiern und Fleisch beliefern. Manchmal zahlt sie auch mit Teilen unseres Silberbestecks – aber was macht das schon, wir haben ja so viele Garnituren! Aber was rede ich da – wie belanglos erscheint mir all das bei dem Gedanken, dass Du Tag für Tag Dein Leben aufs Spiel setzt. Wenn dieser Krieg nur endlich ein Ende fände! Dachten wir nicht einst, das alles wäre nur eine Sache von Monaten? Wie sehr sehne ich mich danach, Dich bei mir zu haben, Dich ganz fest zu umarmen und mich in Deinen Augen wiederzufinden! Habe ich Dir überhaupt schon gesagt, wie unendlich viel es mir bedeutet, Deine Zeilen in Händen zu halten? Ich kann sie gar nicht oft genug lesen und trage Deine Briefe tagelang an meiner Brust, bis sie ganz zerknittert sind.

Inzwischen gehe ich weiter zur Uni und lerne wie besessen, das lenkt mich von meinem Kummer ab. Aber auch dort weht der Geist des Nationalsozialismus, der mittlerweile einen solchen Zwang annimmt, dass keiner es wagt, sich ihm zu widersetzen. Vielleicht denkst Du anders darüber – aber ich empfinde den Druck, der eine freie Meinung nicht zulässt, wie einen Stein auf der Brust!

Wenn ich nur wüsste, wo Du jetzt bist, was Du tust und wie Du Dich fühlst! Ich bete jeden Tag für Dich! Möge Gott Dich schützen und bald heimkommen lassen! Ich umarme Dich mit meiner ganzen Kraft und Liebe meines Herzens, das nur für Dich schlägt und Dich so unsagbar vermisst! Auf immer und ewig. Deine Magdalena‹

Sie setzte den Schlusspunkt, faltete das Papier zusammen und wischte sich die Tränen aus den Augen. In letzter Zeit musste sie überhaupt ständig weinen, es war wie ein Ventil, um Trauer, Angst und Unsicherheit herauszulassen. Schließlich hatte sie niemanden, mit dem sie reden konnte, über Hanna, über Franks Verhaftung und über all das, was sie seit geraumer Zeit bedrückte.

Großmutter Louise war eine herzensgute Frau, aber auch eine wahre Dame und treue Schülerin preußischer Erziehung, die, geleitet von eiserner Selbstbeherrschung, unangenehme Dinge des Lebens einfach verdrängte. Weder die Trauer über den gefallenen Enkel Lutz noch der Gram über den Tod ihrer Tochter waren ihr äußerlich anzumerken, und nur ihre manchmal verdächtig geröteten Augen ließen vermuten, dass diese Schicksalsschläge nicht spurlos an ihrer Seele vorübergingen.

Seit der Beerdigung der Mutter fühlte sich Magdalena traurig, wie betäubt und erschüttert von der bedrohlichen Wendung, die ihr Leben anzunehmen schien. Alles um sie her schien zu bröckeln: Die Gruppe der Kommilitonen aus der Albertina war aus dumpfer Angst verstummt, seit man Frank verhaftet und Durchsuchungen nach Beweisstücken bei seinen Freunden angestellt hatte, denen zum Glück nichts Konkretes nachzuweisen war. Und Frank schwieg – bisher. Von den anderen hatte sie gehört, dass er und Marga unendlich lange Verhöre über sich ergehen lassen mussten und dass sein Vater aus der Quednauer Schreibstube entlassen worden sei. Auf sie war bisher noch niemand gekommen – doch sie zitterte allein bei dem Gedanken, dass irgendeine Spur zu ihr führen und man bei einer Hausdurchsuchung vielleicht auch Hannas Versteck entdecken würde. Sie zermarterte sich den Kopf, was zu tun wäre. Eines stand jedenfalls fest: Hanna musste fort – aber wohin?

Die Diffamierungen gegen die Juden nahmen unterdessen bizarre Formen an. Die Nachbarn wurden durch Plakate aufgefor-

dert, wachsam zu sein und Meldung zu machen, falls sie etwas
Verdächtiges bemerkten. Die Gerüchte verdichteten sich, dass
die Königsberger Juden in einem Konzentrationslager bei Minsk
getötet worden seien, aber Magdalena hütete sich, der ohnehin
verzweifelten Hanna davon zu erzählen; sie ließ ihr die Hoffnung, dass sich ihre Eltern in einem Sammellager vor der Stadt
befänden.

Immer in der Nacht, sobald alles im Haus schlief, befreite sie
Hanna aus ihrem Versteck, schloss sie erst im Bad ein und ließ
sie dann eine Weile im Garten Luft schnappen.

Auch an diesem Abend, an dem es stockdunkel war, weil der
Mond sich hinter Wolken verbarg, gingen sie flüsternd zusammen im wild überwachsenen Laubengang des Gartens auf und
ab, für dessen Pflege man früher zwei Gärtner gebraucht hatte
und den heute nur noch eine Putzhilfe, so gut es ging, in Ordnung hielt. Auf den Rasenstücken war das Gras zu hoch, und
überall wucherte Unkraut. Nebenan war schon vor Jahren ein
höheres Wohnhaus gebaut worden, das den Villencharakter der
Siedlung ein wenig zerstörte und dessen obere Etagen ungehin-
derten Einblick in den kleinen Park der von Waldens gestatte-
ten. Magdalena war das früher ganz gleichgültig gewesen, doch
jetzt sah sie immer wieder unruhig zu dem Fenster mit den zu-
gezogenen Gardinen hinüber. Frau Schmitz, die alleinstehende
Nachbarin aus dem letzten Stock, lag den ganzen Tag mit aufgestützten Ellenbogen auf einem Kissen am Fenster und beobachtete, was auf der Straße so vor sich ging. Gegen die pensionierte
Lehrerin, die einst mit ihrer inzwischen verstorbenen Schwester
zusammengewohnt hatte, empfand Magdalena eine instinktive
Abneigung. Griesgrämig und streng von Natur aus, hatte sich diese Frau schon früher ständig bei ihrer Mutter beschwert, sei es,
dass die Kinder nicht grüßten, dass sie zu viel Lärm machten, zu
laut Radio spielten oder die Erwachsenen es wagten, nach zehn
Uhr noch im Garten zu plaudern und zu lachen. Mit ihren klei-

nen Knopfaugen umheräugend, schien sie nur darauf zu lauern, dass sich etwas ereignete, was die Leere ihrer Tage durchbrach.

Mehrmals fixierte Magdalena jetzt die dunkle Fensterfront, an der sie manchmal einen Schatten hinter der Scheibe zu erkennen glaubte, und zog Hanna vorsichtshalber tiefer unter das Laub des Fliederbaumes auf die darunterstehende, kleine Eisenbank.

»Lass mich doch!« Hanna, deren Nerven durch den inhaltslosen Aufenthalt auf dem Dachboden blank lagen, riss sich beinahe ärgerlich los. »Lange halte ich dieses Versteckspiel nicht mehr aus! Es kann doch nicht sein, dass Jakob noch immer nicht gesund ist. Ich hab das alles satt! Soll ich denn in dieser verstaubten Dachkammer ersticken? Lieber gehe ich zu meinen Eltern ins Lager, da bin ich wenigstens nicht so isoliert. Ich will weg, weg, egal wohin! Heraus aus der engen Kammer! Verstehst du? Sofort!« Ihre Stimme war laut geworden und Magdalena legte den Finger auf den Mund. »Psst!« Sie hatte schon vorher bemerkt, dass Hanna, schon seit Tagen deprimiert, heute ganz besonders schlechter Stimmung war. »Wir müssen deine Flucht in Ruhe vorbereiten. Du kannst nicht so einfach davonlaufen.«

»Morgen werde ich Jakob im Krankenhaus besuchen, ob du willst oder nicht. Mich kennt ja da niemand. Und ich möchte nach unserem Haus sehen – nachts kann ich mich bestimmt hineinschleichen! Aber vor allem muss ich endlich erfahren, wie es meiner Mutter und Felix geht! Du kannst mich nicht länger daran hindern!«

»Warte doch!«, rief ihr Magdalena nach, denn Hanna rannte in plötzlicher Panik über die kleine Wiese zur Gartentür. Magdalena lief ihr nach, hielt sie an ihrem Kleid fest und zerrte sie gewaltsam zurück. »Du kannst nicht zu ihnen …«

»Und warum nicht?« Hanna wand sich unter ihrem Griff. »Sag es mir. Ich habe keine Angst. Alles ist besser als diese schreckliche Ungewissheit!«

Sie öffnete das Gartentor.

»Bleib! Du musst jetzt sehr stark sein. Ich wollte es dir nicht sagen – aber man erzählt in der Stadt, sie … sie seien alle im Lager umgebracht worden!«

Hanna blieb stehen, als wäre sie vor eine Wand gelaufen. Sie wandte den Kopf und sah sie entsetzt an. Es war plötzlich ganz still und der Mond kam voll hinter einer Wolke hervor und erhellte ihr blasses Gesicht.

»Was meinst du damit?«

Magdalena senkte den Kopf. »Es ist so gut wie sicher, dass man alle jüdischen Lagerhäftlinge in Minsk ermordet und in einem Massengrab beerdigt hat.« Die traurige Wahrheit, mit der sie Hanna bisher verschonen wollte, war nun heraus.

Hanna sank schluchzend in die Knie. »Sag, dass das nicht wahr ist! Bitte! Das kann nicht sein, das ist doch erlogen …ein schlimmes Gerücht, um uns einzuschüchtern …« Tränenüberströmt hielt sie inne. »Sie haben doch nichts getan!«

»Nein. Aber es ist die Wahrheit. Ich habe es in der Zeitung gelesen!« Magdalena fühlte sich hilflos wie nie zuvor in ihrem Leben. Auch sie verstand nicht, wie so etwas geschehen konnte. »Es wäre ja möglich, dass sie nicht unter den Verurteilten waren!« Behutsam legte sie den Arm um Hanna. Das Weinen erschütterte ihren ganzen Körper, doch plötzlich bäumte sie sich auf. »Und Jakob?« Angstvoll sah sie zu Magdalena auf. »Er ist vielleicht auch in Gefahr. Ich muss zu ihm!«

»Beruhige dich – sei leise.« Magdalena sah zum Fenster der Nachbarin hinüber, und es kam ihr so vor, als habe sich oben die Gardine leicht bewegt. »Du musst jetzt vernünftig sein! Wenn dich jemand erkennt, wird man dich fortbringen, und dann steht dir dasselbe Schicksal wie deiner Familie bevor. Und man wird auch mich verhaften! Ich verspreche dir, dass ich morgen ganz bestimmt zu Doktor Friedländer gehe und mich nach Jakob erkundige …«

Hanna schien im Mondlicht so bleich wie der Tod. »Was?

Heißt das, du hast noch gar nicht nach ihm gefragt? Du hast mir doch gesagt, es ginge ihm gut – er hat alles bestens überstanden ...«

Magdalena zögerte. »Mach keinen Lärm. Du weckst ja die ganze Nachbarschaft auf. Wenn du jetzt durchdrehst, war alles umsonst!« Im Fenster von Frau Schmitz war jetzt ein kleiner Lichtschimmer, wie der winzige Schein einer Kerze, zu erkennen. »Warte wenigstens bis morgen. Dann geh ich gleich ins Hospital – ich verspreche es dir!«

Hanna sank in sich zusammen. Dann nickte sie. Fast apathisch, teilnahmslos ließ sie sich von Magdalena ins Haus ziehen und stieg gehorsam wieder auf den Dachboden, wo sie sich auf ihrem Lager zusammenrollte und den Kopf wegdrehte, ohne ihr gute Nacht zu wünschen.

Mit einem schlechten Gewissen, weil sie sich bis jetzt nicht getraut hatte, Dr. Friedländer aufzusuchen und sich nach Jakob zu erkundigen, ging Magdalena zu Bett. Im »Volksblatt« war heute ein Foto des Kinderkrankenhauses zu sehen gewesen, auf dessen Fassade jemand mit Farbe »Jude raus« geschmiert hatte! Der angesehene Arzt wurde in letzter Zeit oft angegriffen, und da man ihn immer stärker ins Visier nahm, schien es zweifelhaft, ob er überhaupt noch länger in Königsberg blieb. Wahrscheinlich schonte man ihn nur deswegen, weil man ihn noch brauchte und er so vielen Kindern das Leben gerettet hatte. Immerhin sah man an seinem Beispiel, dass es den Nationalsozialisten trotz aller Hetzparolen und Verhaftungen noch nicht ganz gelungen war, alle angesehenen jüdischen Mitbürger Königsbergs zu verdrängen! Bedenklich waren nur die öffentlichen Kommentare, die immer hämischer und beleidigender wurden und Juden geradezu zu Monstern degradierten!

Am nächsten Tag machte sie sich schweren Herzens gleich nach den Vorlesungen zum Kinderkrankenhaus auf. Sie hatte ein banges Gefühl und ihr Herz klopfte unruhig. Was würde der

Arzt sagen? Dr. Friedländer sah ihr tatsächlich mit einem Ausdruck entgegen, der nichts Gutes verhieß. »Dass Sie noch einmal zu mir kommen, hätte ich wirklich nicht mehr gedacht!«, begrüßte er sie mit ernster, aber vorwurfsvoller Miene.

»Ich konnte leider nicht eher. Wie ... wie geht es Jakob?«, stotterte Magdalena, doch der Arzt antwortete nicht gleich. Nach einer stummen Pause, in der er die Blätter auf seinem Schreibtisch durchsah, begann er schließlich: »Sie fragen reichlich spät nach ihm. Er hat es leider nicht geschafft ... noch in der Nacht, in der sie ihn brachten, ist er verstorben. Ein Kreislaufkollaps – er war ja völlig ausgetrocknet und hätte bei dem hohen Fieber mehr trinken müssen! Ich konnte Sie nicht benachrichtigen, weil Sie mir Ihren Namen nicht hinterlassen haben. Wir haben ihn in einem anonymen Grab bestattet. Sie ... Sie sagten, er wäre der Bruder einer jüdischen Freundin?«

»Ja«, sie sah unschlüssig auf ihre Hände, und versuchte die Tränen zurückzuhalten, »man hat die Familie von Hanna und Jakob in ein Lager gebracht und sie dann ermordet!«

Der Arzt seufzte resigniert und sah auf die Papiere vor ihm: »Ich habe davon gehört, dass man deportierte Juden erschießt – und ich wollte es nicht glauben. Bis ich mich selbst davon überzeugt habe!«

»Warum tut man das?« Magdalena sah ihn verstört an. »Diese Menschen sind doch unschuldig! Man kann doch nicht ...«

»Doch, man kann, liebes Kind!«, antwortete der Arzt gefasst. »Und ich befürchte, dass auch mir ein solches Schicksal bald bevorsteht. Es hat sich nur ein wenig herausgezögert, weil man mich in dieser Abteilung so dringend braucht! Und, um ehrlich zu sein, ich konnte es bisher nicht übers Herz bringen, das Hospital zu verlassen. Wenn ich das tue, wird alles hier zusammenbrechen ...« Er machte eine umfassende Handbewegung und seufzte erneut tief auf. »Das hier ist mein Lebenswerk! Dafür habe ich Jahrzehnte gearbeitet. Das kann man nicht so einfach im Stich lassen. Verstehen Sie?« Er sah sie fragend an. »Aber ich bin alt und habe gut gelebt. Wenn man mich erschießen will, soll man es tun. Ich möchte zuvor nur meine Angehörigen ins Ausland bringen, sie in Sicherheit wissen. Meine Frau, meine Tochter …«

»Hören Sie, Herr Doktor, ich habe Vertrauen zu Ihnen …«, stieß Magdalena plötzlich hervor. »Hanna, meine Freundin …« Sie stockte, doch unter dem gütigen, abwartenden Blick des Arztes fuhr sie fort: »… lebt in einem Versteck auf dem Dachboden unseres Hauses! Nachdem man nachts ihre Mutter abgeholt hatte, standen sie und ihr Bruder Jakob schutzlos da. Sie wussten nicht wohin! Und dann wurde der Kleine in seinem Versteck gleich krank – was hätten wir denn tun sollen?« Sie machte eine Pause und sah mit Tränen in den Augen vor sich hin. »Alles ging so schnell. Hanna war mit meinem Bruder Lutz zusammen. Er ist gefallen, aber ich weiß, dass sie sich sehr lieb hatten.« Sie schluchzte auf. »Herr Doktor, helfen Sie mir! Ich habe keine Ahnung mehr, wie alles weitergehen soll. Ich kann Hanna ja nicht die ganze Zeit auf dem Dachboden einsperren! Und wie soll ich ihr jetzt auch noch beibringen, dass Jakob, ihr kleiner Bruder, tot ist?« Sie schluchzte leise vor sich hin, während Dr. Friedländer, den Kopf in die Hände gestützt, ratlos zu sein schien. Schließlich begann er mit einer müden, fast tonlosen Stimme. »Ich würde Ihnen gerne helfen, mein Kind, aber ich weiß selbst nicht, wie! Vielleicht …«, er zögerte und dachte nach, »kann sich Ihre Freundin ja meiner Frau und Tochter anschließen. Ich habe da etwas organisiert – ein Schiff soll sie ins liberale Schweden bringen. Dort werden Juden aufgenommen und man kümmert sich um sie. Hat Ihre Freundin einen gültigen Pass?«

Magdalena verneinte. »Alles ging so schnell! Sie konnte nicht einmal mehr in ihr Haus zurück. Es war bewacht.«

Dr. Friedländer schüttelte den Kopf. »Eine verzwickte Sache!« Als er die verzweifelte Miene Magdalenas sah, setzte er nach einer Weile hinzu: »Ich könnte ausnahmsweise versuchen, einen falschen Pass für sie aufzutreiben. Aber ich kann Ihnen nichts versprechen. Geben Sie mir die Beschreibung Ihrer Freundin. Aber das ist gefährlich, auch für mich!«

»Ihr richtiger Name ist Hanna Kreuzberger. Sie hat lange dunkel gelockte Haare, braune Augen, ist schlank und etwa 1,65 groß«, sagte Magdalena rasch, und der Arzt notierte alles auf einem Zettel. Er stand auf und ging zum Fenster. »Kommen Sie in zwei Tagen wieder, dann gebe ich Ihnen Bescheid!«

Magdalena erhob sich mit einem erleichterten Lächeln. »Ich danke Ihnen. Sie sind so gut!« Sie trat ein paar Schritte auf den Arzt zu, doch der wehrte ab. »Lassen Sie nur – wir müssen erst abwarten.«

Mit gemischten Gefühlen kehrte Magdalena nach Hause zurück. Die Möglichkeit zur Flucht war sicher ein Lichtblick für Hanna. Aber das mit Jakob – wie würde sie die traurige Nachricht verkraften?

Louise hielt gerade ihren Mittagsschlaf, aber die Geschwister, die bei einer Veranstaltung der Hitlerjugend waren, konnten jeden Augenblick zurückkehren. Es war einfach zu riskant, gleich zu Hanna hinaufzusteigen und mit ihr zu sprechen. Am Abend war es auf jeden Fall sicherer. Sie streckte sich in ihrem Zimmer auf dem Bett aus, auf die Stille horchend, die das Haus seit dem Tod der Mutter umfing, und dachte nach. Selbst die wenigen Dienstboten, die noch geblieben waren, fürchteten sich in letzter Zeit vor einem lauten Wort, einem Lachen. Alles war plötzlich anders geworden.

Die Geschwister hatte der Tod der Mutter am heftigsten getroffen, obwohl sie sich in letzter Zeit wenig um sie gekümmert hatte. Gertraud wirkte plötzlich viel erwachsener – das bedeutete aber auch, dass es eine neu erwachte Rivalität zwischen ihnen gab. Über beide Ohren in Gottfried von Treskow verliebt, war sie rasend eifersüchtig, weil ihr Angebeteter sie wie Luft behandelte und nur ihr, Magdalena, den Hof machte. Eines Tages hatte sie ihm daher deutlich gemacht, dass sie einen anderen liebe und so gut wie verlobt sei. Gottfried war schockiert, er blieb nun aus, und das bedeutete eine mittlere Katastrophe für Gertraud, die jeden Abend todunglücklich in die Kissen heulte, unausstehlich wurde und ihre Schwester mehr hasste denn je. Louise, die sah, wie ihre Enkelin litt, versuchte vergeblich zu intervenieren – und endlich nahm Gottfried beim nächsten Heimaturlaub wieder eine Einladung zum Essen an. Er hatte unterdessen einen gehörigen Dämpfer in seiner Karriere erhalten und beklagte sich bitter darüber, dass man ihn von der Flugstaffel vorübergehend in den Innendienst versetzt habe. Aus dem ehemals gefeierten Helden war wieder ein ganz gewöhnlicher Leutnant geworden, denn unterdessen hatte ein deutsches U-Boot tatsächlich den englischen Flugzeugträger im Mittelmeer versenkt. Niemand sprach mehr von seinem glorreichen Treffer, der »Beinahe-Versenkung« des feindlichen Schiffes. Sein Ansehen schwand, und genauso, wie man ihn früher herumgereicht hatte, so wenig interessierte nunmehr seine Geschichte, die er bei passender Gelegenheit trotzdem gerne zum Besten gab.

Mit entsprechender Herablassung wandte sich sein Augenmerk jetzt endlich Gertraud zu, deren anbetende und verliebte Blicke nicht länger zu übersehen waren. Der pummelige, schüchterne Backfisch, der früher kaum ein Wort herausbekam, hatte sich mittlerweile zu einem hübschen Mädchen mit unübersehbaren weiblichen Formen gewandelt. Die kindlichen Zöpfe waren verschwunden und ihr langes blondes Haar fiel offen und glänzend auf die Schultern. Bereits Stunden, bevor man Gottfried zum Essen erwartete, verfiel Gertraud in fieberhafte Geschäftigkeit und Unruhe. Sie drehte Locken, cremte und parfümierte sich heimlich aus Louises Tiegeln und probierte ihren gesamten Kleiderschrank durch. Später hing sie dann mit glänzenden Augen an Gottfrieds Lippen, die Wangen rosig angehaucht und tat, als bemerke sie nicht, dass der Träger ihres Sommerkleides halb von den Schultern gerutscht war. Gottfried fühlte sich geschmeichelt – und Magdalena war froh, den hartnäckigen Verehrer los zu sein. Trotzdem war das Verhältnis der beiden Schwestern seitdem gespannt, und Gertraud beobachtete sie in Gegenwart ihres Angebeteten mit eifersüchtigen und misstrauischen Augen. Niemanden überraschte es dann, als Gottfried schließlich um Gertrauds Hand anhielt. Sie war überglücklich, und Magdalena freute sich aufrichtig mit ihr. Das Datum der Hochzeit wurde allerdings erst auf den Monat nach dem Trauerjahr anberaumt.

Unruhig sah Magdalena jetzt immer wieder auf die Uhr. Die Zeit zog sich hin. Unten hörte sie jetzt Louise rumoren und Theo spielte im Garten Fußball. Wie Blei lag es auf ihrer Brust und die Aussprache mit Hanna stand wie ein Schreckgespenst vor ihr. Wie würde sie reagieren? Sie zwang sich, ruhig zu bleiben. Auf jeden Fall musste sie in Zukunft noch vorsichtiger sein als bisher. Anton Schäfer, der aus seiner Judenfeindlichkeit keinen Hehl machte, lief ihr immer öfter »rein zufällig« über den Weg, wenn sie zur Universität musste. Vielleicht beobachtete er sie ja auch, weil er irgendeinen Verdacht hatte? Aber sicher war sie zu empfindlich geworden und sah auf einmal überall Gefahren. Wie auch immer, es war auf jeden Fall besser, ihn wegen seines Einflusses bei der Partei nicht ganz zu verstimmen und ab und zu seine Einladung zum Kaffeetrinken anzunehmen. Es war immer eine Überwindung, sie musste sich zusammennehmen und ihren Widerwillen gegen Antons schlechten Atem, seine schiefen Zähne und sein hochtrabendes Geschwätz hinter einer lächelnden Miene verbergen. Trotz seiner wasserhellen, ein wenig vortretenden Glupschaugen, den fettigen, aschblonden Haaren und der schmächtigen Brust schien er sich als einer jener Helden zu betrachten, die auf den Kriegspropaganda-Plakaten abgebildet waren. Angeekelt sah sie an ihm vorbei, wenn er sich mit

Schaumbläschen in den Mundwinkeln über die Juden ereiferte und darüber, dass man in der Universität noch andere Personen in Verdacht habe, über die Frank Schiffner zwar verbissen schwiege, die man aber »schon noch kleinkriegen würde«. Jedes Mal, wenn er das sagte, begann Magdalenas Herz heftig zu klopfen. Was wäre, wenn er daraufkam, dass sie bei der Flugblattaktion auch mit dabei war? Gut, dass sie die restlichen Flugblätter geschickt im Keller unter einem Stapel rußiger Kohlen versteckt hatte – bei der nächstbesten Gelegenheit würde sie das Papier im Kamin einfach verbrennen.

Sie schob die beunruhigenden Gedanken beiseite und erhob sich. Im Haus war es jetzt völlig ruhig, und sie beschloss, doch nicht bis zum Abend zu warten. Sie musste es hinter sich bringen, Hanna die schlechte Nachricht mit der bitteren Wahrheit so schonend wie möglich beibringen. Vorsichtig horchte sie in den Gang und stieg dann entschlossen, aber auf Zehenspitzen die Stufen empor und ließ den geölten, jetzt völlig geräuschlosen Tritt zum Dachboden herunter. Hanna sah ihr schon gespannt, aber mit vom Weinen glänzenden Augen entgegen. Auf ihrer Stirn stand Schweiß. Trotz des geöffneten Fensters war die Luft stickig, fast unangenehm drückend, denn die Sonne erhitzte die Dachschindeln. Magdalena setzte sich ihr gegenüber auf die Decke am Boden. Es war, als befände sich in ihrem Mund ein zähes Hindernis, das ihre Sprache blockierte und die Worte, die sie formen wollte, nicht herausließ. Sie setzte zweimal an, doch dann schwieg sie, in der Angst, Hanna würde losheulen, einen Schreikrampf bekommen und die ganze Umgebung alarmieren. Doch Hanna sah sie nur unentwegt mit ihren wie erloschen wirkenden Augen an, die verkrampften Hände wie zum Gebet gefaltet. Erst jetzt löste sich Magdalenas Zunge und die grausamen Worte traten über ihre Lippen. »Es war zu spät, die Ärzte haben alles versucht. Sein Kreislauf hat schlappgemacht. Jakob hat nicht gelitten … Verzeih mir, aber ich hatte nicht den Mut, es dir eher zu sagen.«

Hannas Augen wurden starr, ihre Lippen weiß. Sicher hatte sie schon längst Schlimmes für den zarten Bruder geahnt, doch jetzt, in der Gewissheit, dass der Kleine nicht mehr lebte, sank sie wie ohnmächtig zurück.

Magdalena kroch zum Wassereimer, feuchtete ein Taschentuch an und legte es ihr auf die Stirn. »Hanna, komm zu dir!«, flüsterte sie eindringlich an ihrem Ohr. »Ich weiß, es ist hart für dich. Aber du musst jetzt stark sein. Dr. Friedländer wird dir helfen, nach Schweden zu gelangen. Da bist du in Sicherheit! Deine Mutter – deine Familie würde wollen, dass du überlebst!« Hanna schlug die Augen auf und seufzte tief. »Am liebsten wäre ich auch tot!«

8. Kapitel

In der Heimat

»Sag mal, was war denn das für eine Geschichte?«, Hans hatte sich auf der Pritsche neugierig zu Paul hinübergebeugt und grinste. »Mit der Krankenschwester? Ich dachte, ich hör nicht richtig. Hab mich natürlich schlafend gestellt. Hast du ein Glück bei Frauen – wie machst du das bloß …«

»Komm, hör auf!«, wiegelte Paul ab. »Ich hab doch schon gesagt, das war eine Verrückte!«

»Liebe macht eben verrückt. Aber so schnell … die war ja erst seit gestern hier. Eine Rumänin, nicht wahr? Eine ganz Scharfe, oder?«

»Russin«, verbesserte Paul. »Sie hat sich hier eingeschmuggelt. Ich kenn sie eigentlich schon länger …«

»Ruhe!«, kam es jetzt unwillig und mehrstimmig von den anderen Pritschen. »Aufhören mit dem Gequatsche! Wir wollen schlafen!«

»Morgen musst du mir alles erzählen!«, flüsterte Hans, und Paul nickte. Kurze Zeit später erfüllte sein lautes Schnarchen den Raum.

Nur Paul lag mit offenen Augen auf seiner Pritsche. Ob er wollte oder nicht, er spürte immer noch die heißen Lippen Anouschkas auf den seinen und fühlte sich schuldbewusst. Tatsächlich hatte er sich hinreißen lassen und ihren Kuss für einen Augenblick erwidert. Dabei war diese Frau ein Teufelsbraten, gefährlich wie eine Kugel aus dem Hinterhalt, vor der man sich in Acht nehmen musste! Wie sie es nur geschafft hatte, ihn in diesem Lazarett aufzuspüren? Sie war eine Meisterin der Verstellung und ihre auffallende Schönheit öffnete ihr natürlich Tür und Tor, selbst im Krieg und unter schwierigen Umständen wie diesen. Auf jeden Fall würde er morgen den Stabsarzt bitten, ihn freiwillig aus dem Lazarett zu entlassen, damit er wieder zu seiner Truppe käme, einfach hier weg – auch wenn er noch nicht ganz so kräftig auf den Beinen war. Seufzend legte er sich auf die Seite, nahm seinen Bleistiftstummel und versuchte, so gut es ging, einen Brief an Magdalena zu beginnen. Doch er kam über den ersten Satz nicht hinaus, strich aus, begann aufs Neue, bis ihn nach einiger Zeit der Schlaf übermannte und das Briefpapier zu Boden sank.

»Ich muss leider einen Bericht machen, Hofmann!« Stabsarzt Müller sah ihn vorwurfsvoll an. »Sie können sich nach diesem Vorfall hier nicht so einfach wegstehlen. Immerhin fehlen ein Krad, Benzin, Medikamente! Von den Papieren, die das Weibsstück hat mitgehen lassen, ganz zu schweigen! Und in der Kommandeursbaracke hat sie Karten mit den strategischen Aufstellungen und Plänen gestohlen; damit der Iwan auch ganz genau weiß, was wir hier als Nächstes vorhaben!« Er schüttelte finster den Kopf. »Das muss ich jetzt verantworten! Wie konnten Sie sich von einer Frau bloß in so eine Sache ziehen lassen? Mann, denken Sie doch mal nach – ausgerechnet eine Russin! Die schleicht sich hier, als Krankenschwester getarnt, unbemerkt ein! Als wenn es das Einfachste der Welt wäre! Man sollte es nicht glauben!«

Paul nickte schuldbewusst zu dieser Strafpredigt. »Ich sehe das ja alles ein. Aber ich kann wirklich nichts dazu. Mit dieser Frau habe ich nicht das Geringste zu tun. Sie hat mich gezwungen ...«

»Ach, papperlapapp! Gezwungen – das glauben Sie doch selbst nicht!«

»Ich bin verlobt!«, fuhr Paul auf, doch in diesem Moment klopfte es an die Tür. Die Operationsschwester trat ein. »Herr Doktor, ich möchte nicht stören, aber ... der Fall mit dem Kopfschuss! Die Kugel steckt noch in der Hirnschale. Der Patient hat sehr viel Blut verloren, aber er ist noch bei Bewusstsein.«

»Tja«, der Arzt erhob sich. »Es gibt wirklich Wichtigeres als Ihre Liebeleien! Scheren Sie sich doch zum Teufel! Melden Sie sich beim Platzkommandanten – der soll entscheiden, was geschehen soll.«

»Aber ... Sie müssen mir wirklich glauben ...«, rief Paul dem Entschwindenden noch nach, der bereits mit flatterndem Kittel durch die Tür war. Ein mulmiges Gefühl überkam ihn. Wenn man ihn vor ein Feldgericht stellte, dann sähe die Sache bös aus! Es wäre wirklich schwer zu beweisen, dass er mit dem Diebstahl Anouschkas nicht das Geringste zu tun hatte!

Sein Kopf brummte durch die Aufregung und die gerade verheilte Wunde begann wieder unangenehm zu brennen. Aber er würde gehorchen. Als er bedrückt und schweren Schrittes zur einfach zusammengezimmerten Baracke des Platzkommandanten Kramer schlich, sah er sich schon wegen Spionage und Zusammenarbeit mit dem Feind verurteilt und kurzerhand an die Wand gestellt. Umso überraschter war er, als Kramer raschen Schrittes auf ihn zueilte und ihm seine Papiere in die Hand drückte. »Sie sind aber schnell gekommen!«, sagte er erstaunt. Dann nahm seine Miene ernste und offizielle Züge an. »Mein Beileid! Ihre Mutter hat sicher nicht gelitten. Es war ein Volltreffer, der alles in Schutt und Asche gesetzt hat! Fahren Sie heim und ordnen Sie Ihre Angelegenheiten ganz in Ruhe!«

Paul sah ihn betroffen und überrascht an. »Meine Mutter? Aber ...«, er spürte, wie ihm Tränen in die Augen traten und schlug die Hände vors Gesicht.

»Tja, da kann man nichts machen! Sie muss im Luftschutzkeller gewesen sein!«, erklärte ihm der Kommandant weiter und reichte ihm das Telegramm. »Wie ich hörte, ist eine Wand des Nachbarhauses zusammengekracht, hat sämtliche Fluchtwege verschüttet und die Luftzufuhr blockiert! Ihre Schwester«, er sah noch einmal auf das Telegramm, »Christine heißt sie wohl, die ist noch vermisst. Man kann nur hoffen, dass sie nicht im Keller war.«

Paul brachte kein Wort heraus. Er nahm das Telegramm und starrte auf den Text. Seine Mutter! Christine! Das Haus! Der kleine Großhandel mit dem Papierladen!

»Normalerweise könnten wir Sie gar nicht gehen lassen! Aber da Sie ausgebombt sind«, fuhr der Kommandant weiter fort, »und wir Sewastopol so gut wie erobert haben, werden wir mal eine Ausnahme machen. Es trifft sich, dass wir aus der Heimat noch dringend etliche Reservesachen und kniffliges Material für unsere Fahrzeuge brauchen, spezielle Schrauben, Bremsbeläge und andere Kleinigkeiten, die hier so gut wie gar nicht aufzutreiben sind. Als Maschinenbauingenieur kennen Sie sich doch mit Motoren aus, oder?«

Paul nickte wie betäubt.

»So, dann ordnen Sie Ihre Angelegenheiten daheim und kümmern sich zusätzlich auch um das andere. Bringen uns das Nötigste, was Sie organisieren können, mit. Sie können den leeren Transportzug benutzen, der jetzt zurückfährt – dann müssen Sie natürlich selbst sehen, wie sie sich irgendwie bis Königsberg durchschlagen. Und mit einem der nächsten Züge kommen Sie so schnell wie möglich wieder her. Hier!« Er reichte ihm den Passierschein und eine Liste. Das Telegramm in der einen, die Papiere in der anderen Hand, wankte Paul wie betäubt hinaus. Ausgebombt! Was für ein furchtbares Wort! Er ließ sich auf seine Pritsche neben Hans sinken, der nicht wagte, ihn zu fragen, was passiert sei. Alles drehte sich vor seinen Augen. Er sah das Haus in Königsberg vor sich mit dem hübschen Garten, dem angebauten Stall für das einzige Pferd, das die Mutter immer dann vor den Wagen spannte, wenn sie Sachen ausliefern musste – ganz besonders für die Nazi-Kommissare in den Quednauer Büros, mit denen sie eigentlich ganz gute Geschäfte machte. Er sah den kleinen, sauberen Laden mit den gefüllten Papierregalen vor sich, auf den die Mutter so stolz war, weil sie ihn selbst nach dem Tod des Vaters und dem Verlust des gesamten Vermögens durch die Bankenkrise aufgebaut hatte.

Hans sah ihn mitleidig an. »Was ist passiert?«, flüsterte er ihm so leise wie möglich zu. »Willst du mir's nicht erzählen?«

»Ich fahr heim!«, antwortete Paul trocken und starrte an die Decke. »Luftangriff – meine Mutter hat's voll erwischt. Und meine Schwester ...«, seine Stimme erstickte, »ist seitdem vermisst!«

»Armer Kerl! Das tut mir leid! Am liebsten würde ich dich begleiten!« Hans verzog das Gesicht. »Aber ...«, er warf einen betrübten Blick auf sein verbundenes Bein, »du kommst bestimmt wieder.« Er senkte seine Stimme noch eine Oktave tiefer. »Das Feldgericht – was ist eigentlich damit?«

»Ich glaube, der Müller hat nichts gesagt. Die ganze Geschichte hört sich ja auch zu blöd an und bringt nur Unruhe!«

»Sei doch froh!«, winkte Hans ab. »Wann fährst du?«

»Gleich! Mit dem leeren Transportzug. Der geht heute um Mitternacht!«

»Na dann viel Glück, Kumpel. Kopf hoch! Wir sehen uns wieder!« Hans hielt ihm die Hand hin und Paul schlug ein.

Kurze Zeit später erschien Dr. Müller. »Sind Sie schon marschbereit?«, fragte er, als wie wenn nichts gewesen wäre.

»Ja«, antwortete Paul und schnürte seinen Tornister zu, »und ich danke Ihnen noch mal schön, dass Sie mir diese peinliche Befragung erspart haben. Aber ich schwöre ...«

»Hören Sie doch auf!«, fuhr ihn Doktor Müller barsch an. »Das interessiert wirklich keinen mehr. Bringen Sie mir einfach nur genügend Penicillin mit, Morphium, Schmerzmittel und so viele Schlaftabletten wie möglich. Merken Sie sich das gut! Das ist das Wichtigste. Diese Mittel brauche ich nämlich hier im Lazarett am dringendsten! Und davon schicken die mir immer zu wenig! Hier ist Ihre Autorisation.«

Er reichte ihm ein unterschriebenes Blatt Papier mit einer Aufstellung. Paul nickte erleichtert. »Versprochen. Wird gemacht, Herr Doktor!«

»Ach«, der Arzt wandte sich noch einmal um, »das hätte ich fast vergessen.« Er nahm etwas aus seinen Papieren und nestelte in seiner Tasche. »Hier, das soll ich Ihnen von General von Manstein überreichen – zusammen mit dieser Urkunde: Im Namen des Führers: Dem Unteroffizier Paul Hofmann, Stabsbatterie WR 70 wird hiermit das Krimschild verliehen. Sie werden ja dann bei der offiziellen Feier in ein paar Tagen nicht dabei sein!«

Paul nahm das Abzeichen entgegen, ohne ein Gefühl der Freude oder des Stolzes zu empfinden. Gerade jetzt war eben nicht der richtige Moment dazu.

»Meinen Glückwunsch! Aber jetzt reisen Sie erst mal nach Hause.« Jovial nickte er ihm zu und eilte nach einem Wink des Assistenzarztes wieder in den Operationssaal.

Paul steckte das Krimschild und die Urkunde in seinen Tornister und legte sich wieder auf die Pritsche. So furchtbar das alles auch war – aber er würde Magdalena wiedersehen! Es gab ihm einen Stich ins Herz. In größeren Abständen sah er immer wieder nach der Uhr. Die Zeit verging einfach nicht. Die restlichen paar Stunden, die noch vor ihm lagen und langsam dahinschlichen, schienen ihm eine fast endlose Zeit.

Die 11. Armee unter Generalfeldmarschall von Manstein hatte sich nach der Eroberung der Halbinsel Kertsch und Sewastopol zunächst bis auf einige Reste des Gebiets zur Verteidigung nach Simferopol zurückgezogen. Danach wollte er hinter dem Jailagebirge in Ruhe und Bereitstellung gehen, um die nächsten Schritte zu überdenken und auf neue Befehle aus dem Führerhauptquartier zu warten.

Sosehr sich die Soldaten auch über den Sieg und die Eroberung des wichtigsten russischen Stützpunktes freuten, so war doch der Anblick der verlassenen Dörfer beklemmend, in deren Katen oft noch Verwundete lagen, die ohne Hilfe dahinvegetierten. Neuntausend russische Gefangene, die untergebracht werden mussten, unzählige Tote an der Küste, die in der Hitze verwesten und deren Geruch man nur mit Tüchern vor dem Mund ertragen konnte, ließen ahnen, zu welchem Preis der Sieg erfochten war. Jetzt wurde dringend ein zweiter, großer Transportzug mit Nachschub, Lebensmitteln, schwerem Gerät und Waffen erwartet, um wenigsten einen Teil dessen zu ersetzen, was man bei dem Dauerbeschuss auf der Krim verloren hatte. Alles stand schon bereit, diese Reserven mit Fahrzeugen in ein verstecktes Lager in den Bergen zu den Tartaren zu transportieren, die es bewachen sollten.

Hans, von dessen Verwundung jetzt nur noch eine Narbe zeugte, war nach seiner Entlassung aus dem Lazarett zu dem etwas leichteren Einsatz der Wachen und Vorposten, die den Transport dirigieren sollten, abkommandiert worden. Die Schlange der beladenen Fahrzeuge sollte erst in der Nacht losrollen, damit die Lieferungen zu dem geheimen Schlupfwinkel, unbemerkt von Partisanen oder russischen Spähtrupps, heil ankommen konnten. Hans hockte auf einem der vorderen Wagen und hielt sein Gewehr im Anschlag. Hier draußen sah es wirklich so aus, als sagten sich Hund und Katz gute Nacht. Aber der Schein trog – im Dunkel der Büsche lauerte die unbekannte Gefahr.

Anouschka hatte die gestohlenen Skizzen, Karten und Pläne bei der russischen Kommandatur abgegeben. Der Oberbefehlshaber Sergej Alexandrowitsch vom sowjetischen Geheimdienst betrachtete sie stirnrunzelnd. Die Deutschen wurden ihm langsam unheimlich, seit sie die Festung Sewastopol eingenommen hatten. »Ist das alles, was du hast?«, er warf die Papiere ärgerlich auf den Tisch. »Das ist doch Schnee von gestern!«

Anouschka war beleidigt. »Ich tue, was ich kann …«

»Wir haben die Funksprüche des Gegners abgehört. Aber wir wissen immer noch nicht, was sein nächstes Ziel ist, und wie er angreifen wird.« Nachdenklich ging Alexandrowitsch mit großen Schritten im Bunker auf und ab. »Du musst es in Erfahrung bringen, mein Kätzchen! Sie sind Meister der Täuschung, wie wir in Sewastopol gesehen haben! Aber was sie können, das können wir auch! Und dazu brauchen wir dich!« Er trat auf die junge Frau zu, hob ihr Kinn und sah in ihre kampflustig aufblitzenden Augen. »Meine kleine Wilde! Du bist mutig, ich weiß es.« Er wühlte in einem Karton und zog etwas heraus. »Hier, die perfekte Uniform eines deutschen Oberfeldwebels. Ich weiß, dass du so etwas zwar schon besitzt. Aber diese da hat ein besonderes Zeichen.« Er deutete auf die silbrig schimmernde Plakette eines Feldgendarmen.

»Na und?« Anouschka tat gelangweilt.

»Wir wissen, dass demnächst die großen Nachschubtransporte mit frischen Divisionen kommen; Züge mit Lebensmitteln, Medikamenten, Fahrzeuge und Waffen, die weitertransportiert werden. Sie müssen durch dieses Gebiet da«, er fuhr mit dem Finger auf der Karte entlang, »weil sie das ganze Rüstzeug als Reserve in den Bergen stationieren wollen. Und das können wir in unserer Situation natürlich nicht zulassen! Wir müssen verhindern, dass sie genügend Material besitzen, um gegen uns zu kämpfen. Und deshalb wäre es das Einfachste, den Transport einfach umzuleiten.« Er sah Anouschka listig an, die einen gleichgültigen Blick auf das blank geputzte Brustschild der Feld-Gendarmerie warf, das auf der Uniform prangte, während sie mit ihren weißen

Zähnen gelassen an einem Stückchen Holz kaute. »Und – was soll ich dazu tun?«

»Du wirst morgen um Mitternacht in dieser Montur bereitstehen, um sie in die Irre zu leiten.« Alexandrowitsch warf ihr die Uniform zu. »Weißt du überhaupt, was auf diesem Stückchen Blech steht?«

Anouschka warf den Kopf zurück, dass die schwarzen Haare um ihre Wangen flogen und spuckte ein Holzstückchen in die Ecke. »Denkst du, ich kann nicht lesen?«

»Das schon. Aber dir ist vielleicht nicht ganz klar, dass dir dieses Zeichen beinahe die Autorität«, der russische Offizier schmunzelte, »eines Generals verleiht! Du wirst den Transport umleiten, weg von der Straße und direkt in eine schöne Falle«, er rieb sich die Hände und lachte leise vor sich hin, »wo wir ihnen alles wegnehmen und sie bis auf den letzten Mann vernichten werden! Zum Glück für uns kennen sie unser Straßensystem nicht und sind sich nicht sicher, ob es nicht doch noch andere Wege als diese erbärmliche Rollbahn gibt. Und wir haben ihnen eine schöne Straße gebaut – eine sehr schöne! Nur wird sie in einem Waldstück vor einem Abgrund enden! Und dort warten unsere Partisanen auf sie und werden ihnen die Hölle heiß machen!«

»Gut – aber wie soll ich überhaupt dorthin gelangen?«, fragte Anouschka beinahe lauernd.

»Mit dem Motorrad, das du den Deutschen gestohlen hast, mein Kätzchen!«, der Kommandant grinste. »Also, noch einmal: Du stellst dich als deutscher Feldgendarm mitten in den Weg und dirigierst den Transport wegen, sagen wir mal – Straßenschäden auf die Nebenstrecke. Später, wenn alles geklappt hat, fährst du mit dem Krad ins Jaila-Gebirge und versuchst, dich in die Nähe des Gefechtsstands dieses verdammten Generalfeldmarschalls zu schmuggeln. Vielleicht kannst du irgendwas in Erfahrung bringen, Funkleitungen anzapfen, ein wenig lauschen, über was da geredet wird. Wir müssen wissen, was dieser von Manstein als Nächstes vorhat, hörst du?«

»Hab schon verstanden. Ich mach es«, antwortete Anouschka kurz, in deren hübschem Köpfchen sich ein neuer Plan formierte. Sie nahm außer der Uniform noch ihre Schwesterntracht mit, wickelte alles zusammen, klemmte es unter ihren Arm und ging so dicht an dem Kommandanten vorbei, dass ihr offenes Haar ihn streifte.

Er packte sie bei den Handgelenken und hielt sie fest. »Halt!«, seine Stimme war nicht so entschieden, wie er es beabsichtigte. »Und sieh dich vor. Denk nicht, das du mich so um den Finger wickeln kannst wie Fjodor!« Anouschka bedachte ihn mit einem verführerischen Augenaufschlag, bei dem ihm ganz heiß wurde, bevor sie sich losriss und mit wiegenden Hüften zum Ausgang schritt. An der Eisentür wandte sie sich noch einmal um. »Es kann eine Zeit lang dauern, bis ich wieder zurück bin – falls du Sehnsucht nach mir hast.«

Fast gegen seinen Willen trat ein geschmeicheltes Lächeln auf die Lippen von Sergej Alexandrowitsch. »Lass dich nicht erwischen, mein Täubchen. Ich würde es sehr, sehr bedauern!«

Anouschka warf ihm eine Kusshand zu. Ihre Idee festigte sich, als sie sich auf das gestohlene Motorrad schwang und sich über gekennzeichnete Schotterpfade auf den Weg zum Zielpunkt machte.

»Ein Teufelsweib!«, murmelte Alexandrowitsch tief aufseufzend und sah ihr nach, bis sie in der aufgewirbelten braunen Staubwolke verschwand.

Die Hauptstraße, die einer sandigen Rollbahn glich, ließ Anouschka nach dem Wechsel ihrer Kleidung zur Uniform des Feldgendarmen links liegen, um nicht gleich feindlichen Soldaten in die Arme zu fallen. Sie schlug Pfade und Nebenwege ein, und auf einer Anhöhe hielt sie an und blickte über die Landschaft, die von der etwas erhöht aufgeschütteten Straße wie ein

Band durchschnitten wurde. In einiger Entfernung bewegte sich darauf ein fast unabsehbarer Zug sich dahinschleppender gefangener Russen, begleitet von bewaffneten deutschen Landsern. Sie biss wütend die Zähne zusammen. Obwohl sie selten so etwas wie Mitleid fühlte, so war sie doch erschüttert vom Anblick ihrer leidenden Landsleute, die bei der glühenden Hitze gedemütigt durch den Staub trotteten, und sie konnte ihren Blick lange nicht von ihnen wenden. Bei Mütterchen Russland: Was war dieser Krieg bloß für eine Schinderei!

Plötzlich kam Unruhe in den Zug der Gefangenen; Hals über Kopf rannten alle vorwärts und stürzten sich durstig in das Wasser eines vorbeifließenden Flusses. Die deutschen Bewacher ließen es geschehen, und nach einer Weile ging der Trott in alter Ordnung weiter, die lehmige, heiße Straße entlang. Grenzenlose Wut auf den unbarmherzigen Gegner erfüllte Anouschka, ein Gefühl, das ganz im Gegensatz zu ihrer unglücklichen Leidenschaft für den treulosen deutschen Soldaten stand. Sie hasste sich selbst dafür und hätte ihm am liebsten die Augen ausgekratzt, weil er sie getäuscht und ihre Liebe nicht im gleichen Maße erwiderte. Und doch fühlte sie, dass sie ihm alles verzeihen würde, wenn er bei ihr bliebe, auch wenn er tausendmal auf der Seite des Feindes stand!

Die weitere Fahrt war anstrengend und holprig, mit Abkürzungen ging es über Stock und Stein, bis sie schließlich an der bezeichneten Abzweigung anlangte. Eine zusammengewürfelte, fast tausend Mann starke Partisanen-Truppe, die von den Sowjets mit Maschinenpistolen, Flammenwerfern und kleinen Panzerabwehrkanonen ausgestattet war, lauerte dort bereits im Hinterhalt. Die Männer waren in einem Wäldchen versteckt, in das der neu angelegte Weg geschickt hineinführte. Die Lage war günstig, denn auf der einen Seite ging es ohne Vorwarnung steil bergab, und die andere war mit Felsbrocken durchsetzt, die an einer Felsmauer endeten. Es war die perfekte Falle, aus der es keinen Ausweg gab.

Anouschka gesellte sich nicht zu den Partisanen. Sie blieb abseits und verbrachte den Abend mit Warten auf ihrem Posten an der mit farbig gekennzeichneten Brettern gesperrten Rollbahn.

Die Nacht kam langsam und legte ihren dunklen Samtmantel über Büsche, Bäume und die kahle Steppe der unteren Regionen.

Unten waren jetzt endlich Geräusche zu hören, das noch weit entfernte Knattern von Motoren und rhythmische Rollen von Rädern und Kettenfahrzeugen. Anouschka sprang auf, rückte die Uniform zurecht, zog den deutschen Stahlhelm tief ins Gesicht und stellte sich bereit, während das Brummen und Rasseln der fahrenden Kolonne sich weiter näherte. Plötzliche Unsicherheit erfasste sie. Wenn Paul nun auch unter diesen Soldaten war? Möglicherweise hatte man ihn bereits aus dem Lazarett entlassen! Konnte sie zusehen, wie er mit seinen Kameraden in die Falle ging, rücksichtslos abgeknallt oder in die Luft gesprengt wurde? Sie krampfte ihre Hand um ihre Waffe und fühlte, wie sie auf einmal zu zittern begann.

Im unbequemen Transportzug und verschiedenen Güterwaggons gelang es Paul inzwischen, sich bis nach Deutschland durchzuschlagen und endlich seine Heimat Königsberg zu erreichen. Obwohl sein Herz wegen des traurigen Anlasses schwer war, wehte es ihn wie mit einem warmen, vertrauten Hauch an, als die bisher kaum bombardierte Stadt nahezu unversehrt vor ihm lag. Aber er haderte mit dem Schicksal – warum hatte die Bombe gerade sein Elternhaus getroffen?

Die bekannten Gebäude, die Straßen, die er so oft gegangen war, die grünen Lungen der Parks und der würzige Geruch, der vom Meer herüberstrich, trieben ihm die Tränen in die Augen. An den Litfaßsäulen klebten Nazi-Propaganda-Plakate mit jubelnden heldenhaften Soldaten, und dick gedruckten, markigen Sätzen, in denen man die Errungenschaften der Armeen und ganz besonders die glorreiche Eroberung der Krim pries.

»Heil Hitler« grüßende Bürger, die ihn erkannten, eilten wichtigtuerisch an ihm vorbei, und Paul dachte, wie wenig sie doch von der brutalen Wirklichkeit im Feld wussten, von der Front, von blutenden, verstümmelten Verletzten, dem penetranten Gestank der Leichen und knallenden Feuer von Geschützen und Granatwerfern, dem rauchumwölkten Himmel über Tod und Vernichtung.

Er konnte es nicht ertragen, sofort den Ort des Unglücks aufzusuchen und ging zunächst mit dem Befehl für die Ersatzteile in die Werkstatt, damit alles Nötige hergerichtet werden konnte. Im Hospital übergab er die Order für die Medikamente. Überall wurde er lächelnd und dienstbeflissen empfangen, nicht weil man ihn kannte, sondern weil man ihn wie einen der auf buntem Papier gedruckten Helden betrachtete; den tapferen Verteidiger des Vaterlandes, der die letzten Siege erkämpft hatte.

Nachdem alles erledigt war, musste er sich hämmernden Herzens zwingen, den vertrauten Weg nach Hause einzuschlagen. Als er an dem Ruinenfeld anlangte, wo er einst als kleiner Junge im Garten gespielt hatte, blieb er betroffen stehen und starrte auf die Reste dessen, was ihm seit seiner Kindheit und Jugend teuer gewesen war: Eine schwarze, verkohlte Trümmerlandschaft mit einem Mischmasch aus Steinen, Betonstücken und Eisenteilen.

Warum hatte es das Schicksal gewollt, dass ausgerechnet sein Vaterhaus so schlimm zerbombt wurde, während ringsum noch alles heil war? Vereinzelt sah er bekannte Dinge aus dem Schutt hervorragen, wie den geblümten Lehnstuhl, in dem sein Vater immer gesessen hatte. Er wandte die Augen ab und sein Mund zuckte. Plötzlich spürte er eine Hand auf seiner Schulter. Er schrak zusammen, sah sich um und blickte in das vertraute Gesicht seiner Schwester Christine. Sie fiel ihm weinend um den Hals, und er dankte dem Himmel, dass sie noch lebte.

In Russland brummte die Wagenkolonne langsam heran, gefolgt von Panzern, schwerem Gerät und beladenen Transportern mit Lebensmitteln und Winterausrüstung. Scheinwerfer durchschnitten die Luft und der Fahrer erblickte den Soldaten mit dem Abzeichen der Feldgendarmerie und stoppte. »He, was ist denn hier los?«

»Die Straße ist gesperrt!«, antwortete Anouschka mit verstellter, tiefer Stimme. »Hier entlang!« Sie wies auf den Pfeil neben den Absperrungsleisten und winkte dem Fahrer, in diese Richtung abzubiegen. Doch der war auf einmal misstrauisch geworden und stieg aus. »He, komm doch mal her, Kamerad«, rief er aus. »Von wem hast du die Anweisung?« Doch der Feldgendarm war urplötzlich wie ein Phantom in der Dunkelheit verschwunden.

»Hast du das gesehen?« Der Fahrer des zweiten Wagens hatte ebenfalls sein Fahrzeug verlassen und rieb sich die Augen. »War das überhaupt einer von uns?«, fragte er den neben ihm sitzenden Hans.

»Sah so aus!«, antwortete der mit gerunzelter Stirn. »Aber warum ist er dann so schnell abgehauen?« Mit Taschenlampen leuchteten sie die Straße ab. »Irgendwas kommt mir hier komisch vor! Der Mann hatte so einen merkwürdigen Akzent. Und jetzt ist er weg. Motoren abstellen«, rief er und winkte den anderen, zurückzubleiben. Mit angehaltenem Atem lauschten sie in die Nacht hinein, doch in diesem Augenblick ertönte ein heiserer Ruf zusammen mit dem Bellen eines Hundes, das sofort in jämmerlichem Gewinsel erstarb.

»Zurück! Gas geben!«, schrie der Soldat im Scheinwerferlicht und lief zum Wagen. »Los! Alle Mann kehrt! Da ist was im Busch.«

Kaum hatte er diese Worte ausgesprochen, da fiel ein Schuss und er stürzte rücklings nach hinten auf die Straße. Hans, der sich am Steuer zusammengeduckt hatte, ließ sich vom Sitz rollen, um sich hinter dem Fahrzeug in Sicherheit zu bringen. Er fiel direkt auf seinen Kameraden, der reglos und blutend unter ihm lag. Doch er hatte nicht einmal Zeit zu erschrecken oder gar den Kopf zu heben. Es war, als bräche aus dem nur hundert Meter entfernten Wäldchen plötzlich die Hölle los. Die Partisanen stürzten hervor, Mündungsblitze zuckten auf, die Feuerbälle der Einschläge erhellten den nachtschwarzen Himmel. Doch ihre Position zeigte sich als nicht so vorteilhaft wie erwartet. Der Fahrzeugtross war gerade noch rechtzeitig zum Stehen gekommen, und zwar so, dass es den auf der Lauer liegenden Partisanen nur von vorne gestattet war, anzugreifen und nicht, wie geplant, weiter hinten im Waldgebiet, wo sie den Feind hätten einkreisen können. Flammenwerfer zischten den Soldaten entgegen, Maschinengewehrfeuer knatterte, und Panzerabwehrkanonen fuhren wie kleine Tötungskommandos unter die Kolonne. Deren drei große, begleitende Panzer waren bereits über die Wiese nach vorn gerollt, um sich als Schutzschild aufzustellen, während sie ein gnadenloses Sperrfeuer eröffneten, das die Partisanen nach und nach in den Wald zurückdrängte.

Anouschka lauerte im Graben eines ausgetrockneten Flussbettes und hielt den Atem an, während sie das Gefecht beobachtete. Warum hatte sie vorhin die Nerven verloren? Was war bloß mit ihr los? Wo war ihre frühere Kaltblütigkeit geblieben? Die Deutschen mussten die Unsicherheit gespürt haben, die sie plötzlich gepackt hatte. Sie hatte einen Fehler gemacht, den Befehl Sergej Alexandrowitsch mangelhaft ausgeführt – nicht das getan, wozu sie in langen Monaten ausgebildet worden war. Und dann war sie auch noch fortgelaufen – dadurch hatten die Deutschen erst recht Verdacht geschöpft! Sie ließ den Kopf auf die Armbeuge fallen, als sie sah, wie nun die Partisanen eingekreist und gegen die Felswand gedrängt wurden, anstatt umgekehrt. Der lange Wagenzug mit dem außerordentlich wichtigen Reservematerial für die deutsche Armee war durch ihre Schuld den Genossen entgangen! Sie hatte versagt, sich im entscheidenden Moment von Bedenken und dummen Gefühlen überwältigen lassen! Sie raffte sich auf, kletterte aus dem Graben, doch ein Schuss, der nur knapp an ihrer Wange vorbeizischte, erinnerte sie daran, dass sie ja immer noch die deutsche Uniform trug! In einem eingeübten Reflex warf sie sich hin, sprang wieder auf und lief im Zickzackkurs auf das kleine Gebüsch zu, hinter dem sie ihr Krad versteckt hatte. Erleichtert packte sie den Lenker und wollte es gerade anlassen. Irgendjemand sprang ihr plötzlich in den Rücken und sie kippte mitsamt der Maschine zu Boden. Ein Gewehrlauf bohrte sich hart in ihre Rippen und ließ sie auf den Bauch landen. Sie drehte den Kopf und sah in das Grinsen eines Partisanen mit schmutzigem Gesicht und funkelnden Augen, der seine Pistole auf sie gerichtet hatte.

»Gnade Brüderchen!«, flehte sie in russischer Sprache mit erhobenen Händen und richtete sich halb auf, »du irrst dich; ich bin auf eurer Seite.«

Der Mann zögerte einige Sekunden. In diesem Moment erblickte Anouschka hinter seinem Rücken einen deutschen Soldaten, der ihr zu Hilfe kommen wollte. Der Partisane, durch ihren Blick gewarnt, wandte nur ganz kurz den Kopf, doch das genügte Anouschka, ihm die Waffe aus der Hand zu schlagen. Er duckte sich jedoch blitzschnell und versetzte ihr dabei einen harten Stoß. Beide rollten zu Boden. Der Partisane sprang als Erster auf und versuchte, zum schützenden Wäldchen zu fliehen. Doch die nächste Kugel erreichte ihn mitten in seinem Lauf, und er sackte mit einem heiseren Schrei wie unter einem heftigen Hieb in die Knie, überschlug sich und rollte wie eine leblose Puppe den Abhang hinunter.

»Das war knapp, Kamerad ...«, konnte Hans gerade noch sagen, bevor er die Pistole senkte. Doch dann blieb ihm der Mund offen stehen. Er starrte erstaunt auf Anouschka, der bei dem Kampf der Stahlhelm vom Kopf gerutscht war und nun ihre langen schwarzen Haare freigab. Dieses Gesicht kannte er doch!

»Sie?«, stammelte er fassungslos. Er richtete langsam die Waffe auf sie.

Anouschka versuchte ein verzerrtes Lächeln und hob die Hände. »Ja, ich bin es. Sie werden doch nicht auf eine Frau schießen, oder?«

»Sieh mal einer an! Die angeblich rumänische Krankenschwester – die es auf meinen Freund Paul abgesehen hatte!«, stieß er hervor.

Anouschka legte vorsichtig den Finger an den Mund. »Bitte verraten Sie mich nicht …«

»Leicht gesagt«, er sah sie fragend von oben bis unten mit kritischem Blick an. »Aber zuerst müssen Sie mir erklären, wie sie plötzlich von der Kleidung einer Krankenschwester zu der gestohlenen Uniform eines Feldgendarmen kommen?«

»Das ist eine lange Geschichte«, sie behielt kühles Blut, »die ich Ihnen besser ein andermal erzähle. Aber jetzt lassen Sie mich bitte gehen.«

»Nein«, Hans stellte sich ihr drohend entgegen. »Das könnte Ihnen so passen! Antworten Sie!«

»Niemals!« Anouschka richtete sich vor ihm auf. Im Gürtel am Rücken hatte sie zwar noch eine Waffe versteckt, aber die würde sie in diesem Fall gar nicht brauchen. In ihre Augen war jetzt ein beinahe tückisches Glitzern getreten, und sie entsann sich all dessen, was sie bei den besten russischen Trainern gelernt hatte. Sie schüttelte ihre Haare und ihren Körper wie ein schönes Tier, das sich auf einen Angriff vorbereitet, und hieb mit einem kurzen Handkantenschlag Hans die Waffe aus der Hand. Sein Wutschrei ging im Lärm und Knattern des Feuergefechtes unter, und ein weiterer Schlag in den Nacken ließ ihn kurz darauf wie gefällt zusammenbrechen. Anouschka richtete sich auf. Das war geschafft. Jetzt musste sie nur noch verschwinden, denn der Kommandant würde ihr ein solches Versagen niemals verzeihen, auch wenn sie ihm noch so schöne Augen machte. Sie stieg auf ihre Maschine, die hinter einer Baumgruppe versteckt war. Die deutsche Uniform würde sie schützen. Doch im selben Augenblick, als sie Gas geben wollte, knallten Schüsse. Sie griff sich ans Herz, sah sich erstaunt um und blickte geradewegs in die wütenden, gnadenlosen Augen von Sergej Alexandrowitsch, bevor alles schwarz um sie wurde und sie wie ein Stein von ihrem Krad fiel. Alexandrowitsch steckte die Waffe. »Das wollte ich selbst erledigen!«, knirschte er zwischen den Zähnen, »diese verdammte Hure hat uns ins Unglück gestürzt!« Er winkte seinen Leuten und befahl ihnen, sich über die Felsen zurückzuziehen.

Paul umarmte Christine mit nassen Augen. Ihm war, als lägen die Betonplatten und Trümmer nicht nur über dem verschütteten Keller, sondern auch auf seinem Herzen.

»Ich bin froh, dass du überlebt hast!«, murmelte er am Hals der Schwester, deren Tränen den Kragen seiner Uniform durchnässten.

»Ich dachte schon, dass …«, seine Stimme brach, und er schwieg, bis Christine schluchzend begann. »Es ist alles so unbegreiflich – so schrecklich! Mutter hat so viel Arbeit in den Papiergroßhandel gesteckt – sie war stolz, dass ihr alles gelungen ist. Und jetzt …« Ein weiterer Tränenstrom erstickte ihre Worte.

»Beruhige dich!« Paul drückte sie noch einmal an sich, bevor er sie losließ. »Das Schicksal hat eben anders entschieden!« Leere Worte, er wusste es. »Wo bist du untergekommen?«

»Ich wohne bei Tante Frieda. Sie ist zwar mittlerweile neunundachtzig und hat nur ein kleines Zimmer – aber es ist besser als … das da!« Sie wies auf die fahlen Trümmer, die in die Luft ragten. »Man hat die ... die Tote inzwischen aus dem Keller geborgen. Wenn die Wand des Nachbarhauses nicht in die falsche Richtung gestürzt wäre, hätte sie das wohl alles überlebt. Man musste sie schnell beerdigen ...«

»Ich kann es immer noch nicht begreifen!« Paul bedeckte die Stirn mit der Hand. »Mutter hat mir doch erst geschrieben ... ich habe ihren Brief noch.«

»Lass uns zusammen zum Grab gehen. Ich führe dich hin.« Christine wischte sich die letzten Tränen aus den Augen, schnupfte in ihr Taschentuch und hängte sich bei Paul unter. »Warst du schon bei Magdalena?«

Paul schüttelte den Kopf, während er neben ihr herschritt. »Nein ... ich möchte es nur allzu gerne, mit allen Fasern meines Herzens! Aber zuerst muss ich mit all dem fertig werden – es überhaupt verkraften. Ich kann mich nicht freuen und glücklich sein, jetzt, wo Mutter ...«, seine Stimme zitterte, und er musste eine Weile innehalten. »Du verstehst mich doch! Ich habe Magdalena gleich geschrieben, dass ich komme, aber sie hat mir nicht geantwortet. Schon seit längerer Zeit nicht. Ich weiß nicht warum, aber ich werde morgen zu ihr gehen. Sicher hat sie erfahren, was geschehen ist. Es ist alles so traurig!« Christine nickte stumm. Ja, es war entsetzlich – traurig und vor allem so sinnlos.

9. Kapitel

FLUCHT

Am nächsten Tag fand sich Magdalena mit klopfendem Herzen wieder im Kinderkrankenhaus ein. Ob Dr. Friedländer einen Pass für Hanna hatte? Sie wartete unruhig in dem kalten, weiß gestrichenen Warteraum mit den harten Stühlen, doch der Arzt schien heute sehr beschäftigt. Er sei noch im Operationssaal, beschied ihr die Schwester, und es schien sich um einen komplizierten und länger dauernden Eingriff zu handeln.

Nach einer guten Stunde sah sie wieder nach ihr. »Sie sind ja immer noch da?«, wunderte sie sich. »Ich glaube nicht, dass der Doktor heute noch Zeit für Sie hat.«

Als Magdalena eigensinnig schwieg, machte sie sich an dem kleinen Tisch, auf dem bunte Broschüren lagen, zu schaffen und legte sie sorgfältig zusammen. »Heute ist sowieso alles durcheinander!«, flüsterte sie ihr schließlich wichtigtuerisch zu. »Es war schon eine Kommission da, die nach dem Doktor gefragt hatte. Aber die Kleine da drin«, sie wies mit dem Daumen auf den Operationssaal, »ist die Tochter eines hohen Funktionärs, eines gewissen von Schrobenberg. Blinddarmdurchbruch – und viel zu spät eingeliefert. Bei der kleinen Katharina geht es um Leben oder Tod! Sie hätten mal sehen sollen, wie dieser Schrobenberg die komischen SS Leute angeschnauzt hat, die heute Morgen unseren Doktor sprechen wollten!«

Magdalena fuhr der Schreck in die Glieder. SS Leute? Es war also so weit, jetzt wollten sie auch schon den Doktor abholen!

»Und deshalb bin ich mir fast sicher, dass er heute für niemanden mehr zu sprechen ist!«, fuhr die Schwester fort.

Magdalena sprang auf. »Aber ich muss zu ihm – wenigstens ganz kurz! Es ist dringend, er … er wollte mir nur etwas geben!«

»Etwas geben?«, die Schwester sah sie an und überlegte. »Sind Sie etwa Magdalena von Walden?«

Magdalena bejahte. »Dann kommen Sie mit, ich habe einen Umschlag für Sie. Das hätten Sie mir aber wirklich schon vorher sagen können.« Sie schüttelte unwillig den Kopf, und Magdalena folgte ihr in den Nebenraum, eines der Ordinationszimmer des Chefs. Dort lag ein großer weißer Umschlag mit ihrem Namen. Mit zitternden Händen nahm Magdalena ihn entgegen, bedankte sich höflich und setzte sich mit ihm in eine Ecke des jetzt leeren Wartezimmers. Sie konnte es kaum erwarten, den fest mit Klebeband verschlossenen Umschlag zu öffnen, in dem sich vorsichtshalber noch ein zweiter befand. Ungeduldig riss sie ihn auf, und als Erstes fiel ihr ein Pass auf den Namen Anna Fischer entgegen. Anna Fischer – so musste sich Hanna ab jetzt nennen! Sie nahm den Brief Dr. Friedländers, dessen Schrift seltsam verzerrt und hastig hingeworfen wirkte, in die Hand und las seine Worte ohne Anrede und Unterschrift.

Er erklärte, dass nur noch das Bild Hannas im Pass fehle und dass sie schon morgen früh, gleich um fünf Uhr am Hafen sein solle. Dort müsse sie nach einer Familie Brückner suchen und sich ihr anschließen. Sie würden sich dann gemeinsam mit der »Donau« nach Kopenhagen einschiffen. In Kopenhagen gäbe es Übernachtungsmöglichkeiten im Bispebjerg Hospital und Helfer, die die weitere Überfahrt mit der »Batory« über den Öresund ins sichere Schweden organisieren würden. Die Überfahrt koste 2000 Kronen, die Hanna unbedingt in bar mitbringen solle. Der letzte Satz war dann noch die Bitte, den Brief sofort zu verbrennen.

Magdalena ließ das Papier sinken. 2000 Kronen! Wo sollte das Geld für die Fahrt herkommen? Ihr schwindelte vor der Verantwortung, die mit einem Mal auf ihren schwachen Schultern lag. Und so früh schon am Hafen: Das hieße, mit Hanna bereits in der Nacht aufzubrechen, um morgen in aller Frühe am Hafen zu sein. Sie ahnte dunkel, dass es sich bei der genannten Familie Brückner nur um die Angehörigen Doktor Friedländers handeln konnte! Mit zitternder Hand hielt sie jetzt ein Streichholz an den Brief und sah zu, wie er im Papierkorb des Wartezimmers verglühte.

»Rauchen verboten!« Die Dame von der Anmeldung kam schnuppernd herbeigeeilt und sah sie vorwurfsvoll an.

»Das muss ein Irrtum sein«, antwortete Magdalena und zog die Augenbrauen hoch, »ich rauche niemals! Auf Wiedersehen.« Sie trat auf die Straße und machte sich mit gesenktem Kopf, in dem die Gedanken wild durcheinanderkreisten, auf den Heimweg. Gerade, als sie die Haustür aufschließen wollte, hörte sie jemanden rufen. »Fräulein von Walden!«

»Ja bitte?« Magdalena sah erschrocken hoch. Den süßlich-strengen Ton dieser Stimme kannte sie. Frau Schmitz, die Nachbarin, die zu dem Fenster gehörte, hinter dem sich die Gardinen manchmal so verdächtig bewegten, kam näher. »Das trifft sich heute sehr gut, dass wir uns begegnen. Ich würde gerne einmal unter vier Augen mit Ihnen sprechen!«

Magdalenas Herz begann, wie rasend zu klopfen. Sie hat etwas gesehen, sie will mich anzeigen, hämmerte es hinter ihren Schläfen. Sie zwang sich, ruhig zu bleiben und einen freundlichen Ton anzuschlagen.

»Aber gerne, bitte kommen Sie doch herein.« Sie schloss die Tür auf und ging voraus in den Salon. Louise ließ sich nicht sehen, obwohl Magdalena wusste, dass sie zu Hause sein musste. Frau Schmitz ließ ihre facettengleichen dunklen Äuglein blitzschnell über alle Ecken des Raumes gleiten, als suche sie etwas, und nahm dann kerzengrade auf dem äußersten Rand des ihr angebotenen Sessels Platz. Magdalena setzte sich ihr gegenüber, die verkrampften Hände fest ineinander verschlungen. »Nun? Worum geht es denn?« Sie versuchte ein schwaches Lächeln.

Die Besucherin sah sich wieder nach allen Seiten um. »Ist Ihre Großmutter nicht da?«

»Sie ist einkaufen gegangen!«, log Magdalena und versuchte, höflich zu bleiben.

»Nun, dann wollen wir nicht lange um die Sache herumreden«, begann Frau Schmitz und kniff ihre Lippen zu einem dünnen Spalt zusammen. »Ich möchte Sie warnen – im Grunde meine ich es ja nur gut mit Ihnen. Aber ich habe da gewisse Beobachtungen gemacht …«

Magdalena sah sie mit gespielter Unschuldsmiene fragend an, während ihr Herz zu rasen begann. »Beobachtungen? Was wollen Sie damit sagen?«

»Nun, Sie wissen schon, was ich meine. Verdächtige Bewegungen, nachts – in Ihrem Park, um es geradeheraus zu sagen. Wenn ich nicht schlafen kann, schnappe ich gerne am Fenster ein wenig frische Luft. Und da habe ich in Ihrem Garten öfter jemanden umherspazieren sehen. Das hat den nicht unbegründeten Verdacht in mir erweckt, dass sich eine Person in Ihrem Haus befindet, die da nicht hingehört. Ein junges Mädchen, dunkle Haare. Sie wissen doch, dass es verboten ist, Juden zu beherbergen?«, sagte sie jetzt geradeheraus und sah Magdalena mit jenem lauernden Ausdruck ins Gesicht, den sie von jeher an ihr verabscheut hatte.

»Wo denken Sie hin?«, erwiderte sie so schnell, dass sie beinahe ins Stottern kam. »Warum sollte ich so etwas tun? Sie müssen sich getäuscht haben!«

»Auf keinen Fall. Ich weiß, was ich gesehen habe«, sie erhob sich und zeigte mit dem Finger auf Magdalena. »Sie sind zwar noch sehr jung – aber trotzdem sollten Sie keine solchen Dummheiten machen. Ich habe Erkundigungen eingezogen. Ihr Herr Bruder war doch mit einem Fräulein Kreuzberger befreundet, nicht wahr? Hanna Kreuzberger. Und diese junge Dame ist samt ihrem kleinen Bruder auf mysteriöse Weise aus Königsberg verschwunden.«

»Woher wissen Sie das alles?«, Magdalena war empört aufgesprungen. »Spionieren Sie etwa für die Gestapo?«

»Ich bin nur für Recht und Ordnung«, wich Frau Schmitz aus, »und respektiere die Befehle des Führers und der Obrigkeit! Die Juden müssen weg – Deutschland muss frei sein, rein! Jeder im Volk muss mithelfen, dieses Werk zu vollenden!« Ihre Stimme senkte sich von dem pathetischen Ton, den sie angeschlagen hatte, jetzt zu künstlicher Sanftheit, beinahe zu einem Flüstern. »Da wir immer gute Nachbarn waren, wollte ich Ihnen das sagen, bevor ich gezwungen bin, Anzeige bei der Polizei zu erstatten! Entfernen Sie dieses Judenmädchen rechtzeitig aus Ihrem Haus. Ich möchte mir in dieser Hinsicht nichts vorwerfen lassen.«

»Nichts vorwerfen lassen – außer unmenschlich zu sein?«, Magdalena konnte sich jetzt nicht länger beherrschen. »Bitte gehen Sie! Ich habe den Anschuldigungen einer Schnüfflerin wie Ihnen nichts entgegenzusetzen!« Sie war in diesem Augenblick förmlich über sich selbst hinausgewachsen. Wie eine flammende Rachegöttin stand sie vor der Nachbarin, deren Blicke sie wie giftige Pfeile durchbohrten.

»Sie werfen mich hinaus? Nennen mich Schnüfflerin? Das werden Sie noch bereuen, Sie einfältiges Kind, Sie!«, zischte die Nachbarin mit verkniffenem Gesichtsausdruck. »Bis jetzt hatte ich Mitleid mit Ihrer Jugend. Aber solche Frechheiten muss ich mir nicht bieten lassen! Sie hören von mir! Ich habe ohnehin bereits Meldung gemacht!«

Wutschnaubend verließ sie den Salon und knallte die Tür geräuschvoll hinter sich zu, während Magdalena empört hervor-

stieß. »Geh doch zum Teufel, du widerwärtige Klatschtante!«
Dann brach sie in Tränen aus.

»Was ist denn hier los?« Louise war leise eingetreten und legte
beruhigend den Arm um sie. »Reg dich doch nicht so auf, mein
Schatz. Warum ist Frau Schmitz denn so aufgebracht? Was meint
sie denn mit ›sie habe Beobachtungen gemacht‹?«

»Ach, sie redet Unsinn, bildet sich da etwas ein …«

»Dann ist es ja gut. Diese Frau war uns ja noch nie wohlge-
sonnen. Deine Mutter hat sie gar nicht ernst genommen! Aber
wir haben doch ein gutes Gewissen. Am besten, so sagte sie immer, wir beachten sie gar nicht! Und das musst du auch tun, versprich es mir!«

Magdalena nickte unter Tränen. In ihrem Kopf wirbelten die
Gedanken, bis nur ein einziger übrig blieb. Hanna musste fort.
Aber nicht erst heute Nacht, sondern auf der Stelle, ohne eine
einzige Minute Zeit zu verlieren. Wenn Frau Schmitz wirklich
bereits Meldung gemacht hatte, dann konnte die Polizei ja jeden
Augenblick da sein und nach dem Rechten sehen! Sie musste
Louise reinen Wein einschenken!

»Großmama!« Sie atmete heftig aus, überlegte, wie sie ihr so
schnell alles erklären sollte. »Bleib jetzt ganz ruhig. Ich muss dir
etwas gestehen. Frau Schmitz hat recht – wir haben tatsächlich
jemand Fremden im Haus.«

»Was sagst du da?« Louise verdrehte die Augen und hielt sich
krampfhaft am Treppenpfeiler fest. »Um Himmels willen!«

»Ja, Oma, eine Jüdin. Erinnerst du dich an Hanna Kreuzberger?« Bleich wie die Wand nickte Louise.

»Ich habe sie oben auf dem Dachboden versteckt. Ich dachte, es sei nur für ein paar Tage – doch nachdem sich die Situation so zuspitzte, wusste ich nicht mehr, was ich mit ihr anfangen
sollte.«

»Kind …, wie konntest du nur so etwas tun?« Entsetzen stand
in den Augen der Großmutter.

»Lutz zuliebe! Sie war seine Freundin, wie du weißt! Aber hör zu!« Magdalenas Stimme wurde drängend. »Morgen früh geht ein Schiff nach Dänemark. Hanna wird mitfahren – sie hat einen falschen Pass. Es ist alles organisiert, ich bringe sie zum Hafen. In Kopenhagen wird man ihr weiterhelfen. Aber die weitere Überfahrt nach Schweden kostet 2000 Kronen! Hanna hat nichts mehr!«, sie schluckte und atmete tief auf. »Mit meinen Ersparnissen bringe ich nicht mal die Hälfte zusammen – und jetzt kommt mir in letzter Minute auch noch diese bösartige Schwätzerin dazwischen!«

»Aber was sollen wir denn jetzt tun?«, flüsterte Louise entsetzt, als könne es jemand hören. »Wir kommen alle ins Gefängnis, wenn man erfährt, dass wir eine Jüdin bei uns versteckt haben!«

»Ich weiß, sie ist ja auch bald fort – morgen!« Magdalena biss sich ungeduldig auf die Lippen. »Dann kann man uns nichts mehr nachweisen. Aber wenn Frau Schmitz ihre Drohung wahr macht, wird die Polizei alles durchsuchen … Wir müssen Hanna sofort aus dem Haus schaffen und alle Spuren beseitigen. Du musst mir helfen!« Sie holte einen bedruckten Jutesack aus der Küche. »Komm, lass uns gleich damit anfangen.«

»Wie kannst du uns bloß in eine solche Lage bringen«, wimmerte Louise ratlos, »wenn das deine selige Mutter wüsste!«

»Hätte ich Hanna von der Gestapo verhaften lassen sollen?«, schrie Magdalena erregt. Sie rannte, gefolgt von Louise, die Treppen zum Dachboden hinauf und ließ die Leiter herunter. Oben erschien Hannas bleiches, verweintes Gesicht. Sie erschrak, als sie hinter Magdalena deren Großmutter erkannte.

»Gott behüte!«, Louise war so bleich geworden, dass Magdalena fürchtete, sie könne in Ohnmacht fallen.

Die Haustür klappte – irgendetwas fiel zu Boden. Gertraud war aus der Schule zurück, kam gleich die Treppe hinaufgerannt und starrte auf die heruntergelassene Leiter, auf der Hanna eben herabstieg. »Wer … wer ist denn das?«, fragte sie erstaunt. »Was geht hier vor?«

»Du darfst niemandem etwas davon erzählen, hörst du?«, fuhr Magdalena geistesgegenwärtig die Schwester an, die verstummte und nur mit großen Augen beobachtete, was sich vor ihren Augen abspielte. »Schon gar nicht Gottfried. Jetzt geh in dein Zimmer! Und lass dich nicht sehen. Sonst nimmt die Polizei auch dich mit!«

»Die Polizei?« Gertraud kniff die Augen zusammen.

»Ich erkläre es dir später, aber jetzt tu gefälligst, was ich dir sage!« Der Ton war drohend, und Gertraud drehte sich auf dem Absatz herum und verschwand hinter der Tür.

»Hanna, du musst sofort das Haus verlassen! Die Polizei wird vielleicht schon bald hier sein. Jemand hat dich gesehen, dich verraten …«

»Aber wo soll ich denn hin …« Hanna sah von einem zum anderen und ihre Stimme klang verzweifelt.

»Morgen geht dein Schiff nach Dänemark und von dort nach Schweden. Da bist du vorläufig in Sicherheit. Ich habe deinen falschen Pass. Bitte Louise«, flehte sie die Großmama an, »bring hier oben alles in Ordnung, damit keine Spuren zu sehen sind, wenn man das Haus durchsucht! Stopf einfach alles in den großen Sack.«

Ohne ein weiteres Wort zu erwidern, begann diese hastig, alles einzusammeln und aufzuräumen.

Magdalena zerrte die völlig verwirrte Hanna hinter sich her die Treppe herunter. »Komm, wir müssen gleich zum Hafen! Besser, du verbringst den Rest des Tages und die Nacht dort – irgendwo hinter alten Tonnen oder Kisten. Es ist ja nur für ein paar Stunden!«

Gerade als sie die Tür öffnen wollten, war draußen Motorengeräusch zu hören. Magdalena lief ans Fenster. Ein Polizeiwagen hielt mit quietschenden Bremsen und zwei Männer vom Sicherheitsdienst in feldgrauer SD-Uniform sprangen heraus und kamen raschen Schrittes auf die Villa der von Waldens zu. Es klingelte Sturm. Hanna stieß einen unterdrückten Schrei aus und begann leise zu schluchzen. »Lass mich! Ich gehe freiwillig mit!«

»Du spinnst wohl!«, Magdalena packte sie grob beim Handgelenk. »Wenn sie dich hier finden, müssen wir alle ins Gefängnis. Mitgefangen, mitgehangen!« Sie zerrte Hanna in den Flur zur Kellertür. Dort gab es noch einen Hinterausgang für die Lieferanten. Wenn die SD-Leute nicht daran gedacht hatten, würde es vielleicht möglich sein, sie dort hinauszuschmuggeln. Sie drückte ihr den falschen Pass in die Hand. »Steck das ein und verlier es bloß nicht – das ist lebenswichtig! Du heißt jetzt Anna Fischer!« An der Garderobe sah sie den Schultornister und die Kappe mit dem HJ Zeichen von Gertraud hängen. »Hier, setz das vorsichtshalber auf! Und schnall dir den Tornister um!«

Hanna gehorchte, stocksteif vor Angst und Aufregung. Sie stolperte hinter Magdalena die dunkle Kellertreppe hinunter, während die Tür hinter ihnen zufiel. Sie hatten kein Licht gemacht. Vorsichtig trat Magdalena als Erste durch die unter Efeuranken ein wenig versteckt liegende, niedrige Tür, die in den Garten führte und stieg die Stufen empor. Sie schrak zurück. Tatsächlich befand sich auf der Rückseite des Anwesens ein Polizist, der gelangweilt auf der Straße auf und ab schritt. Die beiden SD-Leute warteten immer noch im Vorderbereich auf das Öffnen der Tür.

Eine Gruppe lachender und sich neckender Grundschüler kam in der Ferne angetrottet.

»Siehst du die Kinder?«, flüsterte Magdalena. »Wenn der Polizist dir den Rücken zudreht, läufst du los. Du könntest es bis zu dem Baum da an der Kreuzung schaffen. Dann tust du so, als gehörtest du zu den Schülern. Du bist klein – schließ dich ihnen an, niemand wird es merken.«

Hanna nickte tapfer.

»Warte noch!« Sie nahm Hannas dickes Haar, teilte es und flocht es in fliegender Eile auf jeder Seite zu einem lockeren Zopf. Die Zöpfe ragten nun unter der Mütze hervor und verliehen Hanna ein kindliches Aussehen. Hastig flüsterte sie ihr zu: »Dr. Friedländer hat mir alles erklärt. Im Hafen liegt ein Schiff mit Namen ›Donau‹. Es geht morgen früh nach Kopenhagen. Frag nach einer Familie Brückner und schließ dich ihr an. Sofort bei deiner Ankunft in Kopenhagen musst du dich an das Bispebjerg Hospital wenden. Merk dir den Namen gut! Die helfen dir weiter, organisieren die Transporte für die Flüchtlinge, die Überfahrt mit der ›Batory‹ nach Schweden. Das ist eine polnisch-amerikanische Linie, die auf der Fahrt nach Amerika Kopenhagen und Schweden anläuft. Jetzt geh – zum Hafen! Versteck dich da – wir sehen uns morgen früh! Ich komme hin und bringe dir das Geld für die Überfahrt nach Schweden mit!«

»Aber wo?«, flüsterte Hanna ängstlich.

»Weiß nicht. Irgendwie werde ich dich schon finden!« Magdalena blickte angestrengt zu dem Polizisten hinüber, der, die Hände auf dem Rücken verschränkt, gerade wieder seinen Marsch auf der anderen Straßenseite aufnahm. Die schwatzenden Schüler waren jetzt ganz nah.

»Los!«, flüsterte sie der zitternden Hanna zu und schob sie mit einem Ruck vor. Halb auf Zehenspitzen lief das Mädchen nun mit großen Schritten durch den Garten, von dort über die Straße. Der Mann vom Sicherheitsdienst hatte Schritte gehört, doch als er sich umwandte, sah er nur eine Gruppe Schüler mit braunen HJ-Baskenmützen, die gerade in die Allee einbog. Er suchte mit den Augen kurz die Villa und deren Umgebung ab, doch als sich nichts Verdächtiges zeigte, wandte er sich wieder ab und zuckte die Achseln. Man musste schließlich jeder Denunziation nachgehen, auch wenn manchmal die dümmsten Falschmeldungen darunter waren!

Erst, als die SD-Männer so heftig gegen die Tür polterten, als wollten sie sie aufbrechen, öffnete Louise und setzte eine indignierte Miene auf. Die alte, vornehm wirkende Dame mit den sorgfältig frisierten grauweißen Haaren, der man immer noch ansah, dass sie in besseren Zeiten eine Schönheit gewesen sein musste, blickte sie durch ihre goldumrandeten Brillengläser ein wenig strafend an. »Aber meine Herren! Was gibt es denn so eilig!«

»Hausdurchsuchung! Sie werden verdächtigt, Juden zu verstecken!«

»Was?«, Oma Louise machte ein empörtes Gesicht. »Das ist ja unerhört! Aber bitte, wenn Sie das glauben, meine Herren, dann sehen Sie sich doch überall um. Darf ich bitten!« Sie öffnete die Tür einladend weit, nicht ohne einen vorwurfsvollen Blick zum Nachbarhaus hinübergeworfen zu haben, wo Frau Schmitz breit, die Ellenbogen auf ein Kissen gestützt, auf der Balkonbrüstung thronte und mit triumphierender Genugtuung hinüber blickte. Dann folgte sie den beiden Männern und versetzte im Vorübergehen dem fest mit einem Knoten zusammengebundenen Jutesack mit der Aufschrift »Grüne Erbsen« einen energischen Tritt, damit auch sein letzter Zipfel noch in der Speisekammer verschwand.

Magdalena, die hinaufgerannt war und sich, völlig außer Atem, in ihrem Zimmer an den Schreibtisch gesetzt hatte, tat so, als schriebe sie eifrig an ihrem Referat über den Einfluss des Philosophen Voltaire auf Friedrich den Großen. Hinter der halb geöffneten Tür lauschte sie jedoch gespannt nach draußen und hörte die beiden Uniformierten rumoren, die nach einer Weile auch die Luke zum Dachgeschoss öffneten und hinaufstiegen. Louise war ihnen mit unguten Ahnungen gefolgt. Hoffentlich hatte sie so schnell nichts übersehen oder gar liegen gelassen! Es war ja schließlich nicht mehr viel Zeit gewesen, alles zusammenzuraffen und in den Jutesack zu stecken! Gerade eben war es ihr noch gelungen, eine Schicht Erbsen über seinen Inhalt zu streuen und den Sack in die Speisekammer zu werfen.

Gertraud war inzwischen aus ihrem Zimmer getreten und schaute den Männern mit verschränkten Armen zu. Sie hatte einen merkwürdigen, beinahe verächtlichen Zug um den Mund und warf ihrer Großmutter vorwurfsvolle Blicke zu. Einer der Männer war gerade vom Dachboden heruntergeklettert und hielt Louise das Amulett mit dem Marienbild unter die Nase. Er öffnete es. »Was ist denn das hier?« Im Innern zeigte sich das Bild Hannas, die den Betrachter darauf glücklich anlachte. Louise zuckte wie zu Eis erstarrt die Schultern. Der Mann nahm ein Foto aus seiner Tasche und verglich es mit dem des Amuletts. »Das ist doch Fräulein Kreuzberger – genau die, die wir suchen. Was sagen Sie denn dazu, gnädige Frau?«

Louise verlor keinen Augenblick die Contenance. »Selbstverständlich ist das Hanna. Sie war die ehemalige Freundin meines Enkels Lutz. Er ist für das Vaterland gefallen!«

»Und was macht dieses Amulett dann auf dem Dachboden?«

»Das kann ich Ihnen leider auch nicht sagen. Vielleicht ist es aus seiner Kleidung gerutscht! Nachdem die traurige Nachricht kam, haben wir seine ganzen Sachen, die man uns in einer Pappschachtel sandte, dort oben aufbewahrt.«

Der SS Mann kratzte sich unschlüssig am Kopf. Er wusste nicht recht, ob er Louise glauben sollte oder nicht. »Konfisziert!«, stellte er fest. »Weitersuchen! Los, in den Keller!« Akribisch untersuchten die beiden Männer jeden Winkel des Hauses, schauten in jedes Zimmer, unter jeden Tisch, jeden Schrank. Louise hatte sich mit ihrer Strickarbeit würdevoll in ihren Sessel gesetzt. Stricken beruhigt die Nerven, hatte sie früher immer gesagt, und jetzt verbarg das Hantieren mit den Nadeln geschickt das Zittern ihrer Hände.

Nachdem die beiden SD-Leute alle Räume auf den Kopf gestellt hatten, ohne etwas Verdächtiges zu finden, schrieben sie eine Vorladung aus. »Aus dem gefundenen Gegenstand ersehen wir, dass Sie Kontakt zu der jüdischen Familie ...«, der Mann sah auf sein Blatt, »namens Kreuzberger hatten! Dazu werden Sie auf dem Revier noch näher befragt werden.

»Wie bitte?«, empörte sich Louise. »Was soll ich dazu noch sagen können, außer dem, was Sie bereits notiert haben? Lutz war mein Enkelsohn, und er war mit diesem Mädchen befreundet. Sie haben zusammen studiert. Das ist ja wohl kein Verbrechen. Der Junge kann Ihnen dazu leider nichts mehr sagen. Wie ich schon sagte: Er ist von der Front nicht wiedergekehrt!« Ihre Stimme erstickte, sie presste das Taschentuch vor die Lippen und weinte lautlos vor sich hin.

»Mein Beileid!«, murmelte einer der Männer, während die Miene der beiden anderen eisig blieb. »Sie hören dann von uns!« Mit einem zackigen Hitlergruß drehten sie sich auf dem Absatz herum und verließen ohne Entschuldigung das Haus.

Louise, die ihr »Heil Hitler« halb verschluckt hatte, ließ sich mit geschlossenen Augen seufzend zurück in den Sessel sinken und öffnete die obersten Kragenknöpfe ihrer weißen Bluse. Als sie wieder aufsah, stand Gertraud mit in die Hüften gestemmten Armen vor ihr. »Was sollte das bedeuten, Oma? Wie konnten wir bloß in einen solch unglaublichen Verdacht – und schlimmer noch, in diese Situation kommen?«

Louise, die sich vorkam wie bei der Fortsetzung des Verhörs, richtete sich wieder gerade auf. »Das verstehst du noch nicht, Traudi!«, versuchte sie abzuwiegeln.

»Und ob ich das verstehe!«, gab Gertraud trotzig zurück. »Aber ich weiß nicht, was Gottfried von Treskow sagen wird, wenn er das erfährt!«

»Lass jetzt bitte diesen Grünschnabel aus dem Spiel!«, brauste die Großmutter auf, die begann, die Geduld zu verlieren. »Soll ich bei allem was ich tue, erst überlegen, was er davon denken könnte?«

Gertraud sah sie starr an. »Wie kannst du so etwas sagen! Gottfried ist kein Grünschnabel! Er hat an der Front gekämpft … er ist mutig. Und er verabscheut die Juden!«

»Dann sollte er besser seine Gesinnung ändern. Man kann nicht alle Menschen über einen Kamm scheren!«, herrschte Louise sie in ärgerlichem Ton an, doch Gertraud brach von einer Minute auf die andere in Tränen aus. »Er wird die Verlobung lösen, wenn er erfährt«, sie schluchzte heftig, »dass wir im Verdacht stehen, einen Juden versteckt zu haben!«

Louises Herz schmolz bei dem Kummer ihrer Enkelin. Sie legte tröstend den Arm um die kräftigen Schultern des jungen Mädchens. »Aber Kind! So war es doch nicht gemeint! Ich habe eben die Nerven verloren! Niemand kann etwas dafür, dass wir in diese Situation gekommen sind und dass uns«, sie trat ans Fenster, wo man Frau Schmitz immer noch auf der Brüstung ihres Balkons thronen sehen konnte, »dieses falsche Weibsbild denunziert hat!«

Gertraud folgte ihrem Blick und schluchzte weiter vor sich hin.

»Wenn dein Gottfried dich wirklich liebt, wird er sich von solch dummen Gerüchten nicht beeinflussen lassen!«, setzte sie entschlossen hinzu.

»Wenn Mama noch am Leben wäre, wäre das alles nicht passiert!« Gertraud riss sich los und lief die Treppen hinauf und knallte die Tür hinter sich zu.

Magdalena, die es erst jetzt gewagt hatte, ihr Zimmer zu verlassen, sah ihr erstaunt nach. Doch sie war zu erleichtert, als dass sie sich ärgern konnte. Sie hatte nur noch einen Gedanken: Zum Hafen – das Schiff finden und Hanna das Geld übergeben, dann war sie gerettet!

»Sind sie endlich weg?«

Louise wandte sich seufzend ab. So wie sie von Treskow einschätzte, würde es der fanatische junge Mann tatsächlich fertigbringen, sich wegen eines solchen Vorfalls von Gertraud abzuwenden!

»Ja, sie sind fort, aber wir müssen noch mal zum Revier kommen, damit sie uns verhören können. Die lassen einfach nicht locker! Hättest du dich bloß nicht auf so einen Leichtsinn eingelassen! Was geht uns das überhaupt an, wenn sie die Juden aus dem Land bringen! Vielleicht geschieht ihnen ja gar nichts …«

»Das glaubst du doch selbst nicht, Omi!« Magdalenas Wangen färbten sich. »Sie werden in Lagern zusammengetrieben und heimtückisch ermordet!«, erwiderte sie aufgebracht. »Das ist eine furchtbare Ungerechtigkeit! Dem können wir doch nicht einfach zusehen! Hitler führt uns alle ins Verderben, nicht nur die Juden …«

»Sei doch still – schweig, um Himmels willen!« Louise rang die Hände. »Du bringst uns mit deinem Gerede geradewegs ins Gefängnis!«

»Das ist es ja gerade!« Es war beinahe ein Aufschrei. »Nicht einmal die Wahrheit kann man mehr aussprechen! Man soll die schlimmsten Verbrechen mit ansehen und tun, als wäre das ganz normal!«

»Dann denk wenigstens an deine Schwester – sie will Gottfried von Treskow heiraten …«

Magdalena lachte bitter auf. »Pah! Der mit seinen hohlen Phrasen und Heldengetue! Von mir aus soll er sich zum Teufel scheren. Wir hätten ihn niemals einladen sollen!«

Stumm lehnte sich die Großmutter zurück und fasste sich mit der Hand ans Herz. Sie war bleich wie die Wand. »Ich halte diese Aufregungen nicht mehr aus! Ihr bringt mich noch unter die Erde!«

Magdalena war mit wenigen Schritten bei ihr und umarmte sie ernüchtert. »Oma Louise, sag das nicht! Bitte entschuldige! Ich wollte dich wirklich nicht aufregen! Aber ich musste Hanna doch helfen! Es war alles so hoffnungslos – aber jetzt wird alles gut! Wenn sie erst auf dem Schiff ist, haben wir nichts mehr mit der ganzen Sache zu tun. Wir wissen von nichts! Man kann uns nichts anhaben.«

Mit geschlossenen Augen wiederholte die Großmutter monoton. »Ja, ja, wir wissen von nichts.« Dann hob sie den Kopf. »Ich verstehe dich ja, Kind! Deshalb habe ich dir ja auch geholfen. Aber …« Sie erhob sich seufzend und nahm eine Zeitung aus dem Regal. »Es gibt da noch etwas.« Mit zitternden Händen deutete sie auf einen Artikel. »Hier – hast du das schon gelesen?«

Magdalena schüttelte schweigend den Kopf und überflog die Schlagzeile. Anklage wegen Volksverhetzung! Frank Schiffner, Student der Medizin in der Universität Albertina, gesteht, in der Druckerei seines Vaters obstruse Schriften mit infamer Beleidigung des Führers und unserer im Feld kämpfenden Soldaten hergestellt zu haben. Man sucht nach seinen Komplizen …

Louise sah sie ängstlich und zugleich forschend an. »Weißt du davon? Du warst doch eng mit Frank befreundet? Sag mir bitte die Wahrheit!« Sie knüllte die Zeitung zusammen und warf sie zu Boden. »Frank wird vor Gericht gestellt werden!«

Magdalena wich aus. »Aber was denkst du denn, Omi! Damit hab ich wirklich nichts zu tun. Natürlich wusste ich, dass Frank und die anderen so etwas machen, aber mehr nicht. Ich schwöre es!« Sie hob die Hand, kreuzte aber mit der anderen auf dem Rücken die Finger. »Das mit Hanna war etwas ganz anderes!«

Die Großmutter atmete schwer. »Gut! Ich glaube dir. Aber versprich mir, dass du in Zukunft vorsichtiger sein wirst und dich nicht in Dinge mischst, die gefährlich sind! Hörst du?« Sie sah sie beschwörend an. »Versprich es!«

Magdalena nickte nur. Sie wollte etwas sagen, aber ihre Kehle war von langsam aufsteigender Angst wie zugeschnürt. Die Geschichte mit den Flugblättern! Daran hatte sie in letzter Zeit gar nicht mehr gedacht! Wenigstens hatte Frank bis jetzt niemanden verraten. Und wenn, dann würde sie alles abstreiten! Irgendein

Unheil schien heranzuziehen, wie eine dunkle, drohende Wolke. Sie fürchtete sich plötzlich nicht nur davor, zum Hafen zu gehen, um Hanna den falschen Pass zu übergeben, sondern auch vor einer weiteren Hausdurchsuchung durch SS-Leute, die entdecken könnten, dass auch sie an der Verbreitung der Flugblätter beteiligt war! Nur der Gedanke, dass davon nur noch ein paar zerrissene Reste existierten, die unkenntlich geschwärzt im Keller unter einem Haufen Kohlen lagen, beruhigte sie ein wenig. Trotzdem, sobald sie das mit Hanna erledigt hatte, würde sie alles gründlich im Kamin verbrennen!

Sie versuchte, sich nichts anmerken zu lassen, und sah Louise fest in die Augen, die noch immer auf eine Antwort wartete. »Ja, ich verspreche es! Aber damit Hanna die zweitausen Kronen für die Überfahrt zahlen kann, musst du mir noch Geld leihen. Bitte! Und pack mir etwas Proviant für sie ein!« Louise erstarrte vor der Entschlossenheit, die sie in den Augen der Enkelin las. Sie ging in die Küche, rumorte in den Schränken und drückte Magdalena ein Bündel zusammengelegter Banknoten in die Hand. »Hier, nimm das. Aber dann will ich nichts mehr von all dem wissen. Sag mir nur Bescheid, wenn es vorüber ist. Gott schütze dich, mein Kind!«, murmelte sie mit trockenen Lippen. »Du hast ein gutes Herz!«

In der folgenden Nacht machte Magdalena kein Auge zu. Sie schlich sich im Dunkeln, weit vor Anbruch der Dämmerung, aus dem Haus. Zum Hafen war es ein gutes Stück, aber es war ihr lieber zu laufen, als im Bett zu liegen und zu grübeln. Kaum hatte sie die Kais erreicht, auf denen mit dem ersten Morgenschimmer am Horizont schon eifriges Hin und Her herrschte, stürzte aus einer dunklen Ecke hinter Kisten und Tonnen Hanna auf sie zu. Sie hatte sich dort mit den Brückners und einigen anderen Passagieren, die auf die Abfahrt der »Donau« warteten, versteckt.

Stürmisch, mit Tränen in den Augen, aber zugleich erleichtert, umarmte sie sie.

Magdalena drückte ihr hastig das Proviantpaket und den Umschlag mit dem Geld in die Hand: »Hier, das ist die nötige Summe für die Überfahrt nach Schweden. Der Rest ist für Notfälle. Denk an das Sanitätsfahrzeug im Kopenhagener Hafen und merk dir das Bispebjerg Hospital. Ich wünsch dir Glück bei der Fahrt über den Öresund. Ich bin sicher, du wirst es schaffen!«

Hanna nickte und fiel ihr stürmisch um den Hals. »Wie kann ich dir nur danken, Magdalena«, flüsterte sie, »für alles, was du für mich getan hast? Und wenn du etwas von Mama oder meinem Bruder Felix erfährst ... ich habe die Hoffnung noch nicht aufgegeben, dass sie doch noch leben.«

Magdalena nickte. Auch ihr kamen jetzt die Tränen. »Ich muss gehen! Du weißt, diese schreckliche Nachbarin ist immer auf der Lauer! Sie ärgert sich bestimmt furchtbar, dass man bei uns niemanden gefunden hat«, versuchte sie zu spaßen, um ihre Bewegung zu verbergen. »Wir haben sie ganz schön ausgetrickst!« Sie fuhr sich über die Augen und ging ohne sich noch einmal umzuwenden über den Kai davon, während die bleigraue Dämmerung einem zarten rosaroten Schein wich, der wie hingetupft unter den Wolken am Horizont erschien.

Hanna, die die Hand zum Winken gehoben hatte, ließ sie enttäuscht sinken und reihte sich mit den anderen an der Reling vor dem Schiff in die Schlange der wartenden Passagiere ein.

10. Kapitel

ZUFALL ODER SCHICKSAL?

Unbeweglich, mit gefalteten Händen stand Paul lange vor dem frisch aufgeschütteten Grabhügel, der nun die sterbliche Hülle seiner Mutter barg. Ein frischer Strauß Rosen lag auf der trockenen Erde, der bald verwelken würde. Es war sehr früh am Morgen, und die Nachtkühle lag noch über den Gräbern, die den etwas modrigen Geruch von Blumen und Tod verströmten. Christine hatte eine große Schale bunter Astern und Margeriten mitgebracht. Sie schluchzte leise in ihr Taschentuch, immer noch erschüttert und zugleich verwundert, dass der Zufall oder die Bestimmung sie zu diesem Zeitpunkt vom Unglücksort ferngehalten hatte. »Wenn ich im Haus gewesen wäre, läge ich jetzt auch dort unten!«, klagte sie erschauernd.

Paul legte tröstend den Arm um sie. »Ich bin so froh, dass dir nichts geschehen ist!« Seine Augen blieben trocken, sein Herz schien fühllos, erstarrt im Kummer des Nichtbegreifens. Er wandte sich um. »Kann ich bei euch – ich meine, bei Tante Frieda wohnen? Ich bleibe ja nur kurz in Königsberg.«

Christine nickte. »Bestimmt! Sie ist sehr froh, dass sie uns noch hat.«

Sie verließen den Friedhof und bogen in die Schlossallee ein. Paul blieb plötzlich wie angewurzelt stehen. »Magdalena!«, rief er, und noch einmal lauter: »Magdalena!«

Die junge Frau, die den Kopf zu Boden gesenkt, mit raschen Schritten über die Straße eilte, blieb wie von einem elektrischen

Schlag getroffen stehen. Langsam und ungläubig wandte sie beim Ton der vertrauten Stimme den Kopf. Paul war schon bei ihr, schloss sie stürmisch in die Arme und zog sie an seine Brust. »Lena!«

Ohne ihr süßes Gesicht zu sehen, hatte er sie allein am Gang, an ihrer Haltung und den schönen, blonden Haaren erkannt, dem dicken Zopf, dessen offenes Ende sich in dicken Locken über ihren Rücken kräuselte. »Ich hab dir geschrieben, dass ich komme ... aber ich wusste nicht wann. Der Anlass war so traurig ...«, stammelte er in hilflosen, abgehackten Sätzen und barg schließlich seinen Kopf an ihrer Schulter.

Magdalena streichelte sein Haar. Sie wusste nicht, wie ihr geschah. »Paul! Du bist da – aber wieso ...«

Ihre weiteren Worte erstickten in einem leidenschaftlichen Kuss, bei dem sie nicht nur ihre Umgebung vergaß, sondern auch, was sie sagen wollte. Erst nach einer Weile befreite sie sich ein wenig verlegen und hob den Kopf. Ihr Blick fiel auf Christine, die im schwarzen Mantel, blass und mit von Leid gezeichnetem Gesicht, hinter ihnen stand und ihr jetzt stumm die Hand zur Begrüßung reichte.

»Ist etwas passiert? Ihr seid ja in Trauer?«, fragte sie betroffen.

»Deshalb bin ich ja hier. Ein schwerer Bombenschaden«, erwiderte Paul, »einer ... den meine Mutter nicht überlebt hat!« Er senkte den Kopf. »Du hast ja vielleicht davon in der Zeitung gelesen. Ausgerechnet unser Haus und das der Nachbarn hat es bei dem letzten Angriff erwischt. Sie sind völlig zerstört.«

»Wie schrecklich! Das ... das tut mir so leid!« Magdalena wusste nicht, was sie anderes sagen sollte, als diese banalen Worte, die so gar keinen Trost spendeten. Sie nahm seine Hand und hielt sie fest in der ihren.

Paul sah sie an. In seinen Augen stand sein ganzer Schmerz. »Das ist eben der Krieg – immer erwischt es die Falschen! Hast du meinen Brief denn nicht bekommen?«

Magdalena schüttelte den Kopf. »Nein! Ich habe schon länger keine Post mehr von dir erhalten und mir Sorgen gemacht.«

Er schüttelte ratlos den Kopf. »Jede Woche habe ich dir geschrieben! Aber von dir kam in letzter Zeit kein einziger Brief!« Er hielt sie plötzlich ein Stück von sich weg. »Du bist so blass! Was ist mit dir?«

»Nichts, nichts!«, beruhigte ihn Magdalena. »Aber es ist einiges geschehen – ich hätte dir so viel zu erzählen gehabt, was ich nicht schreiben konnte ...«

»Morgen geht mein Zug wieder nach Russland zurück! Aber bald bekomme ich Heimaturlaub, dann haben wir endlich Zeit für uns. Ich hole dich heute Abend zu Hause ab – und werde deiner Großmutter einen Strauß Blumen mitbringen, um einen guten Eindruck zu machen ...«

»Nein ... nein!«, fiel Magdalena ihm hastig ins Wort. »Das geht nicht. Komm nicht zu mir. Wir treffen uns lieber wie früher im Café ›Goldener Löffel‹ am Schlossteich, erinnerst du dich? Sagen wir ... um sieben Uhr, am Abend? Jetzt muss ich aber los!« Sie hatte es plötzlich eilig.

»Dann bis um sieben im Café!« Paul versuchte, seine Enttäuschung zu verbergen. Warum sollte er eigentlich nicht zur von Waldenschen Villa kommen? Schämte sie sich seiner, wenn er sie abholte? Ein seltsames Frösteln fuhr ihm über den Rücken, das er eigentlich nur spürte, wenn im Feld Gefahr drohte. Magdalena warf ihm noch eine flüchtige Kusshand zu und war im nächsten Moment um die Straßenecke verschwunden.

»Ein reizendes Mädchen!«, unterbrach Christine das Schweigen und hakte ihn ein. »Mutter mochte sie auch sehr!«

Paul nickte und sah ihr nachdenklich nach, bevor sie gemeinsam weitergingen. »Ja, aber ich weiß nicht – irgendwie war sie heute so ... anders. Vielleicht hat sie irgendeinen Kummer. Sie wird es mir sicher sagen.« Er holte tief Luft. »Jetzt werde ich noch meine letzten Aufträge erledigen und die bestellten Sachen aus dem Hospital holen. Veronal, Morphium, Penicillin – davon kann man wohl in einem Lazarett nie genug haben!«

»Wenn du kannst, bring mir ein paar Schlaftabletten mit!«, bat Christine. Ihre Augenlider flatterten unruhig. »Ich bin einfach mit den Nerven fertig, schlafe seit Tagen nicht mehr richtig. Sobald es dunkel wird, kommt die Erinnerung – unser Haus in Trümmern, Mutters Schuh, der irgendwo im Schutt lag …« Sie begann wieder zu weinen und schnupfte in ihr Taschentuch. »Meine Gedanken drehen sich ständig darum – es ist eine Qual!«

Paul legte den Arm tröstend um ihre Schultern. »Komm, denk nicht dauernd daran! Du musst weiterleben! Alles wird gut!« Seine Stimme zitterte, aber er blieb stark. »Alles wird gut!«, wiederholte er mechanisch und versuchte, die dunklen Schatten zu verscheuchen, seinen Kummer gewaltsam hinunterzuschlucken. Was brachte es, sich von trüben Gedanken herabziehen zu lassen? Stumm wanderten sie durch die Stadt, und er versuchte, nur an den vor ihm liegenden Abend mit Magdalena zu denken. Er würde Blumen kaufen und ihr den schönsten Strauß, den er bekommen konnte, an diesem Abend überreichen. Und dann wollte er mit ihr über ihre Hochzeit reden. Die von Waldens mussten endlich akzeptieren, dass sie verlobt waren und zusammengehörten! Magdalena musste sich jetzt endgültig auf seine Seite stellen!

Als Christine sich von ihm verabschiedete, um sich in die Schlange des nächsten Lebensmittelladens einzureihen, schlug er den Weg zum Hospital ein. Es gab noch eine Menge Kleinigkeiten zu erledigen, Dinge zu kaufen, die den Kameraden in Russland jetzt so sehr fehlten – aber vor allem den Ring für Magdalena! Die Sonne sandte ihre Strahlen für einen Augenblick fast zögernd aus der dichten Wolkendecke auf das herbstlich getönte Laub der Kastanienallee, und er hatte zum Glück nicht die geringste Ahnung davon, was in den nächsten Wochen alles auf ihn einstürmen sollte.

Als Magdalena in der Parkstraße anlangte, verzögerte sie ihren Schritt. Es war zehn Uhr, alles schien ruhig, und sie atmete erleichtert auf. Eine schwere Last schien von ihren Schultern gefallen zu sein. Was sollte man ihr jetzt noch anhaben? Die Hausdurchsuchung hatte nichts ergeben – und Hanna war endlich fort, gerettet, auf dem Weg übers Meer ins liberale Schweden.

Und Paul war gekommen! Wie ein Geschenk des Himmels war er plötzlich vor ihr gestanden! Wenn er auch nur kurz in Königsberg bleiben konnte, was machte das schon! Sie würde sich heute Abend in seine Arme werfen, und dann konnten sie sich all das sagen, was in den Feldpostbriefen auf dem trockenen Papier so leblos klang! Warum hatte sie ihm eigentlich nicht erlaubt, sie zu Hause abzuholen? Vielleicht aus einer unbestimmten Ahnung heraus – oder weil sie sich gerade jetzt durch Louises kritische Bemerkungen, Paul wäre wohl kaum der richtige Mann für sie, nicht alle Freude verderben lassen wollte! Bei dem Gedanken an ihn durchzog sie ein Glücksgefühl, das abrupt erlöschte, als sie schon von Weitem Frau Schmitz an ihrem gewohnten Fensterplatz thronen sah. Ohne Magdalena bemerkt zu haben, starrte die Nachbarin wie gebannt zur von Waldenschen Villa hinüber, von der Lärm und laute Stimmen herüberdrangen. Magdalena blieb wie angewurzelt stehen. Irgendetwas warnte sie plötzlich davor weiterzugehen und sie wich instinktiv ein paar Schritte zurück, in den Schatten des alten Kastanienbaums, der ihre Umrisse verwischte. Sie drückte sich fest gegen den rauen Stamm und spähte zu der hinter den Büschen verborgenen Villa hinüber. Sie konnte nicht gleich erkennen, was die Aufmerksamkeit von Frau Schmitz so stark fesselte, aber die vom Haus kommenden Geräusche, laute Stimmen, Befehle, Motorengeknatter, Schritte, Türenklappen und Gepolter waren jetzt nicht mehr zu überhören. Sogar im Park herrschte ein seltsames Hin und Her. Ein Mann in der feldgrauen Uniform des Sicherheitsdienstes trat durch das Tor auf die Straße und hielt nach allen Seiten Ausschau. Mit dem Gewehr im Anschlag marschierte er auf dem Trottoir auf und ab, bevor er wieder verschwand. Tiefer Schrecken durchzuckte Magdalena. Eine neue Hausdurchsuchung! Wieder wegen Hanna? Uniformierte schleppten jetzt verschiedene Sachen aus dem Haus, kippten den Inhalt von Schubladen einfach auf die Wiese, rissen mit dem Messer Möbelstücke auf und stellten alles auf den Kopf. Ängstlich trat sie den Rückzug an, drückte sie sich von Alleebaum zu Alleebaum, bis es ihr gelang, von der anderen Seite, die von der Nachbarin nicht einsehbar war, näher zum Haus zu schleichen. Sie kroch gebückt an der Umzäunung entlang und zwängte sich schließlich durch einen der locker sitzenden Gitterstäbe in den Garten. Vorsichtig bog sie die Zweige auseinander. Louise stand in ihrer hochgeschlossenen weißen Bluse neben einem Offizier im Garten, der ihr einen rußigen Stapel Papiere unter die Nase hielt, während seine scharfe Stimme mit kommandoartig abgehackten Worten undeutlich zu ihr herüber drang. Das Blut stieg ihr zu Kopf, ihre Ohren rauschten, als sie in seinen Händen die verdrückten, von Kohlenstaub schwarz gefärbten Papierfetzen der Flugblätter erkannte, die sie in Hast unter den Kohlenstapel im Keller gestopft hatte und heute verbrennen wollte.

Louise sprach leise und schüttelte immer wieder verständnislos den Kopf. Der Offizier schrie sie an, packte sie schließlich grob am Arm und zog sie einfach mit sich. Magdalena war es, als hindere sie etwas am Atmen, als nähme es ihr die Luft. Großmama! Sie wollte aus ihrem Versteck hervorspringen, den Mann anschreien, sie loszulassen, doch sie war wie gelähmt. Jetzt war alles aus – und sie trug die Schuld! Warum hatte sie nicht gleich die Blätter verbrannt? Sicher hatte man Frank zum Reden gebracht, damit er seine Komplizen nannte! Das Gartentor stand weit offen, und sie konnte die beiden Polizeiwagen vor dem Haus erkennen. Der Offizier zerrte gerade die völlig verstörte alte Dame in einen der beiden Wagen und stieß sie auf den Rücksitz. Über das Trottoir kam jetzt gerade Theo mit seinem Schultornister um die Ecke geschlendert. Sie konnte nichts tun, ihn nicht warnen, als er neugierig durch das offene Gartentor auf die SD-Männer zurannte und stolz und strammstehend ihnen den Hitlergruß zurief. Als Pimpf bei der HJ fühlte er sich schon als einer der ihren. Die Männer grinsten, ließen ihn das Gewehr halten und führten ihn dann ebenfalls zum Auto, wo er neben seiner Großmutter Platz nahm. Der Motor heulte auf, und der Wagen brauste davon, während Magdalena halb ohnmächtig gegen die Tränen kämpfte.

Was hätte sie tun können? Etwa den Bruder mit Gewalt von den SS-Leuten wegzerren? Sie versuchte, sich zu beruhigen: Vielleicht geschah ihnen ja gar nichts, sollten sie nur ins Kommissariat gebracht und befragt werden! Sie sah zu den beiden Polizisten hinüber, die als Wache am Eingang stehen blieben. Dann ließ sie die Zweige los, die zusammenschnellten und ihr schmerzhaft ins Gesicht schlugen. Ein stummes, hilfloses Schluchzen erschütterte ihren Körper, und sie presste die Stirn gegen die kühle Erde.

Doch dann fuhr ihr der Gedanke an Gertraud wie ein Schock durch die Glieder. Auch sie konnte jetzt jeden Moment aus der Schule kommen! Und sie hatte Hanna gesehen! Wenn sie nun etwas ausplauderte – nicht auszudenken! Allein die Vorstellung ließ Magdalenas Herz heftig hämmern. Sie kroch aus den Büschen bis an den Straßenrand und drückte sich von Alleebaum zu Alleebaum. Die dicke Frau Schmitz war vom Fenster verschwunden. Sie hatte wohl genug gesehen.

Sie lief den ganzen Weg zu Gertrauds Schule, um rechtzeitig dort zu sein, und erst, als sie nach Atem ringen musste und Seitenstechen bekam, wurde sie ein wenig langsamer. Die Schwester sah sie befremdet an, als sie mit ihrer Mappe aus dem Gebäude trat. Magdalena verlor keine Zeit und erzählte ihr mit abgerissenen Sätzen, was passiert war.

»Komm mit mir! Sie haben dich bestimmt schon gesucht!«, beschwor sie sie abschließend.

»Mich gesucht?«, fauchte sie empört. »Du bist doch schuld, hast uns alle mit diesem Blödsinn ins Unglück gestürzt! Und mir meine Zukunft vermasselt! Du Judenfreundin – ich habe gesehen, wo du Hanna versteckt hast! Und jetzt auch noch die Geschichte mit den verbotenen Flugblättern!« Ihre Stimme war schrill geworden, sie brach in Tränen aus und stieß Magdalena von sich, die sie trösten wollte. »Geh weg. Ich will nichts mehr mit dir zu tun haben! Gottfried!«, schluchzte sie. »Was wird er zu so einem Skandal in unserer Familie sagen? Er ist völlig kompromittiert mit einem Mädchen wie mir!«

Magdalena stöhnte leise auf. Offenbar war in diesem Augenblick das Einzige, was Gertraud Sorge machte, nur, was Gottfried von ihr dachte! Als sie ihr den Arm um die Schulter legen wollte, fuhr sie wie eine Furie auf. »Fass mich nicht an!« Ihre Lippen waren nur noch ein kleiner Strich und in ihren Augen lag ein böses Funkeln. »Ich hasse dich! Ihr könnt mir alle gestohlen bleiben, du und überhaupt die ganze Familie! Ich gehe fort, zu ihm – und wenn ich ihn auf Knien anflehen muss, mir zu helfen! Und jetzt verschwinde endlich!«, schrie sie Magdalena beinahe hysterisch an.

Magdalena taumelte zurück. War diese kaltherzige Person, die nur an sich selbst dachte, wirklich ihre kleine Schwester Gertraud?

»Geh! Lass mich endlich allein!«

»Aber Gertraud, tu nichts Unüberlegtes …«, es war noch ein letzter Versuch, doch die Schwester kehrte ihr den Rücken. Von einigen Schülern bereits neugierig beobachtet, wandte sie sich schließlich mit einem bitteren Gefühl im Herzen ab, um kein Aufsehen zu erregen.

Anton Schäfer fiel ihr ein. Er war vielleicht der Einzige, der etwas für sie tun konnte – zumindest konnte er dafür sorgen, dass

Louise und Paul nichts geschah und sie vielleicht gleich freigelassen würden! Schließlich hatte er gewissen Einfluss, er prüfte ja alle Fälle und Denunziationen und hatte außerdem gute Verbindungen zur Obrigkeit, namentlich zum Gauleiter Koch.

Sie wartete in dem muffigen Vorzimmer des Kommissariats mit zwei anderen Besuchern bis zum späten Nachmittag, bis Anton endlich mit wichtiger Miene und einem Stapel Akten unter dem Arm erschien. »Aber Magdalena, du hier? Ist etwas geschehen?«, begrüßte er sie erstaunt. Er bat sie in sein schlichtes Arbeitszimmer und hörte sich ihre atemlos vorgetragene Beichte nahezu reglos an, sie mit seinen etwas hervortretenden, ausdruckslosen grünen Augen unablässig musternd. Er schien kurz nachzudenken, dann stand er auf, eilte beflissen auf sie zu und ergriff scheinbar bewegt ihre Hände. Es wäre ja schrecklich, was sie ihm da erzähle! Er sah sich um, als sei noch jemand im Raum und senkte seine Stimme zu einem halben Flüstern. Sie müsse verstehen – aber die Wände hätten ja hier Ohren und es wäre besser, wenn sie das Ganze ohne Zeugen unbedingt noch einmal an einem ruhigen Ort besprächen. Es gäbe da in der Schrebergartensiedlung bei der Pferderennbahn ein Häuschen, das seiner Oma gehöre, dort würde sie sicher niemand belauschen. Es sei in seiner Position wirklich nicht einfach, ihr zu helfen, da müsse sie halt bestimmte Bedingungen erfüllen.

Magdalena, zu allem bereit, ging mit ihm. Es war ein ziemlicher Weg zu den Schrebergärten, und sie sah immer wieder unruhig auf ihre Uhr. Um sieben würde Paul im Café auf sie warten! Schaffte sie es bis dahin, Anton zu überzeugen, ihr zu helfen?

Im Café ›Zum goldenen Löffel‹ bestellte Paul bereits zum dritten Mal eine Tasse des wässrigen Muckefuck-Kaffeegemischs, das man dort servierte, und zündete sich eine neue Zigarette an. Er war unruhig, sah immer wieder auf die Uhr und trommelte mit den Fingern auf die mit Röschen bestickte Tischdecke. Halb acht, viertel vor acht, halb neun – er wurde immer nervöser. Die halbe Zigarettenpackung war bereits leer, die Blumen, die er mitgebracht hatte, begannen zu welken. Um acht Uhr stand er auf und ging vor die Tür. Das Café war halb gefüllt, einige Leute hatten das Tagesgericht, Kartoffelsalat mit Frikadellen, bestellt, die zum größten Teil aus Haferflocken und Weißbrot bestanden. Paul hatte plötzlich keinen Hunger mehr. Er wusste nicht, warum Magdalena sich hier mit ihm verabreden wollte und dann einfach nicht kam. Draußen hatte es zu regnen begonnen, es donnerte in der Ferne und war bereits dunkel geworden. Ob er doch mal bei ihr zu Hause vorbeischauen sollte? Aber wenn er jetzt wegging, kam sie vielleicht gerade zur Türe herein!

Da, ein flatternder Rock, ein schmaler Kopf mit einem blonden, welligen Zopf, der lustig hin und her schaukelte; ein Mädchen, das sich eilig dem Café näherte. Freudig sprang er auf und machte einige Schritte auf sie zu. Magdalena! Endlich! Doch beim Näherkommen erkannte er an ihren Bewegungen, dass das nicht Magdalena sein konnte. Enttäuscht wandte er sich ab: eine Fremde. Die junge Frau fiel jubelnd einem anderen Mann um den Hals, der ihr, die Arme ausbreitend, lachend entgegentrat.

Er seufzte und kehrte wieder zu dem kleinen Tisch mit den Blumen zurück, die bereits die Köpfe hängen ließen. Morgen musste er nach Russland zurück. Der Transportzug würde nicht warten. Alles war erledigt, verschiedene Ersatzteile aus der Autowerkstatt, die sich schon am Bahnhof befanden, Hunderte von Kleinigkeiten in zwei Koffern zusammengepackt, einer davon speziell für die bestellten Medikamente.

Dieser Abend war die einzige Chance für sie beide! Wenn Magdalena jetzt nicht kam, würden sie sich bestimmt nicht so schnell wiedersehen. Er riss einen Zettel aus seinem Notizbuch:

›Geliebte Lena! Du bist nicht gekommen, so sehnsüchtig ich Dich auch erwartet habe. Was ist geschehen? Liebst Du mich nicht mehr? Ich hatte heute beim Wiedersehen das Gefühl, Du hast etwas auf dem Herzen! Gibt es einen anderen Mann in Deinem Leben? Du musst es mir sagen, auch wenn die Welt damit für mich zusammenbricht ...‹

Er strich den Satz wieder, machte ihn unkenntlich und betrachtete daraufhin das Gekritzel. Nein, das konnte er ihr wirklich nicht in den Briefkasten werfen. Er knüllte alles zusammen und riss ein neues Blatt heraus.

›Liebste, warum bist Du nicht gekommen? Ich habe solche Sehnsucht nach Dir und hätte Dir so viel zu sagen! Morgen früh um fünf, am Bahnhof, Gleis drei, wenn Du kannst. Achte auf einen braunen Güterwaggon mit rotem Schriftzug! Komm, und sei es auch nur für ein paar Minuten, bevor ich abfahre!‹

Sorgsam faltete er die Nachricht zusammen.

Er wartete noch bis neun Uhr, dann verlor er die Geduld. Keine Nachricht, nichts, nicht einmal ein Schatten, der so aussah wie sie.

Er zahlte und ließ die Blumen enttäuscht zurück. Eine eigenartige Stimmung schien in der Luft zu liegen, die Stümpfe seiner amputierten Finger begannen zu schmerzen, wie immer, wenn er sich unwohl fühlte. Mit raschen Schritten machte er sich auf den Weg. In der Nähe der Kurstraße verhielt er den Schritt, bevor er in das ruhige Villenviertel einbog, in dem Magdalena zu Hause war. Er zündete sich eine neue Zigarette an und schlenderte so unbefangen wie möglich an der von Waldenschen Villa vorbei. Der Eingang war beleuchtet, und er erschrak, als er eine Wache erblickte, die auf dem Straßenpflaster patrouillierte. Der Mann grüßte ihn aufgrund seiner Uniform, und er trat näher, ihm eine Zigarette anbietend, die jener dankend annahm.

»Was los hier, Kamerad?«, fragte er so gleichgültig wie möglich und deutete mit dem Kinn auf die Villa. Der andere nahm einen Zug. »Wie man's nimmt!«, antwortete er wenig aufschlussreich.

»Du hast es wirklich gut«, versuchte es Paul aufs Neue mit

einem Schwätzchen. »Ich muss morgen wieder zurück, auf die Krim. Da ist die Luft ziemlich bleihaltig!«

»Verstehe!« Der SD-Unteroffizier inhalierte genussvoll den Rauch der Zigarette. »Da möchte ich nicht unbedingt mit dir tauschen.«

»Was musst du hier überhaupt bewachen? Sieht doch alles ziemlich ruhig aus!«

»Tja, scheint aber nur so. Wir haben die Bewohner schon festgenommen, nur die Hauptverdächtige, eine junge Studentin, die ist uns entwischt!«

»Was du nicht sagst!«, staunte Paul, während sein Herz sich zusammenkrampfte. »Eine Studentin? Was hat die denn angestellt?«

»Angeblich Juden versteckt, Flugblätter angefertigt, lauter verbotene Sachen!«, gab der Mann trocken zurück. »Gegen den Befehl des Führers gehandelt. Das kann man natürlich nicht durchgehen lassen.«

Ein Geräusch ließ den Uniformierten jetzt aufhorchen. Er machte ein paar Schritte zur Seite und drehte sich um. Diesen Moment nützte Paul, um seinen Zettel unter die Tür zu schieben.

»Was machst du da?«, fuhr ihn der Mann jetzt misstrauisch an, der die Bewegung hinter seinem Rücken bemerkt hatte. Paul nestelte an seinen Schuhbändern. »Siehst du doch, mein Schuh ist aufgegangen! Heil Hitler!« Er hob die Hand und ging davon. In seinen Ohren dröhnte es. Juden versteckt, Flugblätter angefertigt, gegen den Befehl des Führers gehandelt ... was hatte das denn mit seiner Magdalena zu tun?

Die Schrebergartensiedlung wirkte verlassen, als sie das barackenähnliche, von einem ungepflegten Gemüsegärtchen umgebene Häuschen erreichten. Als Anton die Tür hinter ihnen geschlossen und eine Petroleumlampe angezündet hatte, fiel er ohne Vorwarnung sogleich über sie her, um sie zu küssen.

Magdalena entwand sich ihm nur mit Mühe, sie hatte schon bei dem ranzigen Geruch seines ungewaschenen Körpers, der sich gegen den ihren presste, das Gefühl, sich sofort übergeben zu müssen.

»Einen Kuss!«, flehte Anton mit erstickter Stimme, als sie zurückwich. »Dann tue ich alles für dich!« Sein rotes, pickeliges Gesicht glänzte und in seinen Augen stand Gier. »Ich kann dir natürlich nichts versprechen – aber es wäre im schlimmsten Fall möglich, gewisse Akten oder Beweismaterial einfach verschwinden zu lassen!«

Magdalena starrte auf die Speichelbläschen, die sich bei der Aufregung und dem hastigem Sprechen in seinen entzündeten Mundwinkeln gebildet hatten. »Ich muss es machen!«, dachte sie. »Ein Kuss und er lässt die die Beweise verschwinden! Dann sind wir gerettet!« Wie gebannt vor Ekel hielt sie still, als Anton sie an sich riss und sein Mund sich schmatzend auf den ihren presste. Mit einer Hand tastete er gleichzeitig gierig und grob unter der Bluse über ihre Brust. Sie spürte, wie ein unabwendbares Würgen in ihre Kehle stieg und sie beinahe erstickte. Sie entwand sich seinen sie umschlingenden Armen und stieß ihn von sich.

»Was ist denn – was stellst du dich denn so an!« Puterrot vor Erregung, mit einem schiefen Grinsen, sah er sie aus glasigen Augen an, bevor er sie erneut an sich zog. Sie wollte ihn von sich stoßen, und als er sie festhielt, schlug sie ihm mit einer Reflexbewegung ins Gesicht. Aber wie, als hätte ihr Widerstand ihn noch wilder gemacht, presste er sie jetzt mit aller Kraft gegen seine Brust. Panisch fuhr sie ihm mit den Fingernägeln über das Gesicht, damit er sie losließ. Er brüllte vor Schmerz auf. »Du verdammtes Miststück!« Wutentbrannt packte er ihre Handgelenke, verdrehte sie und drängte sie mit brutaler Kraft in eine fensterlose Abstellkammer. Dann schlug er die Tür hinter ihr zu und drehte den Schlüssel im Schloss zweimal herum.

»Das wirst du mir büßen, Schlampe! Da kannst du bleiben, bis du es dir anders überlegt hast!«, schrie er dumpf und höhnisch von draußen. »Du hast zwei Stunden Zeit! Inzwischen werde ich im Kommissariat Erkundigungen einziehen, wie es mit deiner Sache steht. Wenn ich wiederkomme, hoffe ich, dass du etwas zahmer geworden bist!«

Sie hörte, wie hinter ihm die Tür ins Schloss fiel. Er war fort. Verzweifelt trommelte sie im Finstern mit den Fäusten gegen das Holz und trat gegen die Tür. Zwei Stunden! Das Treffen mit Paul! Sie würde es verpassen! Sie tastete verzweifelt ihre Umgebung ab und ließ sich schließlich auf einer Art Kiste nieder, die am Boden stand. Hemmungslos begann sie zu weinen. Danach blieb ihr nichts anderes übrig, als stumpfsinnig vor sich hin zu starren und zu warten. Die Zeit verfloss – sie war die Gefangene Anton Schäfers. Durch die Türritze drang etwas Licht, und als sich ihre Augen an die Dunkelheit gewöhnt hatten, konnte sie die Umrisse des engen Raumes besser erkennen. Aus dieser fensterlosen Besenkammer gab es keinen Ausweg, keine Fluchtmöglichkeit. Oder doch? Schaufeln, Harken und alles, was man für die Gartenarbeit so brauchte, war ordentlich hier aufgereiht und untergebracht. Langsam, mit von der gekrümmten Haltung schmerzendem Rücken erhob sie sich halbwegs und begann die Kiste zu untersuchen, auf der sie saß. Sie enthielt unterschiedliches Werkzeug, einen Hammer und sogar ein Beil. Mit beiden Händen packte sie es und schlug mit aller Kraft auf das billige Holz der Tür ein. Es splitterte bereits nach wenigen Schlägen, und bald hatte sie ein Brett herausgehauen, durch das sie sich leicht hindurchzwängen konnte.

Sie kletterte durch das erstbeste Fenster nach draußen und rannte erleichtert durch das nachlässig geschlossene Gartentor hinaus über die sich kreuzenden Wege der Siedlung an Holzhäuschen vorbei, die alle gleich aussahen. Da es inzwischen dunkel geworden war, irrte sie eine Weile ratlos in dem Labyrinth der biederen, unbeleuchteten Anlage umher, immer in der Angst, Anton könne plötzlich hinter ihr stehen.

Es war beinahe halb zehn, als sie endlich abgehetzt im Café zum ›Goldenen Löffel‹ eintraf. Es herrschte mäßiger Betrieb, und sie ging von Tisch zu Tisch, beinahe ohne Hoffnung, Paul noch anzutreffen.

»Kann ich Ihnen helfen, Frollein?«, erklang die Stimme der gutmütigen Wirtin, die am Tresen die Gläser wusch.

»Nein …«, Magdalena verbesserte sich. »Ja, natürlich! Haben Sie einen Soldaten gesehen, blond und groß? Er wollte hier auf mich warten. Vielleicht hat er etwas für mich hinterlassen?«

Die Wirtin schüttelte den Kopf. »Nee. Aber warten Se mal. Da war einer, der hatte Blumen dabei – er saß hier lange am Fenster. Er hat irgendwas geschrieben, glaub ich. Aber der is weg. Mehr kann ich Ihnen wirklich nicht sagen. Aber nehmen Se mal Platz, sonst fallen Se mir noch um. Sie sehen ja ganz grün aus, Kind!«

Magdalena hielt sich an den klobigen Barhockern fest. Ihr war tatsächlich schwindlig und übel. Den ganzen Tag hatte sie weder gegessen noch getrunken. Die Wirtin schob ihr mitleidig ein halbes Glas mit einer dünnen Zitronenlimonade zu. »Nu nehmen Se mal 'n Schluck, sind ja janz blass!«

Magdalena gehorchte. »Danke! Sollte doch noch jemand nach mir fragen, dann richten Sie bitte aus …«, sie hielt ein, weil sie nicht wusste, was sie sagen sollte. In ihrem Kopf drehte sich alles. »Ach, nichts, besser gar nichts!« Sie versuchte ein Lächeln und drängte sich dann eilig durch die Tische aus dem Café. Die Wirtin sah ihr kopfschüttelnd nach. »Armes Ding! Ist ganz durcheinander! Hat sicher Liebeskummer!«

Paul hatte sich noch spät abends bei der Polizei nach einer Magdalena von Walden erkundigt, doch man verweigerte ihm die Auskunft. Er versuchte, kühles Blut zu behalten, weckte jedoch sofort, als er in der Wohnung der Tante ankam, seine Schwester und schilderte ihr die beunruhigende Situation. Sie beschwichtigte ihn und versprach, in seiner Abwesenheit zu versuchen, Licht in die mysteriöse Anklage gegen Magdalena zu bringen.

Die ganze Nacht ging ihm die Geschichte nicht aus dem Kopf – sich umherwälzend, fand er keinen Schlaf. Er schwankte zwischen Ratlosigkeit, Sorge und der vagen Hoffnung, dass alles ein Irrtum sei, Lena morgen zum Bahnhof käme und mit ihm über seine Ängste lachen würde. Bis dahin konnte er einfach nichts tun – seine Hände waren durch die frühe Abfahrt nach dem viel zu kurzen Aufenthalt gebunden!

Am nächsten Morgen, früh am Bahnhof, hielt er unruhig Ausschau nach ihr, doch sie kam nicht. Jetzt war er sicher, dass etwas Ernstes geschehen sein musste.

Magdalena hatte mit dem dumpfen Gefühl einer unbekannten Gefahr, der Angst vor Anton, nicht gewagt, nach Hause zurückzukehren. Sie lenkte ihre Schritte zum Hafen. Was sollte sie jetzt bloß tun? Ein Schiff nehmen, fliehen – aber wohin? Trotz der milden Nacht fröstelte sie im leichten Wind und kauerte sich schließlich in einer dunklen Ecke zwischen gestapelten Transportkisten zusammen. Ihre Überlegungen liefen gegen eine Wand von Hindernissen. Sie hatte weder Geld für eine Reise noch Kleidung zum Wechseln dabei! Als es Morgen wurde, beobachtete sie das Beladen der Schiffe, und als sie mit großen Augen ein paar Matrosen zusah, die sich aus einer Thermoskanne heißen Tee einschenkten, fragte einer von ihnen: »Na, Mädel, willste auch'n Schluck? Dein Freund ist wohl schon abgehauen, ha?« Er bot ihr seinen Becher an und Magdalena trank gierig von dem heißen Getränk.

»Danke, ich danke Ihnen sehr!«, sagte sie in ihrem üblichen wohlerzogenen Ton und reichte ihm den Becher zurück. Doch als der Matrose ihre Hand ergriff und sie lachend festhielt, riss sie sich los und lief davon.

Vom trüben Himmel herab begann es jetzt leise, aber stetig zu regnen. Am Ende ihrer Kräfte, hungrig, übermüdet und bis auf die Haut durchnässt, entschloss sie sich schließlich, doch nach Hause zurückzukehren, egal, was geschah. In der schlaflosen Nacht, frierend, beim Grübeln über ihre verfahrene Situation, hatte sie erwägt, die Sache mit den Flugblättern zu gestehen und alle Schuld auf sich zu nehmen; allein schon deswegen, damit Louise und Theo keine weiteren Schwierigkeiten bekämen. Man würde sie vielleicht bestrafen – aber was sollte man ihr schon groß antun? Sicher war eine verbotene Flugblattaktion, die Studenten einer Universität heimlich verbreiteten, nicht gerade ein Kavaliersdelikt! Aber es war auch kein Verbrechen!

Man würde sie festnehmen, na und? Irgendwie würde sie sich da schon wieder herausreden können. Gefährlich war ja bloß die Sache mit Hanna gewesen! Zum Glück war sie gut ausgegangen und niemand konnte ihr mehr etwas beweisen.

Ihr Entschluss stand fest, und als sie sich der Villa näherte, war zu ihrer großen Erleichterung der Mann vom Sicherheitsdienst, der die Tür bewachte, verschwunden, das Fenster der geschwätzigen Frau Schmitz dunkel und geschlossen, und auch das Chaos im Garten war halbwegs beseitigt. Alles schien ruhig und geordnet wie zuvor und nur ein dummer Albtraum gewesen zu sein. Zu ihrer großen Freude war es Louise, die ihr, zwar blass und verhärmt aussehend, selbst die Tür öffnete und sie mit einem leisen Aufschrei in die Arme schloss. Magdalena konnte ihre Tränen nicht mehr zurückhalten. Es war, als bräche ein Damm in ihr, und sie brauchte lange, um sich wieder zu beruhigen. Theo, der erst trotzig beiseite stand, legte schließlich mitleidig seinen Arm um sie.

»Lass mal gut sein Kind. Hat dich jemand gesehen?« Louise schob Magdalena jetzt ein Stück weit von sich. »Ich hab mir solche Sorgen um dich gemacht!« Sie sprach hastig und beinahe flüsternd. »Wie konntest du nur solche Torheiten begehen? Deinetwegen hat man uns die halbe Nacht verhört!«

»Verzeih mir, Großmama!« Magdalena wischte sich die Tränen aus den Augen. »Ich werde mich zu der Flugblattaktion bekennen und alles gestehen!« Sie ließ sich auf einen Stuhl fallen. »Ich kann nicht mehr – bin völlig erschöpft!«

»Gestehen? Bist du wahnsinnig geworden?« In Louises Miene stand das blanke Entsetzen. »Du hast wohl noch nicht gelesen, was heute in der Morgenzeitung steht!«

Magdalena zuckte hilflos die Schultern. »Was soll das schon sein? Mir ist das jetzt wirklich alles egal.«

Statt einer Antwort nahm Louise mit zitternden Händen das »Volksblatt« vom Tisch. Die Schlagzeile sprang sofort ins Auge:

Schändliche Flugblattschmierer beleidigen Nation und Führer!

›Nach der Verhaftung des Studenten Frank Schäfer, der auf frischer Tat beim Verteilen von Schriften gegen die nationalsozialistische Regierung ertappt wurde, hat die Polizei jetzt auch weitere Komplizen der beschämenden Aktion festgenommen. Sie werden angeklagt, infame politische Lügen über den Führer in schmutzigen Flugblättern verbreitet zu haben. Diese das Vaterland beleidigenden, jugendlichen Täter verdienen keine Gnade und eine harte Strafe! Man rechnet deshalb mit einem schnellen Urteil, das zur Abschreckung ohne längeren Prozess vollstreckt werden soll ...‹

Das Blatt entglitt Magdalenas Händen. Keine Gnade – schnelles Urteil? Ihr schwindelte, und sie versuchte, Louises angstvollem und zugleich anklagendem Blick auszuweichen.

»Teile dieser ... dubiosen Flugblätter hat man unter einem Kohlenstapel in unserem Keller gefunden!«, sagte sie tonlos. »Es war sehr leichtsinnig von dir, sie dort zu verstecken!«

Als Magdalena nicht antwortete, rüttelte sie sie bei den Schultern. »Begreif doch endlich – du bist in großer Gefahr!«, stieß sie hervor. »Man sucht dich bereits!« Ihre Stimme wurde schrill: »Wie konntest du so etwas tun? Gut, dass deine Mutter das nicht mehr erlebt!« Sie schlug die Hände vors Gesicht und brach in lautes Weinen aus.

»Verzeih mir, Oma Louise!«, bat Magdalena kleinlaut.

»Auf jeden Fall musst du von hier fort! Auf der Stelle!«, brachte die Großmutter jetzt mit erstickter Stimme hervor. »Wenn es nicht schon zu spät ist!«

»Ja, aber … wo soll ich denn hin?«, stotterte Magdalena verwirrt.

»Warte!« Louise versuchte, sich zu fassen und knetete das Taschentuch in den Fingern. »Lass mich nachdenken!« Sie atmete tief durch und straffte ihre Schultern. »Es gibt nur eine Möglichkeit! Mein Bruder Ludwig! Die Papenburgs! Wir haben sie doch mal in den Sommerferien besucht, erinnerst du dich nicht?«

Magdalena schüttelte den Kopf.

»In Teplitz!«, rief Louise ungeduldig aus. »Das große Gut! Los, beeil dich, such deine Sachen zusammen! Ich hab so ein komisches Gefühl. Inzwischen pack ich dir in der Küche etwas zu essen ein.«

Sie hastete hinaus, während Magdalena immer noch wie betäubt vor sich hin starrte. Ja, sie erinnerte sich dunkel an den Großonkel, Ludwig von Papenburg. Sie war noch klein gewesen, damals, als sie die Verwandten besuchten. Aber Louise hatte recht: Das war weit weg und sie würde sicher vorerst dort unterkommen.

Sie nahm noch einmal die Zeitung und starrte auf die Zeilen. Niemand hatte beim Abfassen der Texte für die Flugblätter je daran gedacht, dass man die Kritik einer harmlosen Studentengruppe so ernst nehmen würde!

Zitternd versuchte sie, die aufsteigende Panik zu unterdrücken, und lief hinauf in ihr Zimmer. Sie warf ihre nassen Sachen in eine Ecke und riss wahllos Kleidungsstücke aus dem Schrank und stopfte sie in ihren Rucksack.

Theo war ihr gefolgt. Er stand im Flur und sah sie mit vorwurfsvollen Augen an, ganz erfüllt von der Ideologie, die die NS Partei der Hitlerjugend vorgaukelte. »Wie konntest du bloß bei so etwas mitmachen, Lena?«, fragte er beinahe verächtlich. »Das ist doch abscheulich!«

»Ach Theo!« Magdalena versuchte, ihn zu umarmen, doch er entwand sich und stieß sie zurück. »Du bist noch so jung! Wie soll ich dir das erklären? Eines Tages wirst du einsehen, dass wir recht hatten – wenn es dann nicht schon zu spät ist!«

Seinem unverständigen Blick und dem Kopfschütteln war anzumerken, dass er nicht das Geringste begriffen hatte.

Als sie hinunterging, kam Louise gerade aufgeregt, hektische Flecken auf den Wangen, mit einem Beutel Lebensmittel aus der Küche. Sie reichte Magdalena einen Umschlag und einen Zettel. »Hier, etwas Geld aus meinen Ersparnissen – und die Adresse der von Papenburgs. Sie werden dich sicher aufnehmen – sie haben vier Kinder, unter denen fällst du bestimmt nicht auf. Bleib dort, bis Gras über die Sache gewachsen ist. Irgendwann wird der Krieg ja schließlich zu Ende sein.«

»Aber du … und Theodor?«, widersprach Magdalena. »Was ist mit Gertraud?«

»Ach, um uns musst du dir keine Sorgen machen«, erwiderte die Großmutter. »Was soll man uns schon tun? Wir wissen doch von nichts. Und Gertraud ist vorsichtshalber gleich bei den von Treskows geblieben. Sie wird vielleicht schon am übernächsten Wochenende ihren Helden heiraten – falls Gottfried Heimaturlaub bekommt! Und wenn nicht, dann gibt es eben eine Ferntrauung! Aber das ist doch im Augenblick unwichtig! Geh jetzt mein Kind, es muss sein!« Die Angst stand Louise ins Gesicht geschrieben, als sie Magdalena zur Tür drängte. »Denk dran, der Zug fährt über Berlin und Dresden. Da musst du gut auf dich aufpassen, hörst du! Sende eine chiffrierte Nachricht unter einem anderen Namen wenn du angekommen bist! Aber wirf den Brief auf keinen Fall in Teplitz ein!«

Magdalena nickte mechanisch. Sie steckte alles in ihren Rucksack, doch als sie ihn vom Tisch nahm, rutschte ein weißer Briefumschlag, der dort gelegen hatte, herunter. Als sie sich bückte und ihn aufhob, erkannte sie sofort Pauls Handschrift. Das Blut schoss ihr ins Gesicht. Erregt riss sie ihn auf, überflog seine Zeilen, einmal, zweimal und dreimal – dann ließ sie ihn enttäuscht sinken. Zu spät – der Zug nach Berlin war vor Stunden bereits abgefahren. Paul war also schon fort. Wann würde sie ihn jetzt wieder sehen? Wie seine neue Adresse in Russland erfahren? Tränen der Wut, der Enttäuschung und der Hilflosigkeit rannen über ihre Wangen. Sie steckte den Brief in die Tasche, zog ihr Kopftuch tief in die Stirn und umarmte noch einmal Theodor und Louise. Dann öffnete sie vorsichtig die Tür, sah sich kurz nach allen Seiten um und schlug dann den Weg zum Bahnhof ein.

11. Kapitel

Die Hoffnung stirbt zuletzt

Als sich Paul pflichtbewusst an der Frontleitstelle in Berlin meldete, erfuhr er zu seiner Überraschung, dass seine gesamte Einheit unter dem Oberbefehl von Generalfeldmarschall von Manstein bereits schon in den Norden Russlands verlegt worden war und er sich daher unverzüglich in Richtung Ilmensee in Marsch zu setzen habe. Da diese plötzliche Änderung an oberster Stelle im Führerhauptquartier beschlossen worden war, blieb ihm nichts anderes übrig, als dem Befehl Folge zu leisten.

Innerlich war er aufgewühlt, tieftraurig und fühlte sich so hilflos wie noch nie in seinem Leben. Immer noch wusste er nicht, was mit Magdalena passiert war. Das, was der SD-Mann ihm erzählt hatte, der die von Waldensche Villa bewachte, schien ihm so absurd! Wenn er bloß wüsste, was wirklich geschehen war! Beim besten Willen konnte er sich nicht vorstellen, dass sie irgendwelche strafbaren Handlungen begangen hatte!

Die nun folgende, tagelange Fahrt, zusammengepfercht mit anderen Kameraden in den unbequemen, langsam dahinrumpelnden Güterwaggons, die manchmal stundenlang auf den Gleisen stehen blieben, weil Partisanen die Strecke sabotierten, erwies sich auch diesmal als anstrengend und langwierig. Es ging nicht richtig voran, die Soldaten dösten vor sich hin oder vertrieben sich die Zeit mit Karten- und Würfelspielen. Obwohl bei den unfreiwilligen Aufenthalten in unwegsamen Gegenden immer eine Wache die Umgebung observierte, blieb ein mulmiges Gefühl, das jedes Rascheln hinter Büschen oder Bäumen verdächtig scheinen ließ.

Nach zwei Tagen Fahrt musste die Lok nach einer Explosion durch Sprengstoff erneut auf freier Strecke anhalten und wohl oder übel die Fahrt unterbrechen, bis der Schaden behoben war. Die Verursacher, versteckte Partisanen, blieben unsichtbar, alles schien ruhig, und keine Seele war in der menschenleeren Gegend zu erblicken.

Paul hatte bisher kaum Schlaf gefunden. Um ihn herum schnarchten die Kameraden und in dem abgeschotteten Waggon herrschte verbrauchte und stickige Luft, die das Atmen erschwerte. So leise wie möglich schob er eines Nachts heimlich die knarrende Schiebetür auf und zwängte sich durch den engen Spalt. Es war leichtsinnig und verboten, was er da tat, aber in diesem Augenblick war es ihm egal – der Drang, an die frische Luft zu kommen, war einfach zu groß. Er warf einen Blick nach vorne zu den Mechanikern, die die Lok abgekoppelt hatten und sich bemühten, die von der Sprengladung zerstörten Schienen und beschädigten Teile zu ersetzen und zu reparieren. Das konnte dauern – und bis dahin saßen sie fest!

Damit die Wache nicht aufmerksam wurde, schob er sich langsam an den Wänden des Güterwaggons entlang und ließ sich in eine Senke gleiten, die mit hohem, kühlem Gras bewachsen war.

Mit einem wohligen Seufzer legte er sich lang auf den Rücken und starrte in den weiten, glitzernden Sternenhimmel über ihm, unter dem sich die Silhouetten der fernen Gebirgsläufe kühl und unnahbar am Horizont abzeichneten. Seine Zukunft schien plötzlich von vielen unwägsamen Gefahren umgeben, die sich wie dunkle Schatten drohend aus dem Nichts erhoben. Er dachte an Magdalena – daran, dass sie ihn vielleicht brauchte, während ein ungewisses Schicksal ihn von ihr fernhielt und ihn in den größten Zwiespalt seines Lebens stürzte! Am liebsten hätte er alles im Stich gelassen, um zu ihr zu gelangen, sie zu beschützen, vor dem Unbekannten, Bedrohlichen, von dem er nicht genau wusste, was es war. Doch sich von seiner Truppe länger als erlaubt zu entfernen nannte man desertieren – ein Vergehen, das hart bestraft wurde.

Zum ersten Mal in seinem Soldatenleben tauchten Zweifel in seinem Innern auf, die Frage, wofür er überhaupt kämpfte und sein Leben einsetzte. Was machte er hier, auf unbekannter Erde um fremdes Land streitend, hin und her geschoben wie eine Schachfigur, die nur eine Funktion, aber keinen eigenen Willen mehr besaß? Gelenkt vom Schaltpult eines Konferenztisches, an dem unbekannte Generäle über Landkarten saßen, die über das Geschick der 11. Armee entschieden und eine neue Schlacht bestimmten, die genauso blutig und grausam sein würde wie die letzte? Auf dem Papier schien alles so einfach – von der Krim, der glorreichen Eroberung von Sewastopol gleich weiter an einen anderen Schauplatz dieses weiten Landes! Aber wo war das Ende, wo führte überhaupt dieser Krieg hin?

Ein leiser kalter Nachthauch, wie eine Ankündigung des baldigen Winters, strich über seinen schmerzenden Kopf und die heißen Lider, und er spürte, wie ihm die Augen langsam zufielen. Doch noch bevor er in einen leichten Schlaf sinken konnte, wurde er von einem Lichtblitz und einer darauf folgenden scharfen Detonation unsanft aufgerüttelt; einem Zerbersten und Knirschen von Eisen, das die bisher friedliche Nacht durchbrach. Er sprang auf, fuhr mit der Hand zur Waffe – doch es knallten bereits Schüsse in der Nähe, auf die Kampfgeschrei anstürmender Partisanen antwortete, die sich aus dem Hinterhalt auf den Transportwaggons stürzen wollten, um Waffen und Waren zu erbeuten.

Maschinengewehrsalven der aufmerksamen Wachen ratterten durch die Luft, mähten einen Teil der Angreifer nieder und schreckten die anderen zurück, die sich in wilder Jagd in die umliegenden Wälder flüchteten.

»Verdammt!«, fluchte Paul und duckte sich tiefer in das hohe Gras. Die Waffe im Anschlag, kroch er nach einer Weile, in der alles wieder ruhig geworden war und der Mond hinter einer Wolke verschwand, aus der Senke. »Lästige Kerle! Warum lassen sie uns nicht einfach in Ruhe?«, brummte er zu sich selbst. Immer auf der Hut, nicht im Eifer des Gefechtes von einer Wache mit dem Feind verwechselt zu werden, schob er seinen Körper langsam voran. Als er sich im Schatten des Zuges erhob, stolperte er beim ersten Schritt über etwas Weiches am Boden, das leise aufstöhnte. Er packte fest zu und fasste in warmes klebriges Blut, das dem Mann, den er am Kragen hielt, aus einer Wunde lief und von dem sein Hemd halb durchnässt war. Sieh an, ein verletzter Partisan! Ihn halb zur Seite zerrend, hob er die Waffe, bereit abzudrücken. Diese Burschen verstellten sich manchmal, und im Zweifelsfall war es besser, gleich zu schießen, bevor man selbst dran glauben musste! Den Finger bereits am Abzug, zögerte er in dem Augenblick, als ein schwacher Strahl des Mondlichtes auf das Gesicht des Mannes fiel, in dem die vor Angst weit aufgerissenen Augen um sein Leben flehten. Er murmelte etwas auf Russisch, machte das Kreuzzeichen und hob die Hand. Paul hielt still, ohne ihn aus den Augen zu lassen.

»Briederchen, Gnade …«, stammelte der Verwundete jetzt auf deutsch, »erst mir das gäben …« Seine Augen wanderten hastig zu seiner Brust, wo unter dem an der Schulter blutgetränkten, halb offenen Hemd ein Rosenkranz mit einem Kreuz um seinen Hals hing. »Vor Stärben.«

Paul fühlte, wie seine Kehle eng wurde.

»Bittä …«, bat die Stimme in einem beinahe kindlichem Ton, und Paul zog schließlich mit einem harten Griff den Rosenkranz unter seinem Hemd hervor. Der Verletzte drückte ihn sogleich inbrünstig an seine Lippen. »Jätzt du kannst schießen!«

Er schloss mit einem hörbaren Aufatmen die Augen, während Paul auf ihn hinunterstarrte und langsam, mit einem tiefen Seufzer seine Waffe wieder in sein Koppel schob. Er hatte dem Feind eine Sekunde zu lang in die Augen gesehen, die Sekunde, in der ihm bewusst wurde, dass dieser auch nur ein Mensch wie er selbst war, sein Bruder. Er nahm das Bündel des Verwundeten und legte es unter seinen Kopf. Der schlug die Augen wieder auf, sah ihn erstaunt an und vergaß, seine Lippen weiter im Gebet zu bewegen. Reglos, fast ohne zu atmen, verharrten beide minutenlang in dieser Pose, bevor Paul sich auf die Knie niederließ und die Waffen des Mannes an sich nahm. Mit einer vorsichtigen Bewegung schob er sein blutiges Hemd beiseite. Ein unterdrücktes Ächzen zeigte, dass es sich möglicherweise um einen Einschuss im Schlüsselbeinbereich handelte. Die Kugel war jedoch nicht eingedrungen und ganz oberflächlich betrachtet, sah die Wunde eher nach einem Streifschuss aus. Er nahm zwei Verbandspäckchen aus seinem Rucksack und umwickelte mit festen Griffen die Schulter des Verletzten.

»Wie kommt es, dass du deutsch sprichst?«, fragte er, als wäre es das Selbstverständlichste von der Welt, einen feindlichen Partisanen mitten im Krieg in der weiten Steppe Russlands zu verbinden.

»Meine Muttär … deutsch.« Von leisem Stöhnen unterbrochen, suchte der Verletzte nach den richtigen Worten. »Vatär deutsch! Gesiedelt hier! Alle tot, alle!« Er schloss die Lider, sei es, dass er ohnmächtig wurde, oder es ihm schwerfiel zu sprechen.

»Da, trink!« Paul hielt ihm den Becher aus seiner Feldflasche hin. »Und dann mach, dass du fort kommst! Ich muss jetzt zu meinen Leuten. Es wird bald hell, und dann fahren wir weiter!«

Er trank gierig, und als Paul die Flasche zuschraubte und sich erhob, machte er eine Bewegung, als wolle er ihn zurückhalten.

Paul sah ihn erstaunt an.

»Briederrchen!«, stammelte er. »Du von Gott gesandt, um mich zu retten … du mich mitnämen!«

»Was willst du? Ich kann dich nicht mitnehmen!« Paul schüttelte den Kopf über so viel Einfalt. Bei diesen Russen, die oftmals eine Mischung verschiedener Völkerkulturen waren, vermengte sich manchmal Glaube mit diffusem Aberglauben und allerlei Hokuspokus. Der Verwundete ging auf die Knie und hob bittend die Hände. Erst jetzt sah Paul, dass er fast noch einen Jungen vor sich hatte. Die blauen Augen in dem geschwärzten Gesicht unter dem braunen, glatten Zottelhaar blickten ihn mit solcher Intensität und Dankbarkeit an, dass er ganz verlegen wurde.

»Aber das geht doch nicht!«, sagte er ungeduldig. »Das wirst du doch verstehen, dass ich keinen Russen mitnehmen darf! Ihr seid unsere Feinde!«

»Gefangenär, ich!«, beharrte der Junge. »Ich bleiben! Wenn gesund, dann arbeiten … Stiefel putzen, alles tun! Hier in Dorf, die anderen mich machen kaputt …« Er simulierte das Abdrücken einer Pistole: »Puff! Hassen alle deutsch Mann!«

Paul, der nicht die geringste Ahnung hatte, warum der Junge dachte, seine Landsleute würden ihn töten, schüttelte den Kopf.

»Dann hast du also Angst – vor deinen eigenen Mitkämpfern? Trotzdem kann ich dich nicht mitnehmen – es geht wirklich nicht!«

Der enttäuschte Blick des Jungen ging ihm irgendwie nahe. Er wandte sich um und ging zum Waggon zurück. Doch wie von unsichtbarer Hand angehalten, blieb er plötzlich stehen. Ihm war etwas eingefallen. »Hmm … warte mal – eigentlich könnte ich tatsächlich Hilfe brauchen. Es gibt im Zug einen Verschlag, in dem ich mein Spezialgepäck aufbewahre … darum könntest du dich kümmern. Es ist sehr schwer, und du musst achtgeben, dass mir da keiner drangeht!« Er wusste selbst nicht, warum er das sagte, warum er ausgerechnet einem wildfremden Russenjungen die wertvollen Ersatzteile und Medikamente anvertrauen wollte, jemandem, der ihn jederzeit bestehlen und umbringen konnte! Was für ein Blödsinn! Trotzdem fuhr er fort. »Aber das ist ziemlich eng und unbequem! Schließlich bist du ja verwundet!«

»Nix schlimm … bloß kleines bisschen wund!«, beteuerte der Junge, obwohl er um die Nase ziemlich blass aussah und sich der Verband rot gefärbt hatte. »Ist bald gut!«

»Hmm!« Paul schwankte noch. »Schwörst du mir, keine schlechten Absichten zu haben?«

Der Junge nickte begeistert und hob die gesunde Hand zum Schwur. »Bei heiligär Jungfrau Maria!«

»Also gut, wie heißt du?«

»Ich Sascha, Alexander Gregorowitsch Oberbuchski! Oberbuch deutscher Name!«, sagte er stolz und humpelte hinter Paul her, der von außen leise die Gepäckluke öffnete, in der noch genügend Platz für einen Mann war und in dem es sogar noch ein kleines Fenster zur Innenseite des Waggons gab. Er nahm frische Päckchen Verbandszeug aus seinem Rucksack, etwas Zwieback und ein paar Schmerztabletten und stellte ihm zusätzlich eine Reserveflasche mit Wasser in den Verschlag.

»Davon schluckst du jetzt zwei. Bleib ruhig liegen, damit die Blutung aufhört. Und wenn du etwas brauchst, klopf dreimal an die Wand, hörst du? Halt deinen Kopf auf jeden Fall von dem Fensterchen fern, sonst schmeißen dich die anderen gleich raus!«

Sascha nickte und kletterte mit leichten Schwierigkeiten hinein, während Paul die Öffnung hinter ihm zuriegelte und noch einen forschenden Blick auf die Lok warf. Sie schien repariert, war bereits wieder angekoppelt, und damit konnte die Fahrt sicher bald weitergehen. Am Horizont dämmerte bereits der Morgen herauf und die Vögel begannen zu zwitschern. Außer diesem Geräusch war nichts Verdächtiges mehr zu hören und zu sehen, und über die Kameraden hatte sich jener bleierne Schlaf gesenkt, der nach einer halb durchwachten Nacht für die verlorene Zeit entschädigte. Alle ohne Ausnahme schnarchten sie um die Wette, als er die Tür des Waggons hinter sich zuzog und seinen Platz wieder einnahm. Niemand hatte ihn vermisst oder etwas von dem jungen Burschen bemerkt, der mit ihnen jetzt ins Unbekannte fuhr. Immerhin, wenn er sich als zuverlässig erwies, sein in mehrere schwere Säcke verschnürtes, wertvolles Gepäck für die Werkstattkompanie und das Lazarett gut bewachte, es schleppen half und sonstige kleine Dienste leistete, war er sicher gut zu gebrauchen! Aber war dieser Sascha wirklich ein in Russland angesiedelter Deutscher und so vertrauenswürdig, wie er beteuerte? Sein Gefühl sagte ja, sein Verstand bezichtigte ihn des grenzenlosen Leichtsinns. Aber wenn es nicht stimmte, konnte er ihn schließlich immer noch zum Teufel jagen!

Mit diesen und ähnlichen Gedanken döste er in halbem Wachzustand eine Weile vor sich hin, bis der Zug sich endlich wieder ruckelnd in Bewegung setzte. Vom monotonen Gerüttel eingelullt, schlummerte er jetzt fest ein.

Noch zweimal musste die Lok, die zur Sicherheit Steine vor sich her schob, erneut wegen Minenschäden mitten auf der Strecke anhalten, und wieder dauerte es einige Zeit, bis Maschine und Gleise repariert waren. Heimlich sah er dann durch die Luke, doch Sascha war noch da und zwinkerte ihm so vertrauensvoll zu, als würden sie sich schon seit langer Zeit kennen.

Nach einer ganzen, langen Woche kam Paul mit der neu zusammengestellten Truppe und dem blinden Passagier endlich im russischen Norden an. Aber welch neue Überraschung erwartete sie dort! Die Heeresleitung hatte schon wieder umdisponiert! Soldaten und Geschütze, Fahrzeuge und Gebrauchsartikel wurden auf schnellstem Wege auf andere Transportzüge umgeladen, und es gab ein neues Ziel: Leningrad, die schon seit Längerem

234

heiß umkämpfte Stadt, in der man trotz hartnäckiger Belagerung nicht so gut vorankam, wie man es im Führerhauptquartier gerne gesehen hätte.

Die eintönige Fahrt begann aufs Neue, unter den gleichen Umständen. Der Russenjunge Sascha war dank seiner jugendlich kräftigen Konstitution schon bald wieder genesen. Seine Wunde war gut geheilt und hatte keinen größeren Schaden angerichtet. Keiner verstand so richtig, aus welchem Nest er überhaupt kam und ob er tatsächlich deutschstämmig war, aber man duldete ihn inzwischen als Maskottchen, als zugelaufene Hilfskraft, die zwar noch nicht beim Aus- und Umladen der schweren Geräte und Waffen helfen konnte, aber dem Koch der Division gut zur Hand ging und sich auch beim Stiefelputzen und anderen Besorgungen recht geschickt anstellte.

Schon bei der Ankunft der Deutschen am Bahnhof in Mga, einem kleinen Ort, gerieten die Soldaten beim Ausladeversuch ihrer Geräte und Waffen in heftigen Beschuss direkt aus dem Stadtkern von Leningrad. Die Kugeln flogen ihnen nur so um die Ohren, und Paul suchte im Getümmel beherzt unter den Güterwagen Deckung. Er streckte sich lang zwischen den Gleisen aus, Sascha tat es ihm nach, und so verharrten beide mit zusammengebissenen Zähnen über eine Stunde in der eingezwängten Lage, in den Ohren das Stöhnen der Getroffenen und außerhalb liegenden Verletzten, in das sich das Pfeifen der Geschosse mischte, die vorbeizischten und dicht neben ihnen und um sie herum einschlugen.

Erst als der Widerstand und das Feuer ein wenig nachließen, konnten die Sanitäter mit ihren Tragen die Verletzten einsammeln, und gemeinsam mit den Kameraden mühten sich die Soldaten nun mit vereinten Kräften, die übrigen Geschütze und Waffen im Schutz der Nacht so schnell wie möglich auszuladen.

Nach diesem heißen Empfang zog sich die frisch angekommene Division so weit wie möglich aus der Schusslinie in die Leningrad umgebenden Sümpfe, in sogenannte »Bereitstellung« zurück, und die Männer versuchten, soweit es die Umstände erlaubten, sich einigermaßen häuslich einzurichten.

Übermüdet starrte Paul unter seiner provisorischen Zeltplane in die unter einem grauen Himmel liegende Landschaft. Bei seinen Erkundigungen heute an der Front südlich von Leningrad hatte er die Stadt, geschützt von einem Netz von Feldbefestigungen, zum Greifen nahe vor sich gesehen. Auf der Newa konnte er sogar ein zerstörtes Panzerschiff erkennen und ganz in der Ferne drangen durch den Nebel die Spitzen der Isaak-Kathedrale und die Umrisse der Peter-Paul-Festung. Er zweifelte plötzlich daran, dass die Eroberung der Stadt so einfach sein würde, wie sich Hitler das vorstellte. Es hatte zu regnen begonnen – stetig und unablässig rann Wasser vom Himmel herab, und die grauen, nassen Schleier verwandelten das ganze Gebiet im Handumdrehen in eine schmutzig-graue Matschwüste, die wenig Einladendes hatte und den neuen Soldaten schon beim Installieren einen Vorgeschmack davon gab, was später noch mit voller Wucht auf sie zukommen würde.

Am Abend versammelten sich alle in der Kommandozentrale zu einer Lagebesprechung, die der Feldmarschall selbst leitete.

Es schien klar zu sein, dass die Armee sich auf keinen Fall in einen Kampf im Stadtgebiet einlassen durfte. Auf jeden Fall musste die feindliche Front im Süden mit starker Artillerie durchbrochen und dann überraschend die Newa überschritten werden. Es war jetzt nötig, alle zu Kräfte sammeln, um die Sache zu beschleunigen. Durch die ständige Bombardierung durch anfliegende Stukkas, die den Hafen blockierten, dem Andrängen gut ausgerüsteter deutscher Truppen mit stabilen Panzern, würde die Lage für die Leningrader bald so kritisch werden, dass die

Kapitulation der Stadt nur noch Tage dauern konnte. Trotz herrschender Hungersnot hatten sich die Bewohner der Stadt bisher geweigert, sich zu ergeben. Sie schienen noch auf ein Wunder zu warten. Und dieses geschah, für alle unvorhersehbar, pünktlich und schleichend mit dem Wetterwechsel zu den üblichen Herbstregen, die jedes Jahr die harte Zeit des Winters einleiteten. Die Deutschen achteten nicht auf dieses Signal. Umtriebige Geschäftigkeit herrschte bei der Einteilung, dem Installieren von Mensch und Gerät, verbunden mit der allgemeinen Erkundung der Lage und des Geländes. Durch die neue Situation und erschöpfende körperliche Arbeit wurde auch Paul ein wenig von seinen düsteren Gedanken und Sorgen um Magdalena abgelenkt. Das Wiedersehen mit den alten Kameraden, der fest zusammengeschweißten Truppe der 11. Armee General von Mansteins, mit denen er an der Krim sozusagen durch Feuer und Eis gegangen war, trug dazu bei, ihn in eine bessere Stimmung zu versetzen.

Es war ein Hallo auf beiden Seiten, als er den guten Hans Bauer wohlbehalten wiedertraf! Sein Bein war jetzt völlig ausgeheilt, er umarmte seinen Lebensretter und hörte gar nicht auf, ihm vor lauter Dankbarkeit auf die Schultern zu klopfen. Nun waren sie wieder zusammen – und wollten es auch gerne bleiben. Die beiden Männer wurden gemeinsam mit einem Neuen namens Willi Demel als Kradmelder eingeteilt. Wenn sie allerdings gewusst hätten, was bei der Wetterlage und der kritischen, strategischen Position bei Leningrad auf sie zukommen würde, wäre ihnen vielleicht ein anderer Posten lieber gewesen. In diesem Moment sahen sie jedoch nur die Vorteile, die größere Freiheit und das eigene, abgesonderte Quartier, das sie zu dritt bewohnen sollten.

Das Wiedersehen wurde erst mal ausgiebig gefeiert und begossen. Willi, dem Neuen, war es gelungen, eine Flasche Wodka zu organisieren, dem die drei am Abend unter einer Zeltplane gründlich zusprachen. Ein köstlicher Duft durchzog die Regenluft. Sascha hatte für alle Maiskolben am Feuer geröstet, Kartoffeln mit Zwiebeln und viel Knoblauch gebraten, geräucherten Speck aufgeschnitten und eine Dose Sardinen geöffnet. Er hielt sich abseits, hatte seine kulinarischen Schätze auf einem Baumstumpf ausgebreitet und sah nun, seinen Teil genussvoll verzehrend, mit glänzenden Augen zu, wie gut es den Deutschen mundete.

»Wo hast du den eigentlich aufgelesen?« Ein wenig misstrauisch deutete Willi mit dem Kinn zu dem jungen Burschen hinüber. »Der sieht aus wie ein Russe!«

»Sascha ist deutscher Abstammung!«, gab Paul kurz zurück und wischte sich das Öl der knusprigen Bratkartoffeln vom Kinn.

»Pah, wer's glaubt.« Willi grinste anzüglich. »Hat er das behauptet?«

Paul sah zu Sascha hinüber, der den Kopf mit den dichten schwarzen Locken gesenkt hielt, weil er merkte, dass man über ihn sprach.

»Seine Eltern sind vor zweihundert Jahren nach Russland ausgewandert, als Katharina die Große deutschen Einwanderern anbot, sich auf ihrem Land anzusiedeln«, antwortete er lakonisch.

»Ach so ist das!« Willi biss in einen saftigen Maiskolben. Mit vollem Mund fragte er: »Und wieso bleibt er dann nicht auf seiner Scholle?«

»Seine Eltern sind tot.« Paul nahm einen kräftigen Schluck aus der Wodkaflasche. »Man hat ihn gezwungen, bei der Partisanenbewegung gegen die Deutschen mitzumachen, um zu beweisen, dass er jetzt zu den Bolschewiken gehört. Sein Großvater war dagegen – da hat man ihn brutal niedergeschlagen. Er ist an seinen Verletzungen gestorben. Sascha hat die erstbeste Gelegenheit genutzt, um aus dem Dorf zu fliehen …«

»Schönes Märchen!«, spottete Willi. »Der wird dir eines Nachts die Kehle durchschneiden! Komm mal her Bursche, nimm einen

Schluck, moi druk (mein Freund) ...« Er schwenkte die Schnaps-
flasche.

Sascha errötete, blieb aber sitzen.

»Lass ihn doch in Ruhe!«, mischte sich Hans ein. »Der tut ja
keinem was. Ist ja fast noch Kind – wohl kaum älter als fünfzehn!«

»Siebzehn!«, verbesserte Paul. »He, Sascha, komm doch mal
her!«, winkte er dem Jungen, doch der schüttelte den Kopf und
begann die Pfanne zu säubern, indem er sie mit einem Büschel
Blätter ausrieb. In diesem Augenblick begann es, aus der Ferne
zu pfeifen und zu donnern.

»Geht das jetzt schon wieder los!«, knurrte Hans ungnädig,
doch nach einem heftigen Einschlag ganz in der Nähe, bei dem
die Erde bis zu ihnen hinüberspritzte, suchte er hinter einem
Baum Deckung und warf sich wie alle anderen platt auf den Boden. Ein neuer Treffer zerfetzte die Zeltwand wie Papier und ließ
sie in Flammen aufgehen. Pfanne und Topf waren umgefallen
und alles wurde durcheinander gewirbelt.

»Na das kann ja munter werden!« Willi hob erst nach einer
Weile vorsichtig den Kopf. »Schätze, wir müssen uns hier einen
stabileren Bunker bauen, sonst fliegt uns die Hütte beim nächsten Beschuss noch ganz um die Ohren!«

»Und wir mit«, fügte Hans hinzu und kroch aus dem schlamm-
gefüllten Graben, in den er mit dem eingeübten Reflex Hals über
Kopf hineingesprungen war. »Eine Sauerei ist das!«, schimpfte
er, schüttelte den Dreck aus seinen Klamotten und wischte die
Schmutzspritzer aus dem Gesicht. Er starrte auf die herunterge-
brannte Plane.

Sascha, blass wie ein Leintuch und zu Tode erschrocken, saß
immer noch halb gebückt an seinem Platz am erloschenen Feuer
und hielt die Pfanne in der Hand, an der ein Granatsplitter ab-
geprallt war. Wie ein Schutzschild hatte sie ihn vor dem sicheren
Tod bewahrt.

»Glück gehabt, Junge!«, rief ihm Paul zu, »aber das nächste Mal musst du dich etwas schneller in Sicherheit bringen!«

Dieser betrachtete die zerbeulte Pfanne von allen Seiten, warf einen dankbaren Blick zum Himmel, bekreuzigte sich mehrfach und küsste das Heiligenbild, das um seinen Hals hing.

»Kein Wunder, dass die Bolschewiken den nicht behalten wollten! Der ist denen zu gläubig.« Willi pickte die Reste aus seinem Kochgeschirr. »Aber für uns bist du in Ordnung, Kleiner. Deine Knoblauchbratkartoffeln waren ungewöhnlich, aber wirklich gut! Und nächstes Mal nimmst du besser einen Stahlhelm, um deinen Kopf zu schützen!« Er stülpte ihm den Helm über den Kopf und brach dann in Lachen über das verdutzte Gesicht Saschas aus. Erst als die anderen lauthals mit einfielen, zog ein breites Grinsen über das Gesicht des Jungen.

»Ich lärnen!«, brachte er stolz hervor, »aber niemals Angst habä, niemals!«

Die anderen schmunzelten mit der Nachsicht der Älteren, während herabrieselnde Regenschauer die letzte Glut an den Zeltplanen von selbst löschten.

In den nächsten Wochen waren die drei fast nur damit beschäftigt, in mühsamer Arbeit Birkenstämme zu zersägen und damit einen provisorischen Schutzwall gegen die russischen Dauerangriffe aufzubauen. Der Regen rauschte unablässig weiter aus grau zusammengeballten Wolken, fiel wie eine Flut vom Himmel, die Mensch und Material durchtränkte und den trockenen Boden in ein einziges, schmutziges Wasserloch verwandelte. Das unberechenbare Wetter veränderte die Situation und die Deutschen, überzeugt, den Sieg bereits in der Tasche zu haben, sahen sich gezwungen, wegen der unerwarteten Naturgewalten ihre Taktik zu ändern. Durch das Einsetzen der Regenperiode kam der Kampf auf beiden Seiten fast völlig zum Stillstand, denn in den endlosen Sümpfen um Leningrad gab es mit einem Mal kein Vorwärtskommen mehr. Das Transportieren von Waffen und Geräten schien ein Ding der Unmöglichkeit, und der Boden des aufgeweichten, morastigen Geländes entwickelte sich plötzlich zu einem Schwamm, der Material wie ein durstiger Moloch schluckte und Fahrzeuge und Panzer wie Spielzeuge in seinen matschig-klebrigen Grund saugte, aus dem man sie nur schwer wieder herausbringen konnte.

Hitler, von der neuen Lage informiert, deren Ausmaß er jedoch aus der Ferne nicht so genau einschätzen konnte, erteilte nun den Befehl zum Stillhalten, dem »Aushungern« der Stadt unter weiterer intensiver Belagerung und scharfem Beschuss. Die zusätzlich angeforderte Bodenunterstützung AR 62, der Paul nun angehörte, war allerdings von Regen und Schlamm wie gelähmt und kam kaum einen Meter vorwärts. Man war gezwungen abzuwarten, bis der Regen aufhörte und sich der Boden wieder etwas festigte.

Den fast schon verzweifelten Leningradern machte die Schlammperiode, die den Gegner vor unerwartete Probleme stellte, neue Hoffnung. Obwohl sie kaum mehr Reserven hatten und das Schicksal der Stadt so gut wie besiegelt schien, wehrte sich die dezimierte Bevölkerung jetzt wieder mit neuer Kraft gegen die drohende Besetzung. Sie wollten nicht aufgeben, auch wenn die Zufuhr von Lebensmitteln für die eingekesselte Bevölkerung seit längerer Zeit nur noch über den Ladoga See möglich war und Hungersnot und großes Elend herrschten. In der Minderzahl gegen die Deutschen, kämpften die russischen Soldaten mit einer Besessenheit ohnegleichen weiter, auch wenn Morast und Regen sie behinderten und sie nicht ausreichend Munition besaßen. Dem Befehl Stalins folgend, begannen sie jetzt, die wertvollen kleinen Schlösser in der Umgebung der Stadt in Brand zu setzen und alle Werte zu zerstören, die den Feinden vielleicht in die Hände fallen könnten.

Um ihr Ziel zu erreichen, brachten die neu angekommenen deutschen Truppen alles zum Einsatz, was ihnen zur Verfügung stand. Sie hatten, so gut es ging, das Gelände erkundet und nun war es oberstes Gebot, für sicheren Grund zu sorgen, über den Lastwagen, Panzer und Geschütze vorwärtsrollen konnten, ohne dass sie schon nach wenigen Metern stecken blieben und einsanken. Der Nachschub deutscher Pioniere arbeitete Tag und Nacht fieberhaft an neuen Knüppeldämmen über das unwegsame Sumpfgebiet, damit schwere Waffen, Raketen und Werfer mit der nötigen Munition überhaupt an die Kampfstellungen transportiert werden konnten. Zusätzlich sollte eine Verstärkung von finnischen Soldaten von der anderen Seite zu Hilfe kommen. Aber diese Hoffnung verlor sich – auch die Finnen blieben mit ihren Fahrzeugen und der gesamten Ausrüstung im Morast stecken.

Irgendwo in der Mitte des unsicheren und feuchten Sumpfgebietes, umgeben von sirrenden Mückenschwärmen, hausten nun die drei Kradmelder Paul, Hans und Willi gemeinsam in ihrem eher primitiv zusammengehämmerten Unterstand. Harte Arbeit lag hinter ihnen, bei der sie Gräben geschaufelt, Bäume gefällt hatten, um sich so gut wie möglich einzurichten und vor Überraschungsangriffen abzuschotten. Aus Birkenstämmen, die sie mehrfach übereinandergeschichtet hatten, um feindliche Kugeln abzuhalten, war eine relativ stabile Holzhütte entstanden. Nachdem aber nicht nur das heftige Artilleriefeuer aus der belagerten Stadt immer wieder bedrohliche Schäden an ihrer Behausung anrichtete, sondern sie auch zusätzlich von überschweren Geschützen aus der Festung Kronstadt beschossen wurden, schien es unumgänglich, dem Bau ein stabiles Dach aufzusetzen, das einiges aushalten konnte.

Sascha half bei allem fleißig mit, obwohl seine Wunde immer noch ein wenig schmerzte. Ein paar Meter von den anderen entfernt, in einem mit Laub ausgepolsterten Graben mit einem leichten Holzdach und einer Plastikplane darüber hatte er sich wohnlich eingerichtet. Obwohl er an seinem Lebensretter hing, wusste er jedoch mit der Mentalität der beiden anderen Deutschen nicht viel anzufangen. Wenn er ihnen zuhörte, spürte er deutlich, dass ein Teil seines Herzens russisch geblieben war.

Umdonnert vom Geschützlärm und umgeben von zahlreichen Gefahren kam Paul jetzt nicht mehr viel zum Grübeln, aber die fehlende Post und die ständige Ungewissheit über Magdalenas Schicksal quälten ihn in schlaflosen Nächten. Wann würde er endlich Nachrichten aus der Heimat erhalten, wann würde sie sich melden, damit er erfuhr, was wirklich geschehen war und wie es ihr ging? Jeden Abend saß er an dem primitiven Holzklotz, der als Tisch diente und schrieb einen Brief nach dem anderen an sie. Doch jedes Mal, wenn die Feldpost an die anderen Soldaten verteilt wurde, ging er leer aus und kehrte mit enttäuschter Miene zurück. Nach einiger Zeit erreichte ihn ein Brief seiner Schwester, die ihm schrieb, sie habe nicht mehr herausgefunden, als dass Magdalena aus Königsberg verschwunden sei, weil man sie nach einer verbotenen Flugblattaktion gegen die Regierung festnehmen wollte. Es sei wohl eine ernstzunehmende Sache. Ihre angeblichen Komplizen, Studenten von der Albertina, saßen bereits im Quednauer Gefängnis und warteten auf ihren Prozess. Keiner wisse, wo Magdalena sich aufhielt; auch ihre Großmutter, Louise von Walden, nicht.

Nach dieser Nachricht warf sich Paul auf seine Pritsche, vergrub das Gesicht in den Händen und war für längere Zeit nicht ansprechbar. Die beiden anderen betrachteten ihn mit einer Mischung aus Mitleid und Verwunderung.

»Was willste machen?«, flüsterte Willi hinter der Hand zu Hans hinüber. »Wahrscheinlich hat sie sich mit einem anderen aus dem Staub gemacht! Er will es bloß nicht begreifen!«

Hans zog die Stirn in Falten. »Ach Quatsch, der hätte es wirklich nicht nötig, einer Frau nachzutrauern! Dem laufen die Weiber doch nach!«, gab er zurück. »Ich könnte dir da Geschichten erzählen!« Er grinste anzüglich und senkte die Stimme. »Da war mal was mit einer Russin – einer Krankenschwester. Das heißt, sie war eigentlich gar keine. Aber bis ins Lazarett hat sie ihn verfolgt! Und dann hab ich sie bei einem Partisanenüberfall wiedergesehen – in der Uniform eines deutschen Feldgendarmen! Sie hat mich mit bloßer Hand niedergeschlagen. Schätze mal, dass sie vom russischen Geheimdienst war!«

»Seine Geliebte – eine echte Spionin?« Willi stieß ihn mit dem Ellenbogen an und lachte unterdrückt auf. »Und du hast dich von ihr, einer Frau, niederschlagen lassen?«

»Eine Bestie war das!«

Als Paul irritiert herübersah, setzte Hans eine gleichgültige Miene auf. »Sei leise!«, flüsterte er. »Jetzt will er natürlich nichts mehr von der ganzen Sache wissen. Aber ich bin sicher, dass da was lief.« Er gähnte laut. »Ich hau mich lieber gleich hin – muss schon vor Tagesanbruch los!« Er begann, sich ächzend die Stiefel auszuziehen. »Das wird morgen kein Kinderspiel!«

»Wenn du willst, kann ich die Tour für dich übernehmen«, sagte Paul plötzlich hochsehend.

»Was?« Willi sah ihn verblüfft an, doch dann überzog ein Grinsen sein Gesicht. »Von mir aus gern. Wenn dir das Spaß macht, zweimal hintereinander durch die matschige Pampe zu düsen und dich vor den Kugeln zu ducken, die dir um die Ohren fliegen …« Er schob die Plane beiseite und sah mit verfinstertem Gesicht in den wieder verstärkt herabrauschenden Regen hinaus. »So eine Sauerei!«, schimpfte er vor sich hin. »Unmöglich, da überhaupt durchzukommen!«

Das war nicht übertrieben, denn bei diesem Wetter war das Überbringen von Nachrichten für die Kradmelder anstrengend und zehnmal so risikoreich. War schon das Fahren auf dem lehmig aufgeweichten Boden der Krim ein Geschicklichkeitsspiel gewesen, so wurde es hier in Leningrad zu einer wahren Tortur!

Er dachte an die wackligen Knüppeldämme, auf denen man zwar einigermaßen vorwärtskam, aber wenn man nur ein bisschen Tempo zugab, rutschte einem die Maschine auf der glitschigen Oberfläche immer wieder vorne oder hinten weg, und man musste aufpassen, dass man nicht in hohem Bogen im Graben landete. Ging die Fahrt über einen Feldweg oder uneinsichtiges Gelände, drehten die Räder im Regen ständig durch und waren nach kurzer Zeit so von zähem Schlamm überkrustet, dass man ihn kaum mehr abkratzen konnte. Ganz zu schweigen davon, dass der Beschuss des Feindes jede Fahrt zu einem Tanz auf einem Seil machte, das jeden Augenblick reißen konnte.

Als Paul aufstehen wollte, um seine Sachen bereitzulegen, schwankte er ein wenig.

»Geht's dir nicht gut?«, fragte Willi und sah ihn an. »Du siehst ziemlich käsig aus.«

Paul winkte ab. »Nichts Besonderes. Ich kann fahren.«

Willi legte den Kopf schräg und musterte ihn genauer. »Nee, nee, lass man! Das mach ich schon selber morgen! Ich brauch Bewegung. Sonst krieg ich hier noch n' Koller vom Rumsitzen im Regen!«

Paul legte sich wieder auf seine Pritsche und starrte mit offenen Augen gegen die Decke aus Birkenstämmen. Koller! Ja, das war das richtige Wort! Vielleicht war es das, was ihm auf der Brust saß. Wenn er nur irgendwie aus diesem Dreckloch hier wegkäme! Er kämpfte gegen den Wunsch an, aufzuspringen und fortzulaufen, egal, was geschah! Es musste doch eine Möglichkeit geben, einen Urlaubsschein zu bekommen … nur so lange, bis er in Erfahrung gebracht hatte, was mit Magdalena passiert war! Vielleicht hatte die Gestapo sie inzwischen schon eingesperrt, verschleppt, in eines der gefürchteten Konzentrationslager, in denen sie nun namenlos dahinsiechte! Sollte er vielleicht einmal mit dem Feldmarschall sprechen? Von Manstein hatte immer ein offenes Ohr für menschliche Probleme und für jeden einen guten Rat. Er beschloss, es gleich am nächsten Morgen zu versuchen.

Seufzend schloss er die Augen, aber genau wie in den letzten Tagen gelang es ihm nicht recht einzuschlafen. Sein Herz hämmerte unregelmäßig, der Kopf schmerzte schon den ganzen Tag vom Nachdenken, die ewige Erbsensuppe schmeckte ihm noch weniger als sonst und er fühlte sich irgendwie komisch. Ein Schauer, ein beängstigendes, eisiges Frösteln lief plötzlich über seinen Rücken. Er zog die Decke höher über seine Schultern und begann ohne Vorwarnung haltlos zu zittern, während sein Kopf sich zu einem glühenden Ballon aufzublähen schien. Endlich hörte das Zittern auf und er sank in tiefen Schlaf. Als er mitten in der Nacht erwachte, war sein ganzer Körper glutheiß. Er schlug die Decken zurück, aber das Frösteln sprang ihn trotz innerer Hitze an wie ein Tier, das lauernd in der Ecke gelegen hatte. Ihm war entsetzlich elend, sein Körper brannte, obwohl seine Zähne vor Kälte klapperten. Bunte Bilder tanzten vor seinen Augen, während er vor sich hin dämmerte. Auf einmal wurde es blendend hell, die Plane schob sich leicht zur Seite – er hob den Kopf und sah Magdalena in der Sonne lächelnd im Eingang stehen. Er wollte etwas sagen, doch es drang nur Unverständliches über seine Lippen. Sie kam auf ihn zu, neigte sich herab, und er streckte glücklich die Hand nach ihr aus. Da zerfloss ihr Lächeln und wurde zu dem Gesicht von Hans, der sich besorgt über ihn gebeugt hatte. »Malaria«, sagte er zu irgendjemandem, den er nicht erkennen konnte, »da geh ich jede Wette ein! Die verdammten Mücken. Er hat hohes Fieber – wir müssen den Stabsarzt benachrichtigen.« Sein Gesicht verschwamm, zoomte zurück, und die Gestalt wurde breiter und breiter, bis sie den Raum ausfüllte und ihn zu erdrücken drohte. Er rang nach Luft, so sehr beschwerte es seine Brust. In Panik schlug er um sich, schrie so laut er konnte, doch es war nur ein Stöhnen, das über seine Lippen trat. »Jetzt fantasiert er auch noch!«, hörte er Hans sagen, bevor ihm schwarz vor Augen wurde.

Im Regimentsgefechtsstand, den man in rasch errichteten Bunkern inmitten der Sümpfe platziert hatte, wartete das Oberkommando nun ungeduldig darauf, dass endlich der Nachschub, die dringend benötigte schwere Munition, Panzer und Raketen ankamen, doch der anhaltende Regen mit seinen immer tiefer werdenden Schlammmassen machte den Transportierenden jeden Kilometer zur Qual. Immer noch sanken graue Regenschwaden in dichten Schleiern vom Himmel und weichten mit ihrer durchdringenden Nässe alles auf: Uniformen, Stiefel und Decken.

Paul lag jetzt im Lazarett und hatte seinen Malariaanfall und das hohe, bedrohlich lange anhaltende Fieber beinahe überstanden. Aber er fühlte sich so matt, so schwach und kraftlos wie noch nie in seinem Leben. Sein Puls raste bei der geringsten Anstrengung. Als er das erste Mal aufstehen wollte, brach sein Kreislauf völlig zusammen, und der Stabsarzt Dr. Müller vermutete einen Herzschaden. Er schüttelte den Kopf. Dieser Mann war beileibe nicht das einzige Malariaopfer, aber was sollte man machen? Seit die Sonne für einige Tage herausgekommen war und eine ungesunde Wärme verbreitete, schlüpften unzählige Larven, die als dichte Mückenschwärme über das sich aufheizende Sumpfgebiet schwärmten. Man konnte ihrer kaum Herr werden, selbst die Netze, die man vor Türen und Fenster spannte, hielten die Insekten nicht ab, einzudringen und durch kaum wahrzunehmende Stiche die oft tödlich verlaufende Krankheit zu übertragen.

»Ich werde dafür sorgen, dass Sie einen Urlaubsschein erhalten, Hofmann. Fahren Sie nach Hause – kurieren Sie sich aus!«, sagte der Arzt mit zusammengezogener Stirn und sah auf den blassen Patienten, der in kurzer Zeit etliche Kilo Gewicht verloren hatte, herab. »Sie brauchen absolute Ruhe. In dem Zustand können wir hier wirklich nichts mit ihnen anfangen!«

Paul wollte sich mit einem Lächeln aufrichten, doch selbst die kleinste Bewegung verursachte ihm Drehschwindel. »Ich danke Ihnen, Doktor! Mir geht es schon wieder bedeutend besser.«

Der Arzt sah ihn ernst an: »Ich rate Ihnen, schonen Sie sich noch – selbst die geringste Anstrengung kann bei einer neuen Attacke zum Kollaps führen.«

12. Kapitel

Verzweifelte Lage

Der Zug ratterte mit monotonem Stampfen über die Gleise, und Magdalena sah im Innern des voll gepfropften Waggons in die vorbeifliegende Landschaft hinaus. Die Luft war stickig, Kinder schrieen, saure Essensgerüche von ausgepackten Broten mischten sich mit Schweiß und ungelüfteten Kleidern. Sie war jedoch heilfroh, überhaupt einen Platz in dem überfüllten Zug nach Berlin ergattert zu haben. Viele mussten stehen.

»Kontrolle! Die Fahrkarten bitte!« Der Schaffner, gefolgt von einem Uniformierten, zwängte sich durch die Reisenden, stieg über im Weg stehende Koffer und Pakete und ließ sich verschiedentlich auch die Ausweise zeigen. Magdalena klopfte das Herz bis zum Halse. Wie, wenn man schon nach ihr fahndete? Sie hier verhaftete? Sollte sie sagen, sie hätte ihren Ausweis vergessen? In ihrer feuchten, zitternden Hand hielt sie den halb zerknitterten Fahrschein.

»Und Ihren Ausweis bitte!«, der Schaffner stand vor ihr und sah sie, wie ihr schien, forschend an.

»Ich ... ich ...«, stotterte sie, als ein dumpfes Poltern und ein darauf folgender durchdringender Schrei seine Aufmerksamkeit ablenkte. Ein schwerer Koffer war in einer langen Kurve aus dem Gepäcknetz gefallen und hatte eine ältere Frau, die im Gang stand, zu Boden gerissen. Der Schaffner wandte sich um, sah nach dem Rechten und half der Frau auf, die glücklicherweise unverletzt geblieben war. Als er zurückkehrte, fand er zu seinem Erstaunen den Platz des jungen Mädchens leer. Er überlegte kurz, blätterte in den Namenslisten, die er bei sich führte, und diskutierte mit einem Mann in Uniform, der sich sogleich auf die Suche nach der Verschwundenen begab.

Ein dumpfes Pochen an der verriegelten Toilettentür, hinter der Magdalena sich ängstlich verborgen hielt, ertönte.

»Öffnen, Ausweiskontrolle!«, erklang die gedämpfte Stimme des Ordnungshelfers. Magdalena hielt den Atem an. Was sollte sie tun? Wenn sie nicht aufmachte, würde man die Tür mit Gewalt öffnen. Dabei war es fast unmöglich gewesen, sich bei der langen Schlange vor der überbelegten, einzigen Toilette überhaupt vorzudrängen. In einem spontanen Einfall hatte sie dem jungen Mann, der als Nächster an der Tür stand, eines der von Louise eingepackten Leberwurstbrote angeboten. Er war hungrig gewesen und hatte sie unter Protest der übrigen Wartenden vorgelassen. Doch es hatte nichts genutzt – es klopfte weiter energisch gegen die Tür.

»Aufmachen, sonst hole ich die Polizei!«, rief die Männerstimme erneut. Magdalena duckte sich mäuschenstill, geradezu vor Schreck erstarrt. Was sollte sie tun? Ausgerechnet jetzt, so kurz vor Berlin so eine dumme Kontrolle! Wieder ertönte das dumpfe Klopfen einer Faust, diesmal stärker, und die leichte Tür erbebte. Sie atmete tief ein und schob todesmutig den Riegel beiseite. »Entschuldigung«, flötete sie mit honigsüßer Stimme, »aber ich beeile mich ja schon!« Die Leute vor ihr starrten sie mit neugierigem, aber zugleich furchtsamem Ausdruck an. Magdalena legte ihren ganzen Charme in ihr Lächeln, und das Stirnrunzeln des Soldaten milderte sich sofort. »Ist etwas passiert?«, fragte sie mit dem unschuldigsten Blick der Welt.

»Kommen Sie bitte mit«, beschied ihr der Soldat kurz, »der Schaffner hat mich gebeten, Ihren Ausweis zu kontrollieren.«

»Aber gerne!« Voll Herzklopfen und ganz schwach vor Angst folgte sie dem jungen Mann in eine ruhige Ecke und reichte ihm ihren Ausweis. Er sah sie lange an, verglich sie mit dem Lichtbild auf dem Papier und gab ihr nach einer Weile, die ihr ewig dünkte, den Schein wieder zurück.

»Alles in Ordnung!«, sagte er kurz, zwinkerte ihr zu und hob die Hand. »Gute Weiterreise! Heil Hitler!«

Magdalena zwang sich, in gleicher Weise zurückzugrüßen und kehrte aufatmend auf ihren Platz zurück. Der Schaffner, am Ende des Ganges, lauschte dem Bericht des Soldaten, musterte sie jedoch voller Misstrauen. Sein Gefühl sagte ihm, dass da etwas faul war – aber beweisen konnte er es nicht.

In Berlin musste Magdalena umsteigen und drängte sich durch die eilende Menge. Der Bahnhof war voller Menschen, Frachtgut und Gepäckstücke verstopften die Durchgänge, und es schien, als sei alles im Aufbruch. Das gleiche Bild zeigte sich in Dresden; zudem hatte der Zug erhebliche Verspätung, weil er zeitweise mitten auf der Strecke mit quietschenden Bremsen anhalten musste. Man öffnete die Fenster, beugte sich heraus, schrie sich gegenseitig Informationen zu, aber niemand wusste genau, was geschehen war. Ein Schaffner war diesmal nirgendwo zu erblicken, und der Zug wurde schließlich wegen Schienenarbeiten auf ein anderes Gleis umgeleitet.

Magdalena hatte bis Dresden keinen Platz ergattern können, und so musste sie sich wie viele andere auf den schmutzigen Boden setzen. Ihr hellblaues Kleid mit weißem Kragen und passender Strickjacke, das sie für die Reise gewählt hatte, war zerknittert und wies bereits mehrere Schmutzflecken auf. Das blonde Haar trug sie hochgesteckt, damit es ihr in der stickigen Luft nicht am Nacken klebte. Obwohl Louise ihr genügend Proviant mitgegeben hatte, verspürte sie keinen Hunger und trank nur hin und wieder einen Schluck warmen Tee aus ihrer Thermosflasche. Ganz plötzlich überfiel sie ein beängstigendes Gefühl der Verlassenheit. Was sollte sie den Verwandten sagen, an die sie sich kaum erinnerte, aber vor deren Tür sie in Kürze stehen würde?

Nachdem sie den Anschlusszug nach Teplitz verpasst hatte und ein weiterer erst in fünf Stunden gehen sollte, kauerte sie sich in eine Ecke des überfüllten Wartesaals zwischen stumpfsinnig und erschöpft dreinblickenden Reisenden und schreienden Kindern zusammen, legte den Kopf auf die Knie und schloss die Augen.

Sie würde Paul schreiben, dass sie in Schwierigkeiten steckte und ihm alles erklären! Natürlich nicht direkt unter ihrem Namen, aber das war wohl auch nicht nötig. Was würde er wohl als überzeugter Anhänger der Politik des Dritten Reiches, als Soldat, der so fest vom erfolgreichen Ausgang dieses Krieges überzeugt war, zu einer solchen Sache wie der mit den Flugblättern sagen? Sie kam nicht dazu, lange darüber nachzudenken, denn ohne dass sie es merkte, fiel sie in einen leichten, oberflächlichen Schlaf und schreckte erst hoch, als die Frau neben ihr, die ein kleines Kind in einem Tuch um ihre Brust gebunden hatte, sich erhob und sie dabei anstieß. Ein junger Soldat in Uniform, aus der er scheinbar länger nicht mehr herausgekommen war, setzte sich mit einem freundlichen Gruß auf die freie Stelle neben sie. Er stank jedoch so stark nach Schweiß, dass Magdalena ganz übel wurde. Und als ihr Blick zufällig auf seine vor Schmutz starrenden Ärmel fiel, sah sie, wie eine Anzahl Läuse über die Manschetten geradewegs ins Hemdinnere liefen. Den Soldaten schien das nicht zu stören, er lehnte sich zurück, zog seine Mütze über die Augen und begann umgehend zu schnarchen. Magdalena, von Ekel geschüttelt, begann es überall am Körper zu jucken. Sie ergriff ihr Gepäck, legte den Rucksack um und trat auf den Bahnsteig. Der Geräuschpegel war unglaublich, und in ihren Ohren dröhnten die Durchsagen des Lautsprechers, die Verspätungen und Abfahrtszeiten ankündigten. Dann hockte sie sich auf ihren Koffer neben anderen Wartenden und betrachtete das Gewimmel der Menschen, die vorbeiströmten. Nicht weit von ihr, an einen Pfosten gelehnt, stand ein Mann in Uniform, der eine Zeitung in der Hand hielt. Sie beugte sich leicht vor und versuchte, das Dickgedruckte zu entziffern.

Rede des Führers zum vierten Kriegswinter: »Wir haben Stalingrad so gut wie erobert!«

»Möchten Sie die ganze Zeitung lesen?« Amüsiert lächelnd sah der Fremde sie an. »Hier, Sie können sie gerne haben!«

»Nein … nein, danke!« Ablehnend streckte Magdalena die Hände aus. »Die Überschrift ist mir nur ins Auge gefallen …«

»Tja«, er faltete das Blatt zusammen, »pathetische, aber vielleicht leere Worte, die Hitler da in den Mund nimmt: »Niemand wird uns mehr aus Russland wegbringen …«

Magdalena sah sich nach allen Seiten um, als fürchtete sie, es könne jemand mithören.

Der Fremde lachte auf: »Keine Angst, ich bin Reporter, Kriegsberichterstatter, ich kann mir schon ein paar Dinge erlauben. Gestatten«, er verbeugte sich höflich, und der Duft eines angenehmen Rasierwassers wehte zu ihr hinüber. »Richter, Heinz Richter vom Völkischen Kurier. Ich komme gerade aus Russland und habe deshalb so meine Zweifel, ob wir dieses weite Land bezwingen. Fahren Sie auch nach Teplitz?« Er strich sich über das sorgsam gescheitelte, braune Haar und zündete sich mit einer lässigen Handbewegung eine Zigarette an.

Magdalena nickte reserviert und versuchte, dem forschenden Blick seiner auffallend hellen, blauen Augen auszuweichen. »Ja, ich besuche Verwandte.«

»Vielleicht werden wir uns ja einmal begegnen. Ich bin dort geboren. Erst in vier Wochen muss ich weiter nach Berlin.« Richter nahm einen tiefen Zug aus seiner Zigarette und betrachtete sie mit einem Blick, unter dem sich Magdalena ein wenig unbehaglich fühlte. Der Mann war gepflegt, sah zweifellos gut aus und schien außerdem genau zu wissen, wie man mit Frauen umging.

»Mein Verlobter kämpft an der Ostfront«, sagte sie vorbeugend, »an der Krim.«

»Oho«, die Stimme Richters klang nicht respektlos, aber doch so, dass Magdalena sich über den Tonfall ärgerte. »Einer unserer Helden! Das ist sicher kein Zuckerschlecken!«

»Ich wünschte, alles wäre bald vorbei. Es ist doch Wahnsinn, dass so viele Menschen sterben müssen, nur …« Sie biss sich auf die Lippen, als habe sie zu viel gesagt.

Er zuckte gleichmütig die Schultern. In diesem Moment näherte sich der Zug nach Teplitz, und die Lok stampfte, in dichte Rauchschwaden gehüllt, heran. Richter ergriff, ehe sie es verhindern konnte, ihren kleinen Koffer, bahnte ihr geschickt den Weg und half ihr beim Einsteigen. Als wäre es ganz selbstverständlich, bot er ihr seinen Platz an. »Ich habe reserviert, setzen Sie sich doch. Sie müssen sehr müde sein!«

Magdalena, dankbar für so viel Fürsorge, hatte nicht die Kraft abzulehnen. Sie war tatsächlich erschöpft und matt und wusste zudem nicht genau, wie ihr künftiges Leben weitergehen sollte und was sie erwartete. In Gedanken hatte sie bereits mehrmals den Entwurf eines Briefes an Paul durchdacht, überlegt, auf welche Weise sie ihm schildern, erklären sollte, was geschehen war und warum sie nicht zum Bahnhof kommen konnte. Aber wie die richtigen Worte finden? Vor allem durfte sie den Brief nicht selbst aufgeben, um ihren Aufenthaltsort nicht zu verraten. Vielleicht tat ihr ja der Fremde den Gefallen, ihn mitzunehmen und in Berlin aufzugeben, wenn er wieder dorthin fuhr? Der hatte gerade das Fenster geöffnet und sich eine neue Zigarette angezündet. Sein Haar flatterte im Fahrtwind, während er nachdenklich in die vorbeiziehende, herbstlich bunte Landschaft hinaussah. Nach einer Weile schloss er das Fenster mit einem Ruck und sah eindringlich auf sie herab. Magdalena gefiel dieser Blick nicht, sie senkte den Kopf und schlug die Augen nieder.

Vorsichtig streckte er die Hand aus und hob ihr Kinn mit einer sanften Geste. »Sehen Sie mich doch einmal an!«, bat er leise in einem beinahe zärtlichen Ton. »Sie sind wirklich wunderschön, kleines Mädchen. Wissen Sie das überhaupt? Ihr Verlobter ist zu beneiden.«

Damit senkte er seine hellen Augen verführerisch und mit einem tiefen Blick in die ihren.

Magdalena wandte ärgerlich und ein wenig verwirrt ihren Kopf zur Seite. »Lassen Sie das bitte! Ich möchte das nicht!« Sie erhob sich abrupt. »Danke, dass Sie mir Ihren Platz angeboten haben. Aber Sie werden ihn sicher jetzt selbst brauchen!« Mit diesen Worten nahm sie ihren Koffer und drängte sich aus dem Abteil in den Gang.

»Warten Sie doch …«, die Stimme klang enttäuscht, doch Magdalena ließ sich nicht beirren. Sie würde schon jemanden finden, der ihren Brief transportierte.

Als der Zug endlich am Bahnhof des mittelgroßen Kurortes anlangte, glaubte sie sich nach dem Gewirr in den anderen Städten in eine andere Welt versetzt. Man konnte aufatmen – alles schien beschaulich und ruhig, und es war wenig von dem Aufruhr zu spüren, in den dieser Krieg die ganze Welt versetzt hatte. Sie stieg rasch aus und wartete an den Gleisen vor den Anschlagtafeln, um sicher zu sein, dass ihre neue Bekanntschaft fort war. Dann erst sah sie sich am Bahnhofsvorplatz nach einem Taxi um. Doch der Stand war wie leergefegt und auch der Schalter bereits geschlossen. Ihr Magen knurrte jetzt beharrlich, sie war durstig und sehnte sich danach, endlich irgendwo anzukommen und ihre Beine hochzulegen. Sie setzte sich auf eine Bank unter einem Lindenbaum und schlang hastig zwei von Louises Butterbroten hinunter. Eine Viertelstunde studierte sie aufmerksam den Stadtplan – doch dann griff sie entschlossen nach ihrem Koffer und marschierte los. So weit konnte Windenstein, das Gut der von Papenburgs, doch nicht sein! Vielleicht nahm sie ja irgendein Viehkarren ein Stück mit! Es war ein leuchtender, trockener Herbsttag, aber ihre Füße schmerzten in den unbequemen Stadtschuhen, und die noch warmen Sonnenstrahlen brannten auf ihrer Stirn. Gerade, als sie am Ortsrand angekommen war, hielt ein Auto mit quietschenden Bremsen vor ihr. Erschrocken trat sie zurück. Heinz Richter beugte sich charmant lächelnd aus dem Fenster. »Da sind Sie ja! Ich habe Sie schon vermisst. Können wir Sie irgendwohin mitnehmen? Steigen Sie ein – meine Schwester war so nett, mich am Bahnhof abzuholen.« Er öffnete einladend die Tür des Wagens, aus dessen Innern sie eine junge Frau freundlich ansah.

Magdalena hätte am liebsten nein gesagt, doch der Gedanke an den langen Marsch mit Koffer und Rucksack, mit schmerzenden Füßen über die lang gezogene Landstraße, ließ sie es sich anders überlegen. Sie stieg ein und lehnte sich aufseufzend in die weichen Lederpolster des grauen Cabriolets. »Vielen Dank – ich glaube wirklich, ich kann nicht mehr!«

»Ja, und wohin soll's nun gehen?« fragte Richter betont munter. »Clarissa, darf ich dir Magdalena von Walden, meine reizende Zugbekanntschaft vorstellen?« Er flüsterte verschwörerisch an ihrem Ohr: »Sie hat noch nicht lange den Führerschein – drum wird eine kleine Übung ihr ganz guttun.«

Die »kleine« Schwester am Steuer, eine attraktive, weibliche Ausgabe ihres Bruders, drehte sich halb herum. Ihr Haar war blond gefärbt und zu einem Pferdeschwanz zusammengebunden. Sie lächelte mit rot geschminkten Lippen zu Magdalena hinüber und reichte ihr die Hand. »Freut mich. Sagen Sie ruhig Clarissa zu mir. Aber glauben Sie meinem Bruder kein Wort …«

»Ich möchte nach Gut Windenstein«, sagte Magdalena hastig, und Clarissa zog die Augenbrauen hoch. »Das schönste und größte Gut der ganzen Gegend? Verbringen Sie Ihre Ferien dort?« Sie gab Gas, und der Wagen machte einen Satz nach vorn.

»So könnte man es nennen«, wich Magdalena aus, die sich unter den leicht spöttischen und fordernden Blicken Richters ein wenig unbehaglich fühlte. Seine Selbstsicherheit, die Art, wie er mit ihr und vielleicht mit allen Frauen umging, zog sie an und stieß sie gleichzeitig ab. Aber seine blauen Augen erinnerten sie auf fatale Weise an die Pauls.

Sie war heilfroh, sich nicht für den Fußweg entschieden zu haben, denn die Landstraße ging nun in einen ungepflasterten, mit Büschen bewachsenen und holprigen Weg über, der erst nach etlichen Kilometern an einer breiten Kastanienallee endete. Das Tor stand offen, und im Hintergrund sah man schon das schloss-ähnliche Gebäude des Windensteinschen Anwesens mit seinem wuchtigen Eichenportal, zu dem eine Freitreppe hinaufführte. Es bot einen imposanten Anblick mit dem Backsteinturm aus dem 14. Jahrhundert, den breiten Erkern, den Nebengebäuden und anliegenden Ställen. Von dem großen Gutshof waren ihr eigentlich nur die Pferdekoppeln, hinter denen man weidende Kühe und Schafe erblickte, in Erinnerung geblieben.

»So, da sind wir nun!« Heinz Richter stieg als Erster aus dem Auto und öffnete ihr direkt vor der steinernen Treppe des Herrenhauses galant den Wagenschlag, während Clarissa ihr nur kurz zuwinkte. »Sehen wir uns einmal, so lange ich noch in Teplitz bin?«

»Vielleicht!« Magdalena konnte diese Frage jetzt unmöglich mit einem Nein beantworten.

»Dann hole ich Sie ab – sagen wir übermorgen Nachmittag um vier?« Ohne eine Antwort abzuwarten, sprang er wieder ins Auto, das in einer dichten Staubwolke davonbrauste.

Magdalene schüttelte den Kopf. Nach typischer Reporterart hatte ihre neue Bekanntschaft sie ganz einfach überrumpelt. Sie versuchte, ihre Fassung wiederzufinden und sich auf ihr vorbereitetes Sprüchlein beim Empfang durch ihren Großonkel zu konzentrieren.

Langsam stieg sie die Treppe hinauf. Eine Weile stand sie reglos und wie verloren mit ihrem Koffer vor dem Portal des Gutes.

Kreischende Kinderstimmen drangen vom Hof her zu ihr hinüber, in die sich die scheltende des Kindermädchens mischte. Eine rothaarige Frau mittleren Alters mit einer ein wenig aus den Fugen geratenen Figur in weitem Rock und weißer Rüschenbluse tauchte hinter dem Gatter des hübschen Bauerngartens auf. Sie trug einen bunten Herbststrauß im Arm und stutzte, als sie Magdalena mit ihrem Gepäck erblickte. Zwei munter schwatzende kleine Mädchen in blau-weiß getupften Kleidern mit duftigen Puffärmeln sprangen um sie herum, hübsch anzusehen mit einem über den blonden Zöpfen thronenden Kranz aus gelben und orangefarbenen Astern. Es war ein idyllisches Bild, das so gar nicht zu der entbehrungsreichen Kriegszeit passte.

»Du musst Johanna sein«, rief Magdalena freundlich und hielt ihr die Hand entgegen. Mit zusammengezogener Stirn kam die Frau jetzt zögernd auf sie zu. »Ich bin Magdalena, Magdalena von Walden. Erinnerst du dich nicht?«

»Magdalena? Ich dachte, ich traue meinen Augen nicht! Was machst du denn hier?«

»Wie schön, dich zu sehen, meine Liebe!« Magdalena zwang sich zu einem strahlenden, nicht ganz echten Lächeln. »Hat Louise dir nicht geschrieben, dass ich euch besuchen komme?«

Die Angesprochene schüttelte den Kopf. »Nein, nicht dass ich wüsste. Übrigens – mein tiefes Beileid noch einmal zum tragischen Tod deines Bruders und deiner Mutter.« Sie reichte ihr die Hand zur Begrüßung. »Zwei schreckliche Nachrichten auf einmal. Wir konnten leider nicht zur Beerdigung kommen. Das Gut, die Kinder …, du weißt schon …« Sie musterte sie kritisch von oben bis unten. »Ist sonst alles in Ordnung – zu Hause, meine ich?«

»Danke, dass du mit uns fühlst«, antwortete Magdalena artig, ohne auf die Frage einzugehen. »Es war sehr schwer. Aber Großmama, Theo und Gertraud geht es gut. Sie wird übrigens bald heiraten! Gottfried von Treskow ist der Auserwählte.«

Sie stockte unter dem Blick Johannas. »Ich hoffe, mein Besuch passt euch?«

»Nun ja ... aber wenn du schon einmal hier bist, dann komm doch erst mal rein. Du bist natürlich willkommen. Wie lange willst du denn bleiben?«

»Ich weiß noch nicht – das hängt von verschiedenen Dingen ab.«

»Von verschiedenen Dingen?« Johanna warf ihr einen verständnislosen Blick zu.

»Ja, ich dachte, ich kann euch vielleicht zwischendurch etwas helfen – mit den Kindern, meine ich. Oder im Haushalt, was gerade anfällt!«, plapperte Magdalena scheinbar unbekümmert weiter, während sie hinter der Hausherrin, die ihren leichten Unmut über den plötzlichen Besuch so gut wie möglich verbarg, ins Haus ging.

»Ich sag gleich Ludwig Bescheid, damit er dich begrüßen kann!« Johanna läutete aufgeregt dem Diener und schien in leichter Verwirrung nicht zu wissen, was sie als Erstes machen sollte. »Franz!«, rief sie mit durchdringender Stimme, als auf ihr Läuten niemand erschien. Zugleich versuchte sie, eines der beiden Mädchen, das laut zu kreischen begonnen hatte, davon abzuhalten, seine Schwester an den Zöpfen zu ziehen. Magdalena bückte sich nach dem heruntergerissenen und zerdrückten Blumenkranz, während sich Johanna entnervt die Ohren zuhielt und auf einen Stuhl fallen ließ. »Ich werde einfach nicht mehr mit den Kindern fertig – sie sind so lebhaft!«, stöhnte sie, während ihr fleischiger Hals bis zum Dekolleté eine rote Farbe annahm.

Mit aufgekrempelten Ärmeln, braun gebrannt, näherte sich jetzt der hochgewachsene, grauhaarige Gutsherr. Er war über zwanzig Jahre älter als seine Frau und bereits siebzig, jedoch bis auf sein von Wind und Wetter gegerbtes, markantes Gesicht mit vielen Falten schlank und elastisch geblieben, sodass der Altersunterschied kaum ins Gewicht fiel. Verblüfft starrte auch er jetzt

Magdalena an. Dann umarmte er sie herzlich und küsste sie auf beide Wangen. »Das ist ja eine Überraschung, Mädel! Wie groß du geworden bist! Und wie geht es meiner guten Louise?« Er hielt betrübt inne. »Johanna hat sich sicher schon entschuldigt, dass wir nicht zur Beerdigung deiner Mutter und deines Bruders nach Königsberg kommen konnten. Die weite Reise – es ist unmöglich, das Gut in der schlechten Zeit allein zu lassen! Das verstehst du doch, oder?«

»Natürlich!« nickte Magdalena. »Ich soll dir viele Grüße von Louise bestellen. Sie meinte, ich bräuchte einmal Luftveränderung – nach all den Schicksalsschlägen. Außerdem sollte ich zum Arbeitsdienst – und davor drücke ich mich lieber. Ich hab mir Studienmaterial mitgebracht. Hier kann ich ja auch lernen!«. Sie zögerte einen Moment, »und besser, ihr redet nicht drüber, dass ich da bin, sonst muss ich vielleicht doch noch ran!«

In Ludwigs Blick trat eine prüfende, fast misstrauische Nuance. »Nein …, natürlich nicht. Wie du willst. Es braucht ja keiner zu wissen, dass du da bist! Du hast doch nichts angestellt, Mädchen?«

»Nicht … nicht direkt! Lass uns ein andermal reden. Ich bin furchtbar müde.«

Während Magdalena wenig später in der großen Küche einen wohlgefüllten Teller Bohnensuppe löffelte und die Köchin ihr dazu noch eine dicke Scheibe vom Laib des duftenden, gerade gebackenen Brotes herunterschnitt und einen ordentlichen Batzen goldgelbe frische Butter darauflegte, war Johanna in das Arbeitszimmer ihres Mannes getreten. Ihre ohnehin wenig zufriedene Miene hatte durch ihre herabgezogenen Mundwinkel eine mürrische Nuance mehr bekommen. »Was sagst du dazu, Ludwig? Nicht, dass ich irgendetwas gegen deine Großnichte hätte – aber einfach so, aus heiterem Himmel …«, sie brach ab und schüttelte den Kopf, »ich meine, so ohne Ankündigung herzukommen!«

»Hmmh«, Ludwig legte bedächtig den Stift aus der Hand, mit dem er gerade die Ausgaben für diesen Monat berechnete. »Warum soll Magdalena uns nicht einmal besuchen kommen? Vielleicht wollte sie nach dem Tod ihrer Mutter und ihres Bruders nur in eine andere Umgebung?«

»Ach, Unsinn!«, Johannas Stimme wurde lauter. »Da stimmt doch was nicht. Sie studiert doch, und da bricht man nicht so einfach ab und reist in der Welt umher ...«

»Du magst das Mädchen nur nicht!«, unterbrach Ludwig barsch. »Hast sie nie gemocht!«

Johanna wurde rot vor Ärger. »Das hab ich nicht gesagt! Aber was sollen wir mit ihr anfangen, wenn sie länger bleibt?«

»Sie hat doch selbst gesagt, dass sie helfen will, die Kinder zu beaufsichtigen. Die alte Martha wird ohnehin schlecht mit ihnen fertig. Und dann gibt es im Haus ja auch eine Menge zu tun.«

»Das glaubst du doch selbst nicht, dass sie uns nützlich ist«, platzte Johanna plötzlich heraus. »Sie war schon immer eine verwöhnte Göre! Sie wird uns bloß fremde Männer ins Haus bringen. Hast ja gesehen, sie hatte gleich einen dabei!«

»Du übertreibst immer so«, wehrte Ludwig seufzend ab, öffnete die Akte vor ihm und fuhr fort, Zahlenkolonnen zu addieren. Es hatte keinen Sinn, sich mit seiner Frau auf ein Streitthema einzulassen – sie steigerte sich bloß immer weiter hinein. Wahrscheinlich war sie auf die hübsche, langhaarige Großnichte nur eifersüchtig! Aus diesem Grund hatte sie auch ja schon einige Dienstmädchen aus dem Haus gegrault! Johanna, die sah, dass ihr Mann ihr nicht mehr zuhören wollte, drehte sich wutschnaubend auf dem Absatz herum und knallte hörbar die Tür hinter sich zu.

›Mein liebster Paul!
Ich habe lange überlegt, wie ich diesen Brief anfangen soll – zuerst sollst Du jedoch wissen, wie sehr ich Dich liebe und im-

mer lieben werde, egal, was geschieht! Jede Nacht weine ich mich in den Schlaf, weil ich nicht weiß, wann wir uns wiedersehen und ob Du mich in der Zwischenzeit nicht völlig vergessen hast!

Es quält mich, dass ich Dir nicht schreiben kann, aus welchem Grund ich nicht zum Bahnhof gekommen bin, warum das Schicksal es wollte, dass wir uns im Café zum Goldenen Löffel verpasst haben und viele andere Dinge mehr, die Du wissen solltest! Aber ich schwöre Dir bei Gott und allem, was mir teuer ist, ich habe es versucht! Du musst mir glauben, Liebster, dass das, was geschah und worüber ich auf diesem Papier schweigen muss, nicht meine Schuld ist! Ich flehe Dich an, hab Geduld, bis ich Dir meine Geschichte Auge in Auge, Hand in Hand, erzählen kann!

Denk an mich, an den Abend, an dem wir vom Champagner und unserem Glück berauscht so unvergessliche Augenblicke erlebt haben! Kein Kaviar, kein Gericht der Welt wird mir im Leben mehr so schmecken, wie die einfachen Königsberger Klopse damals in der Hafenkneipe! Dieser Abend wird immer in meinem Herzen sein, egal, was geschieht! Gott behüte und beschütze Dich vor allen Gefahren, bis wir uns wiedersehen. Ich liebe Dich! Für immer und ewig ...‹

Magdalena ließ ihren Füllhalter sinken und brach in bittere Tränen aus. Erst nach einer Weile hatte sie sich so weit gefangen, dass sie den Brief unterschreiben und in einen Umschlag stecken konnte. Sie würde ihn ihrer Zugbekanntschaft, dem Reporter mitgeben, und ihn bitten, ihn auf jeden Fall erst in Berlin in den Postkasten zu stecken. An Louise schrieb sie unter falschem Namen eine unverfängliche Ansichtskarte, die sie am Bahnhof in Berlin erstanden hatte, um ihr ein Zeichen zu geben, dass sie angekommen und alles in Ordnung sei.

Ohne ihre Koffer auszupacken oder ihre wenigen Kleider in

den Schrank zu räumen, zog sie sich aus und legte sich auf das schmale Bett in dem bescheidenen Mansardenstübchen im Obergeschoß, das man ihr zugeteilt hatte. Sie war so erschöpft, dass sie sofort und mitten in ihren sehnsüchtigen Gedanken an Paul einschlief.

13. Kapitel

Ungewollte Beziehungen

Am nächsten Tag eröffnete ihr Johanna mit verkniffener Miene, dass ihr erst einmal sehr geholfen wäre, wenn sie sich vormittags um die beiden Kleinen kümmerte und am Nachmittag deren Bruder Klaus bei den Schulaufgaben beaufsichtige. Magdalena gehorchte, aber es schien ihr schwieriger, einen Bienenschwarm einzufangen, als die beiden temperamentvollen Mädchen, Britta und Agnes, und den ziemlich ungezogenen Klaus im Zaum zu halten. Aber das war noch gar nichts gegen die Älteste, Katharina, die lang aufgeschossen, mit aparten grünen Augen und feuerrotem Haar, mehr Zeit vor dem Spiegel als bei ihren Hausaufgaben verbrachte. Das hübsche, aber sehr eitle Mädchen war ein schwieriger Charakter, ihrer Mutter ziemlich ähnlich. Sie sah ihr vom ersten Tag an mit Ablehnung entgegen und da der Altersunterschied zwischen ihnen nicht allzu groß war, weigerte sie sich vor allem, ihr zu gehorchen.

Als die Hupe des grauen Cabriolets am Donnerstagnachmittag im Hof ertönte, fühlte Magdalena sich von vielen unsichtbaren Augen beobachtet. Sie hatte diesem Moment mit gemischten Gefühlen entgegengesehen – aber beschlossen, sich mit dem Kriegsreporter gut zu halten: Es gab einfach keine bessere und gefahrlosere Möglichkeit, ihre Post zu befördern, als wenn Richter sie in Berlin in den Briefkasten warf! Sie musste ihn hinhalten – und wenn er dann in ein paar Wochen abfuhr, war sie ihn ohnehin los!

Sie erkannte ihn kaum, als er diesmal in Zivil ausstieg, die Zigarette im Mundwinkel, in einem hellen Anzug und einen beigen Pullover lässig über die Schultern gehängt. Er begrüßte sie mit einem Handkuss und hielt ihr die Autotür auf, aber gerade, als sie einsteigen wollte, öffnete sich das Hauptportal und Margarete, die langen, flammend roten Haare offen über die Schultern gebreitet, stand in ihrem weißen Seidenkleid im Rahmen und beobachtete sie aufmerksam und mit unverhohlener Neugier.

»Was ist denn das für ein schönes Kind?«, fragte Richter und musterte das Mädchen voller Bewunderung.

»Katharina von Papenburg, die Älteste der Geschwister. Sie ist erst fünfzehn, aber schon ziemlich frühreif!«, gab Magdalena kurz Auskunft. »Jetzt fahren Sie schon los! Es ist mir gar nicht recht, dass wir so ein Aufsehen erregen. Meinem Onkel wird das nicht passen!«

»Schon gut, schon gut!« Richter gab so heftig Gas, dass der Wagen mit einem Satz vorwärtsschoss und aufheulend über die Landstraße brauste.

»Entschuldigung! Aber meine Schwester hat mir das Auto geliehen – es macht wirklich Spaß, es einmal ordentlich auszufahren!« Er beschleunigte weiter, als sie in die asphaltierte Straße einbogen, und er nahm die nächste Kurve mit quietschenden Bremsen.

»Bitte fahren Sie langsam – ich kann das nicht vertragen!«, bat Magdalena nervös, doch der Fahrer warf ihr nur einen spöttischen Seitenblick zu und ließ seinen Fuß auf dem Gaspedal. Erst als sie sich dem Ort näherten wurde er langsamer, und sie fuhren am Garten und Park des fürstlich Claryschen Schlosses sowie dem Denkmal König Friedrich Wilhelms III. vorbei. In der Stadtmitte, am Kurgarten, hielt Richter an. Sie stiegen aus und gingen zu Fuß weiter. Richter zeigte sich auf einmal von einer sehr angenehmen und unterhaltsamen Seite. Er wusste allerhand zu erzählen von der Geschichte der Stadt, von den Treffen bedeutender Persönlichkeiten wie Goethe und Beethoven, die unter vielen anderen Berühmtheiten einst das Wasser der gesundheitsfördernden Teplitzer Thermen genossen hatten. Staunend promenierte Magdalena mit ihm am neuen Stadttheater, dem palastartigen Kaiserbad und den pompösen Trinkhallen vorüber und vergaß beinahe, dass sie nicht ganz freiwillig hierhergekommen war. Es war ein ungewöhnlich warmer, spätherbstlicher Tag, und die Sonne glänzte beinahe sorglos auf den Dächern und dem Turm der evangelischen Kirche im Zentrum der Stadt. Sie fühlte sich so unbeschwert wie lange nicht mehr, lief um den barocken Brunnen des Steinbades und ließ ihre Hand vom kühl rauschenden Wasser umspielen. Es war erstaunlich, dass dieses bezaubernde Kurstädtchen so friedlich schien und so wenig vom Krieg berührt! Nach dem belebenden Spaziergang fuhr Richter in die Kaiserstraße, wo er den Wagen in der Nähe der stadtbekannten Konditorei »Lindenkaffee« parkte, die für ihren guten Kuchen bekannt war. Sie ließen sich an einem Tisch nieder, der ein wenig verdeckt in einer kleinen Nische stand, und Richter bestellte Malzkaffee und Limonade sowie ein Stück Blechkuchen mit Streuseln.

Obwohl es verlockend aus der Backstube roch und der Kuchen gut aussah, stocherte Magdalena darin herum. Sie wusste nicht, wie sie Richter ihr Anliegen beibringen sollte, ohne dass er sie für aufdringlich hielt. Schließlich griff sie in ihre Tasche, holte den Brief und die Karte hervor und legte beides vor ihn auf den Tisch.

»Sie haben mir doch versprochen, in Berlin Post für mich einzuwerfen, nicht wahr?«, sie bemühte sich, ihrer Stimme einen gleichmütigen Klang zu verleihen, doch sie klang rau und angestrengt.

»Ja, gerne – aber was bekomme ich denn dafür von Ihnen?« Richter sah ihr wieder so tief in die Augen, dass ihr ganz schwindlig wurde und legte seine Hand wie zufällig auf ihr Knie. »Ich bin niemand, der ganz ohne Gegenleistung nett zu einer Frau ist, das sollten Sie von vornherein wissen!« Magdalena wollte seine Hand fortschieben, doch sie war von seiner offenen Antwort wie gelähmt. Langsam streichelte er mit der anderen über ihre blonden Locken und öffnete die Spange, mit der sie im Nacken gehalten waren.

»So sind sie noch viel hübscher«, murmelte er und ringelte mit sanftem Kitzeln dicht an ihrem Hals entlang eine glänzende Strähne um seine Finger. Magdalena durchfuhr unwillkürlich ein Schauer bei seinen Berührungen, aber gerade, als sie ihn entschlossen von sich schieben wollte, ließ er sie von selbst los. Die Bedienung stellte die Limonade, ein wässrig schäumendes, gelbliches Gebräu auf den Tisch.

Er fasste sie wieder um die Taille und zog sie leicht an sich. Diesmal wehrte sie sich nicht, denn wenn sie jetzt nicht stillhielt und seine zweifelhaften Zärtlichkeiten duldete, würde er sich bestimmt weigern, die Briefe zu befördern, und das bedeutete, dass es vorläufig keine Möglichkeit gab, sich mit Paul in Verbindung zu setzen.

»Wären Sie denn so nett ... ich meine, könnten Sie für mich in Berlin vielleicht auch ein Postfach eröffnen?«, fragte sie ihn mit einem möglichst unschuldigen Lächeln. »Ich ließe dann vielleicht mit mir reden!«

Richter streifte sie mit einem rätselhaften Blick. »Von zu langem Reden halte ich nichts.« Er zog sie enger an sich. Sein Gesicht war vor ihr, ihr beider Atem mischte sich für ein paar kurze Sekunden, und sie sahen sich aus nächster Nähe an, wie zwei Gegner, von denen jeder sein Ziel erreichen wollte. Der gefürchtete Kuss blieb zu Magdalenas Überraschung allerdings aus; er ließ sie plötzlich los und rückte sogar ein wenig von ihr ab.

»Ist das ... so etwa wie ein Handel, den Sie mir da gerade vorgeschlagen haben? Oder irre ich mich?«, fragte er fast nachdenklich. Als sie nicht antwortete, fuhr er fort. »Sagen Sie mir die Wahrheit. Irgendetwas stimmt doch bei Ihnen nicht. Warum sind Sie hier? Wovor sind Sie auf der Flucht?«

»Das … möchte ich nicht sagen!« Magdalena biss sich auf die Lippen. »Es muss Ihnen genügen, dass ich von der Polizei gesucht werde. Wenn man mich findet, lande ich vielleicht im Gefängnis …« Sie konnte nicht mehr weitersprechen, weil Tränen in ihre Augen stiegen.

Richter nickte. »Verstehe! Sie haben irgendetwas angestellt, Dummheiten gemacht. Das habe ich mir schon gedacht. Aber irgendwann werden Sie mir davon erzählen.«

Magdalena nickte stumm. Eine Zeit lang herrschte Schweigen.

Er zündete sich eine neue Zigarette an und blies den Rauch an die Decke. »In ein paar Wochen bin auch ich wieder an der Front. Glauben Sie nur nicht, dass das Leben eines Kriegsberichterstatters weniger gefährlich ist als das eines Soldaten. Ich bin jetzt fünfunddreißig, da macht man sich so seine Gedanken. Das, was ich im Feld sehe, stimmt meist nicht mit dem überein, was die Wehrmacht als Meldung herausgibt. Ich persönlich glaube nicht, dass wir den Krieg noch gewinnen können. Aber was tun, wenn dieses ganze System mit all seinen ausgeklügelten Überwachungsstrukturen mit einem großen Knall zusammenbricht?« Er strich eine braune Haarsträhne, die ihm in die bereits von tiefen Falten durchzogene Stirn gefallen war, unwillig beiseite.

»Ja, ja, genau so denke ich auch!«, stimmte Magdalena aufgeregt zu, die froh war, dass das Gespräch eine andere Richtung angenommen hatte. »Aber erst, nachdem mein Bruder gefallen ist, der diesen Krieg von Anfang an gehasst hat, ist mir das klar geworden …«, sie brach ab, aus Angst, schon zu viel gesagt zu haben.

»Dann genießen wir also das Leben, solange wir es noch haben!«, sagte Richter zynisch und packte Magdalena bei den Schultern. »Aber dazu gehört, dass du sehr nett zu mir bist.« Er küsste sie rasch auf den Hals. »Wie zart deine Haut ist …«, murmelte er. Sie wehrte sich, wollte von ihm abrücken, doch die Nische ließ ihr wenig Freiraum. Sie schützte zwar vor neugierigen Blicken der wenigen Kaffeehausbesucher, bot aber keine Möglichkeiten zum Entweichen. Die Bedienung war im Verkaufsraum verschwunden, und er zog sie jetzt mit festem Griff an sich und presste trotz ihres Widerstrebens seine Lippen auf ihren Mund. Diesmal hatte sie keine Chance, aber auch nicht die Kraft, sich zu wehren. Er ist der Einzige, der dir helfen kann – du musst dich gut mit ihm stellen, drängte die Stimme in ihrem Innern. Paul, dachte sie noch, ich tu es doch für dich … für uns!

Unerwartet ließ er sie los und rief laut nach der Bedienung. »Zahlen!«

»Sprich endlich mit ihr!«, zischte Johanna wutentbrannt, die ohne zu klopfen in das Zimmer ihres Mannes gestürmt war. »Es ist deine Pflicht. Wir kommen in Teufels Küche. Ich will endlich wissen, was sie angestellt hat und warum sie sich auf einmal bei uns einnistet!«

»Beruhige dich doch!« Ludwig sah sie über die Brillengläser sorgenvoll an. »Soll ich meine Großnichte etwa hinauswerfen!«

»Großnichte oder nicht!«, schnaubte seine Frau wütend. »Eine Hure ist sie. Da kommt dieser Mann und holt sie ab – ich dachte, sie ist verlobt? Das lass ich mir nicht länger bieten. Das hier ist ein ehrbares Haus. Wir müssen wissen, warum sie hier ist. Sonst soll sie sich wieder nach Hause scheren. Ruf Louise an und frag sie!«

»Hab ich doch schon!«, seufzte Ludwig ergeben und setzte die Brille ab. »Mehrmals. Aber die Leitung ist entweder unterbrochen oder es geht niemand ran. Ich kann meine Schwester nicht erreichen.«

»Dann schreib ihr!«, böse funkelte Johanna ihn an. »Was bist du nur für ein Schlappschwanz!«

»Jetzt reicht es aber!« Er erhob sich von seinem Sitz. »Ich habe es längst getan, aber die Post kam zurück. Du vergisst wohl, dass unser Land im Krieg ist, auch wenn wir hier unten noch nicht allzu viel davon gespürt haben.«

»Heute Abend muss es eine Aussprache geben – oder ich schmeiße dieses frühreife Weibstück eigenhändig hinaus!« Die Tür schlug erneut mit einem Knall hinter ihr ins Schloss. Ludwig zuckte zusammen und starrte ratlos aus dem Fenster.

Magdalena stieg in den Wagen, und Richter, ein wenig nachdenklich, fuhr diesmal langsamer an als gewöhnlich.

»Ich habe übrigens herausbekommen, aus welchem Grund du dich hier versteckst!«, begann er ohne Einleitung und ohne sie anzusehen. »Meine Verbindungen zur Presse haben mir dabei geholfen.« Es entstand eine Pause, in der Magdalena wie erstarrt neben ihm saß. Dann sagte sie tonlos: »Und nun – was wollen Sie jetzt tun?«

Er stoppte den Wagen abrupt, beugte sich zu ihr und zog ihren Kopf an den langen, lockigen Haaren zu sich heran. »Nichts natürlich! Solange du ein sanftes Lämmchen bist und dich meinen Wünschen fügst, wird kein falsches Wort über meine Lippen kommen!« Er sah ihr lächelnd in die Augen, bevor er den Arm um sie legte und sie mit einer Leidenschaft küsste, die sie überraschte. Eine ganze Weile ließ er sie nicht los, als erwarte er, dass sie seine Küsse mit der gleichen Intensität erwiderte. Doch sie ließ alles über sich ergehen, hielt still wie eine reglose Puppe, bis er sie unvermittelt wütend von sich stieß. »Wenn du allerdings in Zukunft immer so leblos in meinen Armen liegst, werde ich mir das Ganze doch noch überlegen!« Er packte das Steuer mit beiden Händen und gab so heftig Gas, dass der Motor brüllend aufheulte und der Wagen vorwärtsschleuderte. Magdalena begann lautlos zu weinen; sie konnte den Tränen, die über ihre Wangen strömten, nicht mehr Einhalt gebieten.

Richter starrte durch die Windschutzscheibe. Was war bloß auf einmal in ihn gefahren? Für ihn war dieses Mädchen doch nur eine vorübergehende Affäre – nicht einmal der Typ, der ihn sonst schwach machte! Aber trotzdem und ganz gegen seine Vorsätze, sich nie von Gefühlen leiten zu lassen, ging sie ihm nicht mehr aus dem Kopf. Er musste sie haben – aber es irritierte ihn ungemein, dass seine Verführungskünste ins Leere gingen, er nicht das geringste Entgegenkommen spürte und sie ihn so distanziert und kühl ansah. Früher hätte er sich in einem solchen Fall sofort zurückgezogen, doch diesmal war er unruhig und hielt es nach einer schlaflosen Nacht keine vierundzwanzig Stunden aus, sie wiederzusehen. Bei seiner Erfahrung und seinem Äußeren war es bisher nie ein Problem gewesen, eine Frau zu betören – aber hier war das ganze Repertoire seines Charmes wirkungslos. Trotzdem reizte ihn ihr Widerstand – wenn alles nichts half, musste er ihn eben mit Gewalt brechen.

Er stoppte den Wagen in einer unscheinbaren Straße vor einer Reihe von grauen Mietshäusern und riss sie wieder in seine Arme. »Komm mit mir!«, hörte sie seine Stimme heiser, wie von weit her, belegt vor unterdrückter Leidenschaft an ihrem Ohr. »Ich habe ein eigenes Zimmer. Es ist nicht weit von hier.«

Magdalena schlang die Arme um seinen Hals. Sie wagte keinen Widerstand mehr, als er sie mit sich zog. Oberhalb der geräumigen Wohnung seiner Schwester, in einem mehrstöckigen Bau, stand ihm ein Dachstübchen mit eigenem Aufgang zur Verfügung, das er spartanisch eingerichtet hatte.

Als sie jedoch mit rasenden Pulsen dieses Zimmer betrat und auf das Bett starrte, das ordentlich aufgeschlagen war, hätte sie sich am liebsten umgedreht und wäre die Treppe hinuntergeflüchtet. Doch er versperrte ihr den Weg, sein kantiges Gesicht zeigte Entschlossenheit, in seinen Augen stand Begierde und so etwas wie Sehnsucht. Er fing sie in seinen Armen auf, als habe er ihren Fluchtversuch vorausgeahnt und hielt sie wie mit Eisenklammern fest. Langsam zog er ihr mit einer Hand die Bluse von den Schultern, und während sie ihren Oberkörper wie unter einem Krampf anspannte, tastete er mit einem wollüstigen Seufzer über ihre zarten Brüste. Nun ging alles sehr schnell, er zog sie an sich, erstickte ihren Widerspruch und ihre Proteste mit seinen leidenschaftlichen Küssen und trug sie aufs Bett. Magdalena konnte nichts anderes tun, als sich seinem Gewicht und den Knien, mit denen er ihre Schenkel gewaltsam auseinanderpresste, nur wie wild entgegen zu stemmen. Doch ganz plötzlich erkannte sie, dass jegliche Gegenwehr in dieser fortgeschrittenen Situation sinnlos war. Sie bäumte sich noch einmal auf, warf den Kopf zurück und sank dann mit einem tiefen Stöhnen zusammen. Was nun kam, spürte sie nur noch verschwommen, so, als geschähe es einer anderen Person. Sie gab nach, und alles wurde weich, schmelzend, durchzogen von einem unbekannten Gefühl, das durch alle Glieder bis ans Herz zu dringen schien. Ihre Augen schlossen sich wie von selbst, bis es langsam verebbte.

Es war ruhig im Zimmer, und nur eine vereinzelte Fliege summte an der Fensterscheibe. Sie fühlte das Kissen unter ihrem Kopf und hatte Angst, die Augen aufzuschlagen. Der Rauch einer Zigarette stieg ihr beizend in die Nase, und sie musste niesen. Richter saß nackt am Fußende des Bettes und beobachtete sie mit seinem seltsamen Lächeln, aus dem sie nicht schlau wurde.

»Ich liebe dich, Kleines«, sagte er ohne große Betonung und streckte die Hand aus, um sie an sich zu ziehen. »Du bist wirklich sehr süß! Komm her!«

Magdalena wich zurück und versuchte, ihre Emotionen zu verbergen. »Aber ich liebe einen anderen Mann – ich bin so gut wie verlobt. Es ist besser, wenn Sie mich in Zukunft in Ruhe lassen!«, sagte sie so kühl sie es vermochte und hielt ihre Bluse vor die Brust. »Sie haben gehabt, was Sie wollten. Jetzt müssen Sie nur noch Ihren Teil einhalten, und dann sind wir quitt!«

Heinz Richter lachte kurz auf, riss ihr die Bluse fort und warf sie in die Ecke. »Nur keine Eile. Du hast es doch auch genossen, oder? Und du wirst mich noch brauchen, glaub mir! Ich hab mir mal die Fakten deines Falles genau angesehen. Mach dir nichts vor – man sucht dich, Schätzchen! Und wenn man dich findet, dann …«, er machte die kurze Bewegung des Halsabschneidens. »Deine jugendlichen Komplizen sind bereits alle inhaftiert. Wer weiß, ob sie noch mal rauskommen oder nicht gar auf mysteriöse Art in einem Konzentrationslager zu Tode kommen! Die Gestapo macht da gar keine Umstände!«

Magdalena fühlte, wie ein Zittern sie überlief und ihr das Blut aus dem Gesicht wich. »Aber was soll ich denn tun?« Sie sank zusammen, schlug die Hände vor die Augen und begann zu schluchzen.

»Gar nichts«, gab Richter zurück und nahm einen tiefen Zug aus der Zigarette. »Außer, dass du in Zukunft ›Heinz‹ zu mir sagst!« Er nahm ihre Hände und zog sie herunter. Mit verweinten Augen sah sie ihn an, und dieser traurige Blick ließ eine ungewohnte, nie gekannte Zärtlichkeit in ihm aufsteigen. »Versprich es mir!«, bat er sanft. »Dann beschütze ich dich!«

Magdalena nickte tief aufseufzend, und er ließ seine Hände zärtlicher als zuvor über ihren nackten Rücken bis zu den Hüften gleiten, bevor er sie langsam wieder an seine Brust zog.

Als Heinz Richter Magdalena das nächste Mal abholte, sah er Johanna im Garten, die damit beschäftigt war, Rosen zu einem Strauß zu schneiden. Er hatte beschlossen, sich ihr vorzustellen, um die Situation ein wenig zu entschärfen. Ihre Tochter Katharina, die ihr half, die Blüten in einem Korb zusammenzulegen, erblickte ihn sofort und lächelte ihn auf eine Art und Weise an, bei der ihm ganz heiß wurde. Langsam, mit wiegenden Hüften, kam sie auf ihn zu und blieb vor ihm stehen, mit einer lasziven Bewegung ihr rotes Haar zurückstreichend. Der Träger ihres weißen Sommerkleides war über die gebräunten Schultern gerutscht und zeigte wie zufällig den Ansatz ihrer kleinen Brüste. Den Kopf zur Seite gelegt, betrachtete sie ihn ungeniert mit ihren hellen Katzenaugen. »Kann ich Ihnen helfen?«, fragte sie mit fast piepsiger Kinderstimme, die so gar nicht zu ihrem frühreifen Auftreten passte.

»Ich wollte eigentlich zu Ihrer Mutter!«, sagte er.

»Dort, bei den Rosensträuchern!«, sie wies auf den Garten, wandte sich um und ging so dicht an ihm vorbei, dass ihn ihr Schal mit dem frischen Duft nach Verbenen streifte.

»Warten Sie!«, rief er. »Ich habe für die Kinder – ich meine, für Ihre Geschwister Schokolade mitgebracht! Hier, das ist für Sie!« Er reichte ihr eine Tafel. Sie kicherte, sandte ihm einen schrägen Blick und schob die Schultern zurück. »Dann denken Sie also, ich sei auch noch ein Kind?«

Diesmal verschlug es ihm die Sprache. »Ein ganz schönes Biest für ihr Alter«, dachte er, als sie aus ihrem Korb eine Rose nahm, einen Kuss darauf hauchte und ihm reichte. »Aber vielen Dank. Woher wussten Sie, dass ich Schokolade liebe? Das ist wirklich das Einzige, was wir auf dem Gut nicht haben.« Sie brach ein Stück herunter und steckte es sich gleich in den Mund und leckte sich genießerisch über die Lippen. »Hmmmh, himmlisch!«

Richter hatte sich jetzt wieder gefangen. »Verzeihen Sie, ich habe mich geirrt, Sie sind absolut kein Kind mehr, sondern eine bezaubernde junge Frau! Aber jetzt haben Sie einen Schokoladenfleck auf Ihr Kleid gemacht«, sagte er und streifte leicht ihre Hüften, als wolle er etwas wegwischen. Er registrierte ihre leichte Verwirrung, mit der sie auswich, ihren Korb nahm und mit flatternden Röcken zurück ins Haus lief. Er sah ihr gebannt und fasziniert nach. Wirklich ein verdammt schönes Geschöpf, dachte er, nur leider viel zu jung für mich! Er brauchte einen Moment, um sich von diesem reizvollen Eindruck zu erholen und zu besinnen, weshalb er hergekommen war. Ein Dorn hatte sich schmerzhaft ein Stück in seinen Handballen gebohrt; er zog ihn fluchend heraus und warf die Rose fort. Dann wendete er seine Schritte entschlossen zum Garten. Mit aller gebotenen Höflichkeit und einer gekonnten Verbeugung nannte er der Hausherrin seinen Namen und Beruf, überreichte sein Geschenk und entschuldigte sich, sich nicht schon am ersten Tag vorgestellt zu haben. Der zunächst scheele Blick Johannas auf den gut aussehenden, freundlichen Offizier milderte sich von einer Minute auf die andere. Schließlich musste man auf der Hut sein, weil man heutzutage nie genau wusste, wer Einfluss besaß oder nicht. Ihr Mann hatte recht, wenn er sagte, es sei besser, vorsichtig zu sein und Diplomatie walten zu lassen. Warum die Sache mit Magdalena unnütz aufblähen, sich gar bei der Polizei zu erkundigen, ob etwas gegen sie vorläge? Das würde Aufsehen erregen und hätte unnötige Kontrollen zur Folge, die man auf dem Gut jetzt überhaupt nicht gebrauchen konnte. Lieber schweigen und Gras über die Sache wachsen lassen, bis der ungebetene Gast von selbst verschwand.

Als Richter Magdalena aus dem Haus kommen sah, verabschiedete er sich mit einer höflichen Floskel und ging ihr entgegen. Johanna sah den beiden mit einem Ausdruck der Missbilligung nach und schüttelte den Kopf. So sympathisch der Offizier auch wirkte, so war er doch wohl eher ein Herzensbrecher als ein ernsthafter Bewerber. Diesem kleinen Flittchen Magdalena müsste man mal ordentlich die Leviten lesen! Dabei hatten die eingebildeten von Waldens doch immer so auf ihre Ehre geachtet! Eine Schande war das! Sie nahm sich vor, ihr in Zukunft möglichst aus dem Wege zu gehen. Sollte Ludwig sich doch drum kümmern und ihr hoffentlich recht viele Besorgungen und Pflichten auftragen, die auf dem Gut vonnöten waren.

Am nächsten Tag hatte Magdalena eine ernste Unterredung mit ihrem Großonkel. Nach dem üblichen Morgenritt hatte er sie mit einer Miene, die nichts Gutes versprach, in sein Büro gebeten. Er sah auf, klappte seine Bücher zu, als sie eintrat, und lehnte sich zurück.

»Nimm bitte Platz, Mädchen«, er wies auf den dicken Ledersessel vor dem Schreibtisch. »Ich habe mehrfach vergeblich versucht, deine Großmutter zu erreichen und ich vermute fast, Louise möchte nicht mit mir sprechen! Du bist jetzt über eine Woche hier. Aber wenn du noch länger meine Gastfreundschaft in Anspruch nehmen willst, musst du mir endlich sagen, warum du eigentlich gekommen bist. Wir vermuten, dass es einen ganz besonderen Grund gibt – nachdem wir uns schließlich jahrelang nicht gesehen haben.« Er heftete seine von kleinen Fältchen umgebenen graubraunen Augen in dem von Wind und Wetter gegerbten Gesicht mit einem gütigen Ausdruck auf sie. Selbst mit zweiundsiebzig sah er noch ausgesprochen attraktiv aus, ganz Kavalier alter Schule. Magdalena dachte, dass er in seiner Jugend sicher der Schwarm aller Mädchen gewesen sein musste, schlank, elegant und mit tadellosen Manieren.

»Nun?«, seine Stimme riss sie aus ihren Gedanken. »Was hast du mir dazu zu sagen?«

Magdalena schlug die Augen nieder. »Ja, es gibt einen Grund. Ich habe … mitgeholfen, Flugblätter zu verteilen«, sagte sie leise. »Wir«, sie verbesserte sich, »meine Kommilitonen in der Uni und ich, wir wollten einfach unsere freie Meinung äußern. Gegen das nationalsozialistische Regime und den Krieg – und dagegen, das man die Juden umbringt!«. Ihre Stimme wurde jetzt laut und aufgebracht, »denn das sind unsere Freunde und Mitschüler gewesen …«

»Willst du wohl still sein!«, zischte ihr Ludwig mit rotem Kopf zu und schloss das Fenster. »Du bist dir scheinbar nicht im Klaren darüber, was du mit deinem unbedachten Tun angerichtet hast? Und jetzt willst du uns wohl auch noch mit in diese dumme Geschichte reißen!«

Sie holte tief Luft und schluckte ihre Erbitterung herunter. Es hatte wahrscheinlich keinen Sinn, dem Onkel Näheres zu erklären. Er verstand nicht, was sie meinte, oder wollte es nicht verstehen.

Ludwig versuchte, Ruhe zu bewahren. Nach einer Weile reichte er ihr sein blütenweißes Taschentuch und sah sie vorwurfsvoll an:

»Die Zeitungen haben über diese Geschichte geschrieben – aber nie wäre mir eingefallen, dass gerade du darin verwickelt bist!« Er stand auf und ging mit verschränkten Armen im Zimmer auf und ab. »Glaub mir, ich würde dir wirklich gerne helfen. Aber wenn ich dich bei mir beherberge, mache ich mich strafbar!«, sagte er schließlich trocken und sah sie mit hochgezogenen Augenbrauen an. »Ich muss in erster Linie an meine Familie denken, das verstehst du doch!«

»Bitte, Onkel Ludwig!«, Magdalena sah ihn flehend an. »Lass mich wenigstens so lange bleiben, bis etwas Gras über die Sache gewachsen ist. Du kannst mich doch einstellen, unter falschem Namen, als Magd, irgendwo, in der Landwirtschaft, in der Küche! Ich mache alles – niemand wird wissen, wer ich bin!«

Er wiegte den Kopf und dachte nach, während er mit unruhigen Händen seine Pfeife stopfte. »Auch im Stall?«, fragte er nach einer Weile vorsichtig. »Dort brauchen wir jemanden und dort wäre es zumindest am unauffälligsten.«

»Natürlich, wo du willst! Ich mache alles, ich schwöre es!«

»So, so! Aber noch eins: Wer ist dieser Kerl da in dem auffälligen Wagen, der dich immer abholt?« Er hielt ein brennendes Streichholz an den Tabak und paffte einige Male. »Das geht natürlich nicht so weiter, da fangen die Leute gleich an zu reden.«

»Herr Richter ist Offizier und Kriegsberichterstatter, ein Freund meines Verlobten Paul – er soll nur ein wenig auf mich aufpassen!« Die Lüge ging ihr flott über die Lippen. »Ich wollte mich gut mit ihm halten. Und er hat mir wirklich sehr geholfen. Er wird mir auf jeden Fall einen falschen Pass beschaffen. Als Alma Kurz, polnische Landarbeiterin. Nur, damit ihr keine Schwierigkeiten bekommt!« Sie lächelte Ludwig an und wunderte sich über ihren Erfindungsgeist. Beim nächsten Mal würde sie Heinz tatsächlich fragen, ob er ihr ein solches Papier beschaffen könne!

Ludwig nickte bedächtig und sog an seiner Pfeife. »Gut, das klingt plausibel. Ich spreche mit Johanna darüber. Aber wie stellst du dir deine Zukunft vor? Was wirst du später tun? Du kannst dich doch nicht ewig bei uns verstecken. Du musst Deutschland verlassen!«

Magdalena erstarrte. »Meinst du das im Ernst?«

»Es tut mir leid, dass ich so etwas aussprechen muss – aber im Deutschen Reich wirst du in Zukunft mit deiner Meinung wohl allein dastehen. Wenn wir den Krieg gewonnen haben, herrscht Zucht und Ordnung!«

Wenn wir den Krieg gewonnen haben! Magdalena zog es vor, nicht zu antworten. Glaubte der Großonkel wirklich an ein solches Märchen?

»Danke!«, sagte sie stattdessen mit einem warmen Unterton und ergriff seine Hand. »Ich danke dir sehr für dein Verständnis, Onkel Ludwig! Du hast mir in diesem Moment das Leben gerettet!«

»Na, na!« Der Onkel entzog ihr die Hand fast verlegen. »Ich bemühe mich, dir zu helfen, kann aber nichts versprechen. Allzu lange kannst du jedenfalls nicht mehr dableiben.« Er seufzte. »Denk an meine Worte!«

Von dem Tag an arbeitete Magdalena in abgenutzten Arbeitshosen, ein schlichtes Kopftuch um ihr aufgestecktes Haar gebunden, im Stall; sie mistete aus, schob die Schubkarre durch die Stallgasse, teilte den Pferden den Hafer zu und schleppte

Strohballen. Zeus, ein rabenschwarzer Wallach, wieherte schon nach kurzer Zeit, wenn sie den Stall betrat und sah sie mit seinen dunklen Samtaugen so ruhig an, als verstehe er ihren Kummer. Manchmal schmiegte sie den Kopf an seinen warmen biegsamen Hals, und er schnupperte mit seinen flaumigen Nüstern zart an ihrer Hand, als wolle er ihr zu verstehen geben, dass er mit ihr fühlte.

Johanna betrachtete sie von jetzt an sehr von oben herab und würdigte sie kaum mehr eines Wortes. Nur die kleineren Kinder kamen sie ab und zu besuchen, und sie beaufsichtigte Britta manchmal beim Ponyreiten. Abends war sie nach der harten, körperlichen Arbeit meist erschöpft; sie aß ihre einfache Mahlzeit in der Küche und zog sich sogleich in ihr Mansardenzimmer zurück. Von ihrer Großmutter hatte sie, wie ausgemacht, nichts gehört. Wenn sie überwacht wurden, dann war selbst das kleinste Lebenszeichen, der geringste Hinweis auf ihren Aufenthalt gefährlich. Aber Louise fehlte ihr sehr, und sie spürte erst jetzt, wie sehr ihre Gradlinigkeit, ihr Rat, aber auch ihre Wärme Bestandteil ihres Lebens gewesen waren.

In der Zeit, in der Richter seinen Heimaturlaub in Teplitz verbrachte, sahen sie sich beinahe jeden zweiten Tag. Auf ihre Bitte trafen sie sich nun vorsichtshalber in dem kleinen Wäldchen, das der Allee zum Gut vorlag. Er vermied es nun auch, mit ihr zu oft in der Stadt oder in Cafés gesehen zu werden und bestimmte, dass sie gleich auf sein Zimmer zu gehen hatten. Clarissa, seine Schwester, sah ihnen manchmal nachdenklich nach, wenn sie nach oben verschwanden, aber sie war so mit ihrem eigenen Leben, ihrer Schwiegermutter und ihren Kindern beschäftigt, dass sie die neue Affäre ihres leichtlebigen Bruders nicht besonders interessierte.

Gezwungen, ihre wahren Gefühle und bitteren Reuegedanken völlig aus ihrem Bewusstsein zu verbannen, konzentrierte sich Magdalena nun allein darauf, zu funktionieren, den anstrengenden Alltag zu bestehen und dabei ihr Ziel nicht aus den Augen zu verlieren. Aber es war wie eine Falle, in die sie getappt war, die sie von allen Seiten umschloss; ein Fehltritt, der weitere nach sich zog und drohte, sie in einen Abgrund stürzen zu lassen, aus dem es schwer sein würde, wieder herauszukommen. Die Studentin Magdalena von Walden aus Königsberg, verlobt mit dem Unteroffizier Paul Hofmann, gehörte plötzlich nur noch einer nebelhaften, glücklichen Vergangenheit an, einer Zeit, von der sie hoffte, sie würde einmal wiederkommen, wenn alle Prüfungen überstanden waren. Bis dahin musste sie Alma Kurz, eine polnische Landarbeiterin, bleiben, die sich einem Mann hingab, der sie erpresste. Und das war immerhin weitaus besser, als mit dem Tode bedroht zu sein oder in einem düsteren Gefängnis einer ungewissen Zukunft entgegenzugehen.

Genau das war in diesem Tagen nämlich Thema Nummer eins des Teplitzer Wochenblatts, dessen Redaktion in vielen Einzelheiten empört über die Königsberger »Schmutzschmierer« der verbotenen Flugblattaktion berichtete. Ludwig hatte ihr die Ausgabe ohne besonderen Kommentar aufs Zimmer gelegt. Fassungslos und am ganzen Körper zitternd, las sie von dem vernichtenden Urteil, das über ihre Freunde, Frank Schäfer, seine Schwester Marga, Alfred und die anderen, nach einem kurzen Prozess gesprochen wurde. Sie waren ohne Verzug in ein Konzentrationslager nach Treblinka überstellt worden, und man wusste nicht, ob sie von dort jemals wiederkommen würden!

Am nächsten Tag meldete sie sich krank, sie war erkältet, fieberte und konnte das Bett nicht verlassen. Ihre Nerven flatterten, und sie hatte das Bedürfnis, sich zu rechtfertigen, laut zu empören gegen das ungerechte Verfahren des »Mundtotmachens«. Doch keiner erschien, um nach ihr zu sehen, und sie hatte sich nie im Leben verlassener und unglücklicher gefühlt.

In Katharinas jungem, aber nicht ganz unschuldigem Herzen hatte die Begegnung mit dem gut aussehenden Fremden Heinz Richter einen besonderen Eindruck hinterlassen. Neugier und romantische Gefühle mischten sich nach und nach zu einer unerklärlichen Sehnsucht, ihn wiederzusehen, und sie musste Tag und Nacht nur an ihn denken. Seine unverhohlen bewundernden Blicke hatten ihr völlig den Kopf verdreht, und sie beneidete Magdalena, der seine Aufmerksamkeit galt. Jeden Tag wartete sie jetzt am Fenster auf sein Erscheinen, oder sie spazierte unschlüssig im Garten umher, in der Hoffnung, dass er vorbeikäme. Doch nur noch selten ließ Richter sich jetzt in der Nähe des Windenstein'schen Guts sehen.

»Kathi! Wo warst du? Was machst du eigentlich die ganze Zeit da draußen?« Die Stimme der Mutter klang mehr als ungnädig. »Zieh dir endlich etwas an. Es ist Herbst und ziemlich frisch.«

»Ich war beim ›Bund junger Mädchen‹«, rief Katharina mit gespielter Munterkeit hinüber, »wir hatten ein Treffen und haben Ingrids Geburtstag gefeiert!« Es war eine glatte Lüge, denn Katharina kam gerade von einem Spaziergang durch das kleine Wäldchen neben dem Gut zurück. Wie schon vermutet, hatte sie dort mit eigenen Augen gesehen, dass Magdalena sich mit dem Offizier traf, der ihr so heiße Blicke zugeworfen hatte! Sie war aufs Höchste erregt. Was fand dieser Mann bloß an dieser faden blonden Gans? Sie mochte sie nicht – schon bei ihrer Ankunft auf Gut Windenstein hatte sie eine unerklärliche Antipathie gegen sie gefühlt. Aber jetzt, seit sie jede Nacht von dem gut aussehenden Fremden träumte, war zu dieser persönlichen Abneigung auch noch ein nie gekanntes, geradezu brennendes Gefühl von Eifersucht gekommen.

Sie setzte sich ins Gras, lehnte sich gegen einen Baumstamm und träumte vor sich hin. Ein richtiger Mann, an dessen durchtrainiertem Körper die Uniform wie angegossen saß und dessen helle Augen im leicht gebräunten Gesicht einen festhielten und nicht mehr losließen. Und wie er sie angesehen hatte! Ein Blick, der alles sagte und ihr jetzt noch Schauer über den Rücken jagte! Sie seufzte. Natürlich war sie ihm zu jung, das hätte sie sich ja denken können. Aber sie würde ihm zeigen, dass sie schon reifer war als ihre Jahre. Im nächsten Monat, im November war sie endlich sechzehn! Ein neuer, tiefer Seufzer entstieg ihrer Brust. Das Einzige, was sie über ihn wusste, war, dass er Kriegsberichterstatter war, aber ihr Stolz verbot ihr, Magdalena über ihn auszufragen. Sein Auto hatte jedenfalls eine Teplitzer Nummer. Sie sah in die vorbeiziehenden Wolken, die durch die Baumkrone schimmerten, und spürte, wie die Sehnsucht, ihn zu sehen, jeden vernünftigen Gedanken in ihr auslöschte. Sollte sie ihm einen Brief schreiben, ihm erklären, was sie bewegte und ihn um eine Unterredung unter vier Augen bitten? Wie sollte er sonst erfahren, welch unauslöschliche Gefühle sie für ihn empfand?

Auf dem Hof schob Magdalena jetzt rumpelnd und voller Anstrengung eine Karre voller Heuballen für die Pferde vorbei. Sie presste die Lippen zusammen, als sie die Rivalin erblickte. Wie unschuldig dieses falsche Biest doch tat! Sie musste sie aus dem Haus ekeln.

Da Richter jedoch weiterhin das Gut mied, ergab sich keine Gelegenheit für Katharina, ihm ihren mit viel Emphase verfassten Brief zuzustecken. Doch sie war erfinderisch und ließ Magdalena, gerade als sie am Nachmittag das Haus zu einem Treffen verlassen wollte, ausrichten, sie müsse sofort Zeus, den schwarzen Wallach, satteln, da ihr Vater vorhabe auszureiten. Magdalena kehrte gehorsam in den Stall zurück und Katharina machte sich in aller Eile auf den Weg.

Sie erblickte Richter sofort am Waldweg, wie er, lässig gegen den Kühler seines Cabriolets gelehnt, eine Zigarette rauchte. Sich ein Herz fassend, lief sie quer über die Wiese direkt auf ihn zu. Als sie so heftig atmend, mit glühend roten Wangen und fiebrig glänzenden Augen vor ihm stand und ihn schwärmerisch ansah, konnte er ein geschmeicheltes Lächeln nicht unterdrücken. Seine Wirkung auf Frauen war eben unzweifelhaft. Aber Achtung – dieses junge Ding da – und dazu noch in seiner Heimatstadt, da war Vorsicht geboten!

Er schloss den obersten Knopf seiner Uniformjacke, die vorzüglich saß, und räusperte sich. »Was für ein Glück ich habe – das schönste Mädchen der Stadt ausgerechnet hier zu treffen!« Weltmännisch und überlegen küsste er ihr die Hand.

»Magdalena kann leider nicht pünktlich kommen, sie ist noch beschäftigt …«, stieß sie beinahe atemlos hervor. »Und da ich gerade zufällig … vorbeikam … …« Glutrot geworden hielt sie inne. Dann brach es förmlich aus ihr heraus. »Warum haben Sie sich nie mehr auf dem Gut sehen lassen? Ich hätte Ihnen so vieles zu sagen gehabt … lesen Sie das!«, rasch drückte sie ihm ihr Briefchen in die Hand. »Aber verurteilen Sie mich bitte nicht!«

»Aber liebes Kind, Sie sind doch noch so jung …«, wollte Richter verlegen beginnen, doch sie legte den Finger an die Lippen. »Sagen Sie jetzt nichts. Und antworten Sie mir unter einem anderen Namen.« So schnell sie konnte, lief sie davon, während ihre langen, roten Locken wie Flammen um ihren Kopf tanzten.

Ihr amüsiert nachsehend, steckte Richter das Papier in seine Tasche. Die Kleine war wohl verliebt in ihn! Und eine gute Partie wie diese Katharina von Papenburg war ernsthaft zu überdenken. Ein vermögendes Mädchen aus gutem Haus – in allen Ehren natürlich! Warum eigentlich nicht?

Der Tag, an dem Heinz Richters Urlaub endgültig beendet war, kam schnell heran. Magdalena wartete allerdings schon ungeduldig darauf, dass er endlich nach Berlin fahren, ihren Brief an Paul einwerfen und das versprochene anonyme Postfach für künftige Briefe anlegen würde. Er hatte sich vorläufig gehütet, sich dem Windenstein'schen Anwesen noch einmal zu nähern, da ein leidenschaftlich verliebter Backfisch wie Katharina mit ihrem ungestümen Temperament möglicherweise zu allem fähig sein würde. Und auf ihren schwärmerischen Brief hatte er ein wenig doppeldeutig geantwortet – ihr versprochen, dass er sie nach seiner Rückkehr mit Erlaubnis der Eltern besuchen wolle. Bis dahin würde er sich allerdings über weitere Nachrichten von ihr sehr freuen …

In einem Anflug von Großzügigkeit hatte er Magdalena den Platz gezeigt, wo er den Reserveschlüssel zu seinem kleinen Dachzimmer aufbewahrte, für den Fall, dass sie in Schwierigkeiten geriete.

Seine Mission als Kriegsberichterstatter führte ihn in der Hauptstadt zunächst zum Berliner Blatt »Stimme des Volkes« und dann, vorbei an zerborstenen Mauern etlicher Ruinen, direkt ins Propaganda-Ministerium, wo er die notwendigen Instruktionen erhalten sollte, bevor er in den Osten zur Heeresgruppe Mitte abreiste. Er hoffte, alles erledigen zu können, bevor wieder neue Angriffe die Stadt bedrohten. Erst jetzt wurde ihm bewusst, welch großer Gegensatz hier zu der friedlichen Kleinstadt Teplitz bestand, in der kaum Bombardierungen stattfanden und wo bis auf die härter werdenden Lebensmittelrationierungen nicht allzu viel vom Krieg zu spüren war.

Nachdem er sich ein Zimmer in einer bescheidenen Pension in Dahlem gemietet, sich zwei Tassen dünnen Kaffee und einen Kuchen aus trockenem Wasserteig zum Abendessen in einem Café gegönnt hatte, fuhr er mit der Straßenbahn in die Stadt. Plötzlicher Fliegeralarm zwang ihn und die anderen Fahrgäste, auszusteigen und in einem nahe gelegenen Luftschutzkeller Schutz zu suchen. Als es nach zahlreichen Einschlägen endlich wieder Entwarnung gab und er, seine staubige Kleidung abklopfend, aus dem Unterschlupf kroch, begann das zuerst wie leer gefegte Berlin sich langsam wieder zu beleben. Die Feuerwehr heulte durch die von Bomben stark zerstörten Straßen und er machte sich über die Trümmer in Richtung Kurfürstendamm zu Fuß auf den Weg. Am Deutschen Theater, vor dem etliche gut gekleidete Menschen an der Kasse Schlange standen und wo man eine Aufführung von Hebbels »Maria Magdalena« mit der schönen Hilde Krahl in der Hauptrolle gab, hielt er Ausschau nach einer Bar, in der er etwas trinken konnte. Am Anbau des Theaters hing zufällig ein Postkasten, und er zog die Karte und den Brief Magdalenas mit der Feldpostnummer Paul Hofmanns aus seiner Tasche. Nach kurzem Zögern warf er die Karte ein, dreht dann den Brief in seiner Hand, riss ihn auf und überflog die erste Zeile. »Mein liebster Paul ...« In einer eifersüchtigen Regung zerfetzte er ihn wütend in kleine Stücke und warf ihn zusammengeknüllt in den nahe gelegenen Papierkorb. Wer wusste, ob dieser Soldat, ihr Verlobter, nicht schon längst gefallen war und unter russischer Erde lag? Was ging ihn das überhaupt an? Er betrat eine kleine, provisorisch beleuchtete Bude, in der Getränke ausgeschenkt wurden, und bestellte sich irgendein rumähnliches Gesöff, das er gleich hinunterkippte. Es war ohnehin vernünftiger, die ganze Geschichte mit dem Mädchen so schnell wie möglich zu vergessen. Die harte Verurteilung der Flugblattschmierer, in die sie verwickelt war, gab zu denken. Wenn das aufkam, konnte so eine Bekanntschaft seiner Karriere enorm schaden. Besser, gleich einen Schlussstrich unter die Affäre ziehen – ja vielleicht sogar der Polizei einen kleinen Hinweis über ihren Aufenthalt geben! Er war zwar ein wenig verliebt gewesen, aber solch ein Risiko war es dann doch nicht wert. Es gab schließlich viele süße Frauen. Vor allem wartete ja noch dieses blutjunge Schnuckelchen von Katharina auf ihn, die völlig verknallt schien. Zwar noch ein grünes Ding, aber eine Partie, wie man sie sich nicht besser wünschen konnte! Das konnte was fürs Leben sein, da hatte er ausgesorgt und musste nicht mehr mit jedem Pfennig knausern!

Also, das lächerliche Versprechen mit dem Postfach jetzt einfach ganz ohne großen Umstand vergessen. War ohnehin viel

Lärm um nichts. Er zahlte und pfiff gut gelaunt einer jungen Frau nach, die mit schwingenden Hüften in einem weiß getupften Kleid vorbeiflanierte. Sie drehte sich um, lächelte ihn an, und er zwinkerte ihr selbstbewusst zu. Die Versuchung war eben überall – auch inmitten Trümmern, Angst und heulenden Sirenen!

14. Kapitel

Auf Leben und Tod

Paul lag trotz seines Urlaubsscheines noch im Notlazarett der Truppe bei Leningrad, wo die Lage für die Deutschen nicht einfacher wurde. Die Medikamente waren knapp, und er war noch zu schwach, um nach Hause transportiert werden zu können. Immer wieder wurde er von neuen Fieberschauern geschüttelt und fantasierte manchmal von brennenden Panzern, die ihn zu überrollen drohten, von alles verschlingenden und erstickenden Erdmassen, die ihn in die Tiefe zogen, und von glühenden Bomben, die auf das Haus fielen, in dem er mit seiner Mutter betend im Keller saß. Er sprach in seinen Delirien viel mit Magdalena, beschwor sie in wirren Reden und flehte sie an, zu ihm zu kommen.

Der treue Sascha saß geduldig und aufmerksam an seinem Krankenbett, tupfte ihm den Schweiß von der Stirn, gab ihm einen selbst gebrauten Kräutersud zu trinken und machte kühlende Umschläge. Es bedrückte ihn sehr, sein Vorbild, den ihm in allem so überlegenen Freund und Lebensretter so hilflos vor sich liegen zu sehen! Im Stab hatte man bisher seine Anwesenheit und Dienste bei den drei Kradmeldern großzügig toleriert, doch jetzt war es nicht mehr zu umgehen, ihn endlich als Schütze in der Truppe zu integrieren.

Das Chinin und die Medikamente gegen Malaria zeigten nur langsam Wirkung bei Paul, und gerade, als er sich so weit erholt hatte, dass ein Transport nach Deutschland ärztlicherseits verantwortet werden konnte, brach im Lager eine Typhus-Epidemie aus, die zweifellos aus dem nahen Leningrad eingeschleppt worden war. In seiner körperlichen Schwäche schnappte er auch das auf und war in kurzer Zeit so ausgemergelt, dass man jeden Tag das Schlimmste befürchtete. Die spätherbstliche drückende Hitze, die von einem Tag auf den anderen aus dem Sumpfgebiet eine dampfende Ungezieferhölle machte, verursachte immer weitere Krankheitsfälle. Die wenigen Rote-Kreuz-Schwestern, die hier arbeiteten, waren völlig überfordert – wenn sie nicht selbst auch erkrankten.

Doch von heute auf morgen, wie durch ein Wunder, war plötzlich der Spuk vorbei. In der Nacht hatte es Raureif gegeben, leichter Frost setzte ein und überzog alles mit einem leichten Film. Die Moskitos waren so plötzlich verschwunden, wie sie gekommen waren. Der Winter hatte sein erstes Zeichen gegeben.

Doch das einmal ausgebrochene Sumpffieber war genauso schwer in Griff zu kriegen wie die Wahnvorstellungen Hitlers von einer schnellen Eroberung dieses weiten Landes. Alle bisherigen Probleme waren nur ein schwacher Vorgeschmack von den Hindernissen, die sich bald vor den deutschen Soldaten auftürmen sollten. Vom Führerhauptquartier, in dem sich der Stab über die vorgezeichneten Karten der Hauptkampflinien beugte, gab es nur eine logisch scheinende Entscheidung: Vorwärts, den Feind so schnell wie möglich überrollen! Doch diesmal stellte sich den verfrühten Siegesparolen eine Barriere in den Weg, die alle unterschätzten: Der russische Winter! Väterchen Frost hatte bereits eine Kostprobe von seinen Kräften gegeben – jetzt sollte er erst richtig seine Zähne zeigen!

Obwohl die Kälte ein wenig Erleichterung brachte, war es nicht klar, ob der geschwächte Körper Pauls den langen Transport überstehen würde. Doch er wollte es jetzt unbedingt riskieren. Hier sterben oder unterwegs – das war ihm mittlerweile egal. Mit dem nächsten Lazarettzug begann seine Reise in die Heimat – und es sah ein wenig so aus, als sollte das Pauls letzter Weg werden.

Ein klarer Wintertag erhob sich mit rosigem Schein über Königsberg, und die zaghaften Strahlen einer kühlen Sonne ließen Dächer, Bäume und Straßen mit frostigem Glitzern erstrahlen. Es war ruhig – aber so etwas wie eine Ruhe vor dem Sturm. Gauleiter Koch hatte sich, erregt über die negativen Nachrichten von der Front und einem der darauf folgenden unberechenbaren Wutanfälle Hitlers am Telefon in seine nobel eingerichtete Villa zurückgezogen und versucht, mit einer Flasche französischen Cognacs seine Nerven zu beruhigen. Aber es war ihm nicht gelungen, im Gegenteil. Er rannte wie ein Berserker durch sein Haus, fluchte in einem fort und raufte sich die Haare. Warum lief bloß in letzter Zeit immer alles schief? Der Teufel wollte es, dass bei Stalingrad durch eine Zangenbewegung der Russen Tausende deutsche Soldaten eingeschlossen waren. In Leningrad, das man siegessicher als schon erobert abgehakt hatte, war es den Sowjets gelungen, über Schlüsselburg eine schmale Durchgangsverbindung aufzubauen, von der sie die Stadt nun von zwei Seiten aus wieder mit Lebensmitteln versorgen konnten.

Aber noch ärgerlicher als die politische Lage war für ihn die Sache mit dem Bernsteinzimmer, das er eigentlich für den Führer nach Linz transportieren sollte, aber vorsorglich im Königsberger Schloss zwischengelagert hatte. Eigentlich hatte Koch ja daran gedacht, zumindest einen Teil dieses unsagbar kostbaren Materials heimlich für sich selbst zu behalten. Wem würde schon auffallen, wenn etwas fehlte? Es gab in diesen unsicheren Zeiten keine Garantie, dass nicht mal etwas verloren ging, gerade beim Transport so schwerer Kisten über eine große Distanz hinweg. Doch dieser lästige Museumswärter, der das Zimmer schon im russischen Puschkin bewacht hatte, saß förmlich auf seinem

Schatz und war ihm schon die ganze Zeit ein Dorn im Auge. Dieser Mistkerl, der sich als eine Art Beauftragter des ehemaligen Zaren betrachtete und der jedes abgebrochene Engelsköpfchen, jede Zierranke aus dem kostbaren Material kannte, war der Einzige, der ihm vielleicht noch Schwierigkeiten machen konnte. Es klopfte, und sein Diener reichte ihm eine gerade eingetroffene Depesche vom Führerhauptquartier, die verschiedene Anordnungen enthielt. Beim letzten Satz stutzte er: »... und darum wird der 6. Armee im Kessel von Stalingrad unter allen Umständen die Kapitulation verboten. Der Kampf muss bis zur letzten Patrone gehen!« Koch starrte mit glasigem Blick auf das Papier, auf das, was ihm da schwarz auf weiß in die Augen sprang. Das hieß, den Untergang aller dort eingeschlossener Soldaten in Kauf nehmen! Selbst ihm, dem Führer bis zum Letzten ergebener Funktionär, erschien dieser Befehl wahnwitzig. Zum ersten Mal stiegen so etwas wie Zweifel am Endsieg in ihm auf. Völlig betrunken und rasend vor Wut warf der sonst immer so beherrschte Gauleiter die leere Flasche gegen die Wand, wo sie klirrend zerschellte.

Nachdem die Alliierten unmissverständlich gedroht hatten, ihre Luftangriffe »flächendeckend« zu verstärken, breitete sich in Deutschland die große Furcht vor den Amerikanern und Briten aus. Königsberg lag etwas abseits und man hegte immer noch die Hoffnung, weitgehend verschont zu bleiben. Eine leise Angst und Vorahnung blieb jedoch, man redete sich ein, es könne ja nicht so schlimm kommen, und vergaß dabei ganz, wie oft der Himmel schon Feuer und Zerstörung gespuckt hatte und wie viele Bomben bereits auf deutsche Städte gefallen waren.

Trotz kriegsbedingter Einschränkungen gingen die Bewohner Königsbergs wie gewohnt ihren täglichen Geschäften nach und glaubten fest an die Versprechungen Hitlers, dass der Endsieg ganz nahe war. Sie waren sich weder ihrer gefährlichen Lage bewusst, noch ahnten sie, dass der Feind gerade ihre Stadt einmal besonders ins Visier nehmen würde.

Die freundlichen Sonnenstrahlen erreichten an diesem Morgen auch die Villa von Walden, in der eine ungewöhnliche Ruhe herrschte. Nachdem Gertraud ausgezogen und in einer Ferntrauung Frau von Treskow geworden war, bewohnte Louise das geräumige Haus nur noch mit ihrem Enkel Theo. Wie jeden Morgen begab sie sich um sieben Uhr nach oben, um Theo, der die Oberschule in Königsberg besuchte, zu wecken. Doch heute fand sie zu ihrem großen Schrecken sein Bett leer und unbenutzt. Ein mit wenigen Worten beschriebener Zettel lag auf der Decke. Mit bösen Ahnungen ergriff ihn die Großmutter und nestelte mit zitternden Fingern ihre Brille aus dem Etui. Die eilig hingeworfenen Zeilen verschwammen vor Aufregung vor ihren Augen, als sie versuchte, sie zu entziffern.

›*Beste Großmama!*
Der Führer hat an die Mitglieder der Hitlerjugend appelliert, ihren Anteil am Krieg zu leisten! Alle Oberschüler ab fünfzehn Jahren konnten sich melden, und ich bin sehr stolz, bei der Aktion »Heimatluftverteidigung« in die Gruppe der Luftwaffenhelfer gewählt worden zu sein. Wir alle sind von dem glühenden Wunsch erfüllt, Deutschland zu verteidigen, und man wird uns in verschiedenen Städten Deutschlands stationieren. Niemand, auch du nicht, kann mich von diesem Entschluss abhalten. Sei nicht böse, dass ich dich allein lasse – aber ich muss dem Ruf des Führers folgen! Heil Hitler!
Dein Theo‹

Louise tastete nach einem Stuhl und sank schwer hin, der Brief flatterte zu Boden. Sie krampfte die Hände um die Lehne. Theo, der freche, so unbesonnene Theo! Was waren das bloß für Dummheiten! Luftwaffenhelfer, so ein Unsinn für einen fünfzehnjährigen Burschen! Er würde lachend in sein Unglück laufen. Sie schloss kurz die Augen und von einem plötzlichen Schwindel überwältigt, griff sie mit der Hand ans Herz. Was musste sie nur für Aufregungen durchmachen, in ihrem Alter, wo sie den Frieden ihres Lebensabends genießen wollte! Allein geblieben war sie in dem großen Haus! Tochter, Schwiegersohn und Enkel Lutz lebten nicht mehr, ihre geliebte Magdalena hielt sich, untergetaucht, bei ihrem Bruder in Teplitz auf und sie durfte ihr nicht einmal schreiben, sie nicht sehen! Und Gertraud, Hals über Kopf und ohne große Zeremonie mit Gottfried von Treskow verheiratet, war auf das vor den Toren Königsbergs gelegene Rittergut seiner Familie gezogen und ließ sich seitdem nur noch selten bei ihr sehen. Und jetzt verschwand auch noch Theo, der Kleinste, ihr Herzblatt, der Einzige, den sie noch umsorgen durfte!

Leise, aber verzweifelt begann sie, in ihr Taschentuch zu weinen. Dieser schreckliche Krieg – er hatte ihr alles genommen, was ihr lieb und teuer war. Langsam stieg sie die Treppen herunter, wankte in die Küche, irrte vom Esszimmer mit seiner geschnitzten Anrichte, der großen Silberétagère und dem kostbaren Geschirr aus Meißen in den peinlich blank gebohnerten Salon mit den antiken Möbeln und Erbstücken. Sie öffnete die Flügeltür zur Terrasse, wie als müsse sie Luft hereinlassen, weil die Vergangenheit sie erstickte. In diesem Augenblick begannen die Sirenen in Königsberg ihr schrilles, markerschütterndes Geheul. Louise erschrak, verlor den Halt und rutschte auf dem Teppich aus. Ein dumpfer Aufprall an der Kante der englischen Louis-seize Kommode und sie spürte nicht mehr, wie sie der Länge nach hinschlug und sich eine Blutlache langsam, aber unaufhörlich um ihren Kopf ausbreitete. Der explosionsartige Einschlag eines Bombenvolltreffers mit seinem riesigen Feuerball drang schon nicht mehr in ihr Bewusstsein.

Die junge Ärztin Dr. Gabriele Braun in der Krankenstation des Königsberger Hospitals überprüfte Puls und Blutdruck ihres vor ein paar Tagen eingelieferten Patienten und versuchte, die Nadel für die nötige Infusion zu setzen. Der Mann, der längere Zeit im Koma gelegen hatte, drehte sich jedoch hin und her und war so unruhig, dass es schwerfiel, die richtige Vene zu finden. Fieber und Durchfall hatte man zwar in Griff bekommen, doch alle anderen Krankheitszeichen waren absolut alarmierend. Aber sie hoffte, dass er trotzdem durchkommen würde. Jetzt schlug er die Augen auf und erwachte. »Ganz ruhig!«, sagte sie leise mit sanfter Stimme. »Ich tue Ihnen schon nicht weh!«

»Wo bin ich?«, fragte Paul verwirrt und wollte sich aufrichten. Die Ärztin drückte ihn leicht zurück. »Bleiben Sie liegen, Sie sind noch sehr schwach. Hier im Königsberger Krankenhaus sind Sie gut versorgt.«

»Im Königsberger Krankenhaus?«, wiederholte Paul verständnislos.

»Ja, Sie sind in Ihrer Heimatstadt!«, erwiderte die Ärztin.

»Dann ist es gut«, Paul schloss die Augen und lächelte matt. Das alte Krankenhaus am Hinterrossgarten am Schlossteich! Aber wie kam er hierher? Seine Erinnerungen an den langen Transport und die rüttelnde Zugfahrt waren wie ausgelöscht.

In diesem Moment trat der Oberarzt mit einem überlegenen Lächeln an das Bett des Kranken und nahm ihr die Spritze aus der Hand. »Geben Sie mir das mal – und halten Sie seinen Arm ganz fest!«, kommandierte er. Doch als er sich näherte, machte Paul eine unvorhergesehene Bewegung, und dem Arzt schnellte die Spritze aus der Hand und fiel in hohem Bogen zu Boden.

»Verflixt noch mal, Sie sollten ihn doch festhalten, Doktor Braun!«, schimpfte er. »So wird das ja nie was!«

Die Ärztin lief blutrot an, drückte den Arm auf das Laken und stemmte sich mit ihrem ganzen Gewicht dagegen, während der Oberarzt einen neuen Versuch machte. »Sehen Sie«, sagte er schließlich belehrend und schloss die Infusion an, »so muss es sein. Es ist doch ganz einfach!«

Dr. Braun wandte ihm bei so viel Überheblichkeit den Rücken und musste an sich halten, kein falsches Wort zu erwidern. Mit etwas Zeit hätte sie es ganz genauso geschafft, aber hier hatte immer noch der Chef der Station das Sagen und wenn es tausendmal falsch war. Sie beugte sich über den Kranken, um ein zweites Pflaster, das die Nadel am Platz hielt, zu befestigen und spürte, wie sich der Oberarzt eng gegen sie presste und seine Hand sie an der Hüfte berührte. Sie fuhr herum und sah in sein grinsendes Gesicht. »Nun zieren Sie sich doch mal nicht so, meine Beste!« Wutentbrannt stieß sie ihn zurück. »Was erlauben Sie sich!«

»Sie werden Ihre Zickigkeit noch bereuen!«, zischte ihr Dr. Müller noch zu, bevor er sie stehen ließ und die Tür des Krankenzimmers hinter sich zuwarf.

»Entschuldigen Sie!«, sagte Paul mit trockenen Lippen und versuchte, sich aufzurichten. »Ich war eben noch nicht ganz bei mir. Ich habe diesen Reflex, mich zu wehren. Das lässt sich noch nicht ganz abstellen …« Er brach ab und strich sich über die Stirn. »Ich wollte Ihnen keine Schwierigkeiten machen, aber ich hatte große Lust, diesem eingebildeten Schnösel einen Denkzettel zu verpassen!«

Die Ärztin lächelte tapfer, obwohl Tränen in ihre Augen gestiegen waren. »Niemand mag den Oberarzt, er ist immer so arrogant! Ganz besonders zu Frauen. Aber er ist hier übermächtig – wenn ich mich wehre, verliere ich meine Anstellung! Ich habe übrigens Ihre Schwester benachrichtigt. Sie wird Sie morgen besuchen kommen!« Sie nahm ein Glas Wasser vom Nachttisch. »Hier, trinken Sie, das ist ganz wichtig. Ihr Körper ist ja völlig ausgetrocknet. Hat man im Lazarett nicht darauf geachtet?«

Paul lehnte sich erschöpft gegen sein Kissen. »Doch … aber unter den entsprechenden Umständen war das nicht so einfach! Vielen Dank auf jeden Fall! Ich fühle mich zwar ziemlich schwach, aber dennoch besser!«, murmelte er. »Morgen kommt meine Schwester, sagten Sie? Aber ich muss unbedingt telefonieren – heute noch, es ist lebenswichtig!« Er sah die Ärztin beschwörend an. »Ich muss!«

»Unmöglich – seien Sie vernünftig! Der Apparat ist im Flur – und Sie dürfen noch nicht aufstehen. Ihre Werte sind noch zu schlecht. Morgen vielleicht – dann sehen wir weiter! » Sie legte beruhigend die Hand auf seinen Arm, und Paul nickte.

»Sie werden mir helfen?«

»Sicher, wenn ich kann!« Die Ärztin lächelte ihm zu und nestelte eine lockige Strähne, die ihr über die Wange gefallen war, fest. »Ich sehe später noch einmal nach Ihnen!«

Als sich die Tür hinter ihr schloss, versuchte Paul, seine Beine aus dem Bett zu schwingen. Alles drehte sich um ihn, aber er visierte den Rollstuhl in der Ecke des Zimmers an und wartete, bis sich der Schwindel ein wenig gelegt hatte. Die Infusion behinderte ihn, und er zog die Nadel kurzerhand heraus. Dann stand er so wacklig auf seinen Beinen wie noch nie in seinem Leben. Wieder wartete er eine Weile und tastete sich dann an der Wand entlang einige Schritte zum Rollstuhl. Er musste tief Luft holen, aber es ging besser, als er dachte, und er atmete auf, als er endlich saß. Nachdem er sich von der Anstrengung erholt hatte, griff er nach der Türklinke, öffnete die Tür und rollte sich geräuschlos in den Gang. Er war leer, genauso, wie das nahe gelegene Schwesternzimmer. Zum Glück war es Mittagszeit und das Personal gerade beim Essen. Auf dem Tisch stand schweigend der schwarze Telefonapparat. Sein Herz begann, wie wild zu klopfen, und er fürchtete, die Aufregung nicht durchzustehen. Seine Lippen bewegten sich lautlos. Magdalena – ich muss dich sprechen, ich muss deine Stimme hören. Es war wie ein Gebet. Er schob sich näher, streckte die Hand aus, griff nach dem Hörer und wählte mit zitternden Fingern die Nummer der von Waldens. Am anderen Ende läutete es, und er wartete und wartete, während schwarze Schleier begannen, sein Blickfeld zu verdunkeln und er im Begriff war, das Bewusstsein zu verlieren.

Die Sirenen heulten mitten in der Nacht durch ganz Königsberg. Die britische Luftwaffe flog einen überraschenden, aber umso schrecklicheren Angriff und ließ unablässig Bomben und Brandwerfer auf die Stadt niederprasseln. Das Chaos war unbeschreiblich; in das Krachen zusammenstürzender Mauern mischten sich blitzartige Explosionen, die ein höllisches Licht erzeugten, das sich in Feuerwände verwandelte, die durch unkenntliche Trichter zischten, die einst Straßen waren. Dichter, erstickender Qualm erfüllte die erhitzte Luft. Die Menschen liefen erst überstürzt auf die Straße, dann in Panik davon, bevor sie sich in Keller und Luftschutzbunker flüchteten. An vielen Stellen brannte es und der graue Morgen zeigte ein verheerendes Bild von Schutt und Asche.

Dort, wo die von Waldensche Villa umgeben von einer lieblichen Parkanlage gestanden hatte, befand sich nur noch ein tiefer Krater, ein riesiges Loch in der Erde, das zur Hälfte mit Steinen und Mauerresten gefüllt war. Das Haus der Nachbarin, Frau Schmitz, hatten die Bomben verschont, sie war mit allen anderen Mietern unter Todesängsten in den Keller gestürzt, hatte dort die Nacht verbracht und sich nur die Ohren vor dem nahen Zerbersten und Zusammenbrechen um sie herum zugehalten. Jetzt starrte sie voll Entsetzen aus dem Fenster, ihrem bisherigen Beobachtungsposten, auf das Bild der rauchenden Zerstörung, des Nichts, das sich auftat, dort, wo einst die von Waldensche Villa gestanden hatte. Nur noch die Reste einiger schwarz verbrannter Stümpfe ragten aus dem ehemals so gepflegten Garten hervor.

»Das wollte ich nicht!«, stammelte sie mit zitternden Lippen. »Das wollte ich doch wirklich nicht!« Doch der Albtraum verschwand nicht, es war keine Täuschung und kein Wahnbild. Kaltes Grauen legte sich auf ihre Brust, Angst vor dem, was sie sah und davor, was vielleicht noch geschehen konnte.

Erleichtert über die Abfahrt Heinz Richters nach Berlin und darüber, dass sie nun über ihre Zeit wieder frei verfügen konnte, versuchte Magdalena, das Geschehene zu verdrängen und an ihn wie an einen guten Freund zu denken, der ihr weiterhelfen würde.

Sie werkte auf dem Gut, als hätte sie nie im Leben etwas anderes getan, als auszumisten und das Vieh zu füttern. Inzwischen waren auch noch andere Arbeiten im Stall dazugekommen – sie kümmerte sich darum, dass die Pferde regelmäßig ihren Auslauf hatten und dass Zeus, der schwarze Wallach des Onkels, immer frisch geputzt und mit eingeölten Hufen bereitstand, wenn er einen Ausritt unternahm. Er legte ihr dafür auch jedes Mal die Zeitung bereit, die sie eifrig las, auch wenn die Nachrichten über das Frontgeschehen ihr nur zu oft Schauder über den Rücken jagten. Jedes Mal fragte sie sich, wo Paul jetzt wohl sein mochte, ob er lebte und überhaupt noch an sie dachte?

Tag für Tag hoffte sie nun auf das verabredete Zeichen, das Codewort des Postfaches, das Richter ihr in Berlin einrichten wollte und mit dem es ihr endlich möglich sein würde, Nachrichten zu empfangen oder abzuholen. Der Brief an Paul musste ja längst unterwegs sein. Doch die Zeit verging, und es tat sich einfach nichts. Verzweifelt kämpfte sie gegen die aufsteigende, lähmende Resignation in ihrem Innern. All ihre Bemühungen waren bisher erfolglos gewesen und eigentlich ins Gegenteil umgeschlagen, so, als habe die dunkle Macht des Schicksals etwas gegen ihre Liebe und hielt sie beide mit aller Gewalt auseinander.

Abends brütete sie so lange über ihren Büchern, bis ihr die Augen zufielen. Die Weisheiten der Philosophie gaben ihr Kraft, und sie hatte sich heute einen Spruch Epikurs aufgeschrieben:

›Niemand wählt mit sehenden Augen das Übel, sondern er wird vom Übel eingefangen, angelockt, als ob ein größeres Gut zu gewinnen wäre.‹

Nichts hätte besser zu der Lage gepasst, in der sich das deutsche Volk jetzt befand, das wie eine blinde Hammelherde den Wahnideen Hitlers gefolgt war, der es in diesen blutigen Krieg gestürzt hatte.

Von Louise war schon vor einiger Zeit eine Karte an die von Papenburgs eingetroffen, mit belanglosen Worten und einer kurzen Benachrichtigung von Gertrauds Hochzeit mit Gottfried von Treskow, die ganz im Stillen stattgefunden hatte. Den Satz, dass sie selbst ein sehr ruhiges Leben führte und wegen ihres Alters keinen Besuch mehr empfange, hatte sie sicher mit voller Absicht geschrieben. Sie wollte, dass Magdalena ihn las, damit sie wusste, dass alles in Ordnung sei und keinerlei Verhör über ihren Verbleib mehr stattgefunden hatte. Aber er konnte auch bedeuten, dass sie auf der Hut sein sollte – und fortbleiben. Aber wie lange noch? Ihr ganzes Leben, ihre Zukunft schien ihr verpfuscht und bereits zu Ende!

Mit Katharina, ihrer Cousine, war in den folgenden Wochen eine seltsame Verwandlung vorgegangen. Das Mädchen, gerade erst sechzehn geworden, zeigte ein hochmütiges Benehmen und begann, sie vor allen anderen herumzukommandieren wie einen gewöhnlichen Dienstboten. Magdalena entschloss sich daher, sie um eine Aussprache zu bitten. Sie erschien etwas früher zum vereinbarten Zeitpunkt, klopfte mehrfach an die Tür ihres Zimmers und trat dann ein. Das Zimmer war leer und sie nahm auf einem Sessel Platz und wartete. Ein Brief auf dem zierlichen Schreibtisch neben ihr zog ihren Blick an. Sie sah genauer hin – keine Zweifel, das waren die Schriftzüge Richters.

»Süßes Kind«, las sie in der Anrede, als sie ihn in der Hand hielt, »ich kann dich nicht mehr aus meinen Gedanken verbannen, Deinen Mund, der mir wie eine reife Himbeere entgegenlacht, Deine Augen …«

Sie schrak zurück und ließ den Brief fallen, als die Tür ins Schloss schlug. Katharina stand vor ihr und funkelte sie wütend an. »Was soll das?«, schrie sie mit ihrer schrillen Kinderstimme. »Was fällt dir ein, in meinem Zimmer herumzuschnüffeln und meine Post zu lesen?« Sie hob den Brief auf und versteckte ihn an ihrer Brust.

»Du warst nicht da«, erwiderte Magdalena, völlig überrumpelt, »und ich habe die Schrift auf dem Brief erkannt. Auf jeden Fall solltest du ihn nicht so offen herumliegen lassen – wenn das deine Eltern sehen …«

»Keine Sorge, sie werden es ohnehin bald erfahren«, erwiderte Katharina schnippisch. »Sie können ruhig wissen, was mein Verlobter mir schreibt!«

»Dein Verlobter?« Magdalena schoss das Blut ins Gesicht. »Heinz Richter? Er ist mehr als doppelt so alt wie du … außerdem …«

»Das ist mir ganz egal! Du gönnst ihn mir natürlich nicht – bist wohl eifersüchtig.« Sie funkelte sie triumphierend an. »Jedenfalls brauchst du dir keine Hoffnungen mehr auf ihn zu machen. Er hat gesagt, das mit dir war nur so eine Affäre – bei mir wäre es ganz anders. Ich liebe ihn! Er ist die Liebe meines Lebens, und er gehört mir, mir ganz allein!«

»Liebe deines Lebens?«, wiederholte Magdalena. Sie musste unwillkürlich auflachen. Die Situation hatte das Tragikomische einer Shakespeare-Komödie. Katharina war verliebt, verblendet und alles, was sie jetzt sagen würde, schien ihr sinnlos. Sie wurde wieder ernst. »Und – seit wann ist er das?«

»Seit er mir diesen Brief geschrieben hat!«, antwortete Katharina trotzig. »Du lachst mich aus, denkst, das ist nur ein Spiel? Du kannst ihn ja selbst fragen. Er liebt mich, so wie ich ihn!«

Magdalena riss sich zusammen. Sie musste versuchen, ihr die Augen zu öffnen, auch wenn es wahrscheinlich nichts nutzte. »Vielleicht weißt du nicht, dass ich eine Affäre mit ihm hatte«, begann sie ruhig. »Er hat mich gezwungen, mich erpresst, mit ihm ins Bett zu gehen. Denk daran, er kommt aus kleinen Verhältnissen, will Karriere machen. Sein Charakter ist schlecht – berechnend. Hast du nie daran gedacht, dass ihn vielleicht nur dein Vermögen interessiert?«

»Du lügst!« Katharina stampfte mit dem Fuß auf wie ein ungezogenes Kind und stürzte mit hoch erhobener Hand auf sie zu, als wolle sie sie schlagen. In letzter Minute beherrschte sie sich jedoch und trat nur ganz nahe an sie heran. Ihre rote Mähne loderte um ihr Gesicht, ihre grünen Augen glänzten wild vor Leidenschaft, und sie atmete heftig. In diesem Augenblick glich sie einem gefallenen Engel. »Du willst uns nur auseinanderbringen. Ich hasse dich!«, fauchte sie ihr entgegen. »Warum bist du überhaupt gekommen – nistest dich bei uns ein? Ich weiß, dass du irgendetwas zu verbergen hast. Aber ich kriege schon noch raus, was es ist. Und dann werde ich es der Polizei melden, das schwöre ich!«

Magdalena gab ihr in einer Reflexbewegung, ohne es wirklich zu wollen, einen Stoß vor die Brust, und schon lagen sich die beiden in den Haaren. Das junge Mädchen warf sich blindwütig auf sie, kratzte und schlug um sich, während sie, die Angreiferin von sich weghaltend, am Ärmel ihres bunten Seidenkleides zerrte, der einen hässlichen Riss bekam. Die zart scheinende Kathi war in ihrer Wut stärker als vermutet, und während die beiden verbissen miteinander rangen, spürte Magdalena plötzlich, wie ihre Kräfte nachließen und eine unabwendbare Übelkeit, verbunden mit einem heftigen Schwindel, in ihr hochstieg. Sie ließ das Mädchen los, stolperte und sank würgend zu Boden, wo sie sich zu ihrer Schande an Ort und Stelle übergeben musste. Wie ein Häufchen Elend blieb sie dort sitzen, keuchend, außer Atem und völlig aufgelöst. Katharina wich zurück, ernüchtert von dem, was da geschah, und musterte sie mit funkelnden Augen. »Pfui! Das ist ja ekelhaft«, sagte sie nur, spuckte vor ihr aus und knallte die Tür hinter sich zu.

Magdalena war sitzen geblieben, ohne zu begreifen, was mit ihr geschehen war. Sie war krank, ganz sicher war sie krank geworden von all der Aufregung, dem Kummer. Langsam erhob sie sich, holte einen Lappen und begann, den Boden aufzuwischen. Wieder überkam sie die Übelkeit und nahm ihr den Atem. Sie lief hinaus, zum nächsten Abort, hustete, keuchte und ekelte sich vor sich selbst. Tränen liefen über ihr Gesicht, als sie in ihrem Zimmer anlangte. Was war das bloß? Eine dunkle Ahnung, gemischt mit fürchterlicher Angst, stieg in ihr auf.

Am übernächsten Tag ließ der Onkel Magdalena zu sich kommen.

Seine Miene verhieß nichts Gutes, er war ernst und gefasst, und die Falten auf seiner Stirn schienen sich vertieft zu haben. Seine Tochter hat gepetzt, dachte Magdalena, und jetzt wird er sagen, es wäre besser, wenn ich nie gekommen wäre; dass ich nur Schande über sie bringe! Und dass ich gehen soll!

Der Onkel wies mit gesenktem Kopf auf einen Stuhl und nahm ihr gegenüber Platz. Dann stützte er den Kopf in die Hände und seine Mundwinkel zuckten, als wolle er etwas sagen. Doch er blieb stumm, seufzte nur schwer und legte stattdessen die Zeitung vor sie hin. Reglos starrte sie auf die Schlagzeile und las.

›Angriff der britischen Luftwaffe auf Königsberg! Nächtliches Inferno versetzt die Stadt in Aufregung und bringt Zerstörung und Tod!‹

Sie schluckte und wagte nicht weiter zu fragen, denn sie las die stumme Antwort in den Augen ihres Onkels.

»Ist ... ist etwas passiert?«, fragte sie schließlich mit trockener Kehle.

Er nickte unmerklich und schlug die Augen nieder. »Die Polizei hat mich benachrichtigt!«, begann er mit verzerrtem Gesicht. »Es tut mir so leid«, fuhr er mit belegter Stimme fort, »aber mich trifft es beinahe ebenso hart wie dich: Meine Schwester ...«, er räusperte sich, »meine gute Schwester Louise ... ein Volltreffer auf euer Haus in Königsberg! Mehrere Gebäude in diesem Stadtteil wurden zerbombt ...« Er brach ab und stützte mit einem unartikulierten Wehlaut den Kopf in die Hände.

Magdalena war, als hätte ihr jemand mit dem Hammer auf den Kopf geschlagen und ihr damit jede Fähigkeit zum Denken genommen. Sie brachte es gerade noch fertig zu stammeln: »Aber das ... das kann doch nicht sein!«

Ludwig drückte jetzt sein Taschentuch gegen die Augen und antwortete nicht.

Sie schrie auf. »Theo – was ist mit meinem Bruder?«

»Ich weiß es nicht!« Der Onkel hob den Kopf. »Noch nicht. Aber ich werde heute noch einmal mit der Polizei telefonieren! Bis jetzt kannte noch niemand die genaue Zahl der Opfer. Wir können leider nicht zur Beisetzung fahren – ich weiß nicht, wie du das regeln willst. Aber es kann noch dauern, bis alles geklärt ist – man die ... die Überreste aus Schutt und Asche geborgen hat.« Seine Stimme wurde wieder brüchig, doch in diesem Moment hörte man von draußen das entfernte Brummen anfliegender Maschinen.

»Zum Donnerwetter – jetzt kommen sie auch zu uns!«, schrie der Onkel. »Amerikanische Bomber!« Er stürzte hinaus und sah zum Himmel hinauf. »Schnell, alle in den Keller. Bringt euch in Sicherheit!« Er rannte zu den Gutsarbeitern, die wie in einem Ameisenhaufen durcheinanderliefen. Magdalena ging ihm nach, sah zu den Wolken empor und blieb unbeweglich stehen, obwohl die Flieger, die in der Formation am Himmel wie Spielzeuge wirkten, mit ohrenbetäubendem Dröhnen näher und näher kamen. Sie sah genau, wie sie ihr Ziel anvisierten und ihre aus der Entfernung minimal wirkenden Geschosse, ihre tödliche Last, ausklinkten. Dann, quasi in letzter Minute, warf sie sich hinter einem Holzstapel zu Boden. Der Feuerball einer betäubenden Explosion ließ die Erde erzittern, und der damit verbundene stechende Schmerz in ihren Ohren, die aufspritzende Erde um sie herum, versetzten sie in Panik. Sie sprang auf und rannte um ihr Leben über den Hof den kurzen Weg zu den Vorratskellern. Der Vorarbeiter zog sie hinein und sagte etwas, das sie nicht verstand. Irgendetwas lief an ihrem Hals herunter, warm aus ihrem linken Ohr heraus, in dem das Heulen der Flugzeuge noch anzuhalten schien. Wimmernd wischte sie das Blut fort, im Glauben, ihr Kopf sei getroffen. Als sich das Geräusch des Fluggeschwaders entfernte, legte man sie unter gutem Zureden auf eine Decke am Boden. Langsam beruhigte sie sich, versiegten ihr Schluchzen und ihre Tränen, doch der Schmerz in ihren Ohren blieb.

»Selbst schuld, dummes Ding!«, knurrte der Vorarbeiter ärgerlich. »Stehen bleiben und zum Himmel raufsehen, wenn von oben Bomben herunterkommen. Die Granate hätte dich erschlagen können. Warum hast du nicht noch gewunken und gerufen, hallo, seht ihr mich – hier bin ich!«, er schüttelte den Kopf. »So ein bodenloser Leichtsinn!«

»Wie soll ich leben«, stöhnte Magdalena undeutlich, »wenn es meine Familie nicht mehr gibt! Theo, mein kleiner Bruder – vielleicht ist er tot!« Die Leute vom Gesinde sahen einander ratlos an.

»Lasst sie in Ruhe, sie ist ja ganz durcheinander!«, sagte der Vorarbeiter. »Leg dich ins Bett, Kleine. Der Angriff ist ja vorbei – wir haben es überstanden.«

»Feuer!«, ertönte es in diesem Moment. »Der Schuppen brennt!« Alle stürzten hinaus und versuchten, den Brand zu löschen.

Zum Glück war das Gut nicht das direkte Ziel des Angriffs gewesen, und der Regen hatte mitgeholfen, das Feuer im Schuppen zu löschen. Aber nicht weit weg, in den am Stadtrand von Teplitz liegenden industriellen Anlagen, den Walz- und Eisenwerken sowie den Gebäuden der Maggi Reichslebensmittelversorgung hatten die Bomben ziemlichen Schaden angerichtet. Dort brannte es lichterloh, und der Rauch wehte schwarze Wolken herüber. Da die Telefonleitung ausgefallen war, begab sich Ludwig persönlich in seinem altmodischen Wagen nach Teplitz, um zu telefonieren. Als er zurückkehrte, nahm er Magdalena mit Tränen in den Augen in die Arme. »Mein Kind, ich bringe gute Nachrichten. Theo ist wohlauf.«

»Er lebt also?«, brachte sie mit erstickter Stimme hervor. Der Onkel nickte. »Ja. Ihm ist nichts geschehen. Er hat sich bei der Hitlerjugend als Luftwaffenhelfer gemeldet und befand sich glücklicherweise zum Zeitpunkt der Bombardierung nicht im Haus.«

»Ich bin ja so froh!« Erleichtert drückte sie seinen Arm. »So unendlich froh!«

In den nächsten Tagen verließ Magdalena ihr Zimmer nicht, sie blieb im Bett, starrte gegen die Decke und überlegte, wie ihre Zukunft aussehen sollte. Der Doktor hatte ihr Ruhe, Ohrentropfen und Umschläge verordnet.

Ihr Herz war von tiefer Trauer erfüllt, und sie konnte das Geschehen immer noch nicht ganz fassen. Louise tot – ihr Zuhause in Königsberg durch Bomben zerschlagen und dem Erdboden gleichgemacht! Sie fühlte sich vom Schicksal bestraft, alleingelassen von allen Menschen, die sie jemals geliebt hatte. Jetzt waren ihr nur noch ihre beiden Geschwister geblieben, Gertraud, mit der sie sich noch nie richtig verstanden hatte, weil sie beide so unterschiedlich waren – und Theo, der danach strebte, sein junges Leben für den Führer, sein glühend bewundertes Vorbild, einzusetzen.

Auf keinen Fall konnte sie riskieren, nach Königsberg zurückzufahren – auch nicht zur Beerdigung. Es war schlichtweg unmöglich, denn bei dieser Gelegenheit würde man sie sicher sofort verhaften.

Von Heinz Richter kam nach ein paar Tagen Post aus Berlin; ein kurzer Brief, in dem er ihr mit einigen Floskeln und ohne nähere Angabe der Gründe mitteilte, dass er ihre Beziehung als beendet betrachtete und leider auch nicht mehr die Zeit gefunden habe, ein Postfach für sie einzurichten. Wütend zerriss sie seine Zeilen und warf sie in den Papierkorb. Wieder war eine Hoffnung gestorben, eine Tür zugeschlagen, die zu Paul hätte führen können. Wenigstens hatte er ihr den versprochenen falschen Pass besorgt, mit dem sie nicht mehr Magdalena von Walden, sondern Alma Kurz war, eine Arbeiterin wie viele andere auf einem Gut bei Teplitz.

Als es am Ende der Woche energisch gegen ihre Tür klopfte, ahnte Magdalena nichts Gutes. Johanna, die sie bisher hochmütig gemieden, aber zumindest toleriert hatte, stand auf der Türschwelle. Sie war blass, auf ihren Wangen glänzten hektische rote Flecken, und ihre aschblonden, dünnen Haare, zu einem Dutt zusammengefasst, ließen sie strenger als gewöhnlich aussehen. Ohne sie zu fragen, wie es ihr ging, setzte sie sich zielbewusst an den kleinen Tisch, der mit Magdalenas Büchern überladen war.

»Es ist erfreulich, dass es dir wieder besser geht, Magdalena. Ich habe darauf gewartet, weil ich unbedingt mit dir reden muss!«, begann sie ohne Umschweife und ohne ihr in die Augen zu sehen. »Ludwig weiß nichts davon, und ich hoffe, du wirst ihm auch nichts von unserer Unterredung berichten, versprichst du das?« Magdalena blieb nichts anderes übrig, als zustimmend zu nicken, und sie fuhr fort. »Ich bedaure selbstverständlich zutiefst, was deiner Familie geschehen ist – das ganze Unglück und vor allem den Tod der guten Louise. Du hast durch die

Kriegsumstände dein Zuhause verloren«, sie machte eine kleine Pause, als wolle sie ihre nächsten Worte gut überlegen, bei denen sie die Stimme hob, »weigerst dich aber, zur Beisetzung zu fahren. Obwohl es sicher einiges zu regeln gibt. Du hast deine Gründe – aber sicher auch etwas zu verbergen. Aber wenn wir dich weiter hier behalten, machen wir uns vielleicht mit strafbar. Ich hoffe, du verstehst, was ich meine.«

Magdalena wollte antworten, doch ein Kloß in ihrem Hals hinderte sie daran und verschlug ihr die Stimme.

»Aus reiner Christenpflicht haben wir dich aufgenommen«, fuhr Johanna spitz fort und taxierte Magdalena, die auf der Bettkante saß, mit einem eiskalten Blick. »Und was ist nun der Dank?«

»Was willst du damit sagen?«, warf Magdalena ein, doch Johanna war in Fahrt und ließ sie nicht zu Wort kommen. »Da fragst du noch? Bedenkenlos hast du uns einen Mann ins Haus geschleppt, dem es nicht allein genügte, dich zu verführen«, ihr Ton wurde schrill, »sondern … sondern«, sie schnappte nach Luft und legte die Hand auf ihre Herzgegend, »der die Unverschämtheit besaß, sich an unsere unschuldige Tochter heranzumachen, um …«

»Damit habe ich nichts zu tun!«, unterbrach Magdalena. »Eine flüchtige Schwärmerei …«

»Schwärmerei?«, schnaufte Johanna und baute sich vor ihr auf. »Und wie kommt dieser fremde Mensch dann dazu, um ihre Hand anzuhalten?«

Sie brach in hysterisches Schluchzen aus. »Der Sohn eines Lagerarbeiters! Niemals werde ich das erlauben!«

»Sie … sie wird ihn vergessen!«, stammelte Magdalena hilflos.

»Ein Kriegsberichterstatter! Was ist das schon!«, jammerte die Tante weiter. »Meine Kathi hätte einen anderen Mann verdient. Sie ist so ein liebes, gehorsames Mädchen!« Aufgeregt ging sie im

Zimmer auf und ab, bevor sie vor Magdalena stehen blieb und sie wütend anfauchte: »Du bist schuld, du hattest einen schlechten Einfluss auf sie – dein skandalöser Lebenswandel! Seit dem Tag, als du hier ankamst, hat sie sich völlig verändert!«

Magdalena, die ihre Cousine weder lieb noch gehorsam fand, schüttelte den Kopf. »Bist du nur gekommen, um mir das zu sagen?«, fragte sie unvermittelt.

Johanna starrte sie eine Weile schweigend an, bevor ein Schwall bisher zurückgehaltener Worten über ihre Lippen brach: »Wenn du es wirklich wissen willst, ja. Du bist eine Gefahr für uns, solange du dich hier im Hause aufhältst. Ich wette, es dauert nicht lange, dann taucht die Gestapo bei uns auf und nimmt uns alle unter die Lupe. Außerdem ...« sie holte tief Luft, »hat Kathi mir erzählt, dir sei neulich in ihrer Gegenwart übel geworden. Da liegt ja die Vermutung nahe«, sie kniff die Lippen zusammen, »dass du ... schwanger sein könntest?«

Magdalena schlug die Augen nieder. Was sollte sie sagen? Die Wahrheit hatte sie vor sich selbst verdrängt. »Ich weiß nicht«, murmelte sie, »in letzter Zeit habe ich sehr viel Schweres erlebt ...«

»Du weißt es also nicht?« Die Tante zog die Luft hörbar ein und blieb vor ihr stehen. »Eine Schande ist das! Ich habe meine Kinder nach moralischen Grundsätzen erzogen! Ich muss dich jetzt bitten, auf der Stelle deine Sachen zu packen! Aber sag Ludwig nichts davon. Er ist so sensibel und hat mit dem Tod seiner Schwester genug zu tun. Seine Gutmütigkeit geht wirklich bis zur Dummheit.« Sie verzog ihre verkniffenen Lippen zu einem gezwungenen Lächeln, nestelte ein paar Scheine aus ihrer Tasche und hielt sie ihr hin. »Damit du siehst, dass ich dich nicht ohne Unterstützung gehen lassen möchte ...« Magdalena zog es vor, reglos an ihr vorbei aus dem Fenster zu sehen. Nach einer Weile ließ Johanna den Arm sinken, warf das Geld auf den Tisch und zischte: »Ich habe es gut gemeint. Aber Hochmut kommt vor dem Fall.« Mit diesen Worten drehte sie sich auf dem Absatz herum, ging hinaus und zog die Tür erstaunlich leise ins Schloss.

Magdalena blieb zurück. In ihrem Innern fühlte sie in diesem Moment nur Ausweglosigkeit und eine wachsende Leere. Johanna hatte sie einfach hinausgeworfen. Und was noch schlimmer war: Sie bekam vermutlich ein Kind! Was nun – wohin sich wenden? Sollte sie an Richter schreiben? Nach seinem Abschiedsbrief schien ihr das beschämend. Eines jedoch wusste sie genau: Keinen Tag wollte sie länger auf Gut Windenstein bleiben! Sie war nicht erwünscht, eine Belastung, eine Schande! Am besten war es vielleicht, in eine große Stadt zu gehen – dahin, wo sie niemand kannte. Gleich nach Berlin, wo so viele Menschen zusammentrafen und wo sie gar nicht groß auffallen würde. Sie würde sich unter ihrem neuen Namen Arbeit suchen, egal was es war! Und einen Arzt finden, der sie von der unerwünschten Schwangerschaft befreite! Sie nahm das Geld Johannas vom Tisch, erstaunt, dass die Summe recht großzügig bemessen war. Dann begann sie hastig ihre Sachen zu packen und zuletzt einen Brief an Ludwig aufzusetzen. Er war immer gut zu ihr gewesen, hatte sie beherbergt und sich bemüht, sich gegen seine Frau zu behaupten. Das rechnete sie ihm hoch an. Sie schrieb ihm in herzlichen Worten und bedankte sich, dass er ihr in ihrer schwierigen Lage geholfen habe.

Wenn sie sparsam war, konnte sie sich mit dem Geld Johannas eine Fahrkarte nach Berlin kaufen und damit auch die erste Zeit in der fremden Stadt über die Runden kommen.

15. Kapitel

FAST EIN NEUES LEBEN

Noch am Abend machte sich Magdalena heimlich und ohne Abschied auf den Weg nach Teplitz. Es waren nur vier Kilometer, doch ihr erschien es wie ein endloser Marsch durch die Nacht. Sie hatte Mantel und Mütze angezogen und sich noch einen Schal um die Schultern gelegt, aber da es in Strömen regnete und ein kalter Wind wehte, war sie bald völlig durchnässt. Der Weg führte am Industriegelände der Maggifabrik vorbei, und sie stellte sich während eines heftigen Regengusses kurz dort unter. Es war ein großes Werk, wie sie gehört hatte, verantwortlich für einen Teil der Lebensmittellieferungen an die Armee sowie den Feldproviant der Soldaten. Die vergangenen Luftangriffe hatten die Fabrikation lahmgelegt und den hinteren Teil des Gebäudes zerstört, der in schwarzen Ruinen emporragte. Auf dem Schild am Eingang »Vorübergehend geschlossen« stand die Adresse des Berliner Stammsitzes in der Wittelsbacherstraße. Ein Gedanke schoss ihr durch den Kopf. Warum sollte sie sich nicht in der Berliner Fabrik des Werks als Arbeiterin bewerben? Dann hatte sie in der Stadt wenigstens schon mal eine Anlaufstelle. Sie schrieb sich die Adresse auf und marschierte bei schwächer werdendem Regen weiter. Die Straße, in der sich das Mietshaus mit der Dachwohnung Richters befand, war menschenleer und glänzte schwarz vor Nässe. Jetzt musste sie nur noch ungesehen durch die Haustür. Längere Zeit wartete sie unten, ob jemand hinein- oder herauskam, dann klingelte sie einfach irgendwo. Der Türöffner summte, und sie trat schnell ein und lief die Treppe hinauf. Aus dem kleinen Loch unter der Tapete bei der Fußbodenleiste, verdeckt von abgebröckelten Putzresten, zog sie den Schlüssel aus seinem Versteck hervor und sperrte leise das Zimmer auf. Endlich! Sie hatte ein Dach über dem Kopf – wenigstens für den heutigen Abend. Erleichtert schälte sie sich aus den nassen Kleidern, legte eine Decke über die abgeschabte Couch und bereitete sich auf dem kleinen Gaskocher einen Tee zu, alles behutsam wieder an seinen Platz stellend, um jede Spur ihres flüchtigen Hierseins zu verwischen. Sie handelte mechanisch, ohne zu denken, und versuchte dabei, ihre Angst vor der Zukunft und ihren Kummer so gut wie möglich aus ihren Gedanken zu klammern. Sie durfte jetzt einfach nicht darüber nachdenken, musste weitermachen, die Schicksalsschläge verdrängen und nach vorn schauen. Als sie sich auf der Couch ausstreckte, fühlte sie sich wie befreit, Gut Windenstein hinter sich gelassen zu haben. Morgen würde sie nach Berlin fahren und selbst unter ihrem falschen Namen ein Postfach eröffnen. Und bestimmt fand sie in einer so großen Stadt auch einen Arzt, der sie von dem Geheimnis befreite, das seit Kurzem so schwer über ihrem Leben lastete. Ein ungewolltes Kind von Heinz Richter, einem Mann, den sie nicht liebte, der gar nicht darüber nachdachte, was er ihr damit antat – das war einfach undenkbar. Sie spürte es wie einen Fremdkörper in ihrem Innern, so, als ob es gar nicht zu ihr gehöre. Wie sollte Paul ihr jemals einen solchen Fehltritt verzeihen können?

Am nächsten Morgen schlich sie sich ganz früh aus dem Haus. Einen Augenblick hatte sie noch überlegt, ob sie Richter eine Nachricht hinterlassen sollte, doch dann dachte sie an den Brief, den er der »süßen Katharina« geschrieben hatte. Sie würde ihn ab sofort nicht nur aus ihrem Leben, sondern auch aus ihrem Bewusstsein streichen.

Der Zug nach Berlin war überfüllt, und sie musste fast die ganze Zeit im Gang stehen. Alles schien in die Hauptstadt zu streben, als erhoffe sich jeder dort Sicherheit und Schutz. Magdalena betrachtete die Adresse der Maggi-Werke auf ihrem Zettel, bei denen sie sich bewerben wollte. Sicher gab es in der Nähe auch eine nette Pensionswirtin, die ein Zimmer für sie hatte. Als sie nicht mehr stehen konnte, setzte sie sich so gut es ging auf ihr Köfferchen mitten im Gang. Dabei blieb ihr Blick an einer gut gekleideten, älteren Dame hängen, die auf einem der reservierten Plätze saß, mitgebrachte Brotschnitten aus dem Papier wickelte und begann, genussvoll eine davon zu verzehren. Dazu trank sie warmen Tee aus einer mitgebrachten Thermosflasche. Jetzt packte sie auch noch zwei in eine Serviette gewickelte, hart gekochte Eier aus, schälte eines davon mit spitzen Fingern und bestreute es mit Salz. Schwindlig vor Hunger lief Magdalena das Wasser im Munde zusammen und sie konnte den Blick gar nicht abwenden. Warum hatte sie nicht daran gedacht, sich etwas Proviant oder wenigstens trockenes Brot aus Gut Windenstein mitzunehmen? Ein lautes Knurren ihres Magens erinnerte sie deutlich daran, dass sie seit dem gestrigen Nachmittag nichts mehr zu sich genommen hatte.

»Möchten Sie eine Stulle?«, die Dame, die ihre hungrigen Blicke bemerkt hatte, bot ihr in diesem Moment eine verlockend duftende, zusammengeklappte Scheibe Brot an. »Mit selbst gemachtem Schmalz, mein Spezialrezept. Ich bereite es immer mit Äpfeln und Zwiebeln und einer Prise Majoran zu!«

Dankbar und heißhungrig ergriff Magdalena das Brot und verschlang es mit wenigen Bissen. Sie lächelte die fremde Dame dankbar an: »Das ist sehr nett von Ihnen, mit mir zu teilen. Das Brot war so frisch – und Sie müssen mir unbedingt das Schmalzrezept verraten«, sagte sie. »Allein der schmackhafte Geruch ließ mich vor Hunger beinahe ohnmächtig werden!«

»Das habe ich bemerkt. Sie sind ohnehin so zart – und dann wurden sie plötzlich immer blasser …«

»Ja, mir war schon ganz schwindlig. Und dabei haben wir noch drei Stunden bis Berlin.«

»Das macht die stickige Luft hier in diesem Zug«, fuhr die alte Dame nach einer Weile fort und betupfte sich Schläfen und Hals mit »Uralt Lavendel«. »Möchten Sie auch?« Sie hielt ihr den Flacon hin.

»Danke!« Der erfrischende Duft belebte Magdalena.

»Ich bin froh, wenn wir endlich da sind. Früher war das Reisen viel angenehmer. Wohnen Sie mit Ihren Eltern in Berlin oder sind Sie nur zu Besuch?«, erkundigte sich die Dame.

»Nein, ich …«, sie zögerte, »bin eigentlich aus Königsberg. Meine Eltern sind tot – meine Großmutter kam bei dem letzten, schlimmen Angriff durch einen Volltreffer, der auch unser Haus zerstörte, ums Leben. Ich habe bisher bei Verwandten gewohnt. Aber nun wollte ich ihnen nicht länger zur Last fallen, selbstständig werden und mir in Berlin eine Arbeit suchen.«

»Aha«, sagte die weißhaarige Dame und verfiel in Schweigen. Nach einer Weile fragte sie nach. »Haben Sie denn schon eine Bleibe in Berlin, ich meine, ein Zimmer oder eine Wohnung?«

»Ehrlich gesagt, nein«, erwiderte Magdalena hastig, »aber ich dachte, in so einer großen Stadt lässt sich sicher leicht etwas finden!«

Wieder Schweigen, dann begann die Dame zögernd: »Nun, wenn Sie möchten – ich hätte da etwas für Sie! Meine Etagenwohnung in Dahlem ist sehr geräumig und eigentlich viel zu groß für mich, seit mein Mann tot ist. Aber sagen Sie mir doch zuerst Ihren Namen, mein Kind?«

»Magdalena«, antwortete sie wie aus der Pistole geschossen, doch dann verbesserte sie sich. »Ich meine, Alma Magdalena Kurz. Es wäre wirklich wunderbar, wenn ich bei Ihnen wohnen könnte.«

»In Ordnung. Dann darf ich Sie Magdalena nennen? Dieser Name gefällt mir weitaus besser als Alma. Ich bin Eleonore Lindental, und vor meiner Pensionierung war ich Lehrerin für Englisch und Geschichte.«

»Angenehm. Ich freue mich sehr, eine so nette Bekanntschaft gemacht zu haben!« Magdalena kamen diese Worte aus dem Grunde ihres Herzens. »Sie sind so gut!«

Die Frau mit den freundlichen, von Runzeln umgebenen blauen Augen war ihr tatsächlich auf den ersten Blick sympathisch gewesen. Sie schien ihr wie eine gute Samariterin, vom Himmel gesandt. Nun kannte sie in der fremden Stadt schon jemanden, brauchte nicht nach einer Unterkunft suchen und keine Angst zu haben, auf der Straße übernachten zu müssen.

Die nächste Stunde verlief unter angenehmem Geplauder, bei dem Frau Lindental ihr aus ihrem Leben erzählte und Magdalena anbot, sich gegen ihren Sitz zu lehnen. Dabei überfiel sie eine bleierne Müdigkeit, gemischt mit Erleichterung, und sie konnte kaum die Augen offen halten. Mitten im Gespräch fielen ihr die Lider zu, und das stete Rütteln des Zuges wiegte sie in einen Schlaf der Erschöpfung.

Wenn sie allerdings auch nur die geringste Vorahnung gehabt hätte, was in Berlin auf sie zukommen würde, wäre sie beim nächsten Halt des Zuges sofort wieder ausgestiegen und auf der Stelle nach Teplitz zurückgekehrt.

Über sich sah Paul das besorgte Gesicht unter der Haube einer Diakonin. »Wo bin ich?«, fragte er benommen und tastete mit den Händen über die Decke, in die man ihn gehüllt hatte. »Im Krankenhaus am Hinterrossgarten. Sie sind aufgestanden«, antwortete die Schwester, »und das ist Ihnen gar nicht gut bekommen.«

Paul seufzte. »Ich wollte nur telefonieren – aber es hat nicht geklappt. Bitte versuchen Sie es doch noch einmal für mich, ich werde Ihnen die Nummer ansagen. Es ist hier in Königsberg und der Name ist von Walden.«

»Von Walden?«, wiederholte die Schwester nachdenklich. War das nicht die Familie, die die schöne Renaissance-Villa in der Amalienau besaß? Die bei dem großen Bombenangriff zerstört worden war, wie man in der Zeitung hatte lesen können? So etwas durfte sie ihrem Patienten jetzt aber auf keinen Fall erzählen, das würde ihn nur unnötig beunruhigen. Außerdem wusste sie ja nicht, ob es diesen Namen vielleicht öfter gab.

»Später. Sie müssen sich jetzt unbedingt ausruhen«, beschied sie dem Kranken und zog die Bettdecke über seine Schultern, »damit Sie recht bald wieder zu Kräften kommen. Ich kümmere mich darum. Soll ich ... bei dem Anruf etwas ausrichten?«

»Ja!« Pauls Miene belebte sich, und leichte Röte trat auf seine eingefallenen Wangen. »Sagen Sie nur, dass ich mich im hiesigen Hospital befinde!« Er legte beruhigt den Kopf zurück. Egal, was geschehen war: Wenn Magdalena erfuhr, dass er im Königsberger Krankenhaus war, würde sie sich entweder selbst melden oder jemanden schicken. Vorausgesetzt, sie liebte ihn überhaupt noch. Die Ungewissheit, in der er sich jetzt schon seit längerer Zeit befand, war schlimmer als alles andere zuvor!

»Übrigens ... Ihre Schwester Christine war am Vormittag hier. Sie wollte sie unbedingt sehen. Aber Sie haben so tief geschlafen, dass wir Sie nicht wecken wollten. Sie sagte aber, dass sie sobald wie möglich wiederkäme.«

Paul lächelte, und als Christine ihn am nächsten Tag besuchte, wagte auch sie nicht, von dem schrecklichen Unglück, das die von Waldens getroffen hatte, zu sprechen und wich nur vorsichtig aus. Trotz ihrer vergangenen häufigen Anfragen im Hause Walden war nichts über das junge Mädchen zu erfahren gewesen. Es hatte auch niemand auf ihre Briefe reagiert. Nur einmal war ein Schreiben der Großmutter eingetroffen, in dem sie sie bat, ihre Bemühungen einzustellen, da Magdalena zu Verwandten gezogen sei. Sie vermutete dahinter einen anderen Mann, doch wollte sie Paul in seinem schlechten Gesundheitszustand nicht mit einer so traurigen Wahrheit konfrontieren. Später, wenn er wieder ganz gesund war, würde er es vielleicht besser verkraften können.

Paul wunderte sich, dass nach Auskunft der Krankenschwester alle künftigen Telefonanrufe unbeantwortet blieben und die Leitung stillgelegt schien. Selbst als er so weit wieder hergestellt war, um selbst einen Anruf zu tätigen, blieb sein Versuch ergebnislos. Er konnte jetzt kaum den Tag seiner Entlassung erwarten, um sich selbst in die Amalienau zu begeben.

Eines Tages klopfte es an die Tür seines Krankenzimmers. Ein ihm unbekannter Besucher trat ein, hager, von blasser Gesichtsfarbe und pickelig unreinem Teint. Er sah ihn hinter seiner runden Hornbrille fragend an. »Herr Hofmann? Entschuldigen Sie, dass ich Sie am Krankenbett aufsuche, aber ich habe einen dringenden Fall zu bearbeiten!« Er reichte ihm die Hand. »Anton Schäfer ist mein Name! Ich bin Kommissar in Quednau, hier in Königsberg.« Dann nahm er ein Dossier aus seiner Tasche und blätterte es auf. »Es geht da um eine gewisse Magdalena von Walden. Ich hörte, Sie sind mit ihr verlobt?« Er räusperte sich, und in seinen kleinen Äuglein, die wie Wachsperlen hinter der Brille funkelten, trat ein harter Schein.

Paul setzte sich im Bett auf. Sein Herz hämmerte laut gegen seine Brust. »Ja, natürlich sind wir verlobt. Aber ich bin Soldat und habe meine Verlobte sehr lange nicht gesehen. Ich war in Russland und wurde dort krank. Unser brieflicher Kontakt war durch ... gewisse Umstände unterbrochen, und ich habe nichts mehr von ihr gehört, ohne genau zu wissen, warum. Ich mache mir wirklich große Sorgen. Ist ihr etwas passiert?«

»Das wird sich herausstellen!« Anton Schäfer presste die Lippen zusammen und rückte einen Stuhl ans Bett, auf dem er mit durchgedrücktem Rückgrat Platz nahm. In dienstlichem Ton erklärte er: »Wir suchen die Betreffende. Mehr darf ich Ihnen nicht sagen. Ich frage Sie nur, ob Sie wissen, wo sich Fräulein von Walden befindet?«

Paul starrte ihn an wie eine Erscheinung. Irgendetwas in seinem Innern warnte ihn vor diesem geschäftigen Menschen. »Nun, ich nehme doch an, in ihrem Elternhaus.«

»In ihrem Elternhaus, so, so!« Schäfer erkannte, dass Paul nicht ganz im Bilde war. Aber vielleicht tat er ja nur so? Etwas milder fuhr er fort: »Sie haben sie also länger nicht gesehen ...«

»Vielleicht würden Sie mir zuerst einmal den genauen Zweck ihrer Befragung erklären,« unterbrach ihn Paul ungeduldig. »Ich habe vor Leningrad gekämpft, und wie Sie sehen, liege ich seit Wochen mit Malaria krank im Bett.«

»Möglicherweise hat sie Ihnen ja eine Nachricht geschickt? Haben Sie ... haben Sie denn überhaupt keine Vorstellung davon, wo sie sich aufhalten könnte?«, fragte er lauernd.

»Absolut nicht!«, antwortete Paul empört, der spürte, wie seine Erregung wuchs. »Aber ich würde es nur zu gerne wissen. Sagen Sie mir endlich, worum es hier geht. Was hat sie getan?« Er hätte diesen Kommissar Schäfer am liebsten am Kragen gepackt.

»Nun, ich möchte Sie nicht unnötig aufregen. Aber ich sehe, Sie wissen wohl noch nicht, dass die Villa der von Waldens bei einem Bombenangriff vor ein paar Tagen völlig zerstört wurde? Wir sind nicht sicher, ob die Gesuchte vielleicht unter den Trümmern liegt – ob sie überhaupt noch lebt. Die Bergung möglicher Leichen ist noch nicht abgeschlossen!«

»Unter den Trümmern ...«, wiederholte Paul, dem das Blut aus dem Gesicht gewichen war.

Schäfer seufzte. »Ich sehe, Sie wissen wirklich von nichts. In diesem Fall könnten wir unsere Akte wohl abschließen. Mein Beileid, falls es so sein sollte. Aber es ist wohl besser, ich lasse Sie jetzt allein! Wir sprechen uns noch.« Er klappte seine Tasche zu, verbeugte sich mit einem schmierigen Lächeln und schritt zur Tür. Bevor er hinausging, wandte er sich noch einmal um. »Nur zu ihrer Information: Ihre Verlobte, Fräulein von Walden, hat öffentlich die hohen Ideen des Führers in den Schmutz gezogen und sich an der Verbreitung verlogener Flugblätter beteiligt, die den Krieg und Adolf Hitler selbst verhöhnen. Das ist eine ernste Sache. Obersturmführer Koch hat mir persönlich die Untersuchung übertragen. Ich schließe mich seiner Meinung an, dass wir so etwas nicht durchgehen lassen können. Das muss hart bestraft werden. Die anderen Täter aus dem Umkreis der Universität sind bereits in Haft und wurden in verschiedene Lager deportiert. Da wir Fräulein von Walden als einziges Mitglied dieses schäbigen Komplotts noch nicht verhören konnten, müssen wir nun jeder Spur nachgehen. Wenn sie noch lebt, werden wir sie finden! Aber vielleicht hat sich das ja bereits von selbst erledigt. Heil Hitler!« Er grüßte grinsend und verließ den Raum, während Paul, von einem Frostschauer ergriffen, spürte, wie das Fieber in ihm erneut stieg. Er bekam keine Luft, ihm war übel und er glaubte zu sterben. Magdalena – begraben unter Trümmern? Das konnte, das durfte nicht sein! Er umklammerte die Klingel und zog so fest daran, dass sie fast riss.

Nach einem Rückfall durch den Besuch Kommissar Schäfers erholte sich Paul nur langsam wieder. Es fiel ihm schwer, die Nachrichten, die man ihm vermittelt hatte, zu verkraften. Tagelang starrte er blicklos gegen die Wand. Frau Doktor Braun, die blonde Ärztin, kümmerte sich rührend um ihn, ließ ihm die beste Pflege zuteil werden und besuchte ihn fast jeden Tag.

Nach einem Monat war er endlich so weit wieder hergestellt, dass er die Klinik verlassen konnte. Nun wusste er, dass kaum Aussicht bestand, seine geliebte Magdalena je wiederzusehen, und diese Tatsache lag wie ein schweres Bleigewicht auf seiner Brust. Eine leise Hoffnung hielt ihn noch aufrecht: Vielleicht war sie gar nicht tot – hatte sich irgendwo versteckt, um einer Verhaftung zu entgehen? Es war alles sehr seltsam. Er war jedoch felsenfest davon überzeugt, dass, wenn sie noch lebte, sie ihm ein

Zeichen gesandt und ihn nicht der Verzweiflung einer vagen Ungewissheit ausgesetzt hätte. So oder so blieb ihm nichts anderes übrig, als sich mit dem Unabänderlichen abzufinden und trotz der Traurigkeit seines Herzens zu versuchen, sein Leben weiterzuführen, so gut er es eben vermochte.

Als er sich bei der Ärztin für die gute Pflege bedankte, kam ihm in einer spontanen Anwandlung die Frage über die Lippen, ob sie nicht einmal miteinander essen gehen könnten. Sie hatte freudig zugestimmt, und so saßen sie eines Abends in der Schlosswirtschaft »Blutgericht« und erzählten sich gegenseitig aus ihrem Leben. Doktor Gabriele Braun hatte ihren Mann gleich im ersten Kriegsjahr verloren und stand ganz alleine da. Mit Hingabe widmete sie sich ihrem Beruf – aber es fehlte eben der Mensch in ihrem Leben, mit dem sie sich austauschen konnte. Ganz vorsichtig näherten sie sich einander an, denn sie hatten beide Schweres erlebt und den Verlust des geliebten Menschen noch nicht überwunden.

Nach seinem Krankenhausaufenthalt wurde Paul manchmal das unangenehme Gefühl nicht los, es stehe ein Schatten hinter ihm, jemand, der ihm auf Schritt und Tritt folgte und ihn beobachtete. Er konnte es nicht beweisen, und es gelang ihm nicht, die betreffende Person zu erwischen und zur Rede zu stellen. Bisher hatte er es übrigens vermieden, in die Nähe des Stadtteils Amalienau in die Kurstraße zu kommen, um nicht an die Vergangenheit erinnert zu werden. Doch eines Tages zog es ihn plötzlich mit unwiderstehlicher Macht dorthin. Die mutmaßlich Verschütteten waren immer noch nicht geborgen, und wieder kam ihm der Gedanke, Magdalena könne niemals unter diesem Trümmerberg liegen. Nachdenklich stand er vor dem Loch im Boden, wo einst die weiße Villa der von Waldens mit ihrem wunderschönen Park gestanden hatte, und schauderte. Noch war es nicht gelungen, den gesamten Schutt und die eingestürzten Mauern fortzuräumen, um alles freizulegen. Schnell wandte er sich ab. Auch wenn Magdalena noch lebte, so schien sie doch nichts mehr von ihm wissen zu wollen. Für ihn war sie tot – er musste sich endlich damit abfinden!

Wochen verflossen, und er entnahm den Kriegsberichten, dass es immer noch nicht gelungen war, Leningrad zu erobern, weil der brutale russische Winter mit aller Kraft zugeschlagen hatte, die Ausrüstung der Soldaten Mängel aufwies und Wind, Schnee und Kälte den Soldaten zu schaffen machten. Die schlimmeren Nachrichten kamen jedoch aus Stalingrad – die gesamte 6. Armee war von den Russen mit einer Zangenbewegung eingeschlossen worden. Es gab keine Hilfe, aber Hitler, vom Leiden der Soldaten unberührt, befahl mit eiserner Härte, durchzuhalten und Widerstand bis zur letzten Patrone zu leisten.

Wenn Paul bisher noch nie Zweifel am Erfolg dieser Kriegsführung, an den Entscheidungen des Führerhauptquartiers gehabt hatte, so war es diesmal anders. Sollten in Stalingrad die Männer als Helden geopfert werden? War das gerechtfertigt, wenn eine Lage so aussichtslos schien wie diese? Es war, als zöge sich ein unsichtbarer, eiserner Reifen immer enger um Deutschland zusammen. Seit dem Herbst, in dem sich die Alliierten zu erbittertem Widerstand gegen Hitler zusammengeschlossen hatten, heulten nun die Sirenen Tag und Nacht, wurden regelmäßig Einsätze geflogen, und jeder Tag brachte neue Vernichtungswellen unschuldiger Menschenleben, ausgebrannte Trümmer und rauchende Häuserruinen. Die Bombardierungen auf alle Städte Deutschlands nahmen zu, und auch Königsberg geriet immer mehr ins Visier des Feindes. Die Luftangriffe auf die Stadt, die sich bisher mit Ausnahmen meist auf Fabrikanlagen beschränkt hatten, nahmen zu und dehnten sich auf den Stadtkern aus.

Ohne auch nur zu ahnen, dass Paul für kurze Zeit in Berlin gewesen war, hatte Magdalena es bald nach ihrer Ankunft in der Stadt gewagt, ein Postfach unter ihrem neuen Namen, Alma

Kurz, zu eröffnen. Es war ein Risiko, aber einen knappen, sachlich gehaltenen Brief ohne Unterschrift hatte sie von dort bereits an Pauls Schwester an die Königsberger Adresse gesandt. Egal, wo er sich jetzt befand, man würde ihm sicher diesen Brief nachsenden, und sie hoffte, dass er nicht in falsche Hände geriet. Es war ein letzter verzweifelter Versuch, ein Wagnis, aber sie musste es jetzt eingehen, wenn sie Paul noch einmal wiedersehen wollte!

Als der Arzt Paul schließlich gesund und kriegsdiensttauglich schrieb, meldete er sich ohne zu zögern sogleich wieder bei der Frontleitstelle in Berlin. Die Einteilung begann aufs Neue – diesmal erging ein neuer Marschbefehl an die Woronesch Front nach Ostrogosch, nordwestlich von Stalingrad, an eine militärisch äußerst kritische Stelle in Russland, wenn man den Kessel von Stalingrad ausnahm.

»Ein Brief für Paul Hofmann und die Zeitung«, rief der Postbote Christine zu, die ihm gerade im Morgenmantel die Tür geöffnet hatte.

»Für Paul?«, murmelte Christine abwesend. »Aber der ist doch schon längst wieder fort.« Sie nahm den Umschlag auf und drehte ihn in den Händen. Er kam aus Berlin, aber es stand kein Absender darauf und die Adresse war in Druckbuchstaben geschrieben. Sollte sie ihn öffnen? Oder ihn besser gleich nach Russland in sein Quartier nachsenden? War sicher nichts Wichtiges. Achtlos legte sie ihn mit der Zeitung auf einer Kommode ab.

Magdalenas neues Zuhause in der Berliner Friedrichstraße war ein großes Mietshaus, ein Altbau, in dem Frau Lindental eine halbe Etage im dritten Stock bewohnte. An der schweren Eingangstür prangte ein geschnitzter Löwenkopf, und die hohen Räume, bürgerlich elegant eingerichtet, besaßen aufwendige Stuckdecken. Auch der Flur und das Treppenhaus zeugten vom Wohlstand des Erbauers; es war ganz mit Marmor ausgelegt und verschwenderisch verspiegelt – während man hingegen an den Badezimmern und sanitären Einrichtungen gespart hatte.

Magdalena erhielt das hintere, sehr geräumige Zimmer, das zur Straße hinaus ging und einen mit kleinen Säulen verzierten Balkon besaß. Frau Lindental war froh, Gesellschaft zu haben und zugleich eine Hilfe, die ihr Kohlen aus dem Keller für den Kachelofen heraufholte und ihr auch sonst zur Hand ging, wenn ihr die vielen Treppen zu beschwerlich wurden. Nur eines konnte ihr Magdalena nicht abnehmen: bei Bombenalarm so schnell wie möglich hinunter in den Keller zu laufen. Wie die anderen Mitbewohner beteten sie dann, dass ihr Haus von den Bomben verschont bleiben würde. Die Friedrichstraße wies allerdings bereits beängstigende Lücken auf, in denen ganze Existenzen unter Trümmern und Ruinen begraben lagen. Magdalena jagte dieser Anblick beim ersten Mal großen Schrecken ein, doch Frau Lindental schien sich daran gewöhnt zu haben. Was sollte sie sonst auch machen? Sie war wie alle anderen froh, selbst noch ein Dach über dem Kopf zu haben.

Nach ihrer Bewerbung bei den Maggi-Werken, zuständig für Zulieferungen und Lebensmittelrationierung für die Wehrmacht, wurde Magdalena als Aushilfe am Fließband eingestellt. Sie musste die ratternde Maschine bedienen und überwachen, die Deckel auf Blechdosen mit Gulasch und Wurstpasteten stanzte. Jeden Morgen fuhr sie mit der Straßenbahn aus der grauen, schon erheblich bombengeschädigten Stadt heraus, umgeben von Menschen mit sorgenvollen Mienen. Abends kehrte sie dann wieder zurück, um mit ihrer Zimmerwirtin die einzige Mahlzeit, die abwechselnd aus einer Karotten- oder Erbsensuppe mit Kartoffeln bestand, zu teilen. Als unerhörten Luxus hatte Frau Lindental in besseren Zeiten einen riesigen Topf Schmalz mit Gewürzen und einer Speckseite eingekocht, der auf dem Balkon im Kühlen aufbewahrt wurde. Da sie es auch verstand, selbst aus dem schlechten Mehl, das man zugeteilt bekam, wohlschmeckendes Brot zu backen, gab es davon immer einen kleinen Vorrat. Als Höhepunkt der täglichen faden Suppenmahlzeit servierte sie die knusprigen, in der Krume etwas klebrigen Brote, großzügig mit Schmalz bestrichen und einem Stückchen des nach Knoblauch und Majoran schmeckenden Specks garniert. Magdalena aß diese Brote mit großem Genuss und hätte dafür gerne auf die wässrigen Erbsen- oder Rübensuppen verzichtet. Ihr abendlicher, gesunder Appetit stand jedoch in völligem Kontrast zu ihrem morgendlichen Unwohlsein, über das sich Frau Lindental so ihre Gedanken machte. Eines Tages äußerte sie unumwunden ihre Besorgnis:

»Liebes Kind, ich halte es für sehr ungesund, wenn Sie aus dem Haus gehen, ohne zu frühstücken! Essen Sie doch wenigstens ein Stückchen Brot! Hier, ich habe Ihnen auch etwas Rübensirup drauf gestrichen …«

»Ich kann wirklich nicht, ich …«, Magdalena stockte, warf einen Blick auf den glibberigen braunen Sirup und spürte schon wieder, wie sich ihr Magen zusammenkrampfte und das bekannte Würgen in ihre Kehle stieg. Sie schaffte es nicht mehr hinauszulaufen und beugte sich über den Putzeimer in der Ecke. Als sie den Kopf hob und aufstand, sah sie in die forschenden Augen Frau Lindentals.

»Sie sind schwanger, nicht wahr?«, fragte diese sie mit einer Stimme, die keinen Widerspruch zuließ. Sie nickte, setzte sich auf den Stuhl am Küchentisch und sah mit ausdrucksloser Miene auf das Muster der gelben Tischdecke. »Ja«, sagte sie, »aber ich will das Kind nicht! Auf gar keinen Fall. Der Mann hat mich erpresst.«

»So etwas habe ich mir gedacht! Aber was wollen Sie denn tun?«, fragte Frau Lindental mit ratloser Miene und ließ sich ebenfalls auf einen Stuhl fallen.

»Ich suche einen Arzt!«, sagte eine Magdalena entschlossen,

»und ich werde bestimmt einen finden, der mich von dieser Last befreit!«

Ein Schweigen entstand, in dem keine der beiden Frauen ein Wort sagte. »Ich habe niemals ein Kind gehabt ...«, begann Frau Lindental schließlich mit schleppender Stimme, in eine unbestimmte Ferne sehend.

»... und ich will keins, nicht jetzt und vor allem nicht von einem Mann, den ich gar nicht liebe!«, unterbrach Magdalena aufbrausend. »Verzeihen Sie Frau Lindental ... aber ich muss jetzt gehen, sonst bekomme ich die Straßenbahn nicht mehr.« Sie ging zur Tür, doch dann wandte sie sich mit einem schwachen Lächeln noch einmal zurück. »Ich würde natürlich verstehen, wenn Sie mich unter ... unter diesen Umständen nicht bei sich behalten wollen.« Ohne eine Antwort abzuwarten, nahm sie ihre Tasche und lief, immer zwei Stufen auf einmal nehmend, die Treppe hinunter. Die weißhaarige Frau auf dem Küchenstuhl sah ihr nach, schüttelte den Kopf und seufzte. Hoffentlich machte sie keine Dummheiten – das junge Mädchen war ihr ans Herz gewachsen, sie war wie die Tochter, die sie sich zwar gewünscht, aber nie bekommen hatte.

Als Magdalena zwei Tage später die Arztpraxis im Hinterhof des grauen, etwas verwahrlosten Hauses in der Bismarckstrasse betrat und sich in das muffige Wartezimmer setzte, in dem die Tapete abzublättern begann, fühlte sie sich so elend wie noch nie zuvor. Ihr Gewissen meldete sich: Hatte sie überhaupt ein Recht, das Ungeborene zu töten? Sie schob die Gedanken beiseite und sah verstohlen zu den anderen beiden Frauen hinüber, ein sehr junges Mädchen, fast noch ein Kind, das ihre Hände im Schoß über ihrer Geldbörse verschränkt hatte, und eine üppige Frau mit rot geschminkten Lippen in einem tief ausgeschnittenen Kleid, die mit ihrem Strickzeug klapperte und geruhsam eine Masche nach der anderen aufnahm. Waren sie aus dem gleichen Anlass da wie sie? Sie zwang sich, ruhig sitzen zu bleiben. Schließlich hatte sie einen guten Grund für das, was sie tun wollte. Ihr Kind sollte von dem Mann sein, den sie liebte und nicht von einem Zyniker, der sie nur benutzt hatte! Sie erschrak fast, als sich die Tür öffnete und eine dicke Frau mit einer schmuddeligen Schürze, die deutliche Blutspritzer verunzierten, mürrisch murmelte: »Die Nächste bitte …« Ihre kalten Augen wanderten taxierend über die Wartenden. »Halten Sie Ihr Geld bereit. Der Herr Doktor will, dass im Voraus bezahlt wird.«

Das junge Mädchen umkrampfte ihre Börse, sprang hoch und folgte ihr, während die Strickende nur kurz aufsah. Magdalenas Herz begann, unruhig zu klopfen. Was stand ihr bevor? Die Minuten zogen sich, und sie horchte angestrengt auf die gedämpften Geräusche hinter der Tür, Gesprächsfetzen, Klappern und manchmal etwas, das wie undeutliches Stöhnen klang.

Frau Lindental hatte zu Hause mit Engelszungen auf sie eingeredet, ihr angeboten, sie und das Kind bei sich zu behalten, doch Magdalena konnte zu all ihren Vorschlägen nur den Kopf schütteln. Eine ledige Mutter! Niemand wusste, was die ungewisse Zukunft brachte. Was sollte sie mit einem Kind anfangen, wenn sie nicht einmal ein eigenes Dach über dem Kopf hatte? Es gab viele Gründe, und solange der drohende Schatten einer Festnahme über ihr schwebte, die Gefahr, in einem unbekannten Lager zu verschwinden, schien ihr der Gedanke an ein eigenes Kind völlig absurd. Vor allem aber schämte sie sich ihrer Situation.

»Die Nächste!« Wieder öffnete sich die Tür, und ein Geruch von scharfen Desinfektionsmitteln wehte heraus. Die üppige Dame stand auf, legte gleichmütig ihr Strickzeug in einen Beutel und schritt wiegenden Schrittes so zielbewusst voran, als wäre sie nicht zum ersten Mal hier. Hinter ihr fiel die Tür ins Schloss, und Magdalena blieb allein im Wartezimmer zurück. Sie spürte, wie steigende Erregung, ja beinahe Panik sie überfiel. Wenn sie bloß wüsste, wie alles ablaufen würde! Die mürrische, nach

Schweiß riechende Hebamme in der schmutzigen Schürze war ihr jetzt schon in tiefstem Herzen zuwider. Allein der Gedanke, von ihr angefasst oder behandelt zu werden, löste Übelkeit in ihr aus. Kalter Schweiß trat auf ihre Stirn. Nach einer Weile, die ihr wie eine Ewigkeit schien, öffnete sich die Türe wieder, und sie zwang sich, wie in Trance hindurchzugehen. Sie legte ihren Umschlag in die ohne weiteren Kommentar aufgehaltene Hand der Hebamme, die ihn sofort öffnete, laut die Scheine nachzählte und das Geld dann in eine Schachtel zu den anderen Einnahmen legte. In der Mitte des eher kleinen Raumes stand eine Pritsche, deren Laken noch blutig waren, und davor ein verstellbarer Hocker. Der ätzende Geruch von Karbol, Äther und menschlichen Ausdünstungen lag schwer über dem Raum, dessen Fenster geschlossen waren.

»Ausziehen und rauflegen!«, herrschte die Hebamme sie grob an. »Schnell, der Doktor hat nicht ewig Zeit!« Magdalena sah sich hilflos nach einem Wandschirm oder etwas, hinter dem sie ihre Kleidung ablegen konnte, um. In diesem Moment betrat in weißem Kittel, mit heraufgekrempelten Ärmeln und bis zum Ellenbogen reichenden, grauen Gummihandschuhen der Arzt den Raum. Er sah müde aus, blickte sie nicht einmal an, sondern deutete gleich auf die Pritsche, während er geschäftig mit verschiedenen Bestecken klapperte, die auf einem kleinen Tischchen lagen.

»Na los jetzt, zier dich doch nicht so, Püppchen!«. Die Hebamme verzog ihr rotes, dickbackiges Gesicht zu einem breiten Grinsen. »Ich helf dir!« Sie trat auf sie zu, während eine penetrante Wolke von Alkoholdunst sie streifte. »Ist auch gleich vorbei! Bisschen Ruhe und du denkst gar nicht mehr dran!« Sie wies in die andere Seite des Raumes. »Diese Tür geht in den Hausgang, da gehst du nachher raus und dann ganz normal auf die Straße, verstehst du? Zu Hause musst du dich natürlich hinlegen, ausruhen, bis alles vorbei ist. Tut ein bisschen weh, aber da darfst du dann nicht so zimperlich sein.« Mit diesen Worten drängte sie sie zur Liege und machte Anstalten, ihr den Rock einfach hochzustreifen. Magdalena erstarrte, sie sah mit einem Frösteln auf die unsaubere Schürze, das blutige Laken ihrer Vorgängerin und auf die schon benutzten Gummihandschuhe, die der Arzt trug, der sich ihr jetzt mit einer Kürette näherte.

Als Paul in Ostrogosch ankam, war es tiefster Winter. Die Feuerstellung war außer den deutschen Soldaten auch mit einem bunten Völkchen aus Italienern, Rumänen und Ungarn besetzt. Die Fahrzeuge und Ersatzteile, die in dem weiten, dick verschneiten Gebiet zur Verfügung standen und um die er sich als Maschinenbauingenieur kümmern sollte, bestanden zu seinem Schrecken aus irgendwo aufgelesenem Schrott und zum Teil »organisierten« Fahrzeugen aus Frankreich. In der 5. Batterie, zu der er eingeteilt war, musste vieles einfach improvisiert werden, und das machte die kritische Lage nicht gerade besser. Disziplin und Moral erwiesen sich als fragwürdig, und der Kampfesmut angesichts der schlechten Nachrichten, die aus dem eingekesselten Stalingrad kamen, war gebrochen. Es herrschte allgemeine Unsicherheit in der zusammengewürfelten Truppe, deren Ausrüstung und Ordnung mehr als mangelhaft war.

Pauls Quartier bestand aus einem einfachen, aber stabilen Holzhäuschen mit einer Schreibstube; ein in dieser Gegend unerhörter Luxus, den er mit einem Kameraden namens Karl Hellwig teilte. Abwechselnd musste einer von ihnen in die Feuerstellung, wobei Karl manchmal als Fahrer fungierte, während Paul aufgrund seiner Kenntnisse über Maschinen den sogenannten »Fahrzeugpark« betreute und zusätzlich auch schriftliche Arbeiten erledigte. Doch für Letzteres blieb im Augenblick kaum Zeit – kurz nach Pauls Ankunft fiel eine solche Menge Schnee vom Himmel, dass zuerst Notverschläge aus Brettern zum Unterstellen für die Fahrzeuge zusammengezimmert werden mussten, damit diese nicht völlig einschneiten. Das größere Problem aber bestand darin, die Motoren bei der bestehenden Kälte überhaupt in Gang zu bekommen. Batterien froren regelmäßig ein, und erst als Paul auf die Idee kam, diese nachts mit in die Unterkünfte zu nehmen, besserte sich die Situation ein wenig.

Das Holzhäuschen gehörte einer jungen, schwarzhaarigen »Panjenka« namens Tanja, deren Mann als Kommissar an der russischen Front einen angeblich wichtigen Posten einnahm. Sie war mit ihrem zehnjährigen Jungen in das gegenüberliegende Häuschen zu ihrer Mutter gezogen, fügte sich aber ganz gut in ihr Geschick, hielt weiter auch ihr eigenes Haus in Ordnung und stand sich auch sonst mit den deutschen Soldaten gut. Paul warf sie manch glutäugigen Blick zu. Der freundliche blonde Deutsche gefiel ihr unbestritten; sie tat ihm jeden Gefallen, brachte ihm morgens eine Schale warmen Kascha, wusch und bügelte seine Sachen und sorgte für ihn, als sei er ihr eigener Mann. Paul ließ sich das gern gefallen, und um sich zu revanchieren, steckte er ihr für ihren blassen, aufgeschossenen Jungen namens Kolja manchmal etwas zum Essen zu. Die Dosen mit Wurst und Gulasch waren für den an Hirsebrei und Sauermilch gewöhnten Jungen exotische Mahlzeiten, und er betrachtete den fremden Soldaten mit scheuen großen Augen. Als Paul ihn einmal am Steuer eines der Wehrmachtsfahrzeuge sitzen ließ, hatte er seine Freundschaft endgültig gewonnen.

Kolja verstand es trotz seiner Jugend, gut zu fischen; er tat es mit einer unglaublichen Geschicklichkeit und Geduld und war glücklich, damit etwas zu der kargen Kost, der sämigen Borschtsuppe, die jeden Tag im Kochtopf brodelte und bei der im Winter halb verschimmelter Kohl das Grundnahrungsmittel bildete, beizusteuern.

Als endlich die schlimmste Kälteperiode mit Temperaturen von bis zu minus 40 Grad überstanden war, gab es ein erleichtertes Aufatmen! Der Frühling kam und Ostern rückte näher. Es waren ruhige Tage, fast eine Art Erholung, bis auf einige nächtliche Flieger, die ein paar Bomben auf den Stützpunkt abwarfen. Man löste das Problem geschickt, indem man einfach einen Teil der Quartiere näher an das russische Dorf verlagerte, in dem jetzt heimlich, dem aufgezwungenen Bolschewismus zum Trotz, das heilige Osterfest vorbereitet wurde.

Tanja besaß einen Panjewagen und ein kleines Pferdchen und lud, auf Bitten ihres Sohnes Kolja, Paul und einige Offiziere zu einer kleinen Fahrt über die Dörfer ein. Es war ein sonniger Frühlingstag, überall taute es, und die russischen Bauern kamen herausgelaufen und begrüßten die Soldaten friedlich wie alte Freunde. Was scherte sie der dumme Krieg, der Streit zwischen den Sturköpfen Stalin und Hitler, die so weit weg waren und nicht das Geringste mit ihrem einfachen Leben zu tun hatten? Die sie zwingen wollten, ihre Priester zu verbannen, die Kirchen zu schließen! Wie jedes Jahr wollten sie ihr Ostern feiern, das Fest, an dem Christus auferstanden war, auch wenn das den Oberen nicht passte, weil sie Gott verleugneten! Und diese Männer, ob Soldaten oder nicht, die jetzt zu ihnen kamen, das waren gläubige Christen, genau wie sie selbst! Sie waren Menschen, die ihren Glauben lebten, bewegt von Hoffnung auf Frieden und ein besseres Leben auf Erden! Keiner von denen wollte sie zwingen, ihre Ikonen und Kreuze zu verbrennen!

»Chrestos woskres« (Christus ist auferstanden). Mit dem von Tanja erlernten Satz begrüßte Paul einen Bauern, der sich mit Tränen in den Augen bekreuzigte, ihn umarmte und antwortete: »Waistinno woskrejes« (Er ist wahrhaftig auferstanden). Seine Frau lief geschwind mit einem verklärten Lächeln ins Haus und kam mit rot gefärbten Eiern zurück. Wie war es gut, solche Sympathie und Verbundenheit zu spüren und wie wenig hatten diese jungen Soldaten, die nicht anders als ihre Söhne waren, etwas mit dem grausamen Kampf der Nationen gegeneinander zu tun!

»Chrestos woskres«, überall wo sie hinkamen, wirkten diese

Worte wie ein Zauber, der die Herzen öffnete und die Menschen zu Brüdern werden ließ. Die Natur erwachte, und man betete gemeinsam an dem kleinen Hausaltar im Angesicht der vererbten, vor den Bolschewiken versteckten Ikone. Dann gab es einen Wodka und immer wieder die traditionellen gefärbten Eier, Zeichen dieses heiligen Festes. Christus war auferstanden, und er wollte den Frieden auf Erden, genau wie sie selbst. Diese Botschaft schmiedete in diesen Tagen auf wundersame Weise zusammen, verwischte alle Unterschiede von Herkunft und Nationalität und machte es später umso schwerer, den Befehlen des Tötens und Kämpfens der wahnwitzigen Machthaber zu gehorchen.

»An dieses Ostern werde ich mich immer erinnern!«, sagte Paul am Nachmittag zu Tanja, neben sich einen großen Korb bunter Eier und völlig benebelt von unzähligen Gläschen selbst gebrannten Wodkas, als sie heiter und immun gegen die Kälte des Abends, im rüttelnden Panjewagen zurückfuhren. Die ganze Truppe war ausgelassen, man lachte, sang Lieder, versuchte, von Tanja vorgesprochene russische Worte zu lernen, und vergaß völlig, warum man überhaupt hierhergekommen war.

Auch Tanja dachte in diesem Moment an nichts anderes als den Augenblick, nicht an ihren Mann, den russischen Kommissar, nicht an ihre Familie und ihr einfaches Leben unter ärmlichen Bedingungen; nicht daran, was die Zukunft bringen würde. Sie spürte nur die Wärme des Armes, der sie wie selbstverständlich umfing und dass sie noch nie in ihrem Leben so glücklich und unbeschwert gewesen war wie hier mit diesen fremden, feindlichen und doch so liebenswerten Soldaten.

Vorsorglich deckte sie Paul mit dem mitgebrachten Wolfspelz zu, streichelte seine Hand, schmiegte sich an ihn und legte den Kopf an seine Brust. Durch das Gegröle der Kameraden hindurch sang sie leise mit ihrer schönen Stimme ein kleines russisches Liedchen ganz für ihn allein.

Paul wandte ihr sein Gesicht zu, und sie küssten sich, als sei es das Selbstverständlichste von der Welt. Die Nacht sank langsam herab, Kühle legte sich über die noch weißen Felder und die dunklen Schatten der Bäume, denen ein würziger und zugleich frischer Duft entstieg. Es war Ostern! Und es schien, als läge etwas Unbeschreibliches in der Luft. Frieden – Erwachen – die ewige Erneuerung der alten, überlebten Welt, die hinter ihnen in Schutt und Asche sank! In diesem Augenblick wurde Paul zum ersten Mal im Leben die österliche Bedeutung der Friedensbotschaft bewusst, das Fest der Auferstehung Christi, so wie er es noch nie im Leben gekannt hatte.

Auch in den nächsten Tagen blieb es ruhig, man hörte, dass sich die Front wieder vorverlagert hatte – aber der Krieg schien irgendwie weit weg. Es taute weiter, und als das Eis auf dem kleinen See in der Nähe brüchig wurde, zogen die Altbauern, Frauen und Kinder mit Beilen und Hacken bewaffnet los und schlugen wie jedes Jahr große Löcher ins Eis, um die magere Winterkost ihrer Kohlsuppe durch fette Fische aufzubessern. Auch Kolja war eifrig bei diesen Unternehmungen dabei und hatte sich selbst eine Angel gebastelt, die er mit Abfällen bestückte. Aber am besten gelang es ihm selbst, die Fische mit einem blitzschnellen Griff ins Wasser zu packen und sie aufs Eis zu befördern. Er lachte übers ganze Gesicht, wenn sie auf der glasigen Eisfläche zappelten und hin und her glitschten. Dann musste er nur noch aufpassen, dass sie ihm nicht doch noch entkamen und sich mit einem heftigen Satz ins Wasser retteten. Den ganzen Tag verbrachte er so am See, und es war ein Spiel, bei dem er seine Geschicklichkeit immer weiter verbesserte.

Inzwischen wurde die Lage an der Woronesch-Front für die deutschen Soldaten wieder brenzliger – die Frontgrenze hatte sich erneut zu ihren Ungunsten verschoben, während die Russen unaufhaltsam weiteres Terrain zurückeroberten. Truppenverbände der Roten Armee hatten sich bereits so weit vorgearbeitet, dass sie sich teilweise hinter der Front, das hieß im Rücken der Deutschen, befanden.

Der Befehl erging nun, allmählich die Zelte bei Ostrogosch abzubrechen und den Rückzug vorzubereiten. Alles murrte – die Moral der Truppe war ohnehin geschwächt durch den Untergang der sechsten Armee. Die Kunde von der Niederlage im nicht allzu weit entfernten, nordwestlich gelegenen Stalingrad, das Elend der eingekesselten Soldaten, zum Sterben verurteilt, erschütterte nicht nur die Soldaten, sondern die ganze Welt. Stalingrad war zu einer Totenstadt geworden, einem Friedhof des deutschen Landsers und zu einer schrecklichen Fratze blinden Gehorsams.

Nachdem Paul am Nachmittag in der Schreibstube seinen Bericht für den Kommandeur über die Frontlage beendet hatte und sich gerade auf dem blubbernden Kanonenöfchen eine Kanne heißen Tee braute, stürzte plötzlich Tanja aufgeregt herein. Die schwarzen Haare fielen ihr ungeordnet ins rote, verzerrte Gesicht, und aus ihrem Mund entrang sich ein Schwall russischer Laute, die er nicht verstand. Sie zog krampfhaft an seinem Ärmel, um ihn zum Ausgang zu bugsieren, hinaus in den von der Frühlingssonne glitzernden Schnee, der nur langsam taute. »Kolja«, rief sie immer wieder, »dawai dawai – komm!«

»Was ist los?«, fragte er und befreite sich unwillig, »was willst du von mir?« »Kolja – Söhnchen«, schluchzte sie auf, »am Wasser …«, sie wimmerte und gestikulierte wild mit den Händen, »am See, immer er fischen … dann fallen …«, sie machte die Bewegung des Untertauchens und begann, noch lauter zu weinen. Paul warf seinen Lammfellmantel ab und lief los. Am Ufer des Sees standen aufgeregt schwatzende, russische Frauen und wiesen auf den dunklen Schatten auf der glitzernden Fläche, die die Strahlen der Sonne stärker erwärmt und damit verdünnt hatte. Die Oberfläche des Sees war leicht überschneit, wie angezuckert, mit einem bläulichen Untergrund. Es war gefährlich, sich so weit auf den See zu wagen, doch Kolja hatte sich wie schon so oft mit einem Brett über die dickeren Schollen bis zur Mitte vorgeschoben, wo es die meisten Fische gab. Und es war immer gut gegangen – doch diesmal hatte er sich zu weit vorgebeugt und war kopfüber in das Loch im Eis gefallen. Mühsam gelang es ihm schließlich, sich halbwegs wieder auf das Brett zu ziehen, aber er schaffte es doch nicht ganz hinauf.

Aus der Ferne sah man nur seinen Kopf und Oberkörper über das Holzstück gebeugt, das auf zwei Eisschollen balancierte, oberhalb des Eisspiegels ragen. Er hielt sich fest, aber er schrie und zappelte, weil es ihm nach so vielen Versuchen immer noch nicht gelang, sich daran hochzuziehen. Das Eiswasser hatte seine Kleidung und die schwere Felljacke durchnässt, derer er sich jetzt nicht mehr entledigen konnte und die ihn wie mit unsichtbaren Kräften abwärts in die lähmende Tiefe zu ziehen drohte. Die Frauen schüttelten schaudernd den Kopf und bekreuzigten sich. Es schien hoffnungslos, an den Jungen heranzukommen. Nur sein leichtes Gewicht hatte ihn so weit hinaus über die dünne Schicht getragen – für einen Erwachsenen war es ganz und gar unmöglich, ihm zu folgen.

Paul überlegte einen Augenblick. »Halt dich fest, Kolja«, schrie er dem Jungen zu, »gib nicht auf, ich hol dich da raus!« Er rannte so schnell er konnte ins Lager zurück, riss eine dünne Blechplatte zum Verschweißen von Autoteilen aus dem Ersatzteillager, nahm eine Seilwinde aus seinem Werkzeugwagen und rannte damit so schnell er konnte zum See. Beunruhigendes Murmeln empfing ihn, während Tanja spitze Schreie ausstieß und sich in die geballten Fäuste biss. »Mein Kind, mein Junge!«, heulte sie auf, alle Heiligen um ihren Schutz und Hilfe anrufend.

Paul suchte eine ihm einigermaßen fest scheinende Stelle aus, legte sich bäuchlings auf das Blech und schob sich mit einem riskanten, heftigen Satz mit beiden Armen voran. Das Blech segelte blitzschnell über das dünne Eis, ohne einzubrechen, währenddessen er erneut anschob. Sein Gewicht belastete durch die Schnelligkeit des Gleitens die Eisfläche kaum, sondern streifte sie nur ganz kurz. Auf diese Weise rudernd, blieb er ständig in Fahrt, doch er brauchte Halt, um es zu wagen, dem Jungen das Seil zuzuwerfen. Immer in Bewegung, versuchte er, den Gedanken an die Entfernung zum Ufer zu ignorieren und nach einer dickeren Scholle Ausschau zu halten, die ihm genügend Halt geben konnte. Als er glaubte, sie gefunden zu haben und nahe genug bei dem Jungen war, erkannte er, dass es höchste Zeit war. Kolja hatte bereits blaue Lippen und sein verkrampftes Gesicht war unnatürlich weiß. Seine Augenlider flatterten, als er zu ihm hinübersah. Er hatte keine Kraft mehr zum Reden, geschweige denn zum Schreien. Lange würde der kleine, magere Körper die fortschreitende Unterkühlung nicht mehr ertragen.

»Halt durch, Kolja«, schrie er, um ihm Mut zuzusprechen. »Fang das Seil, halt dich daran fest und versuch, dich weiter auf das Brett zu ziehen.« Jetzt kam es darauf an, dass Kolja überhaupt verstand, was er meinte, denn er sprach nicht russisch und Kolja bis auf ein paar Brocken nicht deutsch. Das Seilende platschte neben dem Kind ins Wasser. Langsam, viel zu langsam streckte Kolja die Hand nach ihm aus. Er schien schon halb betäubt.

»Kolja«, schrie Paul wie wahnsinnig, »Kolja!«

Mit einem für seinen mageren Körper fast übermenschlichen Ruck stieß sich der Junge jetzt noch einmal ab und landete mit der Brust auf dem Holzbrett. Aber die Last der schweren Kleidung ließ ihn mit zäher Gleichmäßigkeit wieder Zentimeter für Zentimeter herabrutschen.

»Halt dich fest, verdammt noch mal!«, schrie Paul wieder, ohne zu wissen, ob er verstanden wurde. »Streck dich lang aus und beweg dich nicht zu viel!«

Während das Eis unter ihm knackste und das Wasser bedrohlich gluckerte, zog er an und begann, ganz vorsichtig zu kurbeln. Langsam, ganz langsam, wie in Zeitlupe mithelfend, tauchte Koljas Körper aus dem sich in kleinen Wirbeln drehenden Nass. Paul hielt den Atem an und zog ihn Stück für Stück auf dem Brett zu sich. Jetzt kam es darauf an, dass sie beide sicher das Land gewannen. Am Seeufer war es still geworden, die Frauen standen wie erstarrt da, manche mit offenem Mund und andere, Tanja eingeschlossen, hatten die Schürze vors Gesicht geschlagen, weil sie die Spannung beim Zusehen nicht ertragen konnten.

Wie zuvor begann Paul sich mit aller Kraft nun von der sicher scheinenden Scholle abzustoßen und wie auf Schlittenkufen, das Brett mit Kolja im Schlepptau, dem Ufer zuzugleiten. Doch sie hatten das rettende Land noch nicht erreicht, als das Blech an einer tückischen Stelle an zwei aneinandergeschobenen Schollen stoppte, auf eine dünne Stelle geriet und mitsamt seinem Gewicht erneut durch das Eis brach. Paul landete mit einem lauten Schrei im eisigen Wasser, und als er sich nach Kolja auf seinem Brett umsah, den er am Seil hinter sich herzog, war der Junge wie ein Stein in den eisigen Fluten versunken.

16. Kapitel

Ein schwerer Entschluss

Die Hebamme mit der schmierigen Schürze war völlig verdutzt, als Magdalena von der Liege heruntersprang, sie mit einem Stoß beiseiteschob und wie von Furien gejagt hinaus durch das muffige Wartezimmer an einer neu angekommen Patientin vorbeischoss. Das Knallen der Tür ließ die beiden zusammenfahren, und sie sahen ihr durch das Fenster nach, wie sie über den Hof lief.

»Die kommt nicht wieder«, stellte der Arzt resigniert fest.

»Na ja«, sagte die Hebamme mit einem Blick auf die Schachtel, »wir können sie ruhig gehen lassen – das Geld haben wir auf jeden Fall.«

Magdalena lief wie von Sinnen in Zickzackkursen den ganzen Weg und ohne die Straßenbahn zu nehmen durch die Stadt. Die Tränen rannen über ihre Wangen, und sie wischte sie nur von Zeit zu Zeit fort. Plötzlich ertönte wieder das bekannte Geheul der Sirenen. Fliegeralarm. Alle Leute auf der Straße begannen kreuz und quer durcheinanderzurennen, um den nächsten Luftschutzkeller aufzusuchen. Der Himmel verdunkelte sich, und das Geschwader der todbringenden Maschinen raste so schnell heran, dass nicht alle gleich einen Unterschlupf finden konnten. Blindlings lief sie den anderen nach und drängte sich mit einer Gruppe verängstigter Passanten auf einer Kellertreppe eines ihr fremden Hauses, die in unbekannte Tiefen wie in eine dunkle Gruft hinunterführte. Das Licht war ausgefallen, und man musste sich mithilfe des Hauswartes vorantasten. Irgendjemand entzündete ein Streichholz, und sie sah um sich herum Regale, gefüllt mit Weinflaschen verschiedenster Marken. Es war viel zu voll, die meisten kauerten sich auf den Boden oder verteilten sich auf herumstehenden Kisten oder Möbeln. Magdalena schlang die Arme um den Kopf und legte die Stirn auf die Knie, um die verängstigten Mienen der anderen nicht zu sehen. Um sie herum wackelte es beängstigend, das bekannte Grollen und Fauchen über ihnen ließ den Boden erzittern und die Regale bedrohlich hin und her schwanken. Ganz plötzlich gab es einen Knall, ein darauf folgendes Rumpeln, und das Regal stürzte mitsamt der splitternden Weinflaschen auf die daruntersitzenden Menschen. Magdalena, die in der Mitte gesessen hatte, sprang auf. Schreie ertönten, Tumult entstand, und Panik brach unter denen aus, die jetzt nur noch hinauswollten. Es war stockfinster, aber sie spürte, wie eine Staubwolke, durchsetzt mit dichtem Qualm, durch den Raum zog. Sie bekam keine Luft mehr, musste husten, während sie versuchte, irgendeine Richtung zu erkennen. In der Schwärze, die den verschütteten Keller erfüllte, waren nur noch Umrisse auszumachen. Wie eine blinde Viehherde, Ellenbogen und Fäuste gebrauchend, wurde sie von den Nachdrängenden irgendwohin geschoben. Unter ihren Füßen fühlte sie Stufen. Die Kellertreppe? Sie erhielt Stöße, Tritte, irgendjemand zog sie an den Haaren, um an ihr vorbeizukommen. Ihre Augen brannten vom Rauch und sie konnte kaum noch atmen. Jetzt mussten sie im Hausflur sein, der halb eingestürzt war. Sie erreichten die Tür, dieselbe, durch die sie hereingekommen waren. Zwei Männer versuchten sie aufzustemmen, Panik breitete sich unter den Nachdrängenden aus. Irgendwo brannte es, und der beißende Geruch reizte ihre Kehle so stark, sodass sie keine Luft mehr bekam. Vielleicht war es ein Gas, das sie jetzt alle töten würde. Sie dachte an Paul. Es war aus, sie würde sterben, und all ihre Probleme waren damit gelöst. Beinahe lautlos sank sie zwischen den stöhnenden und um sich schlagenden Menschen ohnmächtig zu Boden.

Erst eine neue Explosion, ein Feuerblitz, brachte sie wieder zu sich. Nicht weit von ihr schlugen züngelnde Flammen mit starker Hitze empor. Sie begriff erst gar nicht, was geschehen war. Die Tür war offen, der Eingang frei, wenn man von einem Haufen Steine absah, der sie zur Hälfte blockiert hatte. Die anderen waren fort, und sie glaubte sich allein. Als sie sich vom Boden abstützte, griff sie in etwas Weiches, fasste den leblosen Arm eines Menschen neben ihr, die Augen weit offen, den Mund im Schrei geöffnet. Schuhe, Kleidung und Taschen waren ein paar Meter fortgeschleudert worden. Zwei weitere Gestalten lagen in zerfetzten Kleidern dicht nebeneinander, die Gesichter schwarz vor Ruß, leblos und blutig von Steinen oder Holzstücken, die sie getroffen hatten. Sie wollte schreien, aber es entrang sich ihr nur ein unartikuliertes raues Krächzen und unaufhörliches Husten. Die Flammen draußen wurden höher, und sie begriff, dass sie so schnell wie möglich hier fortmusste. Mühsam kletterte sie über das Geröll ins Freie. Hinter ihr griffen die aufschießenden Flammen auf das halb zerstörte Haus über, an dem in diesem Augenblick ein ganzes Stockwerk, das sich in den oberen Etagen noch gehalten hatte, in sich zusammenbrach. Sie sah sich nicht mehr um, rannte nur, nach Luft ringend und ohne zu wissen wohin; lief durch den brennenden Stadtteil, in dem der Angriff verheerende Folgen angerichtet hatte, stolperte über herausgerissene Straßenbahnschienen, Gräben und Steinwüsten, da, wo vorher irgendein Gebäude gestanden hatte. Es war, als habe sich der Himmel durch schwarze Qualmwolken verdunkelt, die durch die Straßenschluchten zogen. Dann begann es zu regnen, ein leichter Nieselregen tropfte herab, unter dem die heißen Steine zu dampfen begannen.

Als Magdalena das Inferno hinter sich gelassen hatte und außer Gefahr war, sank sie völlig erschöpft auf eine Bordsteinkante. Ihre Ohren dröhnten, und sie sah immer noch die Abfolge der Bilder des Chaos' vor sich, das sie gerade erlebt hatte. Sie hatte keine Tränen mehr, aber sie spürte seltsamerweise ein Gefühl, das sie in diesem Moment, zwischen Leben und Tod, am wenigsten erwartet hatte. Es war Erleichterung, einzig und allein ein simples Glück, diesen Terror überlebt zu haben. Ich lebe noch, dachte sie erstaunt, ich bin stark, ich habe es überstanden, es geschafft – jetzt kann mir nichts mehr passieren. Ein Schutzengel war an meiner Seite. Und ich werde mein Kind bekommen!

Irgendjemand berührte ihre Schulter. »Kann ich Ihnen helfen, junge Frau?« Magdalena sah auf, mit geröteten Augen, verwirrt, das Gesicht rußverschmiert, die Bluse zerrissen.

»Kommen Sie! Hier können Sie doch nicht sitzen bleiben.« Der Luftwaffenhelfer zog sie mit sich. »Soll ich Sie nach Hause bringen? Wir haben zwar Entwarnung, aber wie es aussieht, könnte es noch einmal einen Angriff geben. Die haben es jetzt alle auf Berlin abgesehen! « Sie sah ihn an, er war jung und hatte ein freundliches Lächeln.

»Ja, das wäre sehr nett von Ihnen. Ich kann kaum noch gehen«, krächzte sie mühsam und deutete auf ihre Füße. »Einen Schuh habe ich verloren und beim zweiten ist der Absatz gebrochen!«

Erst jetzt bemerkte sie die blutenden Schürfwunden an Armen und Beinen, die sie sich beim Klettern über die Steine geholt hatte. »Nicht weiter schlimm!«, sagte sie, als sie den fragenden Blick des Soldaten sah, »Ganz oberflächlich, ich hab es bisher nicht mal bemerkt!«

»Das ist oft so – man spürt die Verletzungen nicht sofort. Stützen Sie sich lieber auf meinen Arm! Was ist denn passiert?« Der Soldat zog sie hoch und sie humpelte an seiner Seite über das Pflaster.

»Ich bin mit ein paar anderen Leuten in einen Keller gelaufen, der gerade in der Nähe war«, berichtete sie. »Ich ging ihnen einfach nach, als es Alarm gab. Der Hauswart dirigierte uns die Treppe hinunter. Ich weiß nur noch, dass auf einmal ein Weinregal auf uns herabstürzte – und dann wollten alle zur gleichen Zeit hinaus. Es brannte – irgendwie bin ich dann ins Freie gelangt und weggelaufen.«

»Da haben Sie ja wirklich nochmal Schwein gehabt!« Er sah ihr forschend ins Gesicht. Selbst unter der verschmierten Rußschicht konnte man noch erkennen, was für ein hübsches Mädchen er da aufgelesen hatte. Ihr blondes, dichtes Haar hatte sich gelöst und fiel zerzaust über ihre Schultern. Sie versuchte es zu ordnen. »Irgendwo habe ich meine Spange verloren«, sagte sie ein wenig verlegen unter dem Blick des Soldaten, dessen blaue Augen unter den schwarzen Augenbrauen ihr Ruhe und Vertrauen signalisierten. »Kommen Sie nur mit mir. Wohin solls denn gehen?«

»Friedrichstraße 43!« Sie hängte sich bei ihm ein und war froh, in diesem Moment einen stützenden Arm zu haben.

»Das ist ja nicht weit von hier. Das haben wir gleich geschafft!« Seine Stimme klang beruhigend und tröstend, und sie gingen langsam, Schritt für Schritt voran.

»So, hier wohne ich«, sagte sie erleichtert, als sie vor dem Mietshaus in der Friedrichstraße angelangt waren. »Ich danke Ihnen, sie haben mir sehr viel geholfen. Ich fühle mich schon viel besser. Mein Bruder ist auch Luftwaffenhelfer. Aber er ist noch sehr jung … viel zu jung, erst sechzehn. Wie alt sind sie eigentlich?«, fragte sie und hielt ihm die Hand hin. Er nahm ihre Hand.

»Alt genug«, sagte er nur. »Aber irgendwie hab ich mir das alles ein wenig anders vorgestellt. An die vielen Toten kann ich mich immer noch nicht gewöhnen. Hoffentlich ist der Krieg bald zu Ende.« Seine Miene hatte sich leicht verdüstert, aber sie erhellte sich gleich wieder. »Es kann ja nicht mehr lange dauern.

Wie heißen Sie eigentlich? Ich bin der Willi.« Er reichte ihr die Hand. »Vielleicht sollten wir uns einmal wiedersehen? Ich meine, nur damit ich mich davon überzeugen kann, dass Sie sich von dem Schrecken gut erholt haben?«

Sie schüttelte den Kopf. »Besser nicht. Meine ... meine Tante sieht es nicht gern ...«, sie vervollständigte den Satz nicht, und der junge Mann senkte enttäuscht den Kopf. »Aber Ihren Namen darf ich doch wohl erfahren, oder nicht?«

»Alma, Alma Kurz!«, sagte Magdalena und drückte auf die Klingel. »Auf Wiedersehen. Und vielen Dank! Langsam fangen meine Kratzer an, ziemlich wehzutun. Meine Tante wird mich verarzten. Ich wünsche Ihnen Glück, mindestens so viel, wie ich heute hatte!« Sie drehte sich schnell um, als der Türöffner summte und lief hinein. Der Soldat sah ihr nach. Schade, dass sie keine Zeit hatte. Aber sie stand ja noch völlig unter Schock. Er sah auf die Hausnummer, dann zur Fassade des Hauses empor. Nummer 43, das musste er sich merken. Langsam schlenderte er davon. Heute würde es hoffentlich keinen Einsatz mehr geben.

Frau Lindental schlug die Hände über dem Kopf zusammen. »Um Himmels willen, was haben Sie bloß gemacht, Kind!« Eilig holte sie eine Schüssel mit Wasser, einen Lappen und ihre gut gehütete Apothekenschachtel. Sie kramte ein Fläschchen Jod hervor und betupfte die Kratzer und Abschürfungen, die Magdalena davongetragen hatte. In wenigen Worten berichtete sie ihr, was geschehen war, ließ jedoch ihren Besuch in der Praxis des Engelmachers aus.

Frau Lindental begann zu jammern und zu klagen, während sie die kleinen Wunden behandelte. »Ich verstehe das nicht! Es wird immer schlimmer in Berlin. Ein Angriff nach dem anderen. Wohin soll das bloß führen? Die ganze Stadt ist ja bereits ein halber Trümmerhaufen.«

Magdalena wusch sich in ihrem Zimmer noch einmal von

Kopf bis Fuß, schrubbte sich die Rußspuren vom Körper und weichte die zerrissene Bluse sowie den Rock ein. Dann sank sie erschöpft in einen tiefen Schlaf.

In den nächsten Tagen nahm sie sich frei, um sich ein wenig von den verstörenden Erlebnissen zu erholen. Zwar gab es immer wieder Alarm, bei dem sie in den Keller mussten, aber im Großen und Ganzen wurde das Stadtviertel von größeren Einschlägen verschont. Frau Lindental erwog nun allen Ernstes, zu ihrem Bruder zu ziehen, der Witwer war und ein bescheidenes Häuschen am Rande von Berlin besaß. Ihr wurde der ständige Luftalarm, die Lebensgefahr, in der man sich unablässig befand, einfach zuviel, und sie behauptete, ihre Nerven hielten das nicht länger aus. Magdalena wusste nicht, ob die alte Dame sie mitnehmen und ob der Bruder überhaupt Platz für sie hatte – aber sie wagte auch nicht, sie darauf anzusprechen. Andererseits konnte sie es sich auch nicht vorstellen, allein in der großen Mietwohnung zu bleiben. Inzwischen half sie Frau Lindental fleißig im Haushalt, machte sich unentbehrlich, stand für Lebensmittelkarten an und überlegte, ob sie ihr die ganze Geschichte, die sie mit dem Arzt und der Hebamme erlebt hatte, nicht doch noch erzählen sollte. Doch irgendetwas, eine unerklärliche Scheu, hielt sie dann immer wieder davon ab.

Beinahe jeden Tag fragte sie jetzt im Postamt nach, ob ein Brief für sie angekommen sei, doch der Beamte hatte es bisher immer verneint. Heute war sie schon am Vormittag da gewesen, aber einem unbestimmten Gefühl zufolge beschloss sie, auch am Nachmittag noch einmal vorbeizuschauen. Als sie das Gebäude betrat, erhob sich ein Mann mit Hut von einer Bank und machte sich am Stehpult hinter ihr zu schaffen, indem er ein Formular ausfüllte. Magdalena achtete nicht auf ihn, sie ging zum Schalter und stellte ihre übliche Frage. Der Beamte sah nach und schüttelte verneinend den Kopf. Enttäuscht wandte sie sich um und sah genau in das hohlwangige Gesicht Anton Schäfers. »Magdalena! Was für eine Überraschung!« Den Hut abnehmend, trat er ihr in den Weg. Genugtuung stand in seinen Augen, und ein falsches Lächeln spielte um seine Lippen.

Ihr erster Reflex war, einfach wegzulaufen.

Die Eisfläche mit ihren einzelnen Wasserpfützen glitzerte tückisch in der Frühlingssonne, und Paul, halb gelähmt von der nassen Kälte, die seine Glieder wie mit einem Klammergriff umfing, kniff angestrengt die Augen zusammen, um zu erkennen, an welcher Stelle die Spur, die das Brett mit Kolja gezogen hatte, endete. Zum Glück hatte er, bereits in Ufernähe, Fuß gefasst, obwohl ihm das Wasser fast bis an die Brust reichte. Er versuchte, ruhig zu atmen. Wo war Kolja untergegangen? Er musste schnell sein, denn bei diesen Temperaturen drohte die Gefahr einer raschen Ohnmacht, auch für ihn. Er hörte die Frauen am Ufer hysterisch schreien, als er mit beiden Armen das dünne Eis um ihn herum brach, um sich Platz zu schaffen. Da, wenige Meter von ihm entfernt hörte die Spur auf, und das Wasser bewegte sich in schmalen Kreisen. Er stürzte sich, halb schwimmend, halb tauchend, tief in das eisige Wasser. Auf dem Grund, direkt vor ihm, sah er etwas Schwarzes liegen. Kolja! Er packte den Jungen und zog ihn mit Anspannung aller Kräfte hoch. Später wusste er nicht mehr, wie er sich mit seiner nassen Last vorwärtsgekämpft hatte und wann er dann selbst das Bewusstsein verloren hatte, aber man erzählte ihm, dass Helfer ein Stück in den See gewatet wären, ihn hinausgezogen und ihm das Kind abgenommen hätten. Er kam wieder zu sich, als man ihm etwas Heißes einflößte, eingehüllt in eine Wolfpelzdecke, an seinen Füßen heiße Steine und vor ihm ein Feuer in einem bescheidenen Kamin.

»Gutt?« Tanja, die ihm einen neuen Löffel heißer Suppe anbot und ein Stück Rosinenkuchen vor ihn hingestellt hatte, sah ihn aus ihren schwarzen, etwas schräg stehenden Augen mit einem so dankbaren Blick an, dass er sofort wusste, dass Kolja gerettet war. Trotzdem fragte er matt: »Was ist mit Kolja?«

»Schlafen!« Tanja legte den Kopf schief und die gefalteten Hände an die Ohren. »Er so mide!« Ohne dass er es verhindern konnte, nahm sie seine beiden Hände, beugte sich darüber und küsste sie beinahe andächtig. »Du Kolja gerettet!«, stieß sie hervor, »mein Einziges, meine Säle!« Sie legte die Hand auf ihr Herz, und als sie den Kopf hob, konnte er sehen, dass Tränen in ihren ausdrucksvollen Augen unter den hoch gewölbten dunklen Brauen schimmerten. Sein Blick glitt unwillkürlich über ihre zarte, ein wenig bräunlich getönte Haut, über den vollen, fein gezeichneten Mund, den schlanken Hals bis hinunter zum Ansatz ihres gut geformten Busens, der sich deutlich unter der weiten Kosakenbluse abzeichnete.

»Ich nie vergessen, was du getan«, stammelte sie und wollte wieder seine Hände küssen, doch Paul entzog sie ihr. »Er sollte beim Fischen nächstes Mal besser aufpassen!«, sagte er verlegen. »Das Eis ist im Frühjahr besonders tückisch, und der See ist tief – selbst wenn man schwimmen kann!«

»Du jetzt ruhän«, gab ihm Tanja zu verstehen und streichelte ihm sanft übers Haar. »Ganz kalt überall!« Sie neigte sich über ihn, drückte ihn fest an sich, als wollte sie ihm mit ihrer Wärme Kraft geben. Als sei sie im selben Moment erschrocken über sich selbst, erhob sie sich, blieb aufrecht vor ihm stehen, als wolle sie etwas sagen, brächte es aber nicht über die Lippen. Sie ging langsam zum Bett, schüttelte die Kissen auf und schlug die Decke zurück. Als sei es das Selbstverständlichste von der Welt, stieg sie rasch aus ihrem plumpen Kattunrock, zog ihre Bluse über den Kopf und legte sich auf sein Bett. Ihr schwarzes glattes Haar fiel gelöst wie ein Schleier um ihre hellen Schultern, und sie sah ihn, den hübschen Kopf auf dem aufgestützten Ellenbogen, verlockend an. Paul war so verblüfft, dass er nicht wusste, was er sagen oder wie er reagieren sollte. Sie waren allein im Haus, und er starrte auf ihren nackten, biegsamen Körper, die Geste, mit der sie sich jetzt zurücklehnte und die Arme nach ihm ausbreitete. »Komm«, flüsterte sie mit ihrer ein wenig heiseren Stimme, »komm zu mir – wärm dich!«

Paul warf den Wolfspelz ab. Die Anstrengung schien verflogen, und ihm war plötzlich ganz heiß geworden. »Nein!«. Er schüttelte bestimmt den Kopf. »Nein«, wiederholte er noch einmal, »ich kann nicht. Das kann ich nicht machen. Du bist verheiratet …« Er nahm ihre Hand und versuchte, sie aus dem Bett zu ziehen. Tanja wehrte sich lachend und wand sich wie ein kleines Kätzchen unter seinem Griff. Dann warf sie ihre vollen nackten Arme um seinen Hals wie eine Fessel. »Niemand wird wissen …«

Mit einem harten Griff löste Paul ihre Arme und stieß sie von sich. »Geh jetzt«, herrschte er sie an. »Was ich getan habe, war selbstverständlich. Du brauchst dich nicht auf diese Weise bei mir zu bedanken!«

Tanja wich mit gesenktem Kopf zurück, zog sich hastig an und huschte enttäuscht und mit leichten Schritten aus dem Zimmer.

Paul atmete auf. Tanjas Berührungen, ihre Schönheit und die offene, temperamentvolle Art waren ihm ins Blut gegangen. Er warf ihr nichts vor. Was sollte man machen – ließen nicht die russische Einsamkeit, der Krieg und die ständige Nähe des Todes alle Grenzen des Anstandes verschwimmen, jegliche Zurückhaltung zum Genuss des bisschen Lebens, das man noch hatte, lächerlich erscheinen? Er nahm das Bild Magdalenas zur Hand, das er immer bei sich trug, und versuchte, sich in ihr Lächeln und den Ausdruck ihrer sanften Augen zu vertiefen. Langsam beruhigte er sich. Dann setzte er sich an seinen Schreibtisch und nahm ein neues Papier.

›Meine Liebste‹, begann er, ›auch wenn ich beinahe daran verzweifle, dass meine Briefe dich aus unerfindlichen Gründen nicht erreichen, so kann ich doch nicht aufhören, weiter mit dir *zu reden, Dich an meinem Leben teilnehmen zu lassen und Dich um Rat zu fragen ...‹.* Hier wusste er plötzlich nicht mehr weiter. Irgendetwas störte, mischte sich in seine Gedanken, in seine Sehnsucht nach Magdalena, und er wusste leider auch ganz genau, was es war. Er legte den Brief in die Schreibtischschublade und ging erregt im Zimmer auf und ab. Eine kribbelnde Unruhe hatte ihn erfasst. Warum bekam er Tanja jetzt bloß nicht mehr aus dem Kopf? Wahrscheinlich hatte ihn das Intermezzo am Fluss mit der Rettung Koljas und seinen Folgen zu sehr durcheinandergebracht.

Morgen sollte jedenfalls sein Kamerad Karl Hellwig ihn in der Schreibstube ablösen, und dann war wieder er an der Reihe, in Feuerstellung zu gehen. Er wusste, dass es so gefährlich wie nie sein würde, und zum ersten Mal zweifelte er daran, dass dieses kleine Häuflein deutscher Soldaten mit seiner mangelhaften Ausrüstung, quasi alleingelassen hier in der russischen Einöde, noch eine Chance gegen die Rote Armee hatte! Aber es blieb ihm nichts anderes übrig, als weiterzukämpfen, seine Pflicht zu erfüllen. Aug in Aug mit dem Feind würden seine unsinnigen Grübeleien bald vergehen.

Am Abend wurde die Tür seines Häuschens unsanft aufgerissen. Es war nicht Hellwig, den er erwartete, sondern sein Vorgesetzter, Hauptfeldwebel Robert Schmidt. Er war blass und bedrückt und salutierte mit dem Hitlergruß. »Schlechte Nachrichten. Ich muss dir eine bedauerliche Meldung machen. Hellwig ist heute einer feindlichen Kugel zum Opfer gefallen. Der Feind überraschte uns aus einer Position heraus, wo wir ihn nicht erwartet haben. Karl war sehr tapfer, und wir werden sein Andenken in Ehren halten.« Er schluckte.

»Wie hat es ihn denn erwischt? Er war doch immer übervorsichtig – sozusagen ein alter Hase?«, fragte Paul betroffen.

»Es war ungewöhnlich ruhig; er lag im Graben und wollte nach einer Weile die Lage erkunden. Darauf mussten die Russen gewartet haben – ein Schuss, er stürzte und hat noch versucht, in den Graben zurück zu kriechen. Aber umsonst …«, Schmidt verzog sarkastisch den Mund, »der sogenannte Heldentod. Wir sind ja alle bloß noch Kanonenfutter.«

Paul nickte gedankenvoll, obwohl er bisher immer jeden Einsatz, auch den gefährlichsten, verteidigt hatte. Beide schwiegen und falteten dann die Hände zu einer Schweigeminute.

»Gott sei seiner Seele gnädig!«

Paul nahm die Rumflasche, füllte die Tassen zur Hälfte, schüttete Zucker hinein und goss dann heißes Wasser dazu. Schmidt nahm einen tiefen Schluck und schenkte sich noch eine ordentliche Portion Rum nach.

»Wenn es uns mal so trifft …«

»Komm, denk nicht dran, das ist besser so.«

In diesem Moment klopfte es, und Tanja erschien mit einem Wäschekorb, dessen Inhalt sie im Nebenraum in ein Regal zu ordnen begann.

»Hübsches Mädchen!«, stellte Schmidt anerkennend fest. »Da hat schon mancher ein Auge drauf geworfen. Aber die hat wohl einen Narren an dir gefressen, was?«

»Blödsinn«, sagte Paul beinahe ärgerlich, »sie hält nur ihr eigenes Haus sauber, mehr nicht.«

»An deiner Stelle wär ich vorsichtig, verbrenn dir da bloß nicht die Finger!«

»Wie kommst du denn auf so was?«

»Na ja«, er schenkte sich noch einmal großzügig Rum in die Tasse, »weißt schon – ihr Mann, der Kommissar – irgendein hohes Tier bei den Genossen! Der reißt dir den Kopf ab, wenn er irgendwas spitzkriegt.«

»So ein Quatsch. Zwischen uns ist nichts! Sie ist dankbar, dass ich mich um ihren Sohn Kolja kümmere. Heute hab ich ihn in letzter Minute aus dem See gezogen. Aber was geht dich das überhaupt an?«

»Ach, ich meine ja nur. Das ganze Dorf tuschelt schon darüber, dass sie ständig bei dir im Haus ist.«

»Als wenn wir nicht genug andere Sorgen hätten, als den neuesten Dorfklatsch.« Paul schüttelte unwillig den Kopf. »Wenn du mich fragst, dann wäre es wichtiger, ganz andere Überlegungen anzustellen. Wir leisten hier sinnlose Abwehr und sollten lieber machen, dass wir schleunigst weiterkommen. Unsere Fahrzeuge sind nichts als Schrott, Sprit fehlt, die Munition geht zur Neige, und zum Essen haben wir auch nicht mehr genug. Die Nachschublieferungen kommen einfach nicht durch. Ich habe gestern noch mal die Batterien und miserablen Ersatzteile überprüft, die wir in diese total heruntergekommenen Eierkisten von Autos einzubauen versuchen.« Er stellte klirrend seine Tasse zurück. »Aber es ist und bleibt Flickwerk! Bei der ersten Fahrt scheitern diese Sparvehikel auf dem verholzten Gelände. Sie werden uns einfach von der Straße rutschen, wenn sich in Kürze wieder alles in Matsch verwandelt. Das können wir uns doch an fünf Fingern abzählen, dass wir mit solch kaputtem Material keine hundert Kilometer weit kommen!« Er sprang wütend auf und lief unruhig im Zimmer hin und her.

»Du hast recht – aber ich glaube, Kommandant von Seidel sieht das anders!«, sagte Schmidt mutlos. »Er beruft sich auf die Befehle vom Führerhauptquartier, denen er Folge zu leisten hat – und das tut er mit sturer Konsequenz und ohne darüber nachzudenken: Stellung halten um jeden Preis! Kannst du schweigen?«

Paul nickte.

Mit einem Stoßseufzer goss er sich den Rest aus der Rumflasche ein und kippte ihn pur hinunter. »Weißt du, was mir der Funker erzählt hat?«

Paul schüttelte den Kopf.

»Als der Flugverkehr eine Zeit lang lahmgelegt war und er nachgefragt hat, wurde er mit lapidaren Floskeln vertröstet.

Auch bei den Nachschublieferungen sollte es sich angeblich nur um unbedeutende Verzögerungen handeln. Natürlich hat er sich damit nicht abspeisen lassen. Durch Abhören verschiedener Funksprüche konnte er erfahren, dass die sowjetische Armee mit Verstärkung frischer Divisionen, nagelneuen Waffen und Panzern an Don und Tschir jeglichen Widerstand unserer Truppen erstickt und an der Südfront immer weiter vorrückt. Er darf bloß nicht darüber sprechen.«

»Genau das habe ich erwartet«, sagte Paul. »Verdammt, man möchte am liebsten auf den Tisch hauen, wenn man so was hört.«

Schmidt starrte mit leicht glasigen Augen vor sich hin. »Sieht so aus, als müssten wir hier aushalten, bis einer nach dem anderen von uns abgeknallt wird. Die Russen haben uns in Wahrheit nicht nur erreicht – sondern bereits überrollt! Kannst du mir sagen, wo die Frontlinie ist – in welcher Richtung wir überhaupt kämpfen sollen? Der Feind ist unsichtbar und kommt von allen Seiten. Lange halten wir das nicht mehr durch.«

Er stand auf, ging zur Tür und sah hinaus, um sich zu versichern, dass niemand zuhörte. Dann senkte er die Stimme und trat ganz nahe an Paul heran. »Ich würde am liebsten abhauen, wenn ich ein paar Leute hätte, die mitkämen! Was ist? Wärst du dabei?« Seine Stimme wurde zu einem heiseren Flüstern. »Wir krepieren hier doch genau wie die in Stalingrad, mitten in unseren Löchern, in die man uns gleich eingraben kann!«

Eine Stille entstand. Dann seufzte Paul laut. »Mach dir doch nichts vor: Weit kommen wir nicht, in diesem unwegsamen Gelände, diesem riesigen Land, in dem es nicht mal Straßen gibt! Entweder kapern uns die Russen, oder wir werden von den eigenen Leuten als Deserteure erschossen.« Er atmete tief durch. »Vielleicht hab ich ja auch die Hoffnung noch nicht ganz aufgegeben. Hitler redet immer wieder von der Wunderwaffe, die er einsetzen will …«

»Ach was, Wunderwaffe!« Schmidt knurrte ein Schimpfwort in seinen Bart und versetzte dem Eimer, der in der Ecke stand, einen unsanften Tritt. »Du glaubst wohl an Märchen.« Er sah Paul aus weit aufgerissenen Augen an. »Bis die kommt, schauen wir uns längst die Radieschen von unten an!«

Paul schwieg. Es schien so undenkbar, den Krieg zu verlieren, nach all den Blitzsiegen, dem rasanten Vorstoßen der deutschen Armee in ferne Länder. Er hob die Arme und ließ sie wieder sinken. Dann zuckte er die Schultern. »Vielleicht geschieht ja noch ein Wunder!«, sagte er. »Glaubst du nicht, Robert?«

Schmidt drehte sich mit einem unartikulierten Fluch um, ging hinaus und knallte die Tür heftig hinter sich zu.

In der Nacht gab es Alarm. Ein Sturm brach los und wehte die Zelte und Baracken mit den Unterkünften beinahe davon. Zu allem Übel tauchten sowjetische Panzer wie Schatten am Horizont auf, drohten mit einem Angriff und damit, alles niederzuwalzen, was sich ihnen in den Weg stellte. Die vom Vortag bereits erschöpften Männer der Kompanie versuchten standzuhalten, sich in mühsamem Kleinkampf zu verteidigen und den Angriff abzuwehren. Die schlimmsten Befürchtungen wurden jetzt wahr: Russische Panzerverbände rollten die Linien auf, und die Front war nur noch eine Zeichnung auf den Landkarten des OHK, die nicht mehr existierte. Nach dem erbitterten Widerstand der Kompanie und scharfen Gefechten gaben die Russen vorläufig auf und zogen sich ein wenig zurück.

Als Paul nach dieser Nacht gegen Morgen erschöpft auf sein Bett fiel, fand er keinen Schlaf. Zu viel ging ihm durch den Kopf – die Unterhaltung mit dem Hauptfeldwebel und vor allem, dass er nach ein paar Stunden Ruhe wieder an der Seite der Kameraden stehen musste, um mit wenig Enthusiasmus um ein Gebiet zu kämpfen, das die Russen schon längst wieder zurückerobert hatten. Er fühlte sich enttäuscht und ausgebrannt. Seine Begeisterung, die Illusionen von dem, was Krieg, Vaterland, Ehre und Soldat sein für ihn bedeutet hatten, entpuppte sich nun als hohle Phrase, leeres Geschwätz, das nun, da es nur noch um Leben oder Tod ging, bedeutungslos wurde. Draußen dämmerte der graue Morgen herauf. Er zündete die Petroleumlampe an, setzte sich wieder in seine Schreibstube und starrte, den Kopf in die Hände gestützt, auf die angefertigte Liste der Gebrauchsgegenstände, die dringend benötigt wurden, aber nicht kamen, den tristen Bericht, den er über den Zustand des Fuhrparks für das OHK verfasst hatte.

Ohne anzuklopfen polterte plötzlich Schmidt herein, übers ganze Gesicht grinsend. Er warf ihm eine Funkermeldung zu: »Hier, endlich! Der Befehl zum Abrücken kam heute Morgen in aller Frühe. Das Lager wird verlegt. Gott sei Dank haben die da oben doch noch Vernunft angenommen! Außerdem ist Verstärkung angekündigt, die zu uns stoßen soll! Bis später!« Mit diesen Worten war er schon wieder draußen.

Paul überflog erleichtert die Nachricht. Das kam wirklich in letzter Minute! So etwas wie Hoffnung keimte wieder in ihm auf. Er machte sich daran, seine Papiere zu ordnen und zu verstauen. Die Tür knarrte leise. In der Öffnung stand Tanja. Sie trug einen flachen Korb, in dem sich eine Schale Hafergrütze befand, die mit saurer Milch verrührt war, und ein Schüsselchen Kirschkompott. Mit gesenktem Blick sagte sie. »Bringä Frihstick!«

Mit einem schüchternen Lächeln und rosig angehauchten Wangen stellte sie die Schale auf den Tisch, und als sie sich niederbeugte, rutschte ihre weite Baumwollbluse über die nackte linke Schulter. Ihr locker aufgestecktes Haar glänzte wie gelackt, und in ihren dunklen Augen loderte ein verheißungsvolles Feuer, als sie zu Paul aufsah. Trotz der kühlen Temperaturen trug sie zur weißen Bluse nur ein einfaches Mieder und einen bunten Rock, in dem sie sich so grazil hin und her bewegte, dass ihre hübschen Formen und die schlanke Taille gut zur Geltung kamen.

»Wie geht es Kolja?«, fragte Paul und tat so, als mache er Notizen.

»Gutt«, strahlte Tanja ihn an, »im Bett – hat nur großen Schnupfen.« Sie legte seine gebügelten Hemden und die Wäsche auf den Tisch, schüttelte das Bett auf, nahm den Besen aus der Ecke und begann, das Zimmer zu fegen.

»Lass das jetzt!« Paul stand auf und nahm ihr den Besen aus der Hand. »Heute nicht – ich möchte noch ein paar Stunden allein sein, bevor ich zum Rapport muss. Wir können die Position hier nicht mehr halten – müssen unser Lager verlegen und uns zurückziehen. Keiner von uns will schließlich in Gefangenschaft geraten …«

Tanja stand wie erstarrt, dann umklammerte sie seinen Arm: »Nicht weggehen«, stöhnte sie, »ich bösen Traum träumen!« Sie lag plötzlich an seiner Brust, reckte sich und presste ihre Lippen warm und leidenschaftlich auf die seinen. Paul wollte sich wehren, sie beiseiteschieben, doch sie ließ nicht los, klammerte sich an ihn, weinte und schluchzte dabei.

»Pozelui menja …« (Küss mich), stammelte sie in sein Ohr. Gerührt umfasste er ihre Schultern und ohne zu wissen, wie es geschehen konnte, sanken sie zusammen aufs Bett. Er spürte ihre Wärme, die wie das Leben selbst war. Morgen ist vielleicht schon alles vorbei, dachte er noch, morgen bin ich tot, als er ihren weichen Körper an dem seinen spürte, was spielt das jetzt noch für eine Rolle! Er bog ihren Kopf zurück und küsste sie mit ausgehungerter Gier, bis sie aufstöhnte, und dann vergrub er sein Gesicht an ihrer heftig atmenden Brust.

Draußen tropfte es vom Dach, es taute noch den letzten Rest Schnee fort, und ein strahlender, sonniger Morgen brach an, die Vögel zwitscherten, und es war nichts zu spüren von all dem Blut, den vergossenen Tränen, die unter diesem scheinbaren Frieden verborgen lagen.

Obwohl Magdalena am liebsten laut aufgeschrien hätte, zwang sie sich zu einem schmelzenden Lächeln. »Anton!«, mit rasendem Puls hielt sie ihm die Hand hin. »Wenn du wüsstest, wie oft ich schon an dich gedacht habe. Ich wollte dir schreiben … aber dann habe ich mich doch nicht getraut.«

»Deshalb hast du wohl auch dieses Postfach eingerichtet, nicht wahr?« Es sollte zynisch klingen, aber Anton spürte, dass wie jedes Mal, wenn er Magdalena gegenüberstand und sie ihn so ansah wie jetzt, unliebsamer Schweiß aus allen Poren seines Körpers brach und er sich irgendwie machtlos fühlte. Er straffte seine Schultern, um sich mehr Autorität zu verleihen. »Ich habe ziemlich lange gebraucht, um dich aufzuspüren, aber jetzt ist es mir endlich gelungen! Du hast wohl vergessen, welchen Einfluss ich als Kommissar der Gestapo habe! Mit mir kannst du nicht machen, was du willst. Das solltest du dir merken.« Er hob drohend den Zeigefinger. »Mir entkommt niemand! Und ich habe mir geschworen, dich selbst nach Königsberg zurückzubringen.«

»Aber Anton!« Magdalena nahm ihren ganzen Mut zusammen. Jetzt kam es darauf an, wie gut sie schauspielern konnte. »Du willst mir wohl ein bisschen Angst einjagen? Wer sagt, dass ich dir entkommen wollte? Ich war immer sicher, du würdest mich wegen einer solchen Kleinigkeit nicht verraten«, sie sandte ihm einen verführerischen Augenaufschlag, »du doch nicht! Niemals! Du warst immer ein Ehrenmann – der beste Freund in meinem Leben!« Sie seufzte und sah ihm tief in die Augen, als sie ihren Redeschwall fortsetzte. »Was hätte ich ohne dich bloß gemacht, als Mama starb!« Sie streichelte über seine Wange, eine Berührung, die ihm die Röte ins Gesicht trieb. Dann nahm sie den Arm des Verblüfften. »Ständig musste ich an dich denken. Wie bin ich froh, dich jetzt hier zu sehen, Anton! Komm, lass uns ein wenig von früher plaudern. Ich habe dir so viel zu erzählen und brauche ganz dringend deinen Rat. Ich kenne hier ein Café – du wirst sehen, hier ist das Marzipan fast so gut wie in Königsberg ...«

Anton schwieg wie vor den Kopf geschlagen. So hatte er sich seine Rache nicht vorgestellt. Er hatte sie auf den Knien sehen wollen, ihn anflehend, weinend, bittend, sie zu verschonen ...

»Ich bin eigentlich dienstlich hier ...«, erwiderte er zugeknöpft und entzog ihr seinen Arm. Er fühlte, wie er noch mehr zu schwitzen begann, und zog sein Taschentuch heraus, um sich die Stirn zu trocknen. »Und ich will, dass du mitkommst. Nach Königsberg, wo ein Gericht über deine Verfehlungen urteilen wird.«

Nun war es an Magdalena, ihn groß anzusehen. Sie versuchte, ihre ganze Ausdruckskraft in ihre Augen zu legen. »Aber Anton...«, hauchte sie mit zitternden Lippen, »heißt das ...«

»Ja, es heißt, dass ich dich hiermit festnehme. Du warst an einer strafbaren Handlung beteiligt, dem Verbreiten von staatsfeindlichen Flugblättern!« Er fuhr wieder mit dem Taschentuch über seine Stirn. »Untergrabung der Volksmoral!« Dabei vermied er es, sie anzusehen und atmete tief ein, als läge etwas auf seiner Brust. »Damals, da wollte ich dich schützen, aber du hast mich verarscht, jawohl. Und hinter meinem Rücken vielleicht noch über mich gelacht! Der dumme Anton, ja, ja!« Jetzt wurde er tatsächlich feuerrot.

»Aber nein!«, widersprach sie. »Das war alles ganz anders! Ich war mir über meine Gefühle nicht ganz klar. Und als du mich dann eingesperrt hast, da habe ich einfach durchgedreht ... ich hatte Angst in der engen Kammer, verstehst du das denn nicht?« Sie sah ihn mit scheuen Rehaugen an und er senkte den Kopf.

»Und dann ... habe ich vergeblich versucht, dich telefonisch zu erreichen!«

»Wirklich – hast du das getan?« In Antons wasserblaue Augen traten leichte Zweifel.

»Ich schwöre es!«

»Nun, von dieser Seite habe ich ... das nicht gesehen.«

Magdalena bekam Oberwasser. »Lass uns ins Café gehen, Anton, wie früher. Bitte! Ich werde dir alles genau erzählen und dann wirst du mich verstehen.«

»Und ... was ist mit deinem Verlobten?«, fragte er verunsichert.

»Ach«, sie machte eine wegwerfende Handbewegung und antwortete wahrheitsgemäß: »Ich habe ihn seitdem weder gesehen noch gesprochen. Ich schwöre es. Wir ... wir haben uns auseinandergelebt. Ich weiß nicht einmal, wo er sich jetzt befindet!«

Anton sah auf seine Fußspitzen und schien nachzudenken. »Du sollst nicht sagen, ich hätte dir keine Chance gegeben. Warte hier!«, sagte er schließlich, ging hinaus und sprach eine Weile mit dem Polizisten, der sich vor der Tür des Postamtes aufgebaut hatte. Er nickte zu dem, was Anton Schäfer ihm mitteilte, und entfernte sich dann mit großen Schritten.

Magdalena hakte Anton unter und zog ihn kreuz und quer durch die Straßen, während sie ihrer Fantasie mit den tollsten Lügengeschichten freien Lauf ließ. Sie schmiegte sich an ihn, als sei sie glücklich, ihn endlich wieder gefunden zu haben, mehr noch, machte ihn glauben, dass sie die ganze Zeit nur an ihn gedacht habe. Der picklige, junge Kommissar mit den dünnen blonden Haaren war bald so verwirrt, dass er schon nach kurzer Zeit nicht mehr daran dachte, dass er eigentlich in Berlin war, um Magdalena als Staatsfeindin festzunehmen. Er hatte sie erniedrigen, ein Exempel statuieren wollen, sich rächen für alle Frauen, die ihm jemals eine Abfuhr erteilt hatten, aber plötzlich war jeder Gedanke daran verschwunden. Er sah in ihre Augen, hörte ihre Stimme und spürte in diesem Moment, dass er Magdalena schon immer geliebt hatte, ja dass ihr Widerstand, die Trennung und die Suche nach ihr dieses Gefühl nur noch stärker angefacht hatten.

Sie erreichten das Café Kranzler und suchten sich einen Platz.

»Anton«, schmeichelte Magdalena, während sie sich überwand und sanft seinen Nacken streichelte. »Nicht wahr, du wirst die Akten verschwinden lassen? Wenn sie fort sind, gibt es keinen Beweis, dass ich mitgemacht habe. Es war doch nur ein blöder Streich – ich hab gar nicht darüber nachgedacht.« Ihre Stimme zitterte, denn diese Lüge kam ihr schwer über die Lippen.

»Das ist unmöglich. Das kann ich auf keinen Fall machen!«, wehrte sich Anton entschieden. »Der Fall hat schon viel zu viel Aufsehen erregt!«

»Aber du willst doch nicht, dass ich ins Gefängnis gehe – in ein Lager deportiert werde? Bitte, Anton, sag, dass du es tun wirst!«

Anton fühlte sich unbehaglich und rutschte auf seinem Sitz hin und her, während die Bedienung ein rosa gefärbtes Kuchenstück auf den Tisch stellte, das wie eine Marzipantorte aussehen sollte.

»Ich muss darüber nachdenken, aber versprechen kann ich dir nichts! Schließlich hat man die Reste der Flugblätter in eurer Villa gefunden!« Sein sonst so klarer Kopf war verwirrt. Sollte er sich auf so eine Sache einlassen? Es war unmöglich. Eine solche Handlung würde nicht unbemerkt bleiben, sie konnte seine Karriere zerstören und kein Hahn würde in Zukunft mehr nach ihm krähen. Sein Misstrauen, zuvor in den Hintergrund gedrängt, erwachte aufs Neue.

Er kaute auf dem zähen Kuchenteig herum. Diese süße Zuckerglasur, die an seinen Zähnen schmerzte und Marzipan sein sollte, schien ihm so unecht wie die Beteuerungen und die Liebenswürdigkeit Magdalenas.

Schließlich sagte er. »Wir müssen eine vernünftigere Lösung finden! Komm mit mir – du musst dich stellen. Dann will ich sehen, was ich für dich tun kann! Eine andere Möglichkeit gibt es nicht.«

Magdalena erblasste und schob den Kuchenteller von sich. »Ist das dein Ernst?«

»Ja«, Anton presste die Lippen zusammen. »Ich kann nichts anderes tun, wenn ich meinen Posten nicht verlieren will! Aber ich habe Einfluss und werde mit Gauleiter Koch sprechen. Vielleicht macht er eine Ausnahme. Auf jeden Fall musst du mitkommen.«

Ein Schweigen entstand, und nach einer Weile sagte Magdalena leise: »Gut. Ich mach es. Und du versprichst, alles zu tun, was in deiner Macht steht?«

Anton nickte. »Sicher. Es ist die einzige Möglichkeit!«

Magdalena erhob sich mit festem Blick. »Dann lass uns gleich gehen. Ich hole nur noch meine Sachen aus der Wohnung meiner Tante, und wir treffen uns dann am Bahnhof.«

»Nicht nötig – ich habe ein bequemes Auto, eine Limousine«, sagte Anton rasch, und er fügte er mit einem gewissen Stolz hinzu. »Ich kann dich zu deiner Tante fahren.«

»Noch besser!« Magdalena umarmte ihn und gab ihm einen betont liebevollen Kuss auf die Wange. »Ich wusste, dass du Karriere machen würdest! Warte noch einen Augenblick, ich geh mir schnell die Hände waschen. Bin gleich wieder da!« Sie ging dem Schild nach, das den Weg zur Toilette anzeigte.

Anton sah ihr mit einem beinahe tölpisch verzückten Ausdruck nach und presste die Hand an die Wange, auf die ihn Magdalena geküsst hatte. Es war kaum zu glauben, aber dieses stolze Mädchen schien endlich gezähmt! Nicht im Traum hätte er daran gedacht, dass sie freiwillig mit ihm gehen würde! Sie hatte in Königsberg manchmal eine Art gehabt, ihn so von oben herab zu behandeln, und er war sich immer unsicher gewesen, was sie wirklich von ihm dachte. Aber nun war sie ganz in seiner Hand. Er genoss das erhebende Gefühl der Macht, das ihn in diesem Augenblick überkam. Mit einem Hochgefühl ohnegleichen zündete er sich eine Zigarette an, lehnte sich zurück und blies den Rauch nachdenklich vor sich hin. Sollte er die Akten, oder besser das zerknitterte, von Kohlenstaub geschwärzte Flugblatt nicht doch einfach verschwinden lassen? Es kam auf Magdalena an – aber er wollte ihr nicht gleich zu große Hoffnungen machen. Mit den Fingern trommelte er ungeduldig auf dem Holztisch herum und zündete eine zweite Zigarette an. Komisch, wie lang das bei den Frauen immer dauerte. Sie wollte sich wohl noch schön machen! Mit den Fingern klaubte er noch ein paar Krümel des Zuckergusses auf und verzog im selben Moment das Gesicht. Er kam nicht drum rum – ein Besuch beim Zahnarzt war überfällig!

Die dritte Zigarette drückte er, halb geraucht, dann im Aschenbecher aus und erhob sich, nervös geworden. Da stimmte doch etwas nicht. Mit schnellen Schritten, von den anderen Kaffeehausbesuchern mit verwunderten Blicken gemustert, lief er zur Damentoilette, klopfte und rüttelte an der verschlossenen Tür und riss in seinem Ungestüm beinahe die Klinke ab. »Magdalena?«, schrie er. »So antworte doch!«

Die Tür sprang auf, und eine fremde Dame trat heraus. »Was fällt Ihnen ein!« Sie starrte ihn empört an und drängte sich kopfschüttelnd an ihm vorbei. »Flegel!«

»Ich bitte um … Entschuldigung«, stammelte er mit rotem Kopf, »ich dachte nur …« Er lief in dem engen Gang hin und her, doch er war leer, und niemand war zu sehen. Nur die Hintertür zur Straße auf der anderen Seite stand halb offen. Eine Welle der Wut stieg in ihm hoch. Sie war fort! Dieses verdammte Miststück hatte ihn zum Besten gehalten! Er versetzte der Wand einen heftigen Tritt und stürmte ins Freie.

Magdalena rannte, als wäre der Teufel hinter ihr, und hielt erst an, als sie Seitenstechen bekam. Immer wieder sah sie sich um, ob ihr jemand folgte, aber niemand achtete auf sie. Das war jetzt wirklich ganz knapp gewesen. Sie hatte nicht gedacht, dass Anton so leicht auf ihr Theater hereinfiele. Aber dafür würde er ihr diese Komödie wohl nie im Leben verzeihen und sie bis an sein Lebensende dafür hassen.

In Zukunft musste sie jedenfalls höllisch aufpassen, damit ihr so etwas nicht noch einmal passierte. Selbst in einer so großen Stadt wie Berlin konnte man sich unvermutet auch zweimal über den Weg laufen.

Mit einem großen Umweg kam sie in der Friedrichstraße an. Schon von Weitem sah sie Willi, den netten Luftwaffenhelfer, der vor der Tür auf und ab spazierte und auf sie zu warten schien. »He«, rief er ihr zu und winkte, »ich hab grade frei und wollte mal sehen, was Sie so machen.«

»Das ist wirklich nett von Ihnen«, gab Magdalena außer Atem zurück. »Und ich freue mich auch, Sie zu sehen. Aber im Moment habe ich leider keine Zeit. Ich hab Ärger gehabt und möchte mich eigentlich bloß noch ausruhen.«

»Tut mir leid«, Willi machte ein enttäuschtes Gesicht. »Na dann, auf ein andermal! Vielleicht übermorgen, um die gleiche Zeit?«

»Geht in Ordnung! Sie können zum Tee kommen, um vier!«

»Mach ich!« Er rückte seine Mütze gerade, wandte sich um und schlenderte pfeifend davon.

In den folgenden Monaten war Magdalena besonders auf der Hut. Sie fuhr zwar jeden Tag wie gewohnt zur Arbeit und erledigte ihren Schichtdienst an der Maschine so gewissenhaft wie möglich. Trotzdem war die Angst ihr ständiger Begleiter, dass Anton Schäfer ihren Wohnort herausfinden und plötzlich wieder vor ihr stehen könnte. Das Gefühl, beobachtet zu werden, brachte sie gar nicht mehr recht los. Anton würde sie finden, wenn sie in der Stadt blieb. Sie musste fort, wusste aber nicht, wohin. Ohne ein Kopftuch, das sie wie eine alte Frau tief ins Gesicht zog, ging sie überhaupt nicht mehr aus, sie sah sich ständig um und blieb in Toreinfahrten stehen, um zu sehen, ob eine verdächtige Person ihr folgte, oder an ihr vorbeiging. So groß die Versuchung auch war, sie wagte sich auf keinen Fall mehr zum Postamt, wollte auch Frau Lindental nicht dorthin schicken, aus Angst vor Entdeckung. Der Gedanke, dass dort vielleicht jetzt ein Brief von Paul auf sie wartete, schmerzte sie unsagbar und lastete wie ein schweres Gewicht auf ihrem Herz. Oh Paul, dachte sie manchmal, wo bist du nur? Irgendwer da oben will nicht, dass wir wieder zueinanderfinden!

Frau Lindental, die immer noch gezögert und gehofft hatte, der Krieg würde nicht mehr lange dauern, bereitete jetzt schweren Herzens doch alles für den Umzug an den Stadtrand vor. Magdalena sollte selbstverständlich mitkommen; das teilte sie ihr eines Abends mit aller Entschiedenheit mit. Sie sorgte im Übrigen wie eine Mutter für sie, kochte, wusch ihre Sachen, und wenn sie am Abend Zeit hatten, miteinander zu plaudern, dann erzählte ihr Magdalena manchmal Bruchstücke aus ihrem Leben. Die rüstige Dame wunderte sich über vieles, unterließ es aber taktvoll, direkt nach Einzelheiten zu fragen. Sie war sicher, dass ihr Schützling ihr eines Tages die ganze Wahrheit bekennen würde.

Berlin wurde jetzt täglich und oft auch in der Nacht von Luftangriffen erschüttert. Wenn die Sirenen zu heulen begannen, liefen alle in den Keller, kauerten sich nieder und hofften, dass es bald vorbei sein würde. Die Friedrichstraße war in ihrer Gesamtheit bereits von etlichen Lücken ausgebombter Häuser durchzogen. Man sah gar nicht hin, verdrängte die Angst, und es schien wie ein »Vabanquespiel«. Erst wenn die Erde zitterte, weil eine Bombe oder Granate in der Nähe einschlug, wurde ihnen bewusst, dass es beim nächsten Mal ihr Haus sein konnte, dass Trümmer und Betonplatten über ihnen zusammenbrechen und sie lebendig begraben konnten. Unerbittlich flogen die Maschinen der Alliierten weiter über die Stadt, warfen ihre tödliche Last ab, zerstörten Gebäude und töteten flüchtende Menschen, die sich nicht rechtzeitig in Sicherheit bringen konnten.

Die Nachrichten von der Front, die sie beide, gespannt vor dem Radiogerät sitzend, verfolgten, klangen besorgniserregend. Hitler sprach weiter vom Endkampf, vom Durchhalten bis zur letzten Patrone, vom Volkskampf. Magdalena vernahm mit Schaudern, dass man nicht nur die alten Männer, sondern nun auch Jugendliche in den Widerstandskampf, den sogenannten »Volkssturm« mit hineinzog. Sie dachte an Theo, von dem sie so lange nichts gehört hatte, und an Gertraud, ihre Schwester. Wer hatte damals voraussehen können, was alles passieren würde, dass eine so teuflische, alles vernichtende Woge über ihnen zusammenschlagen, ihre Familie aus ihrer friedlichen Existenz herausreißen und vernichten würde?

Inzwischen wuchs Magdalenas Umfang beträchtlich, das kleine Wesen in ihr regte sich, und sie war froh, der feisten Hebamme mit der schmutzigen Schürze entkommen zu sein. Alle paar Tage schaute Willi zu einer Tasse Tee vorbei, sie plauderten ein wenig und fühlten sich beinahe wie eine kleine Familie. Er war ein gut aussehender Junge mit einem markanten Gesicht, dunklem, dichtem Haar, das er mit einer Tolle über der Stirn frisierte, und Vertrauen erweckenden, graugrünen Augen. Tagsüber arbeitete er an einem der Radargeräte des Flugmeldedienstes, der die feindlichen Jagdflugzeuge und englischen Lancaster Maschinen ortete. Somit war er einer der ersten, der über die Angriffe des Gegners Bescheid wusste und die Nachricht zur Flugabwehr weiterleitete. Auch ihm schien es mittlerweile bedenklich, dass es immer schwerer wurde, durch Fernlenkwaffen, Flak oder Abfangen die todbringenden Bomber auszuschalten. Die Menge der Bomben, die zurzeit auf die Stadt herabfielen, war so zahlreich, dass Berlin bereits zur Hälfte zerstört war. Trotz dieser Tatsachen hoffte auch er, dass die Wunderwaffe, die Hitler immer noch als letzten Triumph anpries, die entscheidende Wendung einleiten würde.

Magdalena begann, sich auf Willis häufige Besuche zu freuen, er brachte oft irgendwelche süßen Leckereien mit, die er, wer weiß woher, organisiert hatte; Haferflockenplätzchen oder aus Zucker in der Pfanne gebrannte, grobe Bonbons, die er Toffee nannte. Auf jeden Fall war es etwas, das man in den Lebensmittelläden nicht bekommen konnte.

»Mmmh, wo hast du das bloß her?«, fragte Magdalena und ließ ein Stück des braun gerösteten Zuckers auf der Zunge zergehen. Willi lächelte mit rätselhafter Miene. »Mein Geheimnis. Hauptsache, es schmeckt dir!« Er packte noch ein paar Dosen auf den Tisch und legte ein Stück Margarine dazu. »Meine Ration, aber ich brauch sie nicht. Du musst ja schließlich für zwei essen!« Er ließ seinen Blick über ihren schon recht gerundeten Bauch gleiten.

Frau Lindental brachte den Tee, goss ihn vorsichtig in die Tassen ihres besten Geschirrs auf der gestickten Spitzendecke und betrachtete die beiden mit verständnisvollen Blicken. Willi war wirklich ein lieber Kerl und er schien sich bei ihnen sehr wohl zu fühlen.

»Sag mal, Willi, sind deine Eltern auch aus Berlin? Wo wohnst du eigentlich?«, fragte Magdalena und nahm sich ein weiteres Stück des gerösteten Zuckers aus der kleinen Schale.

Willi senkte den Kopf. »Ich lebe allein – hab nur ein kleines Zimmer in Wedding, eine Mansarde unter dem Dach, nicht der Rede wert. Mein Vater ist tot und meine Mutter ...«, er musste schlucken, »hat sich mit einem Säufer zusammengetan. Er ist kriegsversehrt, hat ein Bein verloren. Ich hasse ihn – ein jähzorniger Typ, der meine Mutter geschlagen und mich tyrannisiert hat.« Er sah an die Wand, als gäbe es auf dem Muster der Tapete irgendetwas zu entdecken. »Irgendwann bin ich abgehauen ... sie sind weggezogen, ich weiß nicht mal wohin.«

Betretene Stille herrschte einen Moment, und man hörte nur das Ticken der Wanduhr und das Klirren der Tasse, die Frau Lindental gerade auf ihren Unterteller stellte.

»Wenn ich mal eine Familie habe, dann muss das ganz anders aussehen!« Er sah Magdalena bedeutungsvoll an, die verlegen den Blick abwandte. »Meine Frau würde ich immer mit Respekt behandeln.«

»Noch ein Brot?«, fragte Frau Lindental in das eingetretene Schweigen. »Junge Leute wie Sie haben doch immer Hunger.« Sie hielt ihm den Teller mit einer Scheibe ihres gerade gebackenen, mit Kleie gestreckten Schmalzbrotes hin.

»Auch dann, wenn sie ein Kind von einem anderen Mann hätte?«, fragte Magdalena. Willi biss in das Brot, und man sah ihm an, dass er angestrengt nachdachte.

»Es käme darauf an«, sagte er dann vorsichtig, »ob sie ihn vergessen und ein neues Leben beginnen wollte.«

Vorsichtig legte er den Arm um Magdalenas Schultern, und sie ließ es geschehen. Es war angenehm, seine Wärme zu fühlen, seinen starken Arm, auf den sie sich stützen konnte.

Plötzlich läutete es eindringlich und lang anhaltend an der Tür. Es klang unangenehm, penetrant und wiederholte sich nach kurzer Zeit. Magdalena stockte der Atem. Dann sprang sie auf. Sie dachte sofort an Anton – bestimmt hatte er sie in der ganzen Stadt suchen lassen, nachdem er gemerkt hatte, dass sie verschwunden war! Alle drei sahen sich fragend und wie erstarrt an.

»Wir machen nicht auf!«, entschied Frau Lindental und räumte mit leise zitternden Händen die Tassen in die Spüle. »Ich erwarte keinen Besuch.«

»Aber ich«, Magdalena war erregt aufgesprungen, »es könnte meinetwegen sein. Man will mich verhaften – ich habe mit anderen Kommilitonen verbotene Flugblätter verteilt – ganz genauso wie der Studentenbund der ›Weißen Rose‹, von denen in den Zeitungen so viel die Rede war! Ich hätte nie gedacht, dass es so gefährlich ist …« Sie suchte den Blick Willis, der ganz blass geworden war. Erneut klingelte es, schrill und anhaltend. Dann war Stille.

»Vielleicht ist es ja nur ein Hausierer.« Er lief auf den Balkon. Beim vorsichtigen Hinuntersehen konnte er zwei Uniformierte erkennen, die die Haustür bewachten.

»Komm, du musst dich verstecken!«, sagte er ruhig. »Schnell. Ich halte sie auf.«

»Wo?«, hilflos sah sie sich in der Wohnung um, in der es kaum eine Möglichkeit gab, sich unsichtbar zu machen. »Es ist zu spät!«

Er zog sie mit sich nach draußen. »Bist du schwindelfrei?«

»Nein!« Magdalena wandte den Blick von der Tiefe ab. Ihr wurde allein schon vom Hinuntersehen übel.

»Du musst auf den Nachbarbalkon steigen. Siehst du drüben die offene Zimmertür? Es ist nur ein Meter Distanz.« Er riss ein Brett aus dem Schrank, nahm ein Kopftuch von Frau Lindental heraus. »Hier hinüber – und dann trittst du drüben ganz ruhig aus der Wohnungstür, als wenn nichts wäre. Ich warte auf dich, wir gehen hinunter, wie ein ganz normales Paar, während sie oben die Wohnung durchsuchen.« Er warf ihr das Kopftuch zu.

Magdalena schüttelte den Kopf. »Ich kann nicht!«

»Du musst es tun! Du wirst es schaffen! Denk dran, ich warte auf dich! Wer wohnt dort drüben?«, fragte er im gleichen Atemzug Frau Lindental, die zu ihnen getreten war. »Ein alter Herr. Ich glaube, er ist nicht mehr so richtig im Kopf!«

»Umso besser«, erwiderte Willi. »Schnell, wir haben nur wenig Zeit.« Er riss die Tür auf und lief ein Stockwerk höher, um nicht gesehen zu werden. Von unten hörte er schon dumpfe Schritte die Treppe heraufpoltern.

Inzwischen hatte Frau Lindental in fieberhafter Eile Magdalenas Sachen zusammengerafft und in einen Bettkasten gestopft. Magdalena stand auf dem Balkon vor dem Brett und versuchte, nicht nach unten zu sehen. Du musst hinüber, sagte sie sich, dann bist du gerettet! Ihr schwerer Bauch behinderte sie ein wenig, aber beim zweiten Versuch gelang es ihr, sich hinaufzuziehen. Im Hintergrund schrillte nun ununterbrochen die Türglocke, und harte Fäuste donnerten gegen die Tür. Vor Herzklopfen und Schwindel glaubte sie ohnmächtig zu werden, als sie begann, Stück für Stück, Zentimeter für Zentimeter über das Brett zu kriechen.

»Aufmachen, Polizei! Tempo, Tempo, oder wir schlagen die Tür ein!«, hörte sie von drinnen raue Männerstimmen rufen.

»Ja, ja, komm ja schon. Ich kann nicht so schnell«, ließ sich Frau Lindental mit quengeliger Stimme hören, »muss mich schließlich erst mal anziehen.«

Jetzt hatte Magdalena den Nachbarbalkon erreicht und zog aufatmend das Brett nach. Es war leichter gewesen, als sie dachte. Vorsichtig drückte sie gegen die nur angelehnte Tür. Die Vorhänge waren zugezogen, das Zimmer lag im Halbdunkel und schien leer zu sein. Auf Zehenspitzen tastete sie sich vorwärts, doch gerade als sie die Klinke drücken wollte, fuhr sie beim matten Ton einer Stimme zu Tode erschrocken zurück.

»Wer da?«

Sie wandte sich langsam rückwärts, blieb dann aber wie angenagelt stehen. Auf der Bettkante sitzend, die bloßen Füßen auf dem Boden, starrte ihr mit aufgerissenen Augen ein grauhaariger alter Mann entgegen. »Bist du es Klara?«, fragte er unsicher und fuhr sich mit der Hand über Stirn und Augen. »Bist du schon zurück?« Er wandte den Kopf in alle Richtungen, dann tastete er nach dem Stock, der neben ihm stand und sie erkannte, dass er blind war. Ohne zu antworten, öffnete sie hastig die Tür und tastete sich im halbdunklen Flur vorwärts. Es war keine Zeit für Erklärungen und sie musste so schnell wie möglich verschwinden.

Bevor sie ins Treppenhaus trat, legte sie das Kopftuch um und spähte vorsichtig in den Korridor hinaus. Die Tür zu Frau Lindentals Wohnung war weit geöffnet und laute Stimmen, Rumoren, wie das Öffnen und Schließen von Schränken und Schubladen tönte von drinnen. So leise wie möglich lief sie die Treppen hinunter und zu ihrer Erleichterung wartete Willi auf dem unteren Absatz auf sie. Er schlang den Arm fest um sie und flüsterte ihr zu: »Stütz dich auf mich, so fest du kannst. Und sei ganz ruhig – überlass alles mir.«

Vor dem Eingang postierte eine Wache, die sie sofort aufhielt. »Halt! Wohin wollen Sie? Wer ist diese Frau? Keiner darf das Haus verlassen ohne meine Genehmigung!«

»Ich bin Willi Schwarz und arbeite bei der Radarüberwachung.«

»Schön und gut, aber was machen sie dann hier?«, fragte der Polizist und streifte Magdalena mit einem misstrauischen Blick. »Ausweis, aber dalli!«

»Das sehen Sie doch …« Willi fuchtelte aufgeregt vor der Nase des Polizisten mit seinem Ausweis herum. »Meine Frau bekommt ihr Kind! Ich bin nur kurz von der Dienststelle weg, um sie ins Krankenhaus zu bringen. Sie hat große Schmerzen, und wir müssen uns beeilen. Die Hebamme hat gesagt, das Kind liegt falsch. Das ist sehr gefährlich – jede Minute zählt!«

Magdalena krümmte sich, stöhnte effektvoll und streckte ihren Bauch so weit wie möglich vor.

Der Beamte zögerte.

»Wollen Sie etwa die Verantwortung übernehmen, wenn ihr etwas passiert?«

Magdalena jammerte leise, hielt sich an Willis Schulter fest und schien vor Schmerzen fast in die Knie zu brechen.

Der Polizist kratzte sich unschlüssig am Kopf, sah auf Willis Ausweis und schien zu überlegen. »Na, dann gehen Sie mal«, sagte er schließlich. »Meine Frau hat auch erst ein Kind gekriegt. Ich möchte nicht schuld sein, wenn bei Ihnen was schief-läuft.«

Die beiden humpelten davon, und als sie um die nächste Ecke waren, fassten sie sich bei den Händen und rannten los.

»Ich kann nicht mehr«, rief Magdalena als Erste und presste die Hände auf den Bauch. Dann schlang sie ungestüm ihre Arme um Willi und gab ihm einen Kuss auf beide Wangen. »Danke! Du hast deine Rolle sehr gut gespielt. Ohne dich hätte ich das nicht geschafft. Ich wäre nie auf die Idee mit dem Brett gekommen! Aber es war ganz einfach – man darf nur nicht daran denken, dass unter einem drei Stockwerke Luft liegen!«

Willi strahlte sie an, und plötzlich zog er sie an sich, drückte sie und küsste sie schüchtern und beinahe verschämt mitten auf den Mund.

»Nicht, bitte nicht!« Magdalena wand sich aus seinen Armen.

»Was hast du denn?«, fragte er verständnislos. »Ich hab dich gern. Zu Frau Lindental kannst du jetzt nicht mehr zurück. Ich will dich ja nicht zwingen … aber es wäre wunderbar, wenn du bei mir bliebst.«

»Ja – aber lass mir noch ein wenig Zeit, du verstehst doch …«, antwortete Magdalena ausweichend.

Der junge Mann nickte. »Keine Angst, ich werde warten!«, sagte er leise und strich ihr zärtlich über das Haar.

In Willis kleiner Dachkammer im Stadtteil Wedding richtete sich Magdalena fürs Erste so gut wie möglich ein. Der Raum enthielt nur wenige Möbel, einen Tisch, einen Stuhl und ein Gestell, das als Schrank diente. Das neue Zusammenleben erwies sich als ziemlich beengt. Eine Nische mit fließendem Wasser und einem Petroleumkocher funktionierte gleichzeitig als Koch- und Waschgelegenheit. Die Toiletten waren zwei Etagen tiefer im Flur. Willi hatte sich eine Matratze besorgt und schlief auf dem Boden. Er verhielt sich ihr gegenüber sehr rücksichtsvoll und höflich, aber das, was er zum Essen mitbrachte, war oft für zwei Leute zu wenig. Magdalena ging aus Angst vor Entdeckung nicht mehr zur Arbeit und kaum aus dem Haus. Da Lebensmittel rar waren, versuchte sie, aus getrockneten Erbsen, Rübenstückchen, angefaulten Kartoffeln und, wenn es hochkam, ausgekochten Knochen, eine Suppe herzustellen, die sie mit allen möglichen Zutaten für die ganze Woche verlängerte. Willi war nicht wählerisch, aber sie musste sich dazu zwingen, ihr eigenes Gemisch herunterzubringen. Er besorgte ihr genügend Lektüre, und so saß sie die meiste Zeit in dem kleinen Dachzimmer und träumte sich über den Büchern in fremde Welten, um die Gegenwart zu vergessen.

Als ihre Niederkunft unmittelbar bevorstand, fiel es ihr immer schwerer, schnell genug in den Keller zu laufen, wenn Fliegeralarm ertönte. Manchmal, wenn Willi nicht da war, blieb sie einfach oben, mit einer Art Gleichgültigkeit dem Schicksal gegenüber, das sie unbarmherzig strafte, sie unerbittlich von all den Menschen trennte, die sie liebte. Aber dann, wenn die Hölle der Bombenabwürfe begann, deren krachender Einschlag sich in das Geheul der heranrasenden Flieger mischte, wenn die Fenster zitterten, das Haus an allen Enden zu beben begann, dann stürzte sie in letzter Minute doch noch nach unten in die schwarze Dunkelheit des Kellers, der die halbherzige Illusion vermittelte, vor dem losbrechenden Chaos Schutz zu bieten.

Eines Tages, als mitten in der Nacht die Sirenen heulten, wurde sie auf der Treppe von einem so scharfen und durchdringenden Schmerz getroffen, als hätte man ihr ein Messer in den Bauch gestoßen.

»Was ist, was hast du?«, fragte Willi und versuchte, sie mit sich zu ziehen. »Ich kann nicht!«, stöhnte Magdalena und schrie erneut auf. »Das Kind – ich glaube es ist so weit!« Wasser, mit Blut vermischt, lief an ihren Beinen herab und bildete auf dem Boden eine Lache.

»Du musst ins Krankenhaus!«

»Nein, ich geh nicht dahin. Hol eine Hebamme!«

»Das ist unmöglich! Wo soll ich in diesem Augenblick eine Hebamme herholen?« Willi packte sie, hob sie hoch und trug sie auf seinen Armen so schnell er konnte in den Keller, wo er die Wimmernde auf eine alte Decke am Boden bettete. Die Wehen kamen nun öfter und heftiger, und Willi, der keine Ahnung hatte, wie eine Geburt ablief, hielt beunruhigt ihre Hand, während die anderen Hausbewohner ängstlich zu ihnen hinüberschielten und beteten, dass der Angriff bald vorübergehen möge. Dann endlich kam die Entwarnung, und Willi ließ Magdalena in der Obhut der zweier Frauen zurück, um in einem der Notlazarette Hilfe zu holen. Draußen war in einer dichten Wolke von Staub, Rauch und Feuer kaum etwas zu erkennen. Zwei Häuser in der Straßenzeile waren verwüstet und in Trümmern, und in der nächsten Straße bot sich ein ähnliches Bild. Er stolperte über Geröll, kletterte über Schutthalden und tiefe Löcher und wich lichterloh brennenden Gebäudeteilen aus. Es war schwer, sich zu orientieren. Einen vorbeilaufenden Sanitäter, der gerade mit der Versorgung und dem Transport der Verletzten beschäftigt war, hielt er an und fragte ihn um Rat. Mit einer Kurzanweisung zur Geburtshilfe und zahlreichen Mullbinden bewaffnet, machte er sich mit einem mulmigen Gefühl im Nacken auf den Rückweg. Doch schon auf den Stufen zum Keller empfing ihn das hohe, geradezu empörte Schreien eines Neugeborenen. Er lief hinunter, wo ihn Magdalena, immer noch auf der Decke liegend, mit einem schwachen Lächeln empfing. Sie hielt das blutverschmierte Kind im Arm, das man in einen alten Pullover gewickelt hatte. Daneben dampfte ein Topf mit kochendem Wasser, mit dem eine junge Frau aus dem Haus, die selbst drei Kinder hatte, die Haushaltsschere desinfiziert hatte, um das Kind abzunabeln. »Du bist ein paar Minuten zu spät«, sagte Magdalena matt und hielt ihm das Neugeborene entgegen. »Es ist ein Mädchen! Ich möchte es …«, sie überlegte nur kurz, »Paula nennen.«

Willi nahm das Kind vorsichtig auf den Arm. Es zappelte, schrie, war runzlig und voller Blut. Er sagte nichts, aber er fand Paula abschreckend hässlich. Behutsam trug er das schreiende Bündel nach oben, legte es aufs Bett und richtete das Lager für die erschöpfte Mutter her. Wer hätte geglaubt, dass er so schnell eine Rolle übernehmen würde, die ihm noch vor einigen Monaten nicht mal im Traum eingefallen wäre?

Aber wie sollten sie beide das bloß schaffen, hier oben in der engen Mansarde, mit einem Kind? Er wagte nicht, darüber nachzudenken und bedankte sich bei der freundlichen Nachbarin, die so gute Geburtshilfe geleistet hatte, mit zwei Dosen Sardinen aus ihrer eisernen Reserve. Zusammen mit ihrem stämmigen Ehemann gelang es kurze Zeit später auch, Magdalena nach oben in die Mansarde und endlich in ein richtiges Bett zu transportieren.

Die nächsten Monate verliefen unruhig. Das Kind schrie nachts, und Magdalena, die trotz Mangelernährung stillte, erholte sich nur sehr langsam. Nach einer Erkältung hustete sie unablässig – und das Hinauf und Hinunter in den staubigen Keller verursachte ihr starke Atemnot. Der Arzt, der von Zeit zu Zeit nach ihr sah, zuckte die Schultern und befürchtete einen Schaden an der Lunge. Aber ohne Röntgengerät war es unmöglich, eine genaue Diagnose zu stellen.

Eines Tages kam Willi ganz aufgeregt, eine Sonderausgabe der Zeitung schwenkend, nach Hause. »Ein Attentat!«, rief er schon an der Tür. »Stell dir vor, man hat ein Attentat auf Hitler verübt – eine Bombe neben ihm zur Explosion gebracht! Jetzt ist der Krieg endlich aus!«

Magdalena sprang vom Bett, auf dem sie sich für wenige Minuten ausgeruht hatte. »Ist er tot?«, fragte sie als Erstes.

»Es scheint so! Man hat es jedenfalls gemeldet.«

»Wenn dieser Alptraum nur endlich zu Ende ist«, seufzte sie.

»Wer hat es gewagt – erzähl, was ist genau geschehen?«

»Ich lese es dir vor«, er breitete das Blatt auf dem kleinen Tisch aus. »Hier steht es:

>*Entsetzen und Ratlosigkeit durch
Sprengstoffattentat gegen den Führer!*

Bei einem Treffen von dreißig Offizieren mit Hitler in der »Wolfschanze« fand die Lagebesprechung wegen der Hitze nicht im Führerbunker, sondern im Gästehaus statt. Unter dem Tisch, auf dem die Karten lagen, über die Hitler gebeugt war, stand eine Aktentasche mit einer Bombe, die um 12.42 Uhr explodierte. Mehrere Personen wurden schwer verletzt – Oberst von Stauffenberg hat den Tod des Führers gemeldet.<«

»Dann ist dieser Alptraum wohl endlich aus. Wir werden kapitulieren!« Magdalena atmete erleichtert auf. »Dem Himmel sei Dank – das konnte ja so nicht weitergehen.« Sie stützte den Kopf in die Hände. Dann sah sie Willi ernst an.

»Ich wollte dir ohnehin etwas sagen. Ich weiß, ich bin nur eine Belastung für dich – mit einem Kind, das nicht einmal das Deine ist. Widersprich mir jetzt nicht«, sie legte den Finger auf die Lippen, »aber ich kann nicht länger hier bleiben. Diese Enge, diese Hilflosigkeit, das Warten und die Angst – das macht mich ganz krank.«

In Willis Zügen arbeitete es, aber er sagte nichts. Nach einer kurzen Pause sprach sie weiter. »Ich habe heimlich Frau Lindental auf der Straße abgepasst, weil ich wissen wollte, wie die Sache mit der Hausdurchsuchung abgegangen ist. Zum Glück hat man nichts Belastendes gefunden und alles ist im Sand verlaufen. Bis jetzt hat sie auf ein Zeichen von mir gewartet, wollte wissen, wie es mir geht. In den nächsten Tagen wird sie zu ihrem Bruder ziehen; in das kleine Häuschen mit Garten am Stadtrand von Berlin.

Ihre Sachen hat sie bereits dorthin bringen lassen. Und dann ...«, sie zögerte und sah an Willi vorbei, »dann habe ich sie ganz einfach gefragt, ob sie nicht eine Weile auf Paula aufpassen könnte und sie hat ja gesagt. Ihr ganzes Leben lang hat sie sich ein Kind gewünscht! Paula wird es gut haben – sie wird für sie sorgen, solange ich fort bin!«

»Aber du ... wo willst du denn hin?« Willi starrte sie mit halb offenem Mund an.

»Ich muss wieder zurück. Noch einmal nach Königsberg. Ich habe den Anschluss an meine Familie, mein ganzes Leben verloren! Ich will wissen, wie es meinem Bruder Theo geht und Gertrud – auch wenn wir uns nie gut verstanden haben. ...« Dass sie vor allem wissen wollte, wo Paul war, verschwieg sie. »Du musst das verstehen! Und jetzt, wo Hitler tot ist, wird alles ganz einfach sein. Der Alptraum ist vorbei – man kann mir nichts anhaben.«

Er erkannte an ihrer Miene, dass es ihr Ernst war. Seine Kehle wurde eng und er wandte den Kopf zur Seite. »Wenn du dich so entschieden hast, kann ich dich nicht halten! Aber denk dran, dass du immer zu mir zurückkehren kannst, egal, was geschieht!«

Sie nickte, dann trat sie auf ihn zu, legte ihren Kopf an seine Brust und murmelte: »Ich danke dir, danke dir für alles – du bist der beste Mensch, den ich jemals getroffen habe! Ich werde nie vergessen, was du für mich getan hast! Und ich komme bestimmt zurück!«

Willi schluckte und schob sie beiseite. »Lass nur, es ist schon gut – versprich lieber nichts, was du dann doch nicht halten kannst!«

Den Abend verbrachten sie schweigend vor dem Radio, während Magdalena ihre wenigen Sachen und die ihres Kindes zusammenpackte.

Es hieß zunächst, die Operation »Walküre« zur Mobilisierung

des Ersatzheeres im Reichsgebiet sei bereits ausgelöst worden. Doch dann kamen neue Meldungen, widersprachen sich, und man wusste bald nicht mehr, was man glauben sollte. Nach gespannten Stunden des Wartens endlich die Wahrheit: Hitler lebte und beteuerte in einer Rundfunkansprache an das Volk, er sei nahezu unverletzt. Die Aufständischen um General Olbricht und Oberst Stauffenberg waren auf der Stelle exekutiert und Goebbels zum Reichsbevollmächtigten für den totalen Kriegseinsatz ernannt worden. Der Kampf würde nun unverändert und mit brutaler Härte weitergehen.

Als Willi am späten Nachmittag des nächsten Tages mit vielen anderen Neuigkeiten und den Einzelheiten des Attentats von der Arbeit zurückkehrte, war Magdalena mit der kleinen Paula bereits aus der Wohnung verschwunden.

17. Kapitel

Der Rückzug

Kommandant von Seidel trat erregt, mit rotem Kopf und einem per Funk durchgegebenen Befehl in die provisorische Bretterbude, die der Unterstellung der technischen Geräte diente. »Sofort alle verfügbaren Fahrzeuge bereitstellen«, schrie er, »an der Woronesch-Front geht alles drunter und drüber. Die Russen stehen vor der Tür. Die Front ist völlig aufgelöst! Wir müssen den Rückzug sofort einleiten!«

Paul klappte die Motorhaube des Kastenwagens zu, in dem er gerade den Verteiler gereinigt hatte. Er wischte sich die schwarzen Hände an einem Lappen ab und lächelte spöttisch. »Den Rückzug einleiten – mit welchen verfügbaren Fahrzeugen? Sie und ich wissen nur zu genau, dass dieser ganze Haufen Blech nicht mehr richtig funktioniert und wir nicht mal genügend Öl und Benzin haben.«

»Machen Sie was, oder wollen Sie etwa zu Fuß gehen?«, schrie von Seidel, am Ende seiner Nerven.

»Wunder kann ich keine vollbringen. Wenn wir wenigstens die Wagen der Italiener hätten, die sind noch einigermaßen brauchbar. Aber die sind ja bereits Hals über Kopf verschwunden, wie ich hörte!«

Von Seidel ließ sich erschöpft auf eine Kiste fallen und wischte sich den Schweiß von der Stirn. »Ich habe das Ganze kommen sehen. Wir sind die Dummen hier, harren auf Befehl des Führers bis auf den letzten Drücker aus und jetzt …«

»Als ich diesen Schrotthaufen hier vorfand«, wagte Paul vorsichtig einzuwerfen, »war mir klar, wie das endet!«

»Ja, ja«, winkte der Kommandant müde ab. »Jetzt weiß es natürlich jeder besser. Aber was sollte ich denn machen? Und wer hätte gedacht, dass die Russen uns so schnell überholen? Und dann die Lücken in den ungarischen und italienischen Stellungen … Man hat ja gar keinen Überblick mehr!«

Es war das erste Mal, dass von Seidel wirklich Klartext sprach und den Tatsachen ins Auge sah.

»Unsere Division muss so schnell wie möglich hier weg …«

Von Seidel nickte. Er saß da wie ein Häufchen Elend. »Genau. Wir haben nur noch fünf Batterien. Aber unser größtes Problem ist, dass die Rückzugsstraße in Richtung Kursk inzwischen total überfüllt ist – eine völlige Katastrophe. Die Russen sind uns nicht nur auf den Fersen, sondern quasi überall, rechts, links, hinter uns und zugleich vor uns. Wer weiß denn überhaupt noch, wo die Hauptkampflinie ist? Es gibt sie ja gar nicht mehr. Jeder hat Angst und will nur Richtung Westen. Wenn ein Fahrzeug stecken bleibt, müssen andere von der Straße runter. Alles ist blockiert, gesäumt von im Graben liegenden Wagen, die teilweise umgekippt sind.«

In diesem Augenblick riss Robert Schmidt die Tür auf. »Hast du gehört, Paul …«, er stutzte, blieb auf der Schwelle stehen und nahm Haltung an. »Oh, Verzeihung, ich wollte nicht stören«, stotterte er.

»Treten Sie ruhig näher, Schmidt, wir haben keine Geheimnisse zu besprechen«, ermutigte ihn von Seidel, »im Gegenteil, jetzt müssen wir alle zusammenhalten, sonst geht es uns an den Kragen.« Er erhob sich und ging mit festen Stiefeltritten auf und ab. »Alles, was wir nicht mit auf den Rückzug nehmen können, verbrennen! Selbst Unbrauchbares, das wir zurücklassen, anzünden. Das ist ein Befehl!«

Tanja, die sich nahezu unsichtbar in einer Ecke mit einem Stapel frischer Wäsche zu schaffen gemacht hatte, fühlte, wie ihr Herz sich schmerzhaft zusammenkrampfte. Ihr blieb nicht mehr viel Zeit mit Paul – so viel hatte sie verstanden! Und sie liebte ihn mit der ganzen Kraft ihres einfachen Gemütes! Sie kauerte sich in eine Ecke und schluchzte leise vor sich hin. Nein – sie konnte ihn nicht allein gehen lassen – niemals! Genauso wenig wie sie je wieder ihren ungehobelten Sergej ertragen konnte, den stämmigen, rotköpfigen Kommissar, der sie bei seinen Jähzornanfällen mit einem Birkenstock schlug! Endlich hatte sie die Liebe gefunden, nach der sie sich ihr ganzes Leben lang gesehnt hatte. Sie würde mit ihm gehen, ihm wie ein unsichtbarer Schatten folgen, an seiner Seite sein, wenn er sie brauchte. Aber was war mit Kolja, ihrem Jungen, ihrem Liebling? Er war ja fast schon groß! Er sollte bei der Großmutter bleiben, bis sie ihn später zu sich holte.

Draußen herrschte schon eine fiebrige Geschäftigkeit, mit der der Aufbruch eingeleitet wurde. Die Parole von Seidels lautete: Hinhaltender Widerstand, bis bei Poltawa wieder eine neue Front aufgebaut war.

Zu diesem Zweck ließ er zwei Batterien abtrennen, während sich die anderen drei Batterien in Richtung Kursk bewegen sollten.

Tanja hatte ihr Köfferchen gepackt und stand abseits. Sie ahnte die Schwierigkeiten, sah die Gefahren voraus, in die Paul geraten würde und vor denen sie ihn aus einem tiefen Urinstinkt einer Liebenden heraus beschützen wollte. Schließlich kannte sie das russische Land, die Eigenheiten der Menschen, ihre Sprache und auch die unvorhersehbaren Kapriolen des Wetters.

Niemand achtete auf sie.

Paul hatte alle Hände voll zu tun, denn sie besaßen nur noch vier funktionsfähige Zugmaschinen und die gleiche Anzahl Geschütze. Als einer der beladenen Lastwagen in langsamem Tempo anfuhr, sprang Tanja rasch auf und versteckte sich unter der

Plane. Niemand hatte den blinden Passagier bemerkt, der mit der Truppe nun ins Ungewisse fuhr.

Die einzige, ausgebaute Rückzugsstraße war wie vorhergesehen ständig durch liegen gebliebene Fahrzeuge blockiert, und sie kamen daher nur in beängstigendem Schneckentempo voran. Die Lage für die deutsche Armee in Russland sah jetzt tatsächlich bitterernst aus. Die Front war verwischt, sie hatten die Sowjets im Rücken, oder, was noch schlimmer war, sie waren ihnen vielleicht sogar voraus.

In der ersten Nacht im provisorischen Lager, das sie in Igelstellung aufgebaut hatten, wälzte sich Paul schlaflos auf seiner Pritsche, dann trat er hinaus ins Freie, zu dem Wache habenden Schützen Hans. »Willst du?«, fragte er und zog ein Päckchen Zigaretten aus der Tasche. Der andere nickte, und den aufsteigenden Rauchwölkchen nachsehend, dachten sie ohne viel Worte an das Gleiche, nämlich daran, dass sie hier auf einem Pulverfass saßen, das jeden Augenblick in die Luft gehen konnte. »Ob wir wohl noch mal gesund nach Hause kommen?«, fragte Hans. »Wer hätte gedacht, dass sich das Blatt mal so wendet.«

»Besser, wir denken da nicht drüber nach. Irgendwie geht es auch mal wieder andersrum.«

»Aber haben wir dann noch genügend Munition, genügend Männer, die kämpfen wollen? Zu viele, die an den Sieg geglaubt haben, sind schon den Bach runter.«

Paul antwortete nicht. Er kniff die Augen zusammen, als habe er in der Ferne etwas gesehen. Doch in der Weite der russischen Felder war kein Zeichen von Leben zu erkennen, kein Haus und kein Mensch. Er blickte in den ruhigen, glasklaren Sternenhimmel, dann stand er auf und überflog mit einer plötzlich aufsteigenden, inneren Unruhe noch einmal den in der Mitte zusammengestellten Fuhrpark. Da, da war es wieder! Ein Geräusch in einem der Lastwagen, ein Rumoren und eine leise Bewegung an der Bedeckung ließ ihn hellwach werden. Eine Ratte? Leise schlich er näher, stieg auf die Ladefläche und schlug mit einem Ruck die Plane zur Seite. Tanja, in einer alten Männerhose und weiten Jacke, starrte ihn mit großen Augen ängstlich an. »Moi ljublimez«, (Mein Liebling) stammelte sie leise und wollte ihm um den Hals fallen. »Ich immer bei dir bleiben!«, fügte sie in ihrem gebrochenen, drolligen Deutsch hinzu. »Waschen, kochen, alles!« Sie nahm eine Scheibe Brot aus einem Papier und hielt es ihm hin. »Da – für dich!«

»Bist du verrückt geworden?« Paul stieß sie so grob zurück, dass das Brot zu Boden fiel. »Verschwinde«, schimpfte er. »Wie kommst du bloß auf die Idee, mir nachzulaufen? Das hier ist kein Spiel – das ist Krieg. Da können wir keine Frauen gebrauchen. Und außerdem bist du eine Russin.«

Tanja sah schuldbewusst zu Boden, sie verzog das Gesicht wie ein kleines Kind und begann, lautlos zu weinen. Ihr ersticktes Schluchzen rührte Paul. Liebte sie ihn tatsächlich so sehr, dass sie alles im Stich ließ, ihr Heim, ihre alte Mutter und sogar ihren Sohn Kolja? Er legte vorsichtig den Arm um sie. »Tanja! Das musst du doch verstehen! Du bist in Lebensgefahr. Wir wissen ja selbst nicht, ob wir hier noch heil herauskommen. Deine eigenen Landsleute werden dich abknallen!«

Sie klammerte sich mit aller Kraft an ihn. »Egal, du bei mir!«

Er schüttelte den Kopf. Dieser Frau war nicht zu helfen. Zurückschicken war von hier aus unmöglich. Aber was sollte er jetzt bloß mit ihr anfangen?

Schüsse zerrissen plötzlich die Luft, das Rollen von schwerem Gerät ertönte, Feuersalven aus Mörsern durchpflügten den vorher noch so ruhigen Himmel. Tanja zog sich zu Tode erschrocken wieder unter die Plane zurück, bevor um sie herum die Hölle losbrach. Alle Mann waren plötzlich auf den Beinen und machten die Sturmgeschütze klar. Paul lief nach vorne. Jetzt hieß es, die eigene Haut zu verteidigen.

»Feuer«, befahl der Kommandant. »Indirektes Schießen! Auf die Infanterie!«

Indirektes Schießen war das einzige Mittel, um gegen die russische Übermacht bestehen zu können. Dazu wurde das Rohr so ausgerichtet, dass die Granaten flach über den Boden und nach oben gehend explodierten – eine Methode, die eine zehnfache Wirkung erzielte.

Nachdem der Angriff des Feindes gleich mit solcher Vehemenz abgewehrt worden war, erfolgte in dieser Nacht kein zweiter mehr, und es trat vorerst trügerische Ruhe ein.

Am nächsten Tag ging es weiter, so schnell sie es mit den geringen Mitteln vermochten. Irgendwann würden sie ja hoffentlich auf die versprochene Verstärkung stoßen, auf starke Panzer und Geschütze. Dann konnten sie sich mit frischem Material und Munition ganz neu aufstellen. Bei jedem Halt mussten sie jetzt darauf achten, den Russen nicht die Möglichkeit zu geben, sie einzukesseln. Dazu nisteten sie sich in verlassenen Kolchosen und in ärmlichen Dörfern ein, wo sie den Ortsein- und -ausgang mit Geschützen verbarrikadierten und zusätzliche Wachen aufstellten. Russische Panzer umkreisen sie, trauten sich jedoch nicht, offen anzugreifen.

Paul sah ein, dass ihm nichts anderes übrig blieb, als dem Kommandanten die Anwesenheit Tanjas zu gestehen, bevor er selbst darauf kam. Er zog sie hinter sich her, und sie stand vor ihm wie eine arme Sünderin, die großen, dunklen Augen mit bezaubernder Schwermut auf ihn geheftet.

»Bitte mich nicht wegschicken«, fleht sie mit erhobenen Händen, »ich sehr nützlich sein! Kapusta kochen, Wäsche waschen, alles tun!«

»Das ist doch Wahnsinn!«, schrie von Seidel, als er begriffen hatte, um was es ging. »Wenn das Kreise zieht! Man wird sagen, wir haben eine russische Spionin bei uns!«

Paul senkte den Kopf. »Ich schwöre, ich habe davon nichts gewusst, Herr Kommandant. Sie tauchte plötzlich unter der Plane auf …«

»Zurückschicken! Sofort!«, unterbrach von Seidel. »Verdammter Mist!« Er lief aufgeregt hin und her. »Können Sie mir vielleicht sagen, wie? In dieser Einöde?« Er hielt sich den Kopf. »Aber wenn wir sie bis Poltawa mitnehmen, wird das die Moral der Truppe untergraben.«

»Wir haben jetzt doch wirklich andere Sorgen, als uns um Moral zu kümmern!«, konnte sich Paul sich nicht enthalten einzuwerfen.

Von Seidel starrte ihn ratlos an. »Ich kann das nicht verantworten.«

»Überlassen Sie mir die Verantwortung«, sagte Paul entschlossen, »Frau Oblanska muss versprechen, sich vernünftig zu verhalten.«

Der Kommandant seufzte tief auf. Er war wie alle anderen ausgebrannt, ausgehungert, und man spürte, dass es auch bei ihm jetzt nur noch um das bisschen Leben ging, das er sich bis zur endgültigen Kapitulation erhalten wollte; erschöpft, wie er war, von all den Anstrengungen und Entbehrungen, die der vergangene Winter von ihm und seiner Division gefordert hatte.

»Gut«, sagte er schließlich. »Sie haben recht. Darauf kommt es jetzt auch nicht mehr an.« Er schüttelte den Kopf. »Kenn einer sich mit den Weibern aus – ausgerechnet die Frau eines russischen Kommissars …«

»Ich danke Ihnen«, Paul reichte ihm die Hand, »und verspreche, das in Ordnung zu bringen. Niemand wird von der Sache erfahren.«

Er kehrte in die Baracke zurück, in der Tanja auf ihn wartete und die Suppe für ihn warm hielt. »Du kannst noch bis Poltawa bleiben«, sagte er kurz, »aber nur, wenn du versprichst, dort umgehend zu deiner Familie zurückzukehren!«

Tanja presste die Lippen zusammen und blieb stumm. Sie hatte das Gefühl, als risse ihr Herz in zwei Teile.

Die Soldaten betrachteten die junge Frau in Männerhosen zunächst mit seltsamen und verwunderten Blicken. Sie wussten nicht so recht, was von der ganzen Sache zu halten war. Die Welt schien verdreht und auf den Kopf gestellt. Im Verlauf der nächsten Tage zeigte sich jedoch, dass Tanja in vielerlei Hinsicht ausgesprochen nützlich war. Sie verhandelte mit dem Dorfschulzen in seiner Sprache, um ihnen Unterkunft und Essen zu sichern, sie feilschte um Nahrungsmittel, die den bohrenden Hunger bei der schlechten Lebensmittelversorgung stillten. Sie kaufte Kapusta, den russischen Kohl, Machorka, um Zigaretten zu drehen und natürlich Hafer für gutes, magenfüllendes Kascha, den traditionellen Haferbrei.

Aber dann zeigte sich doch, dass die Anwesenheit Tanjas in der Männergemeinschaft einige Unruhe auslöste. Spitze Hilfeschreie, die eines Nachts aus dem LKW, den sie zu ihrem Nachtlager gemacht hatte, tönten, schreckten die Männer auf. Paul sprang auf, lief hinaus und packte die Gestalt am Kragen, die sich gerade aus dem Staub machen wollte. »Du Dreckskerl!«, schrie er den langen Proviantmeister an, der Tanja schon immer begehrlich nachgesehen hatte, und verpasste ihm einen heftigen Schlag ins Gesicht. »Lass die Frau in Ruhe, sonst kriegst du es mit mir zu tun!«

»Das wirst du mir büßen!«. Der Angegriffene spuckte hasserfüllt vor ihm aus und hielt sich die Backe. »Deine russische Hure kannst du ruhig behalten! Jetzt tut sie so, als ob nichts gewesen wäre. Dabei hat sie mir schon die ganze Zeit schöne Augen gemacht, das Miststück!«

Paul wollte noch einmal ausholen, doch Robert hielt seine Hand fest. »Komm, heb dir deine Kräfte für was anderes auf und verschwende sie nicht an diese schmutzige Küchenschabe!«, sagte er mit einem drohenden Blick.

Tanja stand zitternd auf dem Trittbrett des LKWs und raffte das zerrissene Hemd um die Schultern. »Ich nichts machen, gar nichts ...«

Paul trat auf sie zu: »Leg dich wieder hin, Tanja, und beruhige dich! Wer dir etwas tut, der bekommt es mit mir zu tun«, er warf dem Mann noch einen wilden Blick zu. »Lass dich nicht mehr hier sehen, du Schwein, ich rate es dir gut!«

»Nächstes Mal nehme ich mein Messer mit – das kriegst du dann in die Rippen, wenn du mir zu nahe kommst, verdammter Hurensohn!«, drohte der Lange schwitzend, ballte die Faust und verschwand.

Am nächsten Morgen ließ der Kommandant Paul und Robert rufen. »Ich habe etwas Ähnliches befürchtet«, begann er mit ernster Miene, »aber jetzt ist es tatsächlich eingetreten. Es gibt Unruhe, wenn eine Frau im Lager ist. Und das können wir uns in unserer Situation überhaupt nicht leisten. Ich habe mich entschieden, sie nicht bis Poltawa mitzunehmen. Sie bleibt im nächsten Dorf, das wir erreichen!« Als Paul den Mund öffnen wollte, sagte er mit einem harten Unterton. »Das ist ein Befehl. Und Sie werden ihn ihr ausrichten, Hofmann!«

Tanja wagte diesmal keinen Widerspruch. Sie schien wie zerschmettert. Traurig und niedergeschlagen sah sie Paul an, der die Kiefer zusammenpresste. »Komm wiedär!«, sagte sie ihm zum Abschied in dem winzigen, gottverlassenen Weiler, wo man sie beim Dorfschulzen absetzte, »ich warte auf dich, äwig!« Mit diesen Worten nahm sie ein kleines Kreuzchen aus billigem Metall von ihrem Hals und legte es Paul in die Hand. »Christus mit dir!«

Paul sah zu Boden. Irgendetwas brannte in seinen Augen. Dann drehte er sich um, ging zu seiner Truppe zurück und trat im Kübelwagen ein wenig zu heftig auf das Gaspedal.

Der Schnee war endgültig geschmolzen und wieder hatte sich die Landschaft in ein lehmiges Schmutzloch verwandelt. Erde klebte an Rädern, Kettengestängen, Stiefeln und an allem, was irgendwie mit dem Boden in Berührung kam. Bis jetzt waren sie einigermaßen durchgekommen, die Fahrzeuge hielten sich besser als erwartet, wenn man von einem Pkw absah, der sich neben der Rollbahn überschlagen hatte. Durch Funksprüche wurden die Soldaten weitergeleitet, bis zu einem Ort namens Atürka, wo sie sich vorläufig in einem verlassenen Fabrikgebäude installieren sollten.

Doch als sie in Atürka ankamen, war der Ort bereits von Rumänen und Ungarn besetzt. Antonescu, der rumänische Ministerpräsident, hatte sich vorbehalten, dass man seiner Armeeführung ohne Verbindungsoffizier keinen Befehl erteilen durfte; aber dieser war nicht auszumachen, weil alles drunter und drüber ging. Viele Versprengte irrten umher, unter denen sich auch deutsche Infanteristen befanden.

Um sie zu sammeln, erteilte Kommandant von Seidel nach der Beschlagnahmung der leeren Fabrik Paul den Auftrag, am Ortsausgang mit einer Wache von fünf Mann dafür zu sorgen, dass flüchtende Deserteure aufgehalten wurden. Er regte sich wortreich darüber auf, dass erbärmliche Drückeberger die anderen in einer solchen Situation im Stich ließen und sich einfach aus dem Staub machten. Etliche, die unter fadenscheinigen Vorwänden vorbei wollten, waren bereits wieder in den Ort zurückgeschickt worden.

Da kam plötzlich mit aufheulendem Motorengeräusch ein PKW mit Vollgas angebraust. Der deutsche Leutnant, der auf dem Trittbrett stand, rief ihm schon von Weitem zu: »Rumänische erste Armee, sofort durchlassen!«

»Halt! Stehen bleiben!« Paul sprang beiseite, hob die Waffe, schoss aber nicht. »Verdammt noch mal, du feiger Hund!«, knirschte er zwischen den Zähnen. »Lässt seine Kameraden im

Stich und nimmt noch einen Wagen mit!« Aber da war nichts zu machen, und sie mussten ihn wohl oder übel passieren lassen.

Der Proviant wurde knapper und knapper und die Versorgungslage allmählich kritisch. Wann kam endlich Hilfe, die versprochene Verstärkung mit frischen Soldaten, mit Lebensmitteln?

In der folgenden Nacht waren ein paar Männer, darunter Robert und der Bayer Franz Dandl, unter der Führung Pauls zu einem Spähtrupp eingeteilt worden. Geschickt getarnt mit Zweigen und Büschen saßen sie eher trübsinnig in einem sumpfigen Erdloch am Ortseingang und hielten abwechselnd Wache. Plötzlich, kurz vor der Morgendämmerung, um drei Uhr, sah Paul dicht vor sich auf der Straße die Schatten einer langen, feindlichen Kolonne. Es waren Bespannfahrzeuge und etliche Motorisierte, die wohl die eindeutige Absicht hatten, die Deutschen im Ort noch in der Dunkelheit zu überraschen und ihnen den Weg abzuschneiden.

Er alarmierte die Kameraden, und sie beeilten sich, so schnell wie möglich zur Fabrik zu kommen.

»Alarm! Russische Kolonne bewegt sich im Halbkreis auf uns zu, in der Absicht, uns einzuschließen.«

Die Männer sprangen ohne Licht zu machen von den Pritschen und gingen an die Geschütze. Noch bevor die völlig überraschten Russen draußen reagieren konnten, wurde das Feuer eröffnet, und die ruhige Morgenstunde verwandelte sich in ein tödliches Desaster. Die Pferde bäumten sich auf vor dem tödlichen Gewitter, das aus dem Nichts über sie hereinprasselte, und gingen durch, die umgekippten Wagen hinter sich herschleifend. Die Russen stoben wild auseinander, ergriffen schließlich die Flucht und ließen dabei alles stehen und liegen, was sie mit sich geführt hatten.

Auf der Straße verstreut lagen bei Sonnenaufgang neben den

zu Bruch gegangen Resten der Wagen Branntweinfässchen und vor allem jede Menge Lebensmittel, scharfe Würste und Speck, lang entbehrter Proviant, auf den sich die ausgehungerten, an magere Kost gewöhnten Deutschen stürzten. Die Männer schleppten alles in den Hof des Gebäudes, zündeten ein Feuer an und veranstalteten ein Festmahl, bei dem sie sich nach langer Zeit einmal wieder so richtig satt aßen.

Der Proviantmeister, der endlich die alltägliche Erbsensuppe mit einer ordentlichen Scheibe Geräuchertem versehen konnte, drohte Paul jedes Mal, wenn er in seine Nähe kam, einen Napf heißer Suppe über den Kopf zu gießen. Er hatte einen dumpfen Hass auf ihn entwickelt, den der Streit und die Rivalität um Tanjas Gunst ausgelöst hatte.

»Das gewöhn ich dem ab!«, kündigte Paul an, vom scharfen Branntwein aus den erbeuteten Fässchen enthemmt. »Dem zeig ich es jetzt!« Er stürmte mit geballter Faust auf ihn zu, doch die anderen warfen sich auf ihn und rissen ihn zurück.

»Spinnst du?«, fuhr ihn Robert an. »Wegen einer Frau so ein Theater zu machen! Als wenn wir nicht genug andere Sorgen hätten!«

Paul senkte ernüchtert den Kopf und ließ den Arm fallen. Der Kamerad sollte recht behalten. Die versprochene Verstärkung kam nicht zu ihnen durch, die Russen blockten sie ab, und die Lage wurde allmählich richtig brenzlig. Als Nächstes fuhren vor dem Dorf erneut eine gute Anzahl russischer Panzer auf, die die Straße nach Westen abriegelten und den Eindruck erweckten, als seien sie zu allem entschlossen. Sie umkreisten bedrohlich den Ort, schienen aber noch unschlüssig, was sie genau unternehmen sollten. Im Lager machte sich Unruhe ob der verfahrenen Situation breit.

»Jetzt sind sie wohl endgültig sauer auf uns!« Schmidt kratzte sich am Kopf. »Sie kommen zwar nicht so leicht ins Dorf hinein – aber wir auch nicht zu unseren Leuten hinaus! Eigentlich sitzen wir in der Falle. Die warten jetzt auf uns, wie die Katze vor dem Mauseloch!«

»Irgendwie entwischen wir ihnen schon noch, verlass dich drauf!« Paul war wie immer optimistisch. »Der Funker hat unsere Position durchgegeben, und Hitler hat versprochen, uns Tigerpanzer zu schicken. Die werden uns schon noch raushauen.«

»Das hat man in Stalingrad auch gehört. Und was war dann, hmm?«

»Mach hier mal keine miese Stimmung. Du wirst es schon noch sehen!« Er blickte nervös über die Ebene, vor der sich die dunklen Silhouetten der wartenden Panzer wie ein Exekutionskommando abhoben.

Der Kommandant ging von einem zum anderen, kontrollierte Munition und Reserven und versuchte, jedem gut zuzureden. »Wir dürfen jetzt nichts überstürzen, Leute – behaltet vor allem die Nerven!«

In der Nacht kam dann endlich der erlösende Funkspruch:

»Ausbrechen aus der Stadt, egal wie! Wir schicken euch drei neue Tigerpanzer entgegen, die den Weg freihalten!«

Von Seidel war ein wenig blass um die Nase, als er unter die Männer trat.

»Leute! Wir haben nur noch zwei Sturmgeschütze! Sammelt alle Fahrzeuge, macht die Zugmaschinen startklar! Wir warten, bis es Nacht wird, genau bis ein Uhr. Dann wagen wir den Ausbruch. Die Straße nach Westen führt zu einem breiten Fluss, einer Furt, hinter der sich ein Terrain befindet, das von unserer Infanterie noch gehalten wird. Dort wartet die versprochene Verstärkung auf uns. Wir müssen schnell sein, einfach durchbrechen. Es wird nicht leicht sein, rüberzukommen, denn dieser Abschnitt liegt unter feindlichem Beschuss. Aber wenn es uns gelingt, haben wir es geschafft.« Er machte eine nachdenkliche, kurze Pause. »Tut euer Bestes, gebt ordentlich Gas. Wir dürfen nicht stecken bleiben, sonst haben wir den Salat.«

»Da kommen wir nie mit heilen Knochen durch«, erhob sich eine Stimme.

»Wer war das?« Niemand meldete sich, und von Seidel fuhr fort: »Wenn wir über dem Fluss sind, gehen wir wieder in Stellung und bauen die Geschütze auf, damit für die Infanterie der Weg frei ist, um sich zurückzuziehen. Ist das klar?«

Undeutliches Gemurmel erhob sich.

»Hofmann und Dandl, in den letzten Wagen. Und jetzt viel Glück, seht zu, dass ihr durchkommt.«

Es gab kein Nachdenken über das Für und Wider, nur eine emsige Betriebsamkeit mit einem letzten Warten auf das Signal und das erhoffte Kommando: »Los!«

Die Nacht war ungewöhnlich dunkel, und der Tross mit den Fahrzeugen setzte sich um punkt eins in Bewegung, rollte in rasantem Tempo durch den Ort und auf den Fluss zu. Er führte zwar wenig Wasser, aber da Paul die Besonderheiten des Geländes bereits kannte, befürchtete er, dass der Boden an der Furt so sumpfig sein könnte, dass man dort hängen blieb. Franz Dandl saß geduckt neben ihm, das Gewehr im Anschlag. Die ersten Meter ging alles glatt, der Gegner hatte den nächtlichen Ausbruch nicht gleich bemerkt, und die vorderen Wagen waren bereits gut durchgekommen. Doch nach der ersten Überraschung begannen die Russen, aus allen Rohren zu schießen. Vor Paul war jetzt unglücklicherweise ein Wagen mitten im Flussbett stecken geblieben. Er bog mit den anderen nach links ab und raste einen aufgeschütteten Feldweg entlang, um zumindest aus der Schusslinie zu sein. Von allen Seiten spürte er es um seine Ohren knallen, als er holpernd und im schlingernden Wagen hin und her geworfen, mehrfach in Gefahr geriet, im Graben oder im Fluss zu landen. Die russischen Panzer spuckten Feuersalven, aber sie wagten sich aus Respekt vor den gefürchteten Sturmgeschützen nicht allzu nahe heran. Überall lagen getroffene Kameraden, aber es gab kein Halten, nur ein blindes aufs Gaspedal drücken und drauflosfahren, ohne jetzt ganz genau zu wissen, wohin. Der Feldweg war plötzlich zu Ende, und Paul gab Vollgas und preschte quer über eine Wiese in ein Waldstück hinein. Zwischen den Bäumen musste er scharf bremsen. Hier waren sie vorerst aus dem gröbsten Kreuzfeuer, etwas abseits von den todbringenden Panzern und Granaten, die eben noch aus nächster Nähe an ihnen vorbeigezischt waren!

»Grad noch mal geschafft!«, seufzte Paul erleichtert. »Aber wie kommen wir jetzt auf die andere Seite und finden unsere Infanteristen? Keine Ahnung, wo wir hier sind. Schau mal auf der Karte nach, Franz!« Der Angesprochene reagierte nicht. »He, Franz!« Als er seinen Beifahrer an der Schulter rütteln wollte, kippte dieser halb zur Seite. Der Stahlhelm war heruntergerutscht, und man sah Einschüsse am Hals und in Stirnnähe. Das Blut rann ihm über die offenen, im Schreck erstarrten Augen über die Brust. Er versuchte, ihn zu halten.

»Komm, mach keinen Quatsch, Franz, wir sind doch gleich da …«, schrie er ihn an, als müsse er ihn aufrütteln. Doch seine Stimme erstarb. Ein seltsam unheimliches Gefühl bemächtigte sich seiner, und er spürte, wie seine Nerven zu flattern begannen. Jetzt bloß nicht durchdrehen, redete er sich selbst ein, indem er versuchte, seinen Atem zu kontrollieren und so kühl wie möglich zu bleiben. Jetzt musste er allein den Anschluss an die Kolonne am anderen Flussufer finden, sonst war er verloren. Er hatte die Scheinwerfer ausgeschaltet. Seine Augen waren an die Dunkelheit gewöhnt, als er langsam wieder anfuhr. Das Wasser des Flusses plätscherte leise an einer ebenen Stelle, die ihm nicht allzu schwierig zu durchfahren schien; aber auf der anderen Seite befand sich eine unebene Böschung. Da konnte er, wenn überhaupt, nur mit Anlauf hinüberkommen. Mit zusammengepressten Lippen, alle Glieder aufs Äußerste gespannt, ließ er den Motor aufheulen und schoss über die Wiese über den Fluss – aber an der Böschung rollte er wieder zurück. Franz fiel wie eine Puppe neben ihm hin und her, aber er vermied es hinzusehen und blickte stur geradeaus. Ein zweiter, ein dritter Versuch – beim vierten gelang es. Er war oben. Jetzt noch zurück zur Straße; sie war unweit seiner Position am aufblitzenden Geschützfeuer zu erkennen. In der Gegenrichtung sah er Panzer, die auf die Kolonne zurollten, und hielt schnurgerade auf sie zu. Endlich Hilfe! Das mussten die versprochenen deutschen Tigerpanzer sein! Jubelgeschrei um ihn ertönte. Als er ganz nahe war, sah er plötzlich, wie die eigenen Leute der Geschützbedienung plötzlich von ihren Zugmaschinen absprangen und sich unter Büschen und Sträuchern verkrochen. Er begriff nicht sofort – erst als er erkannte, dass auch andere aus ihren Wagen sprangen und vor dem rundum ausbrechenden Feuerwerk kreuz und quer davonliefen, dämmerte ihm die Wahrheit. Eine Täuschung – das waren keine deutschen, sondern russische Panzer! In diesem Moment brummte auch schon der erste Koloss auf ihn zu und feuerte mit seinem MG mitten in die Kolonne. Mit einem letzten Impuls seines Überlebensinstinktes ließ Paul sich aus dem Wagen fallen und stellte sich tot. Der Panzer drehte ab, fuhr auf das Fahrzeug zu, das ihm am nächsten war, zerquetschte es zu einem unkenntlichen Blechhaufen, schob es in den Graben und kam dann auf Pauls Wagen zugedonnert. Doch plötzlich, als würde es sich nicht mehr lohnen, stoppte er, kehrte um und fuhr zurück.

Die Sturmgeschütze befanden sich noch in vollem Gefecht mit den russischen Panzern, und Paul konnte unbemerkt ins Gebüsch robben und sich dort zentimeterweise voranschieben, ohne die Kampfsituation aus den Augen zu lassen. Er kroch weiter, von Busch zu Busch, dann sprang er auf und lief irgendwo hin, den anderen Flüchtlingen nach, so lange, bis ihm der Atem ausging. Wie durch ein Wunder war ihm nichts geschehen. In einem kleinen Waldstück trudelten nach und nach dann die Reste seiner Truppe ein, Robert, der Kommandant von Seidl und die besagten Infanteristen, die immerhin noch Panjewagen und Karren besaßen. Diese Übriggebliebenen waren jetzt nur mehr ein schwaches, kleines Häuflein und mussten den Gedanken an das Schicksal der anderen weit von sich schieben. Sobald sie sich einigermaßen wieder gefasst hatten, wurde abgezählt. Nur etwa zwanzig Mann der fünften Batterie hatten es geschafft, die anderen waren zu schwer verletzt, zerstreut oder tot. Aber diese Überlebenden mussten jetzt weiter Richtung Poltawa zu der rettenden Division – schnell fort von hier, von der tödlichen Bedrohung, die sie, nicht weit von den russischen Panzern entfernt, noch umlauerte. Robert hinkte – er spürte erst jetzt den Schmerz und dass er stark blutete, weil eine Kugel in seinen Oberschenkel eingedrungen war. Paul riss sich ein Stück Stoff aus dem Hemd, verband notdürftig die Wunde und legte den vor Schmerzen Stöhnenden auf einen Karren. Er dachte an Franz Dandl, der jetzt noch im Kübelwagen auf dem Feld lag. Aber seine Gefühle waren wie abgestumpft, zugefroren, und er sah sich selbst wie in einem Traum zu, aus dem er bald aufwachen würde, weil er ja gar nicht wahr sein konnte. Schwankend, mit schmerzendem Magen und halb erfrorenen Füßen stolperte er den anderen nach, marschierte er mit den erschöpften Männern endlose Kilometer hinein in die Weite des russischen Landes.

Obwohl es auf den Sommer zuging, war es nachts nicht allzu warm. Es regnete viel, und da Paul Mantel und Jacke auf der Flucht verloren hatte, war seine Kleidung immer durchnässt, und ihn fror ständig. Ein bellender, schmerzhafter Hustenreiz begann ihn zu quälen, der seine Brust in Abständen erschütterte. Er spürte, dass er Fieber bekam, müde wurde, aber er wollte einfach nicht aufgeben. Von Zeit zu Zeit schlürfte er brackiges Wasser aus einem Loch, um das Brennen und den Durst in seiner Kehle zu stillen. Aber er stapfte weiter – automatisch einen Fuß vor den anderen setzend. Hunger quälte ihn und die Gedanken in seinem Kopf begannen sich zu verwirren, sich mit den Erlebnissen von früher zu vermischen. Manchmal glaubte er, den Geschmack von Champagner und den unvergesslichen Königsberger Klopsen auf der Zunge zu spüren und Magdalenas Stimme zu hören: »Ich habe noch nie etwas Köstlicheres gegessen …«

Dann war ihm, als sei er wieder so betrunken wie damals, von Liebe, von dem Geruch der würzigen Seeluft und der Wirkung des Champagners, von dem er nie zuvor einen Schluck gekostet hatte. »Aber du hast es nicht gemerkt, Liebste, sei ehrlich!« Magdalena nickte ihm durch den Nebel seiner Träume zu. »Halte durch!«, schien sie zu sagen. Ein Lächeln verzog sein Gesicht. Er merkte nicht, dass er mit sich selbst sprach, dass seine Füße wie in Trance marschierten, während sich sein Kopf bereits in einer anderen Welt befand. Er spürte Hunger und Fieber nicht mehr, stapfte wie ein Automat über den lehmigen Boden, sank ein und zog sich mit Gewalt wieder heraus. Dann hielt er sich nur noch mit beiden Händen an dem rappelnden, voranrollenden Panjewagen eines Infanteristen fest und fürchtete sich nur davor, ganz das Bewusstsein zu verlieren. Durch die verschwommenen Bilder in seinem Hirn geisterte der eiserne Vorsatz: Halte durch! Er sagte es jetzt zu sich selbst, ermunterte sich, spornte seinen erschöpften Körper immer wieder an: Durchhalten, um jeden Preis, du willst doch wissen, was mit Magdalena geschehen ist – willst sie wieder sehen, sie beschützen …

Ab und zu kaute er an einem Stück Holz, irgendeiner Wurzel, und schluckte den bitteren Saft, um den nagenden Schmerz in seinem Innern ein wenig zu besänftigen.

Irgendetwas blendet plötzlich seine Augen. Er zwinkerte, packte irgendeine Hand, die sich kalt und leblos anfühlte. »Was ist das?«, fragte er. »Seht ihr das?«

»Die Russen«, stammelte jemand in seiner Nähe mit steifen Lippen. »Sie kommen, sie sind wieder da!«

Paul reckte sich hoch und kniff die Augen zusammen. Freund

oder Feind, jetzt war schon alles egal. Scheinwerfer blitzten auf, blendeten ihn. Oder waren es Farben? Grün, Rot, alles wogte in bunten Wellen durcheinander. Er konnte nicht mehr unterscheiden, was es war. Er zog seine Pistole, schwankte – dann brach er in die Knie.

18. Kapitel

Sehnsucht

Später hatte sich Magdalena oft gefragt, warum es sie trotz der Kriegswirren, trotz der persönlichen Gefahr, in die sie sich begab, noch einmal nach Königsberg gezogen hatte. Es war die Sehnsucht nach Paul, nach der Vergangenheit, die Ohnmacht, mit der sie ihn gesucht und nicht gefunden hatte. Sie wollte Gewissheit. Lebte er – existierte sie noch für ihn? Wo war er geblieben? Was war inzwischen geschehen? Aber auch ein unbestimmtes Heimweh nach der Vergangenheit, nach der heilen Welt, die es einmal für sie gegeben hatte, nach Vertrautheit und einer Sicherheit, die längst nicht mehr bestand. Aber sie wollte auch wissen, wie es ihren Geschwistern inzwischen ergangen war. Schließlich waren sie das Einzige, was ihr von ihrer Familie noch geblieben war. Das Gefühl, das sie zu dieser Reise trieb, war mit der bloßen Notwendigkeit nicht erklärbar, aber die abgeschottete Berliner Mansarde, die Enge, in der sie mit ihrem Kind bei Willi lebte, hatten sie fast erdrückt. Dazu kamen die Unsicherheit und ständige Angst vor dem Fliegeralarm, bei dem sie in den Keller laufen mussten, die Panik, mit der sie dort auf die Geräusche herabfallender und über ihnen explodierender Bomben horchten und hofften, dass es sie diesmal nicht treffen würde.

Es war eine Erleichterung und ein Glücksfall gewesen, dass Frau Lindental ihr so großherzig angeboten hatte, Paula zu versorgen. Magdalena war sicher, dass ihr Kind bei ihr in guten Händen war. Sie hatte ihre Tochter gern, aber auf eine vernünftige, eher sachliche Art, die jede mütterliche Verzückung ausschloss; vielleicht deshalb, weil sie den Vater, Heinz Richter, schon längst aus ihrem Gedächtnis gestrichen hatte.

Vor dem Spiegel hatte sie ihre langen blonden Haare straff zu einem strengen Dutt frisiert und unter einem Herrenhut verborgen, sodass man sie beinahe für einen Jungen halten konnte. Die Zugfahrt ging wegen plötzlicher Bombardements und einiger, ungeklärter Aufenthalte ziemlich langsam vonstatten. Nach Königsberg schien kaum jemand mehr zu fahren, und die Abteile waren leer. Doch die Züge aus der Gegenrichtung, dem Osten, waren überfüllt mit Flüchtlingen, und die Menschen eilten mit Koffern und Paketen über die Bahnsteige zu den Gleisen. Es wimmelte auf den Bahnhöfen wie auf einem Ameisenhaufen.

Magdalena saß am Fenster und hielt ihren Blick während der Fahrt so aufmerksam auf die vorüberfliegende, vertraute Landschaft geheftet, als müsse sie sich alles gut einprägen, um es sich später wieder ins Gedächtnis rufen zu können. Die weiten Ebenen mit ihren Seen, umsäumt von Kiefern und Birkenwäldchen – wie schön das doch alles war und wie anders als die kalte, zerstörte Steinwüste Berlins. Ihr Herz begann heftiger zu schlagen, als sie sich Königsberg näherten. Niemand beachtete sie auf dem Bahnhof, niemand erkannte sie mit ihrem Hut, den sie tief in die Stirn gezogen hatte.

Sie nannte dem Taxifahrer die Adresse ihrer Schwester, das Rittergut der von Treskows, etwas außerhalb, in der Nähe von Ellerkrug.

Dann stand sie vor dem weitläufigen Herrenhaus und fühlte, wie ihre Knie plötzlich ganz schwach wurden. Sie klingelte und verlangte die Hausherrin zu sprechen. Nach wenigen Minuten stand Gertraud vor ihr in einem eleganten, beigefarbenen Seidenkleid, und ihr Gesicht drückte zuerst Erschrecken und dann Erkennen aus.

»Du, Magdalena?« Es war wie ein Aufschrei.

»Gertraud!« Magdalena nahm den Hut ab und fiel ihr stürmisch um den Hals, doch die Schwester befreite sich sogleich, scheinbar peinlich berührt. »Komm schnell, bevor dich jemand sieht! Um Gottes willen, wie kannst du uns so ohne Vorwarnung überfallen! Zum Glück ist Gottfried nicht da!«

Magdalena, vom kühlen Empfang durch die Schwester nicht überrascht, gab zurück: »Wenn es dir unangenehm ist, kann ich ja wieder gehen. Ich konnte mich leider nicht anmelden … wollte einfach nur wissen, wie es dir geht. Es ist inzwischen so viel geschehen!«

»Geh doch bitte schon voraus!« Gertraud trat noch einmal vor die Tür und sah sich dort nach allen Seiten um. »Wir wollen schließlich keine Schwierigkeiten bekommen …« Sie folgte ihr durch die Halle in den Salon und bot ihr einen Platz auf der konservativen Sitzgruppe an. Magdalena betrachtete die Schwester erstaunt. Nichts an dieser ein wenig zu steif und korrekt wirkenden jungen Dame mit den aufgesteckten Haaren erinnerte mehr an das unsichere und manchmal ziemlich rechthaberische BDM-Mädel, das Magdalena in Erinnerung hatte. Sie bemühte sich um ein Lächeln, während Gertraud unauffällig auf die Uhr sah. »Nun? Ich hoffe, es geht dir gut?«

»So gut, wie es einem in diesem unmenschlichen Krieg gehen kann.«

»Fängst du schon wieder mit deinen negativen Bemerkungen an«, erregte sich Gertraud sogleich. »Ich möchte nicht, dass Gottfried das hört.«

»Gottfried, Gottfried! Kannst du ihn nicht für ein paar Minuten aus dem Spiel lassen!«, erwiderte Magdalena gereizt. »Lass uns doch mal von etwas anderem reden.«

»Wovon? Von deinen Verfehlungen, mit denen du unsere Familie in Verruf gebracht hast, vielleicht?« Die Schwester war immer noch die gleiche streitsüchtige Kratzbürste geblieben.

»Ich bleibe nicht lange in Königsberg«, lenkte Magdalena

müde ein. Sie hatte keine Lust, auf den Ton ihrer Schwester einzugehen. »Nur, um etwas zu erledigen. Vielleicht kannst du mir
wenigstens ein Glas Wasser geben. Aber ich wollte natürlich vor
allem dich und Theo wiedersehen. Wie geht es ihm, unserem
kleinen Bruder?«

»Möchtest du Tee?« Gertraud versuchte, ihre Erregung zu mä-
ßigen und wenigstens höflich zu wirken. Aber auf ihren Wangen
bildeten sich rote Flecken. Als Magdalena bejahte, klingelte sie
nach dem Hausmädchen.

»Theo geht es sehr gut«, fuhr sie ruhiger geworden fort. »Er
wollte in die Fliegerstaffel zu den Jagdbombern – hat sich freiwillig gemeldet. Vorläufig wurde er aber erst zum Flakhelfer eingeteilt. Er wartet noch auf seine Zulassung. Wir haben ihn schon
eine Weile nicht mehr gesehen.«

Magdalena krampfte die Hände zusammen. »Er will in die
Fliegerstaffel? Ist er denn nicht zu jung dazu? Das ist doch
wahnsinnig gefährlich!«

Gertraud zuckte die Achseln. »Was ist nicht gefährlich? Er
ist alt genug, um selbst zu entscheiden, was er tun will und was
nicht. Und wir leben eben in einer Zeit, in der man etwas riskieren muss, wenn man dazugehören will, wie Gottfried immer
sagt. Er selbst war einige Zeit im Innendienst, nachdem er diesen
Unfall hatte. Das hat ihm gar nicht gepasst. Du weißt natürlich
nichts von dem Absturz seiner Maschine, den er überlebt hat. Er
hatte zum Glück nur ein paar Knochenbrüche. Jetzt geht es ihm
wieder gut und er fliegt schon wieder. Der Führer hat ihm das
Eiserne Kreuz verliehen. Darauf ist er sehr stolz.«

»Das ist …wohl für ihn sehr wichtig. Grüße Gottfried von
mir. Und Theo, wenn du ihn siehst – gib ihm einen Kuss von
mir und drücke ihn ganz fest«, sagte Magdalena wehmütig, als
das Mädchen in weißer Schürze ein Tablett mit zwei Tassen und
einem dampfenden Kännchen vor sie hinstellte. »Sag ihm, dass
ich sehr oft an ihn denke!«

Gertraud beugte sich, zunehmend nervös werdend, vor. »Magdalena, ich möchte nicht unhöflich sein, wenn ich gleich zum Punkt komme. Aber du wirst immer noch von der Gestapo als Staatsfeindin gesucht. Deine Freunde sind in dieser Sache sehr streng bestraft worden. Denkst du nicht, dir könnte das Gleiche geschehen, wenn man dich erwischt? Wir verstehen nicht, wie du dich zu einem kriminellen Akt herablassen konntest!«

»Krimineller Akt? Da bin ich anderer Meinung. Wenn wir den Krieg verlieren, wirst du schon wissen, was ich damit meinte.«

»Den Krieg verlieren?« Gertraud sprang entsetzt auf. »Jetzt geht das schon wieder los! Wie kannst du so etwas sagen! Du rufst das Unheil ja förmlich herbei.« Sie ging mit klappernden Absätzen im Zimmer auf und ab. Dann blieb sie dicht vor Magdalena stehen. »Wenn du wüsstest, welche Unannehmlichkeiten wir durch dich hatten! Mehrmals sind wir verhört worden. Es war so beschämend!« Sie nahm ihr Taschentuch und knüllte es zwischen den Fingern. »Nimm es mir bitte nicht übel, ich sage es nur ungern: Aber es ist mir lieber, du verlässt unser Haus, bevor Gottfried kommt. Er würde sich schrecklich aufregen!«

Magdalena erhob sich. Sie hatte ihre Tasse noch nicht ganz ausgetrunken. Gertraud hatte sie kaum zu Wort kommen lassen, sie nicht einmal gefragt, wie es ihr ginge und was sie inzwischen erlebt hatte. »Ja, es ist wohl besser, wenn ich gleich gehe!« Sie nahm ihre Reisetasche. »Adieu.«

»Versteh mich bitte nicht falsch!«, versuchte diese, halbherzig einzulenken. »Aber wenn du etwas brauchst … ich habe Geld und kann dir auch ein paar Goldmünzen geben. Für alle Fälle. Trotz der Geldentwertung sind wir nicht arm – du kannst es ruhig annehmen.«

Magdalena zögerte einen Augenblick. »Das wäre sehr nett. Damit könntest du mir wirklich helfen!«

Gertraud öffnete mit einem Schlüssel das Fach eines kleinen Schreibtisches und händigte ihr die Münzen und einige Scheine

Reichsmark aus. »Wenn du für die Mark nichts mehr bekommst, kannst du zumindest die Münzen eintauschen. Und lass wieder von dir hören, nicht wahr? Wir sind doch schließlich Schwestern!«

»Ja«, sagte Magdalena und ließ alles in ihre Jackentasche gleiten, ohne es anzusehen. »Das sind wir! Vielen Dank. Und sag Gottfried besser gar nichts davon, dass ich da war!«

Gertraud nickte erleichtert und umarmte sie flüchtig. »Wenn ich sonst noch was für dich tun kann – meine Möglichkeiten sind allerdings begrenzt. Ich könnte dem Kutscher Bescheid geben, dass er dich ein Stück bis zur Straßenbahnhaltestelle mitnimmt, was denkst du?«

»Das wäre sehr nett!« Magdalena nahm ihren Hut und winkte der Schwester noch einen kurzen Gruß zu, bevor sie hinaustrat. Die Tränen, die ihr in die Augen stiegen, konnte Gertraud nicht mehr sehen. Aber solche Sentimentalitäten hätten sie vermutlich auch nicht interessiert.

Die Stadt zeigte ihr gewohntes Gesicht, nur schien sie weniger belebt als sonst, sei es, dass sie, aufgeheizt von der frühen Sommerhitze, von Menschen gemieden wurde, oder dass eine allgemeine Verminderung der Einwohnerzahl eingetreten war. Die Menschen eilten mit besorgten Gesichtern an ihr vorbei, denn in der Tageszeitung konnte man die beunruhigende Nachricht lesen, dass der Russe sich weiter näherte und bereits die Rigaer Bucht erreicht hatte. Bei einer Invasion in der Normandie sollten mehr als eine Million Mann gelandet sein. In großen Buchstaben wurde jedoch gleichzeitig triumphierend gemeldet, dass in der Heeresversuchsanstalt die Entwicklung der deutschen Flüssigkeitsrakete A 4, der sagenhaften »Geheimwaffe« endlich abgeschlossen sei. In einer diesbezüglichen Ansprache im Radio kündigte Hitler großspurig an: »Sie wird den Feind das Fürchten lehren!«

Neue Hoffnung kam auf. Würde sich das Blatt noch einmal wenden? Ängstlich um sich blickend, standen die Leute in den Ecken beisammen, um über die neue Lage zu diskutieren.

Magdalena schien nichts zu berühren. Wie unter einem Zwang stehend, streifte sie durch die vertrauten Straßen, am Dom vorbei, an der Universität und setzte sich dann, erschöpft von den warmen Temperaturen, auf eine Bank am Pregel. Sie war sehr vorsichtig in ihrer Angst, plötzlich Bekannten zu begegnen, die sie erkennen konnten oder schlimmstenfalls Anton Schäfer selbst über den Weg zu laufen. Und sie machte einen großen Bogen um ihr heimisches Stadtviertel – weil sie es niemals fertiggebracht hätte, emotionslos vor der zerstörten Stätte zu stehen, an der ihr Elternhaus in Schutt und Asche gesunken war.

Schließlich beschloss sie, nicht länger hinauszuschieben, weswegen sie eigentlich gekommen war. Sie fasste sich ein Herz und schlug den Weg zur Wohnung von Pauls Schwester ein. Wenn sie noch dort wohnte, musste sie ihr Auskunft über ihn geben, ob sie gut oder schlecht war. Ihre Hände zitterten, als sie den Finger auf die Klingel legte, so als habe sie Angst vor dem, was sie erwarte, vor dem, was nach so langer Zeit über ihn zu erfahren war. Christine Hofmann öffnete die Tür. Sie sah ihr überrascht entgegen, erkannte sie nicht sogleich, doch als sie ihren Hut abnahm und sich vorstellte, bat sie sie freundlich herein. Es roch angenehm nach frisch zubereiteter Suppe, was in Magdalena sogleich ein bohrendes Hungergefühl auslöste. Sie hatte seit gestern kaum etwas gegessen. »Ich hoffe, ich störe Sie nicht beim Essen!«, sagte sie höflich.

»Nein, machen Sie sich keine Sorgen, ich koche nur schon vor!«

Magdalena kam ohne Umschweife auf den Grund ihres Besuches zu sprechen. »Ich nehme an, Sie wissen alles über mich. Und ich will Sie auch gar nicht in Verlegenheit oder Unannehmlichkeiten bringen. Deshalb werde ich gleich wieder verschwin-

den. Ich bitte Sie nur, niemandem zu erzählen, dass ich hier war.«
Ihr Herz klopfte laut. »Wie geht es Paul? Wo ist er? Lebt er noch
– geht es ihm gut? Unser Kontakt ist damals abgebrochen, obwohl ich alles versucht habe, ihn zu erreichen. Hat er ... hat er
irgendwann einmal über mich gesprochen?«

Eine bange Schweigeminute entstand. Christine sah sie unsicher an und schien zu überlegen, wie sie ihre Worte formulieren
sollte.

»Paul ist sehr verschlossen. Ich weiß nie genau, was in ihm
vorgeht. Die plötzliche Trennung – alles, was damit zusammen-
hing – das war wohl ein Schock für ihn. Ich glaube, es hat ihn
ziemlich verletzt, dass Sie ihm keine Nachricht gesandt haben
und so plötzlich verschwunden sind ...«

»Aber ich hatte ja einen besonderen Grund ... und das habe
ich versucht, ihm in einem Brief zu erklären ...«

»Die Feldpost ist manchmal etwas unzuverlässig!«, unterbrach Christine. »Paul ist in Russland. An der Front. Es gab dort
nichts Wichtigeres, als ums Überleben zu kämpfen. In Leningrad
ist er vor einiger Zeit sehr krank geworden. Malaria, Typhus.
Man hat ihn nach Hause geschickt, und er war ziemlich lange
hier im Hospital. Eine junge Ärztin hat sich sehr um ihn gekümmert ...« Sie brach ab. »Ohne sie wäre er wahrscheinlich nicht so
schnell gesund geworden.«

Magdalena senkte den Kopf. Ihr Herz klopfte plötzlich unruhig. »Eine junge Ärztin? Aber ... wo ist er jetzt? Kann ich ihn
sprechen, ihm schreiben?«

Christine zuckte die Schultern. »Irgendwo im Osten, in Russland. Ich weiß es nicht so genau. Er hat schon länger nicht mehr
geschrieben. Oder die Feldpost ist nicht angekommen. Vielleicht
weiß Dr. Gabriele Braun mehr, die Ärztin, die sich hier um ihn gekümmert hat. Eigentlich verdankt er ihr sein Leben. Er war wirklich am Ende – aber durch sie ist er wieder richtig aufgelebt. Die
beiden haben sich oft getroffen, als Paul in Königsberg war.«

»Sie haben sich oft getroffen?«

»Ja, möchten Sie ihre Adresse?«

»Nein ... nein danke«, wehrte Magdalena rasch ab und erhob sich. Ihr war, als habe sie ein eiskalter Guss getroffen. »Ich glaube, ich weiß jetzt alles, was ich wissen wollte. Nun muss ich leider gehen.«

»Ich würde Ihnen gerne einen Teller Suppe anbieten«, fügte Christine mit einem besänftigenden Lächeln hinzu, »wenn Ihnen meine Gemüsesuppe nicht zu fad ist! Ich habe die Karotten nämlich selbst aufgesammelt.«

»Nein, vielen Dank!« Magdalena schüttelte den Kopf, obwohl ihr Magen im selben Augenblick laut knurrte. Sie spürte, wie ihr Tränen in die Augen traten. »Ich danke Ihnen auch für Ihre Auskunft. Grüßen Sie Paul von mir und sagen Sie, mir ginge es gut! Mein ... mein Lebensgefährte erwartet mich.«

»Ja, aber ...« Die junge Frau war verwirrt. »Warten Sie doch! Ich hätte da noch etwas für Sie ...« Sie lief schnell ins Schlafzimmer, um das Paket zu holen, das sie in Pauls Namen für sie aufbewahrte. »Hier!«

Als sie zurückkam, war das Zimmer leer. Magdalena war schon aus der Tür die Treppe hinuntergelaufen. »Fräulein von Walden!«, rief sie durch das Treppenhaus. Niemand antwortete. Kopfschüttelnd betrachtete sie das Paket in ihren Händen, bevor die die Schlaufe öffnete. Es waren Briefe darin, ein ganzer Stapel!

Für den Rest des Tages sperrte Magdalena sich in dem kleinen Zimmerchen ein, das sie ein wenig außerhalb, im Hinterhof in der Hafenstrasse bei einem mürrischen Kneipenbesitzer, gemietet hatte. Ihr war, als sei die Welt für sie zusammengebrochen. Immer hatte sie das Gefühl gehabt, es werde einmal ein Wunder geschehen und Paul und sie würden sich am Ende doch wieder treffen und in die Arme fallen. Aber vielleicht war inzwischen zu viel Zeit vergangen – die Trennung zu lang und die Gründe zu undurchsichtig gewesen. Jedenfalls hatte sie jetzt die Gewissheit, dass es für ihn eine andere gab, eine Ärztin, die auf ihn wartete – und dass er sie wahrscheinlich längst vergessen hatte! Sie musste sich damit abfinden und dieses Kapitel in ihrem Leben abschließen. Das Schicksal hatte es so gewollt, und es war zwecklos, sich dagegen zu sträuben. Eine ganze Weile lag sie reglos auf ihrem Bett, erfüllt von der dumpfen Ahnung, dass dieser unsinnige Krieg ihr ganzes Leben verpfuscht hatte. Draußen brannte die Sonne vom wolkenlosen Himmel und heizte den kleinen Raum gehörig auf. Was blieb ihr jetzt noch anderes übrig, als wieder nach Berlin zurückzufahren? Sie hatte keine Heimat mehr, hier befand sich nichts, was sie noch halten konnte. Nur Paula, ihre kleine Tochter, wartete noch auf sie, und sie nahm sich vor, sie gut zu erziehen und sie vor allem vor dem zu beschützen, was ihr selbst widerfahren war.

Irgendwann war sie vor Kummer und Erschöpfung tief eingeschlafen, schrak aber mitten in der Nacht vom ohrenbetäubenden Geheul der Sirenen hoch. Sie wusste erst gar nicht, wo sie sich überhaupt befand, und lief auf den kleinen, baufälligen Balkon, von dem aus man das Zentrum der Stadt überblicken konnte. Am Himmel rasten aus der Ferne bereits Markierungsflugzeuge heran, denen gewöhnlich die Bomber folgten. Wie, als wenn es sie gar nichts anginge, beobachtete sie, wie die Schleusen geöffnet wurden und ihre tödliche Fracht entluden. Mit pfeifendem Geheul explodierte das unheilvolle Gemisch am Boden. Als wäre es ein buntes Schauspiel, sanken jetzt die sogenannten »Christbäume« als Zielmarkierung für die Bomber herab. Über der gesamten Stadt ging nun ein solches Feuerwerk von Granaten, Sprengbomben und zischenden explodierenden Leuchtkaskaden britischer Militärflugzeuge nieder, dass es so aussah, als sei das Weltende gekommen. Statt sich jedoch sofort in Sicherheit zu bringen, konnte sie sich mit einer Art selbstmörderischer

Erstarrung nicht von dem flammenden Schauspiel losreißen, das die absolute Zerstörung ihrer Heimat einzuleiten schien, den Untergang der alten Welt mit allem, was Menschen hier gebaut und geliebt hatten. Erst als dichter Rauch die Feuerhölle verdunkelte und der Dachstuhl des Nachbarhauses in Flammen aufging, kam Leben in ihre Glieder, und ihr Verstand schaltete sich ein. Sie stürzte herunter, auf der Suche nach dem nächsten Luftschutzkeller und ließ sich vom Strom der Menschen mitziehen. Später wusste sie nicht mehr genau, wie sie, von anderen Flüchtenden gedrängt, in irgendeinem Bunker gelandet war. Dann, als die Entwarnung kam und sie mit den anderen den Unterschlupf verließ, glaubte sie, in einen Alptraum, eine andere Welt zu treten. Um sie herum gab es nur noch eine Trümmerwüste, über der ein kleines Stück mondheller Nachthimmel schimmerte. Zwischen heißen, staubigen Ruinen und herabgerissenen Steinbrocken versuchte sie, sich einen Weg zu ertasten. Ein lockeres Mauerstück fiel von irgendwo herab und verletzte sie am Kopf. Wohin man sah, brannte und schwelte es. Sie musste husten, rang nach Luft und rieb sich ihre Augen, in denen es wie Sandpapier scheuerte. Mühsam kroch sie über Steine und Bruchstücke bis zum Fuß einer abgebrochenen Hausmauer, um sich herum stöhnende, staubbedeckte Menschen, manche wie graue Klumpen, mit verkrümmten Gliedern leblos daliegend. Irgendetwas lief über ihr Gesicht. Es war Blut, und sie tastete nach der Platzwunde am Hinterkopf. Mechanisch wischte sie sich die Hände an ihrem Kleid ab. Doch das blitzende Licht, die feuerspeienden Krater der Hölle, das Dröhnen, Jaulen und Zischen hatte nur kurz nachgelassen und jetzt kam es aufs Neue heran.

Ohne nachzudenken begann sie zu laufen, an herausgerissenen Türen und Eisenteilen vorbei, über gesplittertes Fensterglas, das auf der Straße lag, geradewegs auf die vorstädtischen Wiesen zu. Aber es war wie in einem jener Alpträume, in dem man mit aller Kraft rennt, aber trotzdem nicht vorwärtskommt. Sie konnte kaum atmen, irgendetwas nahm ihr die Luft, der Qualm, die überall flackernden Brände, die sich ausbreitende Hitze. Der Boden klebte wie geschmolzenes Blei an ihren Füßen. Mit ihr rannten Menschen um ihr Leben, trugen etwas, schoben Karren, auf denen ihre Habe lag. Doch niemand achtete auf den anderen, einer stolperte über den anderen, in der Hast, der Welle der Vernichtung zu entkommen. An allen Ecken und Enden flammte, brannte und glühte jetzt das ehrwürdige Königsberg, so lange, bis beinahe nur noch Asche und Ruinen übrig blieben.

19. Kapitel

Not schweisst zusammen

In Poltawa fanden sich Robert und Paul im Lazarett wieder und hatten Zeit, über das Geschehene und die Lage, in der sich die deutsche Armee befand, gründlich nachzudenken. Pauls guter Konstitution war es zu verdanken, dass seine schwere Bronchitis nicht in eine Lungenentzündung übergegangen war. Trotzdem brauchte er geraume Zeit, um sich von den überstandenen Strapazen zu erholen.

Überraschend erging dann doch der Befehl, den Rest der erschöpften Kompanie, die nur noch über abgewracktes und kaputtes Material verfügte, mit Zügen aus Russland herauszubringen und in eine Kaserne nach Hamm in Westfalen zurückzuverlegen. Dort sollten sich dann die Männer regenerieren und neue Kräfte schöpfen; eine Maßnahme, die sich als unbedingt notwendig erwies.

Nach nicht allzu langer Zeit wurde dann zum großen Erstaunen der Soldaten auf einmal alles wieder neu eingeteilt und geordnet, die Mannschaft mit jungen Kräften aufgefüllt und mit flammneuen Fahrzeugen ausgestattet. Es hieß, dass es nun nach Norden gehen sollte, um die dortige Heeresgruppe gegen Russland zu verstärken.

»Lauter Frischlinge! Und das sind auch die Ersten, die ins Gras beißen«, flüsterte Paul Robert zu, dem nach einer Notoperation ein leichter Defekt an der Sehne seines Beines geblieben war.

»Ja, uns alte Hasen kriegt man dagegen nicht so schnell kaputt«, sagte Robert kopfschüttelnd. »Guck dir bloß mal die arroganten Offiziere und blutjungen Leutnants in ihren neuen Uniformen an! Von denen haben wir, weiß Gott, schon genug hopsgehen sehen.« Er lachte zynisch auf. »Noch haben sie eine große Klappe! Weil sie nicht wissen, was auf sie zukommt.«

»Immerhin haben wir Altgedienten mit der Zeit ein Gefühl für Gefahr bekommen«, erwiderte Paul leise, »wir spüren sie und wissen, wie wir ihr ausweichen können.«

»Genau! Bei den Haubitzen, da höre ich immer auf den Abschuss – dann sind es nur noch ein paar Sekunden bis zum Einschlag. Da muss man sich schon weggeduckt haben.«

Paul nickte, und beide sahen beinahe mitleidig zu den forschen Neulingen und den Batteriechefs hinüber, die voll Feuereifer kaum erwarten konnten, an die Front zu kommen und gleich ein paar Gewehrübungen veranstalten ließen.

Nun ging alles wieder von vorne los: Die Verladung des neuen Materials auf die Eisenbahn, aufgerüstet mit Schwimmwagen, betriebsstarken Geländefahrzeugen und den besten Geschützen. Robert und Paul ließen sich ein wenig von der positiven Stimmung anstecken, besonders als die Nachricht verbreitet wurde, dass die Heeresgruppe Mitte in Russland deutliche Erfolge erzielt hatte. Dazu die versprochene Wunderwaffe, und das Blatt würde sich vielleicht doch wieder zugunsten Deutschlands wenden!

Aber der Zug, der mit der neuen Ausrüstung und seiner Truppe gen Osten rollen sollte, blieb bei Berlin plötzlich auf einem Nebengleis stehen. Keiner wusste genau, was los war. Einen Tag und eine Nacht standen die voll bepackten Güterzüge da, mit den ratlosen Insassen. Gerüchte kursierten von Attentaten und darüber, dass Hitler kapituliert hätte. Doch sie bewahrheiteten sich nicht – plötzlich fuhr der Zug mit den Ersatzsoldaten wieder an und setzte seinen Weg nach Litauen, über Lettland und

Riga fort, mit dem Ziel, der dortigen Heeresgruppe Nord, die von der Roten Armee attackiert wurde, zu Hilfe zu kommen. Doch die Situation spitzte sich wieder unangenehm zu: Nach einer erneuten Niederlage musste die Heeresgruppe Nord weiter zurückweichen und die Ersatzsoldaten kamen sich allmählich ein wenig herumgeschoben vor. Denn jetzt sollte es plötzlich mit einem Einsatzbefehl in die Südukraine gehen, wo es ebenfalls äußerst kritisch aussah.

Paul begriff in diesem Moment, dass dieses Hin und Her ein bloßes Hinhalten und zähe, sinnlose Verteidigung war. Die Männer um Stauffenberg hatten recht gehabt, das Schlimmste verhindern zu wollen – der Krieg war verloren. Zum ersten Mal, seit er Soldat war, fühlte er tiefe Resignation. Bis zur letzten Patrone – aber zu welchem Zweck?

Er hatte es so hindrehen können, dass Robert ihm wegen seines noch etwas schwachen Gesundheitszustandes bei der Verteilung und Reparaturen der Fahrzeuge assistierte. Die beiden, die so viel miteinander erlebt hatten, rückten nun immer näher zusammen und diskutierten oft im Geheimen über die kritische Lage. Die Männer, die jetzt noch als Reservesoldaten an die Front geschickt wurden, waren tatsächlich nur noch Kanonenfutter. Aber was konnte man bloß tun? Der Russe hatte plötzlich Fahrzeuge, Kanonen, Waffen ohne Ende – und vor allem immer neue Ersatztruppen, frische Kräfte, denen die ausgebrannten, ermüdeten Soldaten nicht mehr standhalten konnten. Kapitulation – das war wirklich die letzte Hoffnung! Aber Hitler verkroch sich in seinem Bunker, gab sich Illusionen hin, wollte nicht aufgeben. Der deutsche Soldat kämpft bis zur letzten Kugel, und wenn alles zusammenbricht!

»Wenn der Krieg zu Ende ist, dann treffen wir beide uns in meiner Kneipe in Berlin ›Das kleine Eck‹, nicht wahr? Und wir saufen zur Feier des Tages eine ganze Flasche Schnaps aus!« Robert hielt ihm die Hand hin. »Bist du dabei?«

Paul schlug ein. »Klar. Und Champagner! Und drei Portionen Königsberger Klopse …« Er senkte den Kopf, denn in diesem Augenblick waren Tränen in seine Augen getreten.

»Königsberger Klopse?« Robert sah ihn erstaunt an. »Nee, für mich dann lieber ein ordentliches Steak. Vorausgesetzt, wir kommen aus diesem Schlamassel hier noch lebend raus!«, wiederholte er schnell, ohne völlig davon überzeugt zu sein.

Als die Rote Armee die Rigaer Bucht erreichte, war die Heeresgruppe Nord bereits in Estland und Lettland abgeschnitten. Doch immer noch wurden Illusionen genährt, die kaum einer mehr glaubte. Die neue Hiobsbotschaft, Königsberg sei bei einem schweren Bombenangriff in Schutt und Asche gelegt worden, war für Paul wie ein Hieb in den Magen. Was war mit Christine, seiner Schwester? Hatte sie das überlebt? An Magdalena wagte er gar nicht mehr zu denken. Sie hatte ihn vergessen, war abgetaucht dorthin, wo er keinen Zugang hatte. Und immer neue, schreckliche Nachrichten verbreiteten sich, von zerstörten Städten, von Brand- und Napalmbomben, von Gasangriffen, von der fortschreitenden Vernichtung und Zerstörung eines ganzen Landes.

Pauls Vorgesetzter, ein neu eingesetzter junger Offizier mit Namen von Steinheim, der noch nicht viel vom Krieg gesehen hatte, war einer derjenigen, die immer noch fanatisch an Hitlers Märchen vom Endsieg glaubten und vor Tatendrang platzten. Als eine in Schwierigkeiten geratene Einheit per Funk um Hilfe und Ersatzteile wegen eines schweren Motorschadens bat, wollte er unbedingt seinen Mut beweisen. Da man durch die mit Maschinengewehren überwachte Schusslinie der Russen hindurchmusste, um die Kameraden zu erreichen, wurde das Vorhaben als unmöglich eingestuft. Doch der junge Offizier schlug alle Warnungen in den Wind und befahl ausgerechnet Paul, den er wegen seiner technischen Kenntnisse schätzte, ihn bei seinem wahnwitzigen Vorhaben zu begleiten. Ohne Deckung durch ein stabiles Geschütz oder einen Panzer schien ein Durchkommen unmöglich, aber Paul musste zähneknirschend gehorchen, die notwendigen Ersatzteile herrichten, bevor er auf dem Beifahrersitz Platz nahm. Von Steinheim brauste mit Vollgas los. Es war eine Höllenfahrt, und sie blieben, wie im schlimmsten Fall vorausgesehen, mitten auf der Strecke in einem Schlagloch stecken.

Paul sprang aus dem Wagen, schob an und kassierte dabei eine Kugel in den Unterarm und einen Streifschuss an der Schulter. Der Offizier brach mit einer Rückenverletzung über dem Steuer zusammen und verlor das Bewusstsein. Paul schob ihn beiseite, drängte sich mühsam neben ihn und kehrte um. Während das Maschinengewehr der Russen hinter ihnen herknallte, dass die Ohren taub wurden, brachte er den Wagen gerade noch zurück, bevor auch er ohnmächtig wurde.

Als er erwachte, fand er sich in einer schmutzigen Baracke wieder, einem provisorischen Lazarett. Sein Arm und die linke Schulter waren verbunden, und die überforderte einzige Krankenschwester, die gerade eine Spritze aufzog und nicht wusste, wen sie zuerst verbinden und wo lagern sollte, erklärte ihm, sein Blutverlust sei beträchtlich gewesen, als man ihm die Kugel aus dem Arm entfernt habe. Das an der Schulter sei nur sehr oberflächlich. Der übermüdete Arzt, der draußen auf einem Brett, das auf einem Baumstumpf lag, Verletzte operierte, würdigte ihn keines Blickes, aber er sah so bleich aus, als bräuchte er selbst ganz dringend eine Behandlung.

Paul erschrak, als er neben sich leblos, mit offenem Mund und starren Augen von Steinheim liegen sah, der zuvor noch so forsch mit seinem Mut angegeben hatte.

In diesem Augenblick packten ihn zwei Sanitäter, legten ihn auf eine Pritsche und schleppten ihn zum Abtransport in einen der Güterwaggons, vollgepfropft mit stöhnenden Verletzten, wo sie ihn neben anderen Kranken kurzerhand auf dem Boden ablegten. Ein bestialischer Gestank nach Blut, Eiter und Exkrementen raubte ihm den Atem. Aber noch bevor er lautstark protestieren konnte, wurde die Waggontür mit hässlichem Quietschen zugezogen, und es wurde bis auf die Ritzen im Holz dunkel um ihn. Ohne Angabe von Gründen, ohne ärztliche Hilfe allein mit den stöhnenden Schwerkranken, ohne Toiletten und Wasser blieb der Waggon stundenlang auf den Gleisen stehen. Paul stieg über die anderen hinweg und schleppte sich zur Schiebetür, hatte aber kaum die Kraft, die Waggontür zu bewegen, die mit einem Riegel von außen verschlossen war. Verdammt, sollte er hier drinnen ersticken, krepieren in dieser Gruft, wo es weder Hilfe noch frische Luft gab? Er untersuchte selbst seine Verletzungen, die ihm nicht allzu ernst schienen. Der Streifschuss war kaum der Rede wert, nur die Verletzung am Arm, wo man die Kugel entfernt hatte, würde eine Weile zur Heilung brauchen. Irgendwann, nach einer Zeit, die ihm endlos vorkam, waren von draußen Geräusche zu hören, ein Rangieren, Hin- und Herruckeln und dann setzte sich der Waggon endlich in Bewegung. Das Ächzen und Jammern der Verwundeten hielt die ganze Nacht an, und etliche waren bereits verstorben, als der Transport plötzlich anhielt. Als sich die Tür von außen öffnete, taumelte Paul als Erster heraus und sog die frische Luft mit vollen Zügen in seine Lungen. Die Sanitäter wichen vor dem Gestank, der ihnen von drinnen entgegenschlug, zurück und mussten sich Tücher vor Mund und Nase binden. Zuerst wurden die Toten herausgeschafft, dann die Verletzten, die man in das behelfsmäßige Lazarett einer einfachen Baracke brachte. Paul ließ sich einen frischen Verband anlegen und dachte über seine Lage nach. Egal, wo er sich befand, er musste weg, weiter nach Westen. Was nützte es, wenn er hier im Lazarett gesund würde, wenn ihn dann die Russen kaperten, die sozusagen bereits vor der Tür standen? Im schlimmsten Fall würden sie ihn erschießen oder auf Nimmerwiedersehen als Kriegsgefangenen nach Sibirien schicken.

»Wo sind wir hier?«, fragte er einen Sanitäter, der sich in der Nähe zu schaffen machte.

»In Graudenz«, antwortete dieser mit resigniertem Ton. »Und der Russe ist schon ganz in der Nähe – wenn er nicht schon voraus ist.«

Paul sprang wie elektrisiert von seiner Pritsche, obwohl sein Arm dabei schmerzte. Ihm war eine Idee gekommen. »Meine Verletzung ist geringfügig«, stieß er hervor. »Ich muss zum Regimentsstab, möchte wieder eingesetzt werden! Wo kann ich mich melden?«

»Was? Sie wollen wieder eingesetzt werden?« Der Sanitäter sah ihn verblüfft an und schüttelte den Kopf. »Jetzt noch? Und mit dem Arm? Da sind Sie aber die große Ausnahme.« Mit einem müden Lächeln deutete er hinüber auf die andere Seite, zu einem schlaksigen, völlig verdreckten Leutnant. »Na, dann fragen Sie den da mal!«

Paul hängte seine Jacke um, trat so aufrecht wie möglich vor und grüßte den Leutnant vorschriftsmäßig. »Mein Name ist Paul Hofmann. Nach mehreren Einsätzen in Russland hatte ich den Auftrag, mich um neue Maschinenersatzteile für unsere Truppe zu kümmern. Ich sollte nach Berlin, um verschiedenes Material aus dem dortigen HKP (Heereskampfinstandsetzungspark) zusammenzustellen. Auf dem Weg sind wir von den Sowjets angegriffen und ich bin hierher ins Lazarett gebracht worden. Leider habe ich die gesamten Papiere verloren. Aber meine Verletzung ist so geringfügig, dass ich eigentlich bereits wieder einsatzfähig bin. Ich möchte dem Vaterland weiter dienen.«

Auch der Leutnant sah ihn verwundert an. »Na ja, wenn Sie meinen – und ohnehin nach Berlin mussten …« Er überlegte. »Ich bringe Sie zum Regimentsgefechtsstab, damit man Ihnen einen Marschbefehl nach Berlin, zur Frontleitstelle ausstellt. Sind

Sie sicher«, er musterte Pauls Verband unter der Jacke, »dass Sie dazu in der Lage sind?«

Paul nickte so überzeugend er es vermochte. »Doch, doch, die Verletzung ist wirklich gering. Ein kleiner Kratzer. Nicht der Rede wert.«

Ein Wagen fuhr vor, Paul stieg mit dem Leutnant ein, und sie fuhren zu einer Art Zelt, das sich gut getarnt im Wald befand. Dort erhielt er seinen Marschbefehl. Um alles Weitere sollte er sich selbst kümmern. Instinktiv hatte er jetzt nur noch den einen Gedanken: Nach Westen, um sich dem Anrücken der roten Armee zu entziehen. Vielleicht nach Berlin, wo Hitler sich inzwischen in seinen gesicherten Bunker unter der Reichskanzlei zurückgezogen hatte. Dann würde man weitersehen.

Die Wunde schmerzte jetzt ziemlich, und er ließ sich am Bahnhof von den dort assistierenden Rotkreuzkrankenschwestern noch einmal den Verband wechseln und mit Schmerzmitteln versorgen. Auf dem Bahnsteig wimmelte es vor Menschen mit Koffern und allem möglichen Gepäck. Alles drängte fort, quetschte sich gewaltsam in die abfahrenden Züge, von denen jeder der Letzte sein konnte.

In der Bahnhofshalle sah er ein halb abgerissenes Werbeplakat: ›Aufruf zum Volkssturm! Waffenfähige Männer zwischen 16 und 60 meldet Euch! Das Vaterland braucht Euch!‹

Diese Worte zu lesen war der reine Hohn, wenn man wie er wusste, wie es an der Front aussah!

Die Zugfahrt nach Berlin ging mit mehreren Unterbrechungen durch Bombenangriffe einigermaßen vonstatten, und als er sich bei der Frontleitstelle meldete, in der alles drunter und drüber ging, schnauzte ihn der Feldwebel an. »Was wollen Sie denn hier? Wir sind doch keine Sammelstelle für Kriegsversehrte! Gehen Sie gefälligst ins Standlazarett und kommen in vierzehn Tagen wieder zur Untersuchung. General Unruh hat gerade angeordnet, dass wir noch ein paar Leute als Ersatztruppenteil nach Leipzig schicken sollen. Da können Sie dann gleich mitfahren.«

Das betreffende Lazarett war tatsächlich so überfüllt, dass man Paul, in Anbetracht der vielen ernsten Fälle, gar nicht aufnahm. Stattdessen erhielt er einen Urlaubsschein – aber wo sollte er in der kurzen Zeit hin? Nach Königsberg konnte und wollte er nicht zurück. Und da er in Berlin kein Dach über dem Kopf hatte, meldete er sich wieder in der Kaserne und ließ sich zu leichten Hilfs- und Schreibarbeiten einteilen.

Eines Tages sah er bei einem seiner kleinen Spaziergänge durch den Berliner Osten eine Gruppe halbwüchsiger Flakhelfer in Uniform umherschlendern. Das Gesicht eines der jungen Burschen kam ihm auf seltsame Weise bekannt vorkam.

Er trat auf ihn zu. »Einen Moment bitte. Kennen wir uns nicht? Wie ist Ihr Name?«

»Ich?« Der Angesprochene sah ihn verdutzt an und wusste im ersten Moment nicht, mit wem er es zu tun hatte. »Theodor von Walden«, sagte er dann. »Wieso? Wer sind Sie denn?«

»Ich bin Paul, Paul Hofmann aus Königsberg, erinnerst du dich nicht, Theo?« Paul spürte, wie sein Herz aufgeregt klopfte. »Ich bin … war mit deiner Schwester verlobt, Magdalena.«

Jetzt zog ein Zug des Erkennens über Theos Gesicht. »Ach so … Und was machen Sie hier, Herr Hofmann?«

»Das Gleiche könnte ich dich auch fragen. Ich wurde in Russland verwundet und vorübergehend in Berlin stationiert. Sag, wie geht es … deiner Schwester, Magdalena?«

Theo zuckte die Achseln, und sein Gesicht verschloss sich. »Keine Ahnung. Ich weiß gar nichts von ihr. Ich habe sie schon lange nicht mehr gesehen – aus … aus bestimmten Gründen. Die Gestapo sucht sie. Sie haben vielleicht davon gehört.«

Pauls Kehle war wie zugeschnürt. »So ungefähr …«, sagte er

schließlich vage. »Und du hast überhaupt keine Idee, wo sie sich aufhalten könnte?«

Theo sah sich nach allen Seiten um, doch seine Kameraden waren schon weitergegangen. Dann schüttelte er bedrückt den Kopf. »Leider nicht.« Er beugte sich näher zu ihm. »Ich würde es Ihnen sagen, wenn ich es wüsste. Eine Zeit lang ist sie bei Verwandten untergekommen. Ich habe nur erfahren, dass sie ein Kind hat, eine kleine Tochter.«

»Sie hat ... ein Kind?« Paul versuchte, sich seine Erschütterung nicht anmerken zu lassen. »Danke, dass du so offen zu mir warst.« Dann fasste er sich und zwang sich zu einem freundlichen Gesicht. »Ich sehe, du bist hier Luftwaffenhelfer, nicht wahr? Da drüben in dem olivgrauen Flakturm?«

»Ja, wir wohnen auch da. Das Kasino ist im selben Gebäude, da wird gar nicht schlecht gekocht. Vom Turm aus können wir sehr gut die Stadt überblicken. Aber die Angriffe kommen jetzt so geballt, dass es schwer ist, sie zu verhindern. Gestern haben sie den Dom getroffen und er brannte in einer riesigen Kupferflamme aus.«

»Wie bei dem Angriff auf Königsberg ...« Paul konnte den Satz nicht vollenden und musste sich räuspern.

»Ja, da muss es wohl besonders schlimm gewesen sein. Das alte Königsberg soll völlig zerstört sein.« Er senkte den Kopf und schluckte. »Die Leute wurden evakuiert – es gibt eine lange Liste von Toten. Man kann sie im Rathaus einsehen.«

Pauls Herz krampfte sich zusammen. Die anderen Jungen waren bereits ein gutes Stück entfernt. Theo sah ihnen unruhig nach. »Ich muss gehen – hab bald wieder Dienst. Hat mich gefreut, Sie getroffen zu haben, Herr Hofmann. Wenn der Krieg zu Ende ist, sehen wir uns sicher wieder. Heil Hitler!« Er hob die Hand zum Gruß, doch Paul blieb die Antwort im Halse stecken. Er spürte einen bitteren Geschmack im Mund, als er weiterging. Ein Kind! Magdalena hatte ein Kind! Es gab also einen anderen

Mann in ihrem Leben! Sie dachte nicht mehr an ihn, hatte ihn vergessen! Er fühlte sich wie zerschmettert. So war das also: Aus den Augen, aus dem Sinn!

Traurig kehrte er in die Kaserne zurück. Der Nachrichtendienst meldete neue Anflüge, die Sirenen schrillten Alarm, und wieder begann die Flucht der Menschen in die Luftschutzkeller. Man musste jetzt sehr schnell sein, denn die Amerikaner versuchten neuerdings, die Radarüberwachung und Flakabwehr mit durch die Luft fliegenden Stanniolstreifen außer Kraft zu setzen. Fast im gleichen Augenblick, als die Sirenen aufheulten, kam auch schon das Geschwader schneller Mustangs mit B 17 Bomben der USAFS herangebraust, die in wenigen Augenblicken ihre tödliche Last ausklinkten, die ganze Straßenzüge zerstörte. Jeder, der nicht schnellstens einen Unterschlupf fand, war in Gefahr, von den fliegenden Todesmaschinen niedergemäht zu werden. Es gab keine Rücksicht auf Zivilisten mehr – die Alliierten hatten sich vorgenommen, Berlin von der Landkarte zu radieren, und so wie es jetzt aussah, würde ihnen das auch gelingen.

Nach dem Angriff ging Paul durch die rauchenden Trümmer zum Roten Rathaus, das zwar stark beschädigt, aber noch einigermaßen intakt war, und überflog mit einem Kloß im Magen die Listen der Königsberger Toten. Seine Schwester Christine und Doktor Gabriele Braun waren glücklicherweise nicht darunter. Er dachte manchmal an die junge Ärztin, hatte den Kontakt zu ihr aber nicht weiter aufrechterhalten, weil er spürte, dass sie ihm niemals so nahe sein würde wie seine große Liebe Magdalena. Er konnte sie einfach nicht vergessen.

Mit schweren Schritten kehrte er wieder in die Schreibstube der Kaserne zurück und versuchte, seinen Gedanken eine andere Richtung zu geben und vor allem nicht mehr an Magdalena und ihr Kind zu denken. Automatisch überflog er das Defizit der Maschinenersatzteile und Waffen und stellte es den zahlreichen

Anforderungen neuen Materials, das eigentlich gar nicht mehr vorhanden war, gegenüber. Es war sinnlos, weiter daran zu arbeiten, denn es zeigte ganz deutlich, dass die Wehrmacht in diesem Stadium den nötigen Nachschub nicht mehr liefern konnte. Seufzend legte er den Stift beiseite. Seine noch nicht ganz auskurierte Verletzung schmerzte wieder. Aber er hatte weder Lust, sich zu schonen, noch sich in eines der überfüllten Lazarette zu begeben, in denen es nach Blut und Eiter stank und in denen Ärzte und Schwestern in Operationsräumen, die Schlachthöfen glichen, meist vergeblich gegen den Tod kämpften.

Seine Illusionen über den »Blitzkrieg« und den »Führer« waren längst wie Seifenblasen zerplatzt; jetzt hieß es nur noch, alles lebend zu überstehen, bis die Kapitulation kam, das Ende dieser sinnlosen Kämpfe, des nur noch ›Sich-Wehrens‹, das jeden Tag unnötige Tote und Verwundete kostete.

Während Paul in der schlecht geheizten Schreibstube über den deprimierenden Zahlen der Materialverluste brütete, marschierten die Russen unaufhörlich weiter vor, starben unzählige deutsche Soldaten in weiteren, sinnlosen Kämpfen. Es wurde immer enger, die Monate vergingen in Angst und mit endlosen Bombardierungen.

Robert, sein Kamerad, war kurz vor seinem Einsatz in die Ukraine desertiert. Man hatte ihn bisher nicht gefasst, und Paul wünschte ihm insgeheim viel Glück. Ob sie es schaffen würden, sich dereinst in der besagten Kneipe zu treffen?

Dann näherte sich der Winter mit einer Anhäufung von Niederlagenmeldungen, dem letzten Aufbäumen in Form eines unsinnigen Einsatzes halbwüchsiger »Hitlerjugend« und dem »Volkssturm« älterer Männer. Der Endkampf begann – die letzten Reserven wurden jetzt aufgeboten.

Pauls Arm war inzwischen gut verheilt, und nach einiger Zeit ereilte ihn unerwartet ein neuer Einsatzbefehl. Nachdem der Stabsarzt ihn nach kurzer Untersuchung seines Armes »bedingt tauglich« geschrieben hatte, wurde er mit anderen »Reservisten« zu einem Transport nach Polen eingeteilt. Es sollte nach Tschenstochau gehen, eine Stadt, deren Namen man mit dem traurigen Kapitel der Judenerschießungen in Verbindung brachte. Als eine der wenigen war sie noch von deutschen Soldaten besetzt. Doch kaum mit der Truppe dort angekommen, hieß es, der Russe sei bereits fünfzehn Kilometer vor der Stadt und man müsse schnellstens wieder alles räumen. Überstürzt ging es zum Bahnhof zurück, der Transport an einen anderen Ort wurde angekündigt und organisiert, diesmal nach Neusalz an der Oder. Dort, am Ostufer des Flusses, sollte Neusalz von den eingetroffenen Reservekräften verteidigt werden, denn auch dort war die Rote Armee schon angekommen. Ein Widerstand erwies sich in der Folge aber beim besten Willen als nicht durchführbar. In einem Wirrwarr ohnegleichen wurden schließlich Marschbefehle ausgeteilt, mit denen sich jeder auf eigene Faust auf den Weg machen sollte. Resignierend blickte Paul auf den Strom der Flüchtlinge, auf die letzten Reserven bedingt kampffähiger Soldaten, die sich mit den noch Gehfähigen aus dem Lazarett mischten. Alle strömten, humpelten, eilten gen Westen und füllten die Straßen, so weit man sah. Da er kein anderes Ziel hatte, beschloss Paul, in die Berliner Kaserne zurückzukehren. Eigentlich war ihm alles gleichgültig – er ließ sich vom Strom der Menschen mitziehen. Er hatte keine Zukunftsperspektive und keine Heimat mehr; Deutschland lag am Boden, Königsberg gab es nicht mehr – die Zukunft schien düster und ausweglos.

20. Kapitel

Um Haaresbreite

Magdalena hatte die leichten Abschürfungen und ihre Platzwunde am Kopf im Königsberger Krankenhaus versorgen lassen. Da es sich um nichts Ernstes handelte, durfte sie gleich wieder gehen, denn in den Krankensälen ging es zu wie in einem Taubenschlag. Viele Soldaten und weniger schwere Fälle waren bereits in noch bestehende Turnhallen oder andere Vereinsräume ausgelagert worden. Ein dumpfer Geruch nach Blut, Eiter und scharfen Desinfektionsmitteln stand im Raum, der von Stöhnen und erstickten Schmerzenslauten erfüllt war.

Sie erkundigte sich bei einem Sanitäter nach der Ärztin Dr. Braun, und man wies ihr irgendwo im Gewimmel eine Frau im weißen Kittel, blond, das lockige Haar im Nacken zusammengefasst. Trotzdem sie übernächtigt war, wirkte sie sehr hübsch, mit einer sanften, ruhigen Art, die sie trotz aller Hektik behielt, die in dem großen Krankensaal, der hauptsächlich Schwerverletzte beherbergte, herrschte. Magdalena wagte nicht, sie anzusprechen, nur ein heißes Aufbegehren, ein deutliches Gefühl von Eifersucht durchzog ihre Brust. Wie von ihrem musternden Blick magisch angezogen, sah die Ärztin auf. »Suchen Sie jemand Bestimmten?«, fragte sie so freundlich, wie es bei all dem Leid, das hier herrschte, möglich war. Sie zog eine Spritze auf und beugte sich über eine Trage, auf der ein schlanker Mann in grauer Uniform lag, der einen blutigen Kopfverband trug. »Wir haben im Flur Listen ausgehängt. Leider sind sie noch nicht ganz vollständig.«

»Danke, dann werde ich dort mal nachsehen.« Beim Klang ihrer Stimme stöhnte der Verletzte lauter, und als Magdalena in seine aufgerissenen Augen sah, die ein plötzliches Erkennen widerspiegelten, durchfuhr sie ein solcher Schreck, dass ihre Knie zu zittern begannen. Sie wurde bleich und musste sich gegen die Wand lehnen. Der Mann, der vor ihr lag, war Anton, Anton Schäfer von der Gestapo, der ihr bis nach Berlin nachgereist war, um sie zu verhaften. Es war wie ein böser Fluch, dass sie sich immer wieder begegneten!

»Du bist es, Magdalena?«, stöhnte er mit leiser brüchiger Stimme. »Ich hätte nicht gedacht …« Ohne den Satz zu beenden, streckte er die Hand nach ihr aus und versuchte, mit einer furchtbaren Anstrengung seinen Oberkörper zu heben. Seine Lippen wölbten sich, als wolle er unbedingt noch etwas sagen, doch dann fiel er dumpf, vor Schwäche halb bewusstlos, auf sein Lager zurück.

»Sie kennen den Mann?«, fragte die Ärztin in verständnisvollem Tonfall. »Er ist sehr schwer verwundet – ein Granatsplitter im Kopf.« Sie senkte die Stimme: »Wir können nicht mehr viel tun. Wollen Sie bei ihm bleiben?«

Magdalena schüttelte den Kopf, sie bebte am ganzen Körper und versuchte krampfhaft, sich zu fassen. »Nein …«, erwiderte sie mit blutleeren Lippen und drängte sich ohne ein weiteres Wort an den Pritschen vorbei und lief wie gejagt hinaus.

Die Stadt dampfte, und die zerstörten Häuser ragten wie abgenagte Skelette in den vom Rauch verdunkelten Himmel. Überall lagen rußige Reste, glimmende Steinbrocken, die den Weg versperrten. In der Pregel schwammen undefinierbare Gegenstände. Eine Orientierung im Zentrum war fast nicht mehr möglich und das Haus in der Hafenstrasse, wo sich ihr Zimmer befunden hatte, nur noch ein Trümmerhaufen. Magdalena stand davor und merkte gar nicht, dass ihr Tränen über die Wangen liefen. Automatisch, wie unter einem Schock stehend, irrte sie eine Weile umher und setzte sich schließlich in Richtung Bahnhof in Bewegung. Dort war der Zugverkehr vorläufig völlig zusammengebrochen. Sie brauchte dringend ein Dach über dem Kopf, zumindest, bis die Züge wieder fuhren und sie nach Berlin zurückkonnte. Die Einzige, die ihr in diesem Moment einfiel, war Gertraud auf ihrem Rittergut. Sie musste sie bis dahin beherbergen – irgendwie würde es dann schon weitergehen. Wenn der Krieg zu Ende war … sie konnte den Gedanken nicht fortsetzen, es war wie eine Mauer in ihrem Kopf, an der jede Planung aufhörte. Ein Bauer nahm sie mit seinem Traktor bis Ellerkrug mit, und wie in Trance stand sie schließlich wieder vor der Tür des Rittergutes der von Treskows. Kaum ein Stück von dem zerstörten Königsberg entfernt, sah alles schon wieder anders aus, die Wiesen, die Bäume, wie gewohnt und in trügerischem Frieden. Die Allee, gesäumt von alten Eichen, zog sich wie ein Band bis zum Gut, das auf den ersten Blick unversehrt schien. Aber als sie näher kam, hörte sie schon das Blöken der Schafe und unruhige Trampeln der Pferde im Stall. Sie klingelte am Hauptportal, und erst nach einer langen Weile öffnete ihr Gertraud selbst.

»Oh Magdalena!« Sie war nicht wiederzuerkennen. Die Haare zerzaust, mit vernachlässigter Kleidung und tiefen Schatten unter den Augen blickte sie ihr entgegen. Mit verzweifelter Heftigkeit fiel sie ihr um den Hals. Nichts war mehr zu spüren von der distanzierten Arroganz ein paar Tage zuvor. »Gottfried …«, sie konnte vor Schluchzen kaum ein Wort herausbringen. »Er ist, er ist … er lebt nicht mehr! Gestern hat mir ein Kamerad die Nachricht überbracht … dass er für das Vaterland gefallen ist. Er flog mit einer Transportmaschine an die Front und wurde abgeschossen – einfach so!«

»Wie schrecklich«, murmelte Magdalena und befreite sich vorsichtig, »mein aufrichtiges Beileid, liebe Schwester. Gottfried war so überzeugt …«, sie vollendete den Satz nicht.

»Ich kann es gar nicht fassen«, Gertraud begann immer heftiger zu weinen und sich in eine Nervenkrise hineinzusteigern. »Wie soll alles nun weitergehen?«

Magdalena legte behutsam den Arm um ihre Schultern. »Beruhige dich!«

Gertraud sah sie mit verweinten Augen an. »Komm herein – ich bitte dich. Ich bin ja so froh, dass du da bist. Es tut mir so leid, wie … wie ich dich behandelt habe. Alles tut mir so leid, alles!« Sie zog ihr Taschentuch und schnupfte heftig hinein, während sie durch die Halle gingen. »Ich weiß gar nicht, was ich als Erstes tun soll. Alles Schlimme bricht auf einmal über mich herein. Das ganze Personal hat aus Angst vor den Russen das Gut verlassen. Bis auf eine halbblöde Stallmagd und unsere betagte Hausdienerin bin ich ganz allein«, neues Schluchzen, »in diesem großen Haus, mit dem ganzen Vieh … du weißt doch, dass ich noch nie mit Tieren umgehen konnte!«

Magdalena nickte und folgte ihr in den Salon. Hier lag alles kreuz und quer durcheinander, Sachen waren chaotisch herausgerissen, Kommoden umgestürzt, Schränke durchwühlt, so als habe man überall nach Wertsachen gesucht.

»Gottfrieds Familiensilber ist verschwunden«, jammerte Gertraud, die ihrem Blick gefolgt war. »Kerzenleuchter, Geschirr, mein Schmuck, alles, was sie zu fassen bekamen, haben sie mit sich genommen, dieses Pack, diese Verbrecher! Bedeutet Krieg, dass man ungestraft seine Herrschaft bestehlen kann?«

»Aber Gertraud – in Königsberg ist auch sehr viel zerstört. Viele haben ihr Haus und alles, was darin war, verloren! Du müsstest sehen, wie es in der Stadt aussieht!«

»Bist du nur gekommen, um mir das zu sagen?« Jetzt klang aus der quengligen Stimme der hochmütige Ton Gertrauds wieder durch.

»Nein. Um ehrlich zu sein – ich bin da, weil ich kein Dach über dem Kopf habe und im Augenblick kein Zug nach Berlin fährt. Und wenn du mich fragst, dann solltest auch du nicht länger auf dem Gut bleiben. Die Russen sind nicht mehr aufzuhalten, wenn nicht gerade ein Wunder geschieht. Sie werden bald da sein! Es bleibt uns nur noch die Flucht in den Westen!«

»Nein!«, es war wie ein hysterischer Aufschrei. »Ich geh hier nicht weg. Das ist mein Leben!« Sie schlug die Hände vors Gesicht und ließ sich in einen Sessel fallen. »Soll ich das alles im Stich lassen?«

Magdalena hatte ihr reglos zugesehen und nur ihre eigene Erschöpfung gefühlt. »Ich kann dir nicht helfen. Schließlich stehe ich ja immer noch auf der Fahndungsliste.«

»Das ist doch jetzt ganz egal. Wichtig ist, dass wir zusammenbleiben. Lass mich nicht im Stich, bitte!«, stieß Gertraud atemlos hervor und umklammerte ihre Hand. »Ich bin doch deine Schwester!«

Auf einmal, dachte Magdalena und verzog den Mund. Das war wieder einmal typisch Gertraud. Jetzt braucht sie mich, wo sie selbst nicht weiterweiß. Aber noch vor ein paar Tagen hat sie mich eiskalt von der Türschwelle gewiesen.

»Vielleicht wird ja noch alles anders – es kann noch nicht alles verloren sein!« Die irrwitzige Hoffnung, die aus Gertrauds Augen leuchtete, irritierte sie. »Bleib bei mir, Lena, ich bitte dich! Hier kannst du ein großes Zimmer bewohnen, dir nehmen, was du willst«, flehte sie. »Und es gibt sogar ein Versteck in der Bibliothek. Ein getarntes Buchregal, hinter dem sich eine Tür mit einer Treppe befindet, die in einen kleinen Bunker geht. Wir warten ab, was geschieht – wegfahren können wir ja immer noch. Pferd und Wagen stehen bereit, wir müssen nur anspannen.«

Magdalena seufzte tief auf. Sie war erschöpft und die mit Verbandsmull verklebte Platzwunde an ihrem Kopf pochte. Hatte Gertraud nur ein einziges Mal gefragt, was ihr selbst zugestoßen war – wie sie die letzten Jahre verbracht oder den schrecklichen Angriff auf die Stadt überstanden hatte? Wie immer dachte sie nur an sich, an ihr eigenes Wohl, ihre Furcht, ihr eigenes Fortkommen.

»Gut – wir werden sehen!«, sagte sie ohne Betonung. »Aber nur, wenn du machst, was ich sage!«

Gertraud widersprach diesmal nicht. Sie umfasste sie stürmisch. »Lena, ich danke dir. Ich wusste, ich kann mich auf dich verlassen!«

Eine Karte fiel bei dieser Bewegung vom Tisch, die Anzeige einer Hochzeit mit aufgedruckten goldenen Ringen.

Magdalena hob sie auf und streifte sie mit einem kurzen Blick. »Du hast noch Post bekommen?«

»Ach, unwichtig! Die Anzeige ist aus Teplitz, von Großonkel Ludwig.« Achtlos schob sie die Karte beiseite. »Seine Tochter Katharina – sie heiratet irgendeinen Journalisten, Heinz Richter, einen Kriegsberichterstatter. Aber soll sie nur – mir ist das jetzt alles egal. Meinen Gottfried bringt mir niemand zurück.« Wieder strömten Tränen aus ihren Augen, während Magdalena die Lippen zusammenpresste, aufstand, und die Karte in den nächsten Papierkorb warf.

In den nächsten Tagen mussten die Ärmel hochgekrempelt und ungewohnte Arbeiten geleistet werden. Auch Gertraud war gezwungen, ordentlich mit anzupacken und sich zum ersten Mal in ihrem Leben bei der Landarbeit zu betätigen. Die Tiere durften nicht ohne Futter sein und die Ställe waren von Unrat zu reinigen. Die beiden Frauen standen schon früh auf, und während die noch verbliebene alte Stallmagd die Kühe molk, fütterten sie die Pferde, misteten aus, kümmerten sich um das Federvieh und brachten das Haus in Ordnung. Jeden Abend nach dem Essen, das weitaus üppiger war als das, was Magdalena in den letzten Monaten zu sich genommen hatte, verfolgten sie, von der körperlichen Arbeit ermüdet, am Radio die Kriegsnachrichten, auch den verbotenen Sender BBC. Wenn man die Ohren spitzte, hörte man bei den Propagandameldungen gleich die unterschwelligen Wahrheiten heraus. Soldaten und Flüchtlinge waren bereits auf dem Weg Richtung Westen, sie hatten sich aus Angst vor den Russen teils über Land, teils über die Ostsee aufgemacht.

Gertraud weigerte sich immer noch beharrlich, das Gut zu verlassen. Sie berief sich auf den Bürgermeister von Königsberg, der immer wieder die Unruhe beschwichtigte und noch kein Zeichen zur Evakuierung gegeben hatte. Ihre Hoffnung flammte wieder auf, als zu hören war, dass deutsche Truppen in Ostpreußen Goldap zurückerobert hatten, doch das war nur ein Strohfeuer, denn in Wahrheit stand die Einkesselung durch die Rote Armee unmittelbar bevor. Magdalena spürte es intuitiv und ohne darüber zu sprechen; wie einen eisigen Hauch in ihrem Rücken, eine kalte Hand, die sich langsam nach ihnen ausstreckte, um sie zu packen. Sie sprach mit Gertraud darüber, um sie endlich davon zu überzeugen, dass sie das Gut verlassen mussten. Aber die Schwester fand immer etwas Neues, um die Abfahrt zu verzögern. Erst, als sie ihr drohte, allein fortzugehen, gehorchte sie endlich. So packten sie nun alles zusammen, Gläser mit Birnen- und Apfelkompott, füllten Hülsenfrüchte in Säcke, luden den Hafer für die Pferde auf und ließen zum guten Schluss von einem hilfsbereiten Nachbarn, dem sie einen Anteil versprachen, noch ein Schwein schlachten. Das Fleisch kochten sie, marinierten es in Essigessenz und Salz und legten es dann schichtweise mit Fett und Gewürzen in einen schweren Steinguttopf.

Und es war höchste Zeit: Überall im Reich zog sich der Ring immer enger zusammen, eine Horrornachricht jagte die andere. Das deutsche Schlachtschiff Tirpitz wurde versenkt, Luftangriffe zerstörten in den Städten noch die letzten Überreste der alten Kultur; aber Hitler dachte nicht daran aufzugeben. Im Gegenteil, er startete eine letzte Großoffensive, einen verzweifelten Versuch, das Blatt noch einmal zu wenden und eine neue Propagandamaschine anzuwerfen. Als Ultima Ratio sollte nun das

Unternehmen »Wacht am Rhein« in den Ardennen gegen die
1. US Armee anlaufen. Die neue Wunderwaffe, V-1 und V-2 Raketen, wurde diesmal eingesetzt, vierzig Aufklärer, zwei Panzerarmeen, hunderteinundsiebzig Bomber und über tausend Jagdflugzeuge standen bereit. Die ersten Anfangserfolge gaukelten
eine trügerische Wendung vor, dann erlosch schließlich auch diese letzte Hoffnung. Am Heiligen Abend 1944 gab es eine traurige Gewissheit für die Wehrmacht: Die Ardennen-Offensive
hatte sich endgültig festgefahren, und die Alliierten verdreifachten ihre Anstrengungen in alle Richtungen, um den Untergang
des deutschen Reiches zu beschleunigen.

In den ostpreußischen Gebieten kündigte sich ein strenger
Winter an.

Nachdem sich die verteidigende Heeresgruppe E erfolglos zurückziehen musste, begannen die Sowjets mit ihrem Angriff auf
Königsberg.

Das Fuhrwerk der beiden Frauen, hoch beladen mit Dingen,
von denen sich die Schwester auf keinen Fall trennen wollte, wie
Kleidung, Möbel und Proviant, alles von einer Plane bedeckt,
rollte eines eisigen Morgens endlich an.

Es war ein Abschied, nicht nur von Königsberg und allem, was
ihnen in dieser Stadt lieb gewesen war, sondern auch von einem
Stück ihres Lebens, der Abschied von einer unbeschwerten
Kindheit und Jugend. Gertraud schluchzte leise vor sich hin, aber
Magdalena blickte nicht zurück. »He, hüh!«, trieb sie energisch
das Pferd an, und obwohl auch ihr Tränen in den Augen standen,
konzentrierte sie sich nur darauf, die Zügel korrekt zu halten,
denn noch nie im Leben hatte sie einen Wagen kutschiert. Auf
dem Bock sitzend, war sie wie Gertraud in einen warmen Fuchspelz gehüllt, der gut gegen die scharfe Winterluft schützte.

Als sie die Hauptstraße erreichten, blickten sie mit Entsetzen auf den langen Treck der Flüchtlinge, der sich vor ihnen erstreckte, so weit das Auge reichte. Er schlängelte sich nur im Schneckentempo vorwärts und blockierte den freien Weg. Eine solche Menschenflut, die vorandrängte, hatten sie sich in ihren schlimmsten Träumen nicht vorgestellt. Nicht nur Flüchtlinge mit Pferd und Wagen, sondern Fußgänger mit Karren sowie eine Menge Soldaten, zum Teil verletzt oder versprengt, waren auf dem Rückzug und versuchten, an einen sicheren Ort auszuweichen.

»Wo kommen die bloß alle her? Können wir nicht schneller fahren?«, jammerte Gertraud, die am ganzen Körper zitterte, als sie die Unmöglichkeit erkannte, zügig voranzukommen. »Vielleicht sollten wir übers Feld fahren – neue Wege suchen? Wenn die Russen uns einholen, werden sie uns alles rauben, was wir haben – sie nehmen uns vielleicht gefangen ...«

Sie sah sich ständig um, als könne jeden Augenblick am Horizont die Rote Armee mit ihren Maschinenpistolen auftauchen.

»Das hättest du dir früher überlegen sollen!«, warf ihr Magdalena vor. »Ich wollte gleich nach Westen und wäre viel früher aufgebrochen. Und wie sollen wir übers Feld fahren – welche Wege einschlagen? Was machen wir, wenn wir in einem Loch oder knietief im Dreck stecken bleiben? Wenn die Achse bricht? Willst du sie dann selbst reparieren?«

Gertraud schüttelte den Kopf und zog frierend ihren Pelz enger um die Schultern. »Ich hab große Angst, Lena, dass wir den Russen in die Hände fallen. Dass sie den ganzen Treck zusammenschießen oder grausame Dinge mit uns anstellen. Du hast recht gehabt – ich hätte auf dich hören sollen!«

Magdalena antwortete nicht mehr. Es war sinnlos, sich die Klagen der Schwester anzuhören, die immer etwas auszusetzen hatte. Sie begriff einfach nichts! Nie hatten sie sich richtig verstanden, sie waren einfach zu verschieden. Doch in der Gefahr blieb ihnen nichts anderes übrig, als zusammenzuhalten. Sie versuchte, sich nicht anmerken zu lassen, wie sehr sie sich fürchtete, und nicht zuzuhören, wenn Geschichten über Gräueltaten kursierten. Trotzdem – was würde der »Iwan« tatsächlich mit ihnen machen, wenn sie ihm in die Hände fielen? Stalin hatte Rache geschworen, für die Misshandlungen, die Demütigungen, die man seinen Brüdern zuteil werden ließ, kollektive Rache, die keine Gnade kannte.

»Mir ist so kalt – ich halte es nicht mehr aus. Über die Ostsee würden wir sicher viel schneller vorankommen«, nörgelte Gertraud weinerlich, als sich nach der Übernachtung in der Scheune eines Bauern die tapfere Stute nur mühsam durch den frisch gefallenen Schnee quälte. »Wir könnten doch versuchen, uns in Gotenhafen einzuschiffen.«

Magdalena nickte nur. Der hartnäckige Husten, verursacht durch den dichten Qualm in der schrecklichen Bombennacht, hatte sich durch die kalte Witterung verstärkt. Auch ihr Hals schmerzte beim Schlucken wie mit Nadeln durchstochen. Trotz Mütze, Pelz und Handschuhen wurde ihr nicht mehr warm bei dem eisigen Wind und dem Schnee, der nun in dichten Flocken fiel. Vielleicht hatte sie sogar Fieber, denn sie fühlte sich elend und matt. Mühsam versuchte sie, die Spur des vor ihr fahrenden Planwagens nicht aus den Augen zu verlieren. Die Landkarte, die sie bei sich trug, war nicht sehr hilfreich; sie hatten wenig Ahnung, wo sie sich genau befanden, und es kam ihnen manchmal so vor, als führen sie immer im Kreis herum.

»Ich kann nicht mehr!«, sagte sie schließlich mit heiserer Stimme und ließ das Pferd am Straßenrand halten. »Ich glaube, ich bin krank. Du musst mich auf dem Bock ablösen. Es fällt mir schwer, mich aufrechtzuhalten.«

Gertraud schrie auf. »Niemals! Du weißt, welche Angst ich immer vor Pferden habe!«

»Dann müssen wir eben hier stehen bleiben!«

»Es geht nicht«, wimmerte Gertraud leise, »ich schaffe es nicht.«

Die Flocken fielen in stetigen, lautlosen Wirbeln und bedeckten alles rasch mit einer weißen, duftigen Decke.

»Versuch es doch wenigstens«, sagte Magdalena erschöpft, wischte sich den Schnee aus dem Gesicht und warf ihr die Zügel hin. »Es ist wirklich nicht schwer!«

Hysterisch schluchzend packte Gertraud schließlich die Zügel so ungeschickt, dass die Stute unruhig die Ohren anlegte, halb in Trab, halb in Galopp fiel und der Wagen kreuz und quer von einer Seite zur anderen schlingerte.

»Bist du verrückt! Du willst wohl, dass wir mit allem umkippen!« Magdalena schob sie ärgerlich beiseite. Sie versuchte, etwas Klarheit in ihren schmerzenden Kopf zu bekommen. Die nassen blonden Haare hingen ihr zu beiden Seiten ins Gesicht, und in ihren Ohren brauste und stach es. »Dann müssen wir eben herumfragen, ob irgendjemand uns hilft, einer, der was von Pferden versteht.«

Schwankend, mit zitternden Knien tastete sie sich von Wagen zu Wagen, sah in abgestumpfte, vom eisigen Wind wie eingefroren wirkende Gesichter und trug ihre Bitte vor. Doch jeder hatte genug mit sich selbst zu tun, und die Alten waren selbst krank und geschwächt vor Hunger und Kälte. Als sie sich kaum mehr auf den Beinen halten konnte, fand sich endlich ein junger Bursche namens Fred, kräftig und groß gewachsen, der sich zutraute, den Wagen zu kutschieren.

Magdalena fiel auf die Rückbank und zog die Plane über sich. Vor ihren Augen tanzten bunte Sterne. Ihre Zähne klapperten trotz des Pelzes vor Kälte und Fieber, das Schlucken tat höllisch weh, und ihre raue Kehle fühlte sich an, wie von zackigen Eisenklammern eingefasst. Dazu der anfallsartige Husten, der in der Brust wie ein Messer schmerzte. Sie würde sterben, hier in der Kälte auf der Flucht vor den Russen, und man würde sie am Straßenrand liegen lassen, als reglose Masse, ein anonymer, zusammengekrümmter, erstarrter Körper. Der Schmerz brannte in ihr, und sie sehnte sich nur noch nach Fühllosigkeit und Ruhe. Von Zeit zu Zeit fiel sie in einen kurzen, betäubungsartigen Schlaf, in dem Fieberfantasien sie vergessen ließen, wo sie sich überhaupt befand.

Gertraud erschrak über ihr eingefallenes blasses Gesicht, als sie beim nächsten Halt nach ihr sah. Ein stürmischer, eiskalter Wind wehte in Böen heran und drang jetzt in jede Ritze der Kleidung, durch den Pelz und sogar durch die Planen auf dem Wagen. Wie ein Blitz durchzuckte sie der erschreckende Gedanke: Wenn Magdalena starb – dann stand sie mit allen Schwierigkeiten allein da! Panik bemächtigte sich ihrer. Sie brauchte Medizin – doch wo sollte sie die hernehmen? Undeutlich entsann sie sich der alten Geschichten des Großvaters von einem lebensrettenden Hausmittel, das er als Soldat im Ersten Weltkrieg angeblich selbst ausprobiert hatte. Der eigene Urin, ganz frisch und noch warm, sollte wahre Wunder bewirken. Nicht nur bei schlecht heilenden Wunden, sondern auch, wenn man bei eitrigen Halsentzündungen damit gurgelte. Als Kinder hatten sie sich bei diesen Berichten immer vor Ekel geschüttelt und gelacht, während Großmama Louise sich indigniert zur Seite wandte und die Augenbrauen hochzog. Scheußlich – aber bestimmt war auch damals nichts Besseres zur Verfügung gestanden. Vielleicht konnte es im Notfall ja auch hier helfen! Man musste es einfach ausprobieren! Aber wie konnte sie Magdalena, die so apathisch und leidend dalag, davon überzeugen, mit ihrem eigenen Urin zu gurgeln?

»Lena!« Sie rüttelte die Schwester, die kaum reagierte, an der Schulter. »Lena, wach auf! Du darfst nicht einschlafen, sonst wirst du sterben!« Die Schwester öffnete die Augen nur einen Spalt, bevor sie sie wieder schloss. Sie war so erschöpft, zu Tode ermüdet.

»Hör mir zu!« Gertraud versuchte mit all ihren Kräften, ihren Kopf und Oberkörper anzuheben. »Du hast eine schwere Halsentzündung. Deine Mandeln sind bestimmt vereitert. Erinnerst du dich an Großvaters Geschichte, über die wir immer gelacht haben? Er hat mit Urin gegurgelt, seinem eigenen, als er krank war und keine Medikamente hatte. Das hat ihm geholfen. Das solltest du auch jetzt versuchen.«

Magdalena schüttelte schwach den Kopf. »Unsinn. Das ist ein Märchen«, ächzte sie matt, »lass mich!«

»Bitte, Lena, tu es! Du hast nichts zu verlieren. Es ist nur ein Hausmittel. Aber es könnte ja helfen. Schließlich haben wir nichts anderes. Bitte versuch es!«, flehte Gertraud weiter. »Du spuckst es ja wieder aus!« Sie ließ nicht nach, und Magdalena befolgte schließlich wie betäubt ihre Anweisungen, um endlich ihre Ruhe zu haben. Sie gurgelte mit der gelben Flüssigkeit und musste sich auf der Stelle übergeben. Erschöpft ließ sie sich auf den Strohsack zurücksinken und schloss wieder die Augen. Gertraud war zufrieden. Mehr konnte sie nicht tun. Lena hatte es versucht und sie würde es vielleicht morgen wieder tun. Man musste jetzt einfach abwarten.

Fred, der fünfzehnjährige Bursche, machte seine Arbeit ausgezeichnet und man erkannte sofort, dass er etwas von Pferden verstand. Das Vorankommen erwies sich jedoch weiterhin als schwierig – immer neue Flüchtlinge bevölkerten den Treck. Dreimal am Tag gurgelte Magdalena nun würgend aus der Flasche mit dem gelblichen Inhalt, den Gertraud für sie abfüllte und ihr reichte. Es schien wie ein Wunder, aber tatsächlich ging es ihr nach einiger Zeit besser, die Schmerzen ließen nach, das Fieber sank, und die Eiterbläschen im Rachen bildeten sich zurück. Nur der hartnäckige hohle Husten blieb noch, der ihr die Brust zerriss und sie schwächte.

Auch als Magdalena einigermaßen wiederhergestellt war, blieb Fred weiter bei den beiden Frauen, er kutschierte und mühte sich, das Pferd gut zu führen, es zu versorgen und ihnen schwere Arbeiten abzunehmen. Er war auch sonst eine sehr große Hilfe, und sie entlohnten ihn dafür großzügig mit Essbarem und den Vorräten, die sie auf dem Gut vorbereitet hatten. Dicke Stücke aus dem Steinguttopf mit dem sauer eingelegten Schweinefleisch häuften sie großzügig auf getrocknete Brotfladen, und für den wenig verwöhnten Burschen war das ein Luxusessen, das ihm in den mageren Zeiten hervorragend schmeckte. Zudem war er stolz darauf, den Wagen selbstständig zu lenken, er sorgte für das Pferd und genoss den Lohn, den er sich dabei verdiente.

Die Schreckensnachricht kursierte, die Russen wären jetzt ganz nahe und im Begriff, den Treck einzuholen. Statt sich zu Land weiter über verstopfte Straßen zu quälen, schien es das Nächstliegende zu sein, es über das Eis des Frischen Haffs zu versuchen, um dann mit dem Schiff über die Ostsee zu entfliehen. Alles strömte und drängte nun in diese Richtung, in der Hoffnung, sich in Gotenhafen einschiffen zu können. Auch Gertraud war von dem Plan einer Überfahrt angetan; auf dem Meer war man schließlich vor den Russen so gut wie sicher, die sie bei dem Schneckentempo der Trecks zu Land noch einholen konnten.

Fred und die beiden Frauen versuchten, sich in der Kolonne zu behaupten, aber man durfte nicht ausscheren, nicht stehen bleiben, sonst war es so gut wie unmöglich, sich wieder einzureihen. Jeder drängte, strebte rücksichtslos voran und wollte auf keinen Fall Letzter sein, denn viele Straßen waren inzwischen von Militärfahrzeugen und den nachdrängenden Russen blockiert und überwacht.

Mit einem verzweifelten Versuch verließen sie trotzdem einmal den Treck, um auf eigene Faust über Nebenwege das Frische Haff zu erreichen. Doch sie verloren nur unnötige Zeit beim Rumpeln durch Feld und Wald, durch eine umständliche Irrfahrt auf nur mäßig befahrbaren Landwegen. Schließlich gaben sie es auf und kehrten wieder in den Treck zurück. Nicht lange danach erreichten sie das in diesem harten Winter bereits zugefrorene Eis des Haffs. Still, weiß und kalt lag die von flockigem

Schnee leicht überzuckerte, wellenförmig unebene Eisfläche vor ihnen. Der klare Himmel am Horizont war von unschuldigem Blau mit rosigen Streifen, und eine kalte Sonne tauchte alles in ein goldenes, fast überirdisches Licht. Das Pferd, dessen dampfende Nüstern weiße Rauchfahnen in die Luft bliesen, zögerte, seine Hufe auf den unsicheren Untergrund, der so seltsam glatt und rutschig war, zu setzen. Fred und Magdalena stiegen ab, führten es unter beruhigendem Zureden beidseitig am Zügel voran, und der Wagen glitt langsam, mit knarrenden Rädern, auf die spiegelnde, weglose Fläche, die unter ihnen wie splitterndes Glas knirschte. Ein leises Brummen ließ Magdalena zusammenfahren, ohne dass sie gleich wusste, warum. Sie kniff die Augen zusammen, so sehr blendete sie die unendliche Helle, die mit dem Horizont zu verschwimmen schien. Die ameisenhaft sich vorschiebenden dunklen Punkte und Schatten des vor ihnen fahrenden Zuges von Menschen, Pferden, Wagen und Karren hoben sich nur allzu deutlich von der weißen Ebene ab. Das reine Blau des Himmels wirkte leicht getrübt. Ein einziger Gedanke schoss plötzlich wie ein Blitz durch ihren Kopf: Waren sie hier nicht völlig schutzlos, wie auf dem Präsentierteller, einem möglichen Luftangriff ausgeliefert? Ihr Herz klopfte plötzlich unruhig. Sie versuchte, ruhig zu atmen und sich keine Sorgen zu machen. Niemand würde es jemals fertigbringen, hilflose Flüchtlinge, Frauen und Kindern zusammenzuschießen. Allein der Gedanke daran war unmenschlich.

Ein Soldat trat aus einer Gruppe Wehrmachtsangehöriger auf sie zu und zerrte an der Plane: »Halt! Abladen! So können Sie nicht auf das Eis! Runter mit den schweren Möbeln!« Er machte sich daran, Gertrauds Perserteppich, die antike Kommode, in der sich ihr Silber befand und die beiden Rokokosessel mit den bestickten Bezügen herunterzupacken. Gertraud fiel ihm aufs Höchste erregt in den Arm. »Lassen Sie das gefälligst! Das ist mein Eigentum!«

»Treten Sie zurück, gute Frau.« Der Soldat blieb ruhig, schob sie von sich und gab dem hinter ihm Stehenden ein Zeichen, der sogleich aufhörte, weitere Gegenstände auf das Eis zu werfen. »Die Regel ist ganz einfach: Hier bleiben oder abladen. Weg mit allem Krimskrams. Das Eis muss tragen. Entscheiden Sie sich, ob Sie weiterfahren wollen. Vergessen Sie nicht: Es geht um Ihr Leben!«

»Krimskrams! Das ist eine Unverschämtheit!«, fauchte Gertraud wie eine wütende Katze, die ihre Krallen ausfährt. Doch der Soldat wandte sich gleichmütig zum nächsten Wagen. »Der Nächste vor! Alle schweren Sachen runter!«

Stimmen von hinten wurden laut: »Verfluchte Kettenhunde der Wehrmacht! Lasst uns doch das Wenige, das wir noch haben!«, brüllte ein Mann, der sich von seiner gesamten Küchen-einrichtung, Töpfen, Tellern und sogar einem kompletten Sofa trennen musste. Die Soldaten beeindruckten die Verzweiflung der Leute, die Beleidigungen wenig. Im Schnee lagen bald Möbel und alle möglichen Gegenstände verstreut, eine Kamera, ein Picknickkoffer, ein goldener Spiegel, lauter Dinge, die unentbehrlich schienen, es aber nicht waren.

Gertraud brach in Tränen aus und schluchzte vor sich hin. »Meine Erinnerungen, die Silberleuchter – die von Louise bestickten Stuhlbezüge … und Mutters Leinen!« Es fiel ihr schwer, sich von all dem zu trennen. Magdalena legte tröstend den Arm um die aufgebrachte Schwester, während sie mit der anderen Hand die Zügel hielt. Ab und zu sah sie erneut forschend zum Himmel, wie als wolle sie kontrollieren, ob keine dunkle Wolke seine grenzenlose Weite trübte. Nachdem ein großer Teil der überflüssigen Fracht ausgeladen war, schnaubte das Pferd aus und stakste tapfer, jedoch in verkrampfter Haltung und unsicheren Tritten vorwärts über den glucksenden, seltsame Töne von sich gebenden Untergrund. Je weiter sie sich zusammen mit den anderen auf die Eisfläche begaben, desto mehr nahm der unbewusste Druck auf Magdalenas Brust zu. Die Augen der Flüchtenden waren ängstlich auf die Spalten und unregelmäßigen Brüche, die wässrigen, dünnen Stellen und aufgetürmten Eisschollen geheftet, die man sorgsam umfahren musste. Und so rollte Wagen für Wagen auf das Eis, den schwankenden Boden, der bald unter den Rädern so trügerisch zerbrechen sollte wie die Hoffnung auf eine Zukunft in den Herzen der Menschen.

Der in weißen Nebel gehüllte, lange Zug der Flüchtlinge auf dem Eis hatte etwas Unwirkliches, geradezu Gespenstisches. Wenn man vom Knarren und Rollen der Räder absah, vom Malmen des Eises, war es still, sehr still. Niemand sprach ein überflüssiges Wort, ausgenommen beim Antreiben der Pferde, die unruhig waren und irgendetwas zu spüren schienen, das bisher noch unsichtbar war. Sie traten immer zögernder auf, scheuten manchmal vor den offenen Stellen im Eis. Aber es ging trotzdem unentwegt voran, und bald, sehr bald würde man auch diese heikle Strecke geschafft haben und wieder festen Boden erreichen.

Ein schwaches Surren ertönte plötzlich am Himmel, das sich rasch verstärkte. Aller Blicke wandten sich ängstlich nach oben. Es geschah das Unbegreifliche, das niemand von ihnen, auch nicht in den schlimmsten Vorstellungen, für möglich gehalten hatte. Russische Jagdflieger rasten aus dem Nichts mit hässlichem, immer lauter werdendem Dröhnen als gespenstische Todesengel heran. Mitleidslos warfen sie ihre Bombenlast ab und schossen mit ihren Bordkanonen auf die schutzlosen Flüchtlinge, die schreienden Frauen und Kinder, die sich nirgendwo in der weißen Hölle um sie herum in Sicherheit bringen konnten. Der Himmel spie plötzlich Feuer, klaffende Krater ließen Eissplitter und Wasserfontänen aufspritzen, der Boden tat sich auf, um ganze Wagenzüge zu verschlingen. Männer Frauen und Kinder mit ihrer gesamten Habe versanken in Minuten in den eisigen Fluten, wurden vor den Augen der anderen, vergeblich um Hilfe Schreienden in die gurgelnde Tiefe hinabgerissen. Magdalena war es, als spiele sich vor ihren Augen etwas Unwirkliches ab, etwas, das niemals und nirgendwo auf dieser Welt geschehen durfte!

Sie wussten später nicht mehr, wie sie die Katastrophe überstanden hatten. Vor ihnen, hinter ihnen zerbrach das Eis unter brüllendem Dröhnen, spritzte Gischt, klammerten sich Menschen mit aufgerissenen Mündern an herausragende Eisschollen, und ihre Todesschreie erstickte der wabernde Dampf des eiskalten Wassers, das sie in die Tiefe zog.

»Vorwärts!« Von einem automatischen Überlebenswillen gelenkt, trieb Magdalena mit der Peitsche das scheuende Pferd an den sprudelnden Wasserrinnen vorbei, in denen Wagen und Pferde vor ihren Augen verschwunden waren. »Vorwärts!«, schrie sie, während Gertraud im Wagen saß und den Kopf in ihrem Pelz vergrub.

Irgendwann kehrte plötzlich wieder Ruhe ein – die tödliche Stille nach dem Sturm. Sie wagten nicht zurückzusehen, nicht nach rechts und nicht nach links, und vor allem nicht auf das Inferno des aufgerissenen Eises.

»Hüh!« Wieder musste sie die Peitsche schwingen, fester und gröber, denn der entkräftete und erschrockene Gaul wollte nicht mehr. »Lauf! Wir müssen weiter!« Den starren Blick auf den Pferderücken geheftet, Kälte und Frost kaum spürend, trieb sie die schäumende, schweißnasse Stute endlich auf festen Grund.

Als sie Gotenhafen erreichten, wo die »Wilhelm Gustloff« ankerte, das letzte Schiff, das noch Flüchtlinge aufnehmen konnte, herrschte bittere Kälte mit Minusgraden. Es wimmelte am Hafen vor Menschen, die sich noch auf die schwimmende Rettungsinsel drängen wollten, um die Möglichkeit zum Entkommen über die See zu nutzen. Magdalena und Gertraud mischten sich mit vielen anderen in das heillose Gedränge am Kai, doch es schien fast unmöglich durchzukommen. Jeder wollte noch mit, obwohl das Schiff mit Passagieren bereits überfüllt war und kaum mehr Leute aufnehmen konnte.

»Gertraud!«, schrie Magdalena, die die Schwester im Gewühl verloren hatte. Ihre Stimme ging im Lärm des Hafens unter. »Gertraud!« Ihr Atem ringelte sich wie eine weiße Wolke in der frostigen Luft, als sie von den Nachdrängenden Schritt für Schritt vorangepresst wurde. Menschentrauben klammerten sich bereits an die Reling, schoben sich rücksichtslos durch, obwohl Mütter mit Kindern Vorrang haben sollten. Gertrauds verzweifelte Bestechungsversuche an die Matrosen waren zuvor gescheitert, aber sie konnte sich in ihrem Eigensinn nicht damit abfinden zurückzubleiben. Als Magdalena bemerkte, dass die Schwester nicht mehr an ihrer Seite war, war es bereits zu spät.

»Gertraud!« Magdalena versuchte es immer wieder. Doch die Schwester hörte sie nicht oder wollte nicht hören. Nach einem kleinen Tumult in der Menge sah sie Gertraud plötzlich wie durch ein Wunder mit triumphierender Miene hinter der Reling auftauchen. Irgendwie hatte sie es geschafft, sich an den wie Ölsardinen zusammengequetschten Menschen vorbeizuschieben. Magdalena winkte, wollte ihr etwas zurufen, doch es war unmöglich, sich Gehör zu verschaffen. Ein energischer Schiffsoffizier schob die Zurückgebliebenen und Nachdrängenden mit Gewalt über die Holztreppe nach unten und schloss den trennenden Riegel der Zwischentür. Die Treppe wurde gelöst, das Schiff legte mit einem durchdringenden Signalton ab. Einige der sich noch verzweifelt an die Brücke Anklammernden, von ihren Angehörigen getrennt, die es noch auf das Schiff geschafft hatten, stürzten schreiend ins eisige Wasser der Ostsee.

Das Schiff entfernte sich nun schwerfällig auf dem bewegten Wasser im Nebel des eisigen Wintertages, und die Dahinziehenden waren bald nur noch als Schemen erkennbar. Mit Tränen in den Augen sah Magdalena der »Wilhelm Gustloff« auf der aufgewühlten See nach, bis sie schließlich nur noch als Punkt am Horizont zu erkennen war.

Gertraud hatte es geschafft – und sie war allein zurückgeblieben! Wo würden sie sich wiedersehen und unter welchen Umständen? Ein Frostschauer jagte ihr über den Rücken, und erst jetzt fühlte sie die Kälte der Minustemperaturen, die ihr bis ins Mark drang, den Schmerz in den steifen und abgefrorenen Fingern ihrer Hand, die sie zu einem nutzlosen Abschiedsgruß erhoben hatte. Mit schleppendem Schritt und gesenktem Kopf wandte sie sich zurück. Der beschwerliche und lange Landweg lag noch vor ihr, und die Angst vor den aufrückenden Russen, die den Ring langsam, aber unerbittlich weiter zuziehen würden, schwebte wie ein drohendes Gespenst über allem.

Es schien nahezu unmöglich, sich wieder in den aufeinander-rumpelnden und nachdrängenden Treck verängstigter Menschen auf der Straße einzureihen, doch der brave Fred schaffte es mit einem riskanten Einschermanöver, mit dem er die anderen Wagen, deren Fahrer fluchend die Faust ballten, hinter sich ließ.

Nachts machten sie Rast in schnell eingerichteten Lagern, in Schulen oder Hallen, in denen Rot-Kreuz-Helferinnen meist ein heißes Getränk oder eine Suppe für sie hatten und wo sie Futter für die Pferde fanden. Doch jedes Mal, wenn wieder eine Flugstaffel mit ihrer tödlichen Fracht heranbrauste, blieb nur schnelle Flucht, in ein verlassenes Gehöft, ein nahes Waldstück, den Straßengraben und, wenn es ganz schlimm kam, einfach unter den nächsten Busch.

Eine stumpfe Gleichgültigkeit hatte Magdalena ergriffen, sie sah kein Licht am Ende des Tunnels, den sie beschritten hatte. Gab es denn überhaupt noch Hoffnung, irgendwann einmal heil aus dieser Hölle herauszukommen? Niemand wusste es, das Schicksal musste entscheiden.

Es hatte sich im Treck herumgesprochen, dass vom Bahnhof in Stolp, den sie bald erreichen würden, noch Züge gen Westen abfahren sollten, nach Berlin. Die Wagen waren schon eine Weile nahe der Eisenbahnlinie vorbeigezogen, und Magdalena fasste insgeheim den Entschluss, Pferd und Wagen mit allem, was darin war, Fred zu überlassen und zu versuchen, einen Zug zu erwischen.

Dann standen plötzlich die Russen vor ihnen, die den Treck in der Nähe eines Rangierbahnhofs eingeholt hatte. Sie waren auf einmal da, ohne Vorwarnung, hatten eine Barriere an der Straße errichtet und feuerten Warnschüsse in die Luft. Der unmissverständliche Befehl »Stoi, stoi, stoi!« (Halt!) tönte aus rauen Kehlen.

Fred machte Magdalena ein Zeichen, und sie kroch unter die Plane des Wagens. Zusammengekauert lauschte sie mit klopfendem Herzen hinter einem Sack mit Bohnen auf die fremden Laute. Nach dem Anhalten des Trecks mussten alle Männer heraustreten und sich der Reihe nach aufstellen. Man begann, das Gepäck nach Wertstücken zu untersuchen. In einem unbeobachteten Augenblick ließ Fred sich zu Boden fallen, rollte unter einem Wagen durch und lief auf der anderen Seite unter dem Schussfeuer der Russen todesmutig über ein Bahngleis davon. Wie ein blitzschneller Schatten entkam er im Schutz eines Stellwerks. Ärgerlich wandten sich die sowjetischen Soldaten um und schossen aus Rache blindlings mitten in den Treck hinein. Schreie durchschnitten die Luft, Wehklagen und Weinen der Kinder wurde laut. Doch es gab keine Gnade. Die kräftigsten Männer wurden nun zusammengetrieben und gefangen genommen, die Schwachen und Alten mussten in den nahen Wald, wo ein Erschießungskommando auf sie wartete. Erst zum Schluss sollten die Frauen drankommen, die zuerst begutachtet wurden. Hatte nicht Stalin selbst den Befehl zum Vergewaltigen gegeben, um den Hochmut der deutschen Frauen zu brechen?

Ein rotgesichtiger, kräftiger Russe zog die zitternde Magdalena aus ihrem Versteck unter der Plane hervor, entblößte ihre Brüste und betastete sie wie ein Stück Fleisch, das man kaufen will. Er stieß sie vorwärts, in eine Gruppe anderer junger Russen, die sie ebenfalls lüstern betrachteten. Einer von ihnen, die Pistole in der Hand, wollte ihre Röcke heben, aber in diesem Augenblick fuhr sie wie eine Wildkatze auf ihn los, kratzte ihm mit den Fingernägeln übers Gesicht und sprang mit einem Satz hinter den Wagen, der die sofort abgefeuerte Kugel abhielt. Schnell kroch sie zwischen den Wagenrädern weiter. Ganz in der Nähe, in nicht mehr als fünfzig Meter Entfernung, hatte sie einige Güterwaggons bemerkt, die auf bereits stillgelegten Gleisen standen. Sie sprang auf und lief um ihr Leben darauf zu. Als die Russen sie entdeckt hatten, sandten sie ihr lachend noch ein paar Salven nach, vor denen sie sich unter dem nächsten Waggon in Deckung brachte. Vorsichtig spähte sie nach einer Weile hinaus, wagte kaum zu atmen. Doch anscheinend hielt man es nicht für wert, sie weiter ernsthaft zu verfolgen, und so schlängelte sie sich auf dem Bauch von Waggon zu Waggon Richtung Bahnhof. Als die Luft rein schien, schob sie sich langsam, Stück für Stück über die Schienen hinaus. Niemand war zu sehen, und sie erhob sich vorsichtig und klopfte ihr rußiges Kleid ab. Das Knirschen des Kieses hinter ihr ließ sie zusammenzucken. Sie fuhr herum und blickte geradewegs in das grinsende Gesicht des stämmigen Russen von vorher, der sich wohl einen Spaß daraus gemacht hatte, sie aufzuspüren. Seine Augen leuchteten bei ihrem Anblick gierig auf, und er grunzte irgendetwas Unverständliches. Sie stieß einen gellenden Schrei aus, doch weit und breit gab es niemanden, der ihr helfen konnte. Er stieß sie vor sich her zwischen zwei Waggons, zerrte ihre Röcke hoch und knöpfte mit erwartungsvollem Stöhnen seine Hose auf. Diesen Moment nutzte Magdalena, um sich loszureißen. Sie bückte sich blitzschnell, packte eine Handvoll Staub mit kleinen Kieselsteinen gespickt und warf sie dem Russen ins Gesicht. Flink wie eine Katze sprang sie über die Schienen und lief davon, während Schüsse und das Fluchen des ihr nachsetzenden

Mannes sie begleiteten. Sie hörte das Keuchen seines Atems immer näher kommen. Dann war er plötzlich über ihr, warf sie zu Boden, lag schwer auf ihr und versuchte, ihre Beine auseinanderzupressen. »Hilfe!«, schrie sie, »Hilfe!« Es war unmöglich, sich zu wehren, und sie war am Ende ihres Atems und ihrer Kraft. Wie zerschmettert blieb sie nach kurzem Aufbäumen reglos auf dem Bauch liegen. Der dumpfe Schlag, den sie hinter sich vernahm, mit dem knirschenden Geräusch wie von zerbrechenden Knochen kam überraschend. Das schwere Gewicht des über ihr liegenden Körpers rollte zur Seite. Sie rappelte sich vorsichtig und beinahe erstaunt auf. Der Russe lag mit ausgebreiteten Armen auf dem Rücken. Seine Schläfe war eingedrückt und ein breites Rinnsal Blut rann aus einer tiefen Platzwunde herab; strömte über sein Gesicht und seinen Nacken. Neben ihm stand Fred, den zackigen Stein noch in beiden Händen, so wie er ihn auf den Schädel des Russen hatte niedersausen lassen. Er war bleich, zitterte, und als er sah, was er angerichtet hatte, ließ er den Stein mit einem dumpfen Plumpsen zu Boden fallen und schlug die Hände vors Gesicht. Magdalena legte in einem ersten Impuls den Arm um ihn, und sie standen sekundenlang reglos beieinander, ohne ein Wort zu sprechen.

»Danke«, flüsterte sie schließlich, »du hast mich gerettet! Du konntest nicht anders handeln.«

Fred nickte mit starrem Blick. In diesem Moment ließ die Lokomotive des Zuges am nahen Bahnhof gerade ein durchdringendes Pfeifen hören. Er schrak zusammen, wies mit der Hand hinüber. »Schnell!«, stieß er hervor. »Der fährt schon ab. Vielleicht schaffen wir es noch!«

Sie begannen beide gleichzeitig zu rennen, so schnell sie konnten. Er war voraus, und Magdalena stolperte mehr als sie lief, hinter ihm her. Ihre Lungen stachen, aber sie versuchte, das Tempo noch zu verdoppeln. Der Zug fuhr jetzt ganz langsam an, und der Abstand verminderte sich. Nun ging es um alles – sie musste durchhalten und ihn einholen. Fred, mittlerweile weit voraus, hatte das Trittbrett erreicht, auf dem schon andere Personen an der noch halb offenen Tür standen, und schob sich gewaltsam hinein. Er streckte ihr die Hand entgegen. »Komm!«, überschrie er, so laut er konnte, das Geräusch der Lokomotive. Nur einen Moment lang hatte sie Angst, das Trittbrett zu verfehlen und von den Rädern des Zuges zermalmt zu werden – dann sprang sie, ergriff die helfende Hand und klammerte sich gleichzeitig an einer Stange fest. Der Zug wurde schneller, der Fahrtwind heftiger, und sie fürchtete einen Augenblick abzurutschen. Ihre ganzen Kräfte noch einmal anspannend, zog sie sich hoch. Fred zerrte sie trotz lauten Protestes der dicht gedrängten Fahrgäste ins Innere. Sie rang nach Atem und glaubte zu ersticken. Ihre Brust krampfte sich zusammen, und sie spürte ihre Knie einknicken und die Beine unter ihr nachgeben.

Als sie wieder zu sich kam, sah sie in das besorgte Gesicht von Fred, der auf sie herabblickte. Er hatte sie im Gang auf den Boden gebettet und ihr seine Jacke als Polster untergelegt. Wie im Nebel nahm sie Beine der Leute um sie herum wahr. Sie atmete so mühsam und rasselnd, als beschwere ein Gewicht ihre Lungen. Das Husten tat weh, es klang bellend und seltsam hohl. Sie konnte nicht mehr – blieb einfach so liegen, auf Freds Jacke, zu Tode erschöpft und unfähig, sich zu erheben. Der Zug rüttelte monoton voran, sie schloss wieder die Augen und wurde fortgetragen in seltsame Träume, in denen Paul und sie auf der kleinen Jolle auf den Meereswellen schaukelten und er sie ansah, mit jenem bewundernden Blick, der sie von Anfang an gefangen genommen hatte und der mit dem Blau des Himmels über ihnen verschmolz. Nie würde sie diese grenzenlose Seligkeit, die sie damals erfüllt hatte, vergessen! Wenn sie jetzt starb, dann würde sie diesen einzigartigen Moment mit sich in die Ewigkeit nehmen und ihn dort für immer bewahren.

21. Kapitel

MEIN HERZ WAR IMMER BEI DIR ...

In der altgewohnten Schreibstube der Berliner Kaserne versuchte Paul, die trübsinnigen Gedanken der drohenden Kapitulation mit Listen und Zahlenreihen im Zaum zu halten. Man hatte bisher keine andere Verwendung für ihn gefunden, da der Stabsarzt bei seinem schlecht verheilten Arm bedenklich den Kopf geschüttelt und sich entschieden geweigert hatte, ihn erneut an die Front zu schicken. Er nahm es zur Kenntnis, denn irgendwie, irgendwann war sein Weltbild zusammengebrochen und ihm plötzlich alles gleichgültig geworden. Den neuesten Nachrichten zufolge drohten die Sowjets die deutschen Verteidigungslinien an der Lausitzer Neiße, südlich von Berlin, zu überrollen, während die Armee General Schukows von der Weißrussischen Front bei den Seelower Höhen vom Norden aus aufrückte. Das würde das Ende bedeuten, nämlich dass sich ein Zangenangriff der Russen auf Berlin, die letzte Festung im Land und zugleich Hitlers Zufluchtsort, abzeichnete.

Den Kopf auf die Ellenbogen gestützt, vor sich die unsinnigen Akten, die die Wirklichkeit verschleierten, blickte er gleichgültig auf, als sich die Tür öffnete und ein junger Leutnant mit einem Papier in der Hand die Stube betrat. »Heil Hitler, Herr Hofmann. Ich bringe Ihnen einen Befehl zu einem neuen Einsatz. Damit es Ihnen in Berlin nicht zu langweilig wird!«, setzte er ironisch hinzu.

»Einen Befehl?« Paul erhob sich und nahm das Schriftstück

entgegen und überflog es rasch. Man beauftragte ihn damit, eine Pioniergruppe zu leiten, die Verschüttete aus eingestürzten Häusern rettete.

»Ab wann?«, fragte er kurz.

»Sofort!«, war die Antwort. »Die Einheit ist bereits zusammengestellt und steht zu Ihrer Verfügung. Die bisherigen Einsatzkräfte sind nach den letzten Luftangriffen total überfordert und müssen dringend verstärkt werden.«

»Jetzt sind wir wohl so weit einzusehen, dass es dringender ist, Menschen aus Trümmern auszugraben, anstatt nicht vorhandenes Material auf Listen zu setzen, die ohnehin nicht mehr ankommen.«

Der Leutnant warf ihm einen vernichtenden Blick zu. »Diese Bemerkung habe ich überhört. Sie sollten etwas vorsichtiger in Ihren Äußerungen sein, Herr Hofmann. Unsere Soldaten im Feld ringen heroisch um den Sieg.«

»Sie beißen heroisch ins Gras«, die Stimme Pauls nahm einen spöttischen Ton an. »Und an den Sieg hab ich vor langer Zeit auch mal geglaubt.«

»Was reden Sie denn da!«, blaffte ihn der Leutnant jetzt wichtigtuerisch an. »Jetzt reicht es aber! Gehen Sie nicht zu weit. Sie sollten doch wissen, dass die SS bei solchem Geschwätz keinen Spaß versteht!« Er legte den Einsatzbefehl auf den Tisch.

»Machen Sie sich um mich keine Sorgen. Ich habe meine Pflicht an der Front getan.« Paul legte den Befehl in seine Schublade.

»Hier ist noch eine weitergeleitete Nachricht für Sie!«, der Leutnant streifte ihn mit einem verächtlichen Blick und warf einen Brief auf den Tisch, bevor er Türen knallend den Raum verließ.

Hastig überflog Paul das Schreiben seiner Schwester, die ihm zu seiner großen Erleichterung mitteilte, sie habe die beiden kurz aufeinander folgenden schweren Angriffe auf Königsberg glücklicherweise unverletzt überstanden. Für kurze Zeit sei sie noch in der zerstörten Stadt geblieben, hätte dann jedoch den Rest ihrer Habe zusammengepackt, um mit anderen Flüchtlingen fortzuziehen. Jetzt wohne sie vorübergehend bei einem Bauern auf dem Land, fürchte sich jedoch vor der Besetzung durch die Russen, da die Rote Armee scheinbar bereits die Ostsee erreicht hätte. In einem Nachsatz stand dann noch, dass seine ehemalige Verlobte (sie vermied es, ihren Namen zu erwähnen) sie besucht und sich nach ihm erkundigt habe. Die Betreffende hätte sich allerdings schnell wieder verabschiedet, da ihr Lebensgefährte auf sie wartete.

Ihr Lebensgefährte! Dieses Wort kristallisierte sich heraus, und durch Pauls Herz ging ein schmerzhafter Stich. Er fühlte sich zum zweiten Mal wie vor den Kopf geschlagen. Jetzt musste er endlich begreifen, dass ein anderer seinen Platz an der Seite Magdalenas eingenommen hatte! In einem Winkel seines Herzens war immer noch eine vage Hoffnung lebendig gewesen. Und irgendetwas in ihm weigerte sich auch jetzt noch beharrlich, sie endgültig zu begraben. Er wollte Magdalena wenigstens noch einmal sehen – mit ihr sprechen, aus ihrem eigenen Mund hören, warum sie ihn so schnell vergessen hatte!

Fred brachte Magdalena gleich bei der Ankunft in Berlin in ein Krankenhaus, bevor er begann, nach seiner eigenen Familie zu suchen. Magdalena war zutiefst erschöpft, und die Ärzte stellten eine verschleppte Bronchitis fest, die sich zu einer Lungenentzündung entwickelt hatte. Die Unterkühlung und die Strapazen der Flucht hatten die Symptome noch verschlimmert. Doch ihre unbändig starke Natur und der Wunsch, ihre kleine Tochter Paula sobald wie möglich wieder in den Armen zu halten, beschleunigten ihre Genesung, und sobald sie einigermaßen wiederhergestellt war, verließ sie das Krankenhaus mit neuem Mut. Ihr erster Weg führte sie, noch etwas schwach auf den Beinen, zu dem kleinen Häuschen ein paar Kilometer von Berlin, das Frau Lindentals Bruder gehörte. Doch dieser konnte ihr nur die traurige Nachricht machen, dass die alte Dame vor zwei Monaten überraschend an einem unerkannten Herzleiden verstorben war. Mit Tränen in den Augen klagte er darüber, wie allein er sei und wie schwer es war, einen Haushalt in den schweren Zeiten aufrechtzuhalten.

»Aber wo ist mein Kind – wo ist Paula?«, fragte Magdalena verzweifelt.

»Weeß ick leider nich, liebe Dame!«, antwortete der alte Mann achselzuckend, der in Hosenträgern und strubbligem grauem Haar wohl die meiste Zeit vor dem Radioempfänger saß. »Da warn junger Mann – ick dachte, det is der Vater! Der hat die Kleene abjeholt.«

»Willi!«, rief Magdalena erleichtert aus. »Willi Schwarz?«

»Keene Ahnung! Da bin ick überfragt. Musste mich ja um die Beerdijung kümmern. Aber die Lore selig hat dat allet jenau uffgeschrieben. Wenichstens hat se det Jeld beiseite jelecht!«

»Ich danke Ihnen!«, Magdalena ergriff seine Hand. »Wo ist sie denn beerdigt? Ich werde ihr Grab besuchen!«

»Ostfriedhof, Sektion 5, Reihe 3«, teilte ihr der Bruder ungerührt mit. »Können se janich verfehlen.«

Der Tod der guten Frau Lindental betrübte und verwirrte Magdalena. Als sie sich von dem freundlichen Mann verabschiedete, erlitt sie in der Aufregung einen heftigen Hustenanfall, durch den sie in Atemnot geriet.

»Aber Meechen, wat haste denn? Setz dir noch ma – du fälls mir ja noch um!« Er drückte sie auf einen Stuhl und holte ein Glas Wasser. »Bist ja janz blass. Pass auf, ick nehm dir ein Stück mit in die Stadt. Muss sowieso wat erledijen!«

»Danke!« Magdalena trank durstig das Glas leer und atmete tief durch. »Das ist sehr nett von Ihnen. Ich war krank, wissen Sie? Die ganze Flucht – das hat mich ziemlich mitgenommen.

Die Kälte in dem zugigen Fuhrwerk des Trecks! Meine Schwester konnte Gott sei Dank noch mit der ›Wilhelm Gustloff‹ abfahren. Aber in Stolp, wo wir uns am Bahnhof treffen wollten, haben wir uns dann verpasst. Die Russen waren bereits da. Seitdem habe ich keine Nachricht von ihr, und das macht mir große Sorge.«

»Was?«, der Mann sprach plötzlich hochdeutsch. »Die ›Wilhelm Gustloff‹? Wissen Sie denn nicht, dass die gesunken ist? Kam doch vor ein paar Wochen im Radio. Wurde von einem russischen U-Boot getroffen. Jing allet janz schnell. Aber et soll ja Überlebende geben …«

Magdalena starrte ihn an, ohne zu begreifen. »Gesunken?« Um sie drehte sich alles, und sie hielt sich an dem kleinen, einfachen Holztisch fest.

»Die ›Gustloff‹? Mein Gott …« Sie schlug die Hände vors Gesicht, doch ihre Augen hatten seltsamerweise keine Tränen. Dann sah sie auf, von einem Hoffnungsschimmer gepackt. »Es gibt Überlebende, sagen Sie? Vielleicht ist meine Schwester ja darunter!«

»Ick hab jehört, dat die Listen bei der Behörde liegen, neben dem Rathaus – det Jebäude, wat noch übrig is!«, riet ihr der Alte mitleidig. »Wart hier auf mich, Meechen, bin jleich wieder da.« Er ging hinaus, holte sein einziges Pferd aus dem Stall und spannte es vor einen Wagen. Vor der Stadt ließ er sie aussteigen. »Ick wünsch dir allet Jute – und wenn de mal nicht weiterweeßt, ick bin immer da!«

Da in Berlin die Straßenbahnen stillstanden, musste sie sich ihren Weg durch die ruinenhaften Straßenschluchten der von Schuttbergen verstopften Stadt zu Fuß bahnen. Sie stieg über im Weg liegende Steinhaufen, umging tiefe Gräben und musste manchmal anhalten, weil sie nicht wusste, wo sie sich überhaupt befand. Ein Mann, den sie nach dem Weg fragte, war so nett, sie auf seinem Motorrad ein Stück mitzunehmen.

Am Rathaus fragte sie nach den Listen der Überlebenden der

»Gustloff« und erfuhr, dass von den neuntausend Menschen, die sich auf dem Schiff befanden, nur ein Drittel gerettet werden konnte. Nirgendwo war in der Liste der Name Gertraud von Walden auszumachen – trotzdem verlor sie nicht die Hoffnung. Die Schwester war schließlich unter den letzten gewesen, die sich auf das Schiff gedrängt hatten, und diese hatte man im allgemeinen Chaos überhaupt nicht mehr registriert. Und fast war sie ja auch dabei gewesen. Wie bestialisch, ein Schiff voll harmloser Zivilisten, verzweifelter Flüchtlinge mit Kindern zu torpedieren und im eiskalten Meer bei Minusgraden von zwanzig Grad zu versenken! Wie grausam waren doch die Menschen, wie furchtbar und menschenunwürdig dieser Krieg!

Ununterbrochene Angriffe von über siebentausendfünfhundert nagelneuen Kampfflugzeugen, die sich gegen Berlin in Stellung brachten, suchten mittlerweile die Stadt heim, und das Zusammenziehen sowjetischer Soldaten in Millionenhöhe, das Anrollen unzähliger russischer Panzer vor den Toren der Stadt versetzte die Bevölkerung in Panik und ständige Angst. Die Eroberung Berlins war das Ziel Stalins in diesem Krieg, und Hitler hatte dem nicht mehr entgegenzusetzen als stark dezimierte Wehrmachtsarmeen, zusammengewürfelte Einheiten aus dem Volkssturm, seine Hitlerjugend und SS-Truppen. Berlin war verloren, aber trotzdem verbot er aufzugeben, die längst überfällige Kapitulation einzuleiten!

Magdalena war auf dem Weg zum Stadtteil Wedding, dort, wo Willi Schwarz wohnte. Sie hatte große Sehnsucht nach Paula, ihrer kleinen Tochter, und hoffte, dass Willi sich in all den Wirren gut um sie gekümmert hatte. Er war ein guter Kerl, und obwohl er so viel für sie getan und sie immer gewusst hatte, dass er mehr für sie empfand, sah sie in ihm nicht mehr als einen guten Freund.

Das Haus, in dem sich Willis Wohnung befand, stand noch. Sie stieg, immer wieder hustend und Rast einlegend, die Treppen hinauf zur Dachstube und klingelte Sturm. Aber niemand öffnete – Willi war sicher noch bei der Arbeit. Aber wo befand sich die kleine Paula? Als sie enttäuscht wieder hinunterging, öffnete eine Nachbarin, die Haare unter einem Haarnetz in Lockenwickler gerollt, die Tür und lächelte sie an. Zwei kleine Buben lugten neugierig hinter ihren Röcken hervor, und auf dem Arm trug sie ein dunkel gelocktes Mädchen. »Sind Sie nicht Magdalena von Walden?«, fragte sie zögernd. »Ich bin Erika Moritz und ...«

»Paula!«, schrie Magdalena auf, riss ihr die erschrockene Kleine aus den Armen, drückte und herzte sie. Doch das Kind begann laut zu schreien und streckte Hilfe suchend die Ärmchen nach seiner Ersatzmutter aus.

»Entschuldigen Sie, Frau Moritz. Aber ich habe mein Kind so lange nicht gesehen. Es kennt mich ja gar nicht mehr«, sagte Magdalena traurig und wischte sich heimlich eine Träne aus dem Auge.

»Das ist in dem Alter ganz normal«, beschwichtigte sie die Frau mit nachsichtiger Miene, »aber kommen Sie doch herein. Herr Schwarz hat mich gebeten, auf die Kleine aufzupassen, wenn er in der Arbeit ist. Meist ist er um diese Zeit schon wieder da«, sie sah auf die Uhr, »außer er hat Nachtdienst. Dann ist Paula die ganze Zeit bei mir. Sicher ist er froh, dass Sie wieder zurück sind. Ein Kind ohne Mutter ... mein Mann hätte das abgelehnt. Aber er ist ja auch im Krieg ...«

Magdalena hatte kaum hingehört und musste Frau Moritz die zappelnde und weinende Paula jetzt wohl oder übel wieder überlassen. Aber sie betrachtete ihr kleines Mädchen voller Stolz und mit einem wehmütigen Lächeln. Sie war ein hübsches Kind mit lockigen, braunen Haaren und bernsteinfarbenen Augen; ein wenig blass und sehr zart, aber scheinbar ging es ihr gut, sie wirkte gesund und das war wohl das Wichtigste. Zärtlichkeit überflutete sie, als sie sie so ansah. Nie hätte sie gedacht, dass sie dieses Kind, das aus einer erzwungenen sexuellen Beziehung stammte, einmal so sehr ins Herz schließen würde!

»Ich danke Ihnen, dass Sie auf Paula aufgepasst haben! Irgendwann, wenn der Krieg einmal zu Ende ist, werde ich mich dafür erkenntlich zeigen!«, versprach sie der mehrfachen Mutter gerührt.

»Aber das habe ich doch gern getan. In schlechten Zeiten muss man eben zusammenhalten. Und bei zwei Gören kommt es auf ein drittes auch nicht mehr an!«, antwortete die Frau augenzwinkernd. »Paula ist wirklich ein sehr ruhiges Kind.«

»Darf ich hier bei Ihnen warten, bis Herr Schwarz kommt?«

»Natürlich, aber ich kann Ihnen auch den Schlüssel für die Wohnung oben geben.«

»Nein danke!«, wehrte Magdalena ab. »Ich bleibe lieber da, wenn es Ihnen nichts ausmacht.«

»Gerne. Sie können ein bisschen auf die Kinder achtgeben. So kann ich in Ruhe das Essen vorbereiten. Sie haben doch sicher auch Hunger, nicht wahr?«

Magdalena nickte bescheiden und war glücklich, sich mit ihrer Tochter beschäftigen zu können, die sie scheu ansah und nicht wusste, was sie von der ihr fremd scheinenden Frau halten sollte. Bei dem sparsamen Mahl, das Frau Moritz wenig später auftrug, einer mit Wasser verlängerten und viel Mehl eingedickten Suppe aus weißen Rüben und vereinzelten Kartoffelstückchen, fühlte sie sich wie in einer kleinen Familie.

Die Pionierabteilung in Berlin zur Bergung lebender Personen in verschütteten Luftschutzräumen, zu der Paul Hofmann jetzt gehörte, war hervorragend ausgerüstet und auf jeden Ernstfall vorbereitet. Die neue Aufgabe mit den ständig laufenden Einsätzen und der körperlichen Arbeit tat ihm nach der deprimierenden und eintönigen Schreibstubenarbeit ausgesprochen gut. Er dachte dabei immer an seine Mutter, der nicht mehr zu helfen gewesen war, als ihr Haus unter der Bombe einstürzte. Allein schon aus diesem Grund war es ihm eine persönliche Genugtuung, verstörte Menschen aus verschütteten Räumen ans Licht zu ziehen und in ihren erleichterten Gesichtern das Glück zu sehen, noch einmal davongekommen zu sein.

Bei seiner neuen Tätigkeit kamen ihm vor allem seine technischen und alles Maschinelle betreffenden Kenntnisse zugute; er begriff rasch das Zusammenspiel schwerer Bohrgeräte mit den Gesetzen der Statik, die bei Ausgrabungen berücksichtigt und berechnet werden mussten. Und er hatte schon nach kurzer Zeit eine bei den Kollegen noch umstrittene Methode entwickelt, durch unterirdische, gezielt dosierte Sprengsätze schnelleren Zugang zu den verschütteten Kellern herzustellen. Man musste allerdings sehr sorgsam Nutzen und Schaden dieser gefahrvollen Methode abwägen, um zusätzliche Einstürze bereits gegrabener Stollen zu vermeiden. Gegen den Rat des Sprengmeisters hatte er neulich bei einer aussichtslos scheinenden Situation sogar ein Experiment gewagt – und Erfolg gehabt. Seitdem hörte man auf ihn und brachte ihm Respekt entgegen.

Trotz der anstrengenden Arbeit, wenn seine Einheit nach ununterbrochenen Bombenangriffen pausenlos im Einsatz war, gab es Momente, in denen er so etwas wie Zufriedenheit spürte. Er hatte Menschenleben aus Todesnot gerettet, Kindern eine Zukunft gegeben und der um sich greifenden, unaufhörlichen Vernichtungswelle ein paar Opfer abgerungen.

»Achtung, Achtung!« Die Stimme, die aus dem dunklen Radioempfänger drang, neben dem Magdalena selbstvergessen mit ihrer kleinen Tochter spielte, sprach erregt und ziemlich hastig. Sie meldete einen Fliegereinsatz: »Flugverbände von Osten kommend mit wechselnden Kursen gesichtet. Ein Kampfgeschwader nimmt Kurs direkt auf die Stadt …« Der Ton verzerrte sich und brach mit brummenden Geräuschen ganz ab. In diesem Moment heulten auch schon die Sirenen, und fast gleichzeitig ertönten aus der Ferne die Motoren der anfliegenden Maschinen, gefolgt vom donnernden Krachen einschlagender Granaten. »Achtung, Achtung, russische Bomber aus Richtung …« Abgewürgt verstummte die Stimme mit einem letzten Krächzen.

»Schnell, wir müssen runter«, rief die Hausfrau aus der Küche, die in fliegender Eile den Gasherd ausgeschaltet und ihre für den Notfall immer gepackte Tasche ergriffen hatte. Die drei Kinder quengelten um sie herum, als sie sie zur Tür schob. »Kommen Sie! Die Meldungen erreichen uns jetzt immer viel zu spät.«

Magdalena nahm Paula auf den Arm und eilte Frau Moritz nach, die hastig dem Keller zustrebte. Die übrigen Hausbewohner waren schon vorausgelaufen und hatten sich mit Koffern und Decken in dem großen, in Parzellen unterteilten Raum niedergelassen. Eine nackte Glühbirne erhellte das karge Umfeld. Magdalena, die als Letzte den Fuß auf die Kellertreppe setzte, nachdem sie die Tür hinter sich geschlossen hatte, spürte im selben Moment ein Beben und eine Druckwelle, die ihr den Atem nahm. Alles schwankte, als rüttele eine Riesenfaust an dem Gebäude. Hysterische Schreie ertönten. Das Licht erlosch, ihr Fuß trat ins Leere und das Kind an sich gepresst, als wolle sie es mit ihrem Körper und ihren Armen schützen, fiel sie in eine bodenlose Schwärze und schlug irgendwo hart auf. Es war eine Weile totenstill, dann hörte sie irgendjemand in der Dunkelheit fluchen und das jämmerliche Weinen Paulas, deren kleinen Körper sie zwischen Staub und Steinen neben sich ertastete. Ein Streichholz flammte auf und sie sah in das unter den verrutschten Lockenwicklern von Kohlenstaub verschmierte Gesicht von Erika Moritz, die sich über sie beugte, ihr die Hand reichte und versuchte, sie hochzuziehen. Stimmengewirr kam auf. Alle Kellerinsassen redeten auf einmal durcheinander.

»Alles in Ordnung? Haben Sie sich wehgetan? Was ist mit der Kleinen?« Magdalena ging in die Knie und hob die zappelnde und schreiende Paula hoch, die zum Glück unversehrt war.

»Ich glaube, sie hat nur ein paar Kratzer«, sagte Magdalena, während sie das Mädchen gründlich begutachtete. Beim Auftreten auf ihr linkes Bein zuckte sie jedoch zusammen. »Aber es sieht so aus, als hätte ich mir den Fuß verstaucht.« Der aufgewirbelte Staub reizte sie wieder zu heftigem Husten.

»Kommen Sie!« Frau Moritz rückte einen abgeschabten Sessel herbei, während ihre beiden Kinder, durch den Schock verstummt, sich ängstlich an ihre Röcke klammerten. Sie wies ihnen einen Platz auf im Halbkreis stehenden anderen Kisten an. »Wir sind ja nicht zum ersten Mal hier«, seufzte sie, »aber nie war es so schlimm wie diesmal.«

Magdalena massierte ihren schmerzenden Knöchel, tastete nach ihrer Beule am Kopf und sah sich um. Das schwache Licht der gerade entzündeten Kerze, die auf einer umgestürzten Kartoffelkiste stand, erhellte das Dunkel nur mäßig.

»Der ganze Keller hat gezittert – und da«, sie sah sich um und deutete erschrocken auf die Wand. »Um Himmels willen, was ist denn das? Da, in der Ecke, sehen Sie nur – da liegen ja eine Menge herausgebrochener Steine.«

»Regen Sie sich nicht auf. Das ist wahrscheinlich nichts Besonderes. Es kracht hier oft ganz gewaltig. Wahrscheinlich ein Treffer in der Nähe«, sagte eine andere weibliche Stimme hinter ihr. »Sind Sie neu im Haus?« Magdalena sah auf und verneinte. Die in einen geblümten Morgenmantel gekleidete Dame, scheinbar mit ihrem gesamten Schmuck behängt, den sie besaß, hielt ihr die Hand hin. »Ich bin Monika Schrewing. Sängerin.«

»Magdalena von Walden – ich bin nur zu Besuch.«

Die Dame im Morgenrock nickte ihr gefasst zu und versuchte dann, die Petroleumlampe auf einer dreibeinigen, schiefen Kommode zu entzünden, um den niedrigen Raum stärker zu erhellen. Die anderen Mieter des Hauses, vom gerade erlebten Schrecken noch ganz erschüttert, hockten, in Decken gehüllt, fröstelnd auf Stühlen, Kisten und ausgedienten Möbelstücken und sahen ausgesprochen verängstigt aus.

»Die Elektrizität ist ausgefallen – das ist kein gutes Zeichen.« Die hohe zittrige Stimme kam von einer grauhaarigen Dame im gestreiften Kleid, die neben ihrem Mann saß. Ihr Sohn, ein wegen seiner Verletzung beurlaubter Soldat, legte schützend den Arm um sie. »Bleib ganz ruhig, Mutter – das kann man doch reparieren!«

»Einen Bombeneinschlag in das Haus gegenüber«, meldete sich jetzt ein weißhaariger alter Mann in Hosenträgern, »hatten wir neulich schon mal. Es klang ganz genauso. Wir müssen jetzt warten, bis es Entwarnung gibt. Aber kaum ist man draußen, da geht's ja schon wieder los. Und in letzter Zeit ohne Vorwarnung – manchmal sogar ohne Sirene.«

Er schüttelte unwillig den Kopf, stand schwerfällig auf und drehte an dem Radioempfänger auf der schräg stehenden Kommode, der keinen Ton von sich gab. »Wir warten besser noch«, brummte er, »sicher ist sicher!« Nach einer Weile hielt er es doch nicht mehr aus, schlurfte die Treppe hinauf und kündigte an: »Ich seh nur mal raus.« Er versuchte, die Kellertür zu öffnen, doch sie schien zu klemmen. Der Soldat kam ihm zu Hilfe, und sie rüttelten an der Klinke und zogen dann vereint kräftig an der Tür. Sie sprang mit einem hässlichen Knarren auf – doch dahinter war nichts als eine Wand von Schwärze, von Trümmern und undefinierbaren Teilen.

»Wir sind eingesperrt!«, stellte der Weißhaarige tonlos fest. »Alles ist zu!«

Entsetzt starrten die Hausbewohner einander an. Es war kein Laut mehr zu hören, völlige Stille, niemand sagte etwas. Sogar die Kinder waren verstummt.

Nach einer Weile schluchzte Monika Schrewing auf. »Was soll denn das bedeuten?«

»Dass wir verschüttet sind!«, antwortete irgendjemand aus der Runde. »Ganz einfach!«

Tumult brach aus. Alle sprangen auf, schrieen und redeten durcheinander. Auch Magdalena begriff erst jetzt, was wirklich geschehen war. Eingeschlossen unter der Erde, gefangen, lebendig begraben! Über ihnen vielleicht tonnenschwerer Schutt, die Bruchstücke eines ganzes Hauses! Heiß stieg ihr das Blut ins Gesicht, Schweiß drang aus allen Poren. Sie hatte das Gefühl, keine Luft mehr zu bekommen, auf der Stelle zu ersticken. Ein neues Donnern über ihnen ließ die Eingesperrten vor Entsetzen erstarren. Von der Mauer rieselte Sand herab, und nach einem gewaltigen Poltern konnte man förmlich die Bildung des unheimlichen Risses beobachten, der sich langsam von einer Ecke der Kellerdecke über die ganze Fläche hinzog, bevor er mit einem hässlichen Knirschen zum Stehen kam. Wieder ein dumpfes Krachen, gefolgt von grollendem Rutschen zusammenbrechender Steine oder Geröll. Diesmal war es in unmittelbarer Nähe zu vernehmen. Eine der Kellerwände der kleineren Parzellen war in sich zusammengefallen.

Magdalena drückte ihr verängstigtes Kind fest an sich, spürte den warmen kleinen Körper und strich über die weichen Löckchen. Paula zitterte, doch sie hatte Zutrauen zu ihr gefasst und schmiegte sich ängstlich an ihre Brust.

»Ich will hier raus«, kreischte die bisher so gefasste Monika Schrewing in einem Anfall von Panik. »Hilfe! Ich will raus, zu Hilfe! Ich ersticke! Wir müssen alle sterben!« Sie lief in ihrem geblümten Hausmantel die Treppe hoch und pochte mit den Fäusten vergeblich gegen die unerbittliche Mauer von Erde und Schutt. Dann lief sie zurück, schlug die Hände vors Gesicht und begann, jämmerlich zu schluchzen. Die alte Dame versuchte, sie zu beruhigen, und reichte ihr ein Taschentuch. Doch die Furcht war ansteckend, und ein allgemeiner Tumult begann.

»Ruhe! Ruhe!«, versuchte der weißhaarige Veteran mit seiner tiefen, sonoren Stimme, die keinerlei Erregung verriet, den allgemeinen Lärm zu durchdringen. »Es besteht gar kein Grund, die Nerven zu verlieren. Man wird uns hier schon rausholen. Spätestens morgen sind wir alle wieder frei! Wir sind ja nicht die ersten, die verschüttet sind. Und unser Keller ist bisher noch intakt. Sie werden uns finden!«

Langsam trat Ruhe ein, und es war nur noch vereinzeltes Schluchzen und Gemurmel zu vernehmen.

»Als Erstes sollten wir uns bemerkbar machen – durch Klopfzeichen! Und vielleicht unseren Helfern einen Tunnel entgegengraben!« schlug der Soldat vor. »Wir müssen jetzt alle zusammenhalten! Einer nach dem andern gräbt, jeder für eine Stunde! Irgendwo in diesem verdammten Keller wird es ja wohl eine Kiste mit Werkzeug geben.«

Das ältere Ehepaar erhob sich. »Wir können auf keinen Fall graben – mein Mann hat einen Herzfehler«, protestierte die Frau, »und ich leide an einem Bandscheibenschaden.«

»Wenn wir hier drin sterben, können Sie Ihre Bandscheiben der Nachwelt vermachen«, schrie der Soldat sie ungeduldig an. »Auch die schwächste Kraft muss genutzt werden!«

Er begann in Begleitung des Weißhaarigen, mit der Kerze die Kellerparzellen eine nach der anderen auf der Suche nach Werkzeug abzugehen. Triumphierend schleppte er nach kurzer Zeit einen halbwegs geordneten Kasten heran, in dem sich alles Nötige befand, und die beiden Männer machten sich sogleich an die Arbeit.

Magdalena versuchte, ihr rasend schlagendes Herz zu beruhigen. Sie hatte das deutliche Gefühl, vor Angst sterben zu müssen. Der Gedanke, unter der Erde eingeschlossen zu sein, ließ ihre Vernunft aussetzen und machte sie fast verrückt. Schon immer hatte sie sich als Kind im Dunkeln gefürchtet, und nun war sie diesem Gefühl nahezu hilflos ausgeliefert. Sie kauerte sich mit

Paula, die an ihrer Brust eingeschlafen war, zitternd auf einen Stuhl in der Ecke und wartete darauf, dass sich ihre Panik ein wenig legen würde. Erika Moritz, bizarr aussehend mit ihrem zerwühlten blonden Haar, in dem die verbliebenen Lockenwickler unordentlich voneinander abstanden, spürte ihre Verwirrung, sie rückte näher und legte tröstend den Arm um sie. Magdalena lehnte sich gegen ihre Schulter, und so verharrten die beiden Frauen, die verstörten Kinder zwischen ihren Knien, und versuchten, sich gegenseitig Trost und Kraft zu geben.

»Was ist das eigentlich für ein komischer Geruch?« Erika Moritz hob plötzlich den Kopf und blähte die Nasenflügel. »Riechen Sie das auch?« Magdalena schnupperte in die Luft. »Ja, ich habe es vorhin schon bemerkt. Fast ein bisschen wie … Gas!«

»Um Himmels willen!« Erika lief zu dem Soldaten, der zusammen mit dem Weißhaarigen versuchte, Breschen in das Geröll vor der Tür zu schlagen. »Sie müssen nachsehen, ob die Gasrohre in Ordnung sind!«, rief sie ihnen aufgeregt zu. »Es riecht so komisch!«

Die Männer ließen ihr Werkzeug liegen und begannen, den Keller nach beschädigten Rohren abzusuchen. Nach einer Weile erschienen sie wieder.

»Wir haben nichts Besonderes gefunden«, sagte der Soldat. »Die Gasleitung in diesem Keller scheint in Ordnung. Aber möglicherweise gibt es außen einen Defekt, der Gas hereinströmen lässt. Das ist auch nicht ungefährlich!«

»Was sollen wir da bloß tun?« Entsetzt starrten ihn mehrere Augenpaare an.

Er zuckte die Schultern. »Nichts – wir können nichts tun, als abwarten und … hoffen!«

Wieder trat unheilvolles Schweigen trat ein. Keiner wusste, was auf diese Feststellung zu antworten war. Alle waren wie gelähmt. Auch Erika Moritz ließ sich wieder resignierend neben Magdalena auf der Holzkiste nieder. »Hoffen …«, sagte sie müde, »wir können nur hoffen. Aber wenn wir Gas einatmen, merken wir gar nicht, wenn wir krepieren. Wir sollten die Kerze ausmachen.«

»Malen Sie den Teufel nicht an die Wand! Wir können hier doch nicht im Dunkeln sitzen! Auf jeden Fall müssen wir etwas essen – falls es doch länger dauert, bis wir hier rauskommen!« Monika Schrewing, die Dame im Morgenrock, hatte sich wieder gefasst. Trotz ihres Protestes löschte sie jetzt die Kerze und verschwand mit einer Taschenlampe in den hinteren Regionen des Kellers, um sich auf die Suche nach eingelagerten Nahrungsmitteln zu machen. Triumphierend schleppte sie nach einer Weile Einweckgläser und einige Dosen herbei und stellte alles zusammen mit ein paar Weinflaschen auf die Kartoffelkiste. Ihr langes rostfarbenes Haar, das ihr bis auf den Rücken hing, hatte sie nun im Nacken zu einem Knoten zusammengebunden, und obwohl sie mit ihren bemerkenswert langen, tiefrot lackierten Fingernägeln nicht so aussah, als sei sie an körperliche Arbeit gewöhnt, eilte sie nun geschäftig hin und her und meldete sich sogar zum Ausarbeiten des Tunnels, mit dem die Männer bereits hinter der verschütteten Tür begonnen hatten.

Es schien eine Sisyphusarbeit zu sein – man konnte kaum graben, sondern musste hacken und Steine und verkeilte Eisenteile einzeln aus der wie festgebackenen Erde lösen. Nach Stunden hoffnungsloser Schwerstarbeit und Anstrengung war nur ein lächerlich kleines Loch entstanden, und die beiden Männer gesellten sich schweißüberströmt zu den anderen unfreiwilligen Gefangenen, die mit hoffnungsloser Miene vor der Kiste saßen, auf der nun ein paar Konserven und eine Weinflasche standen.

»Wir müssten uns mit den Klopfzeichen abwechseln – einer nach dem anderen«, schlug der herzkranke Rentner vor. »Dann wissen die draußen, dass wir noch leben.« Als die anderen ihm zustimmten, ergriff er eine Eisenzange und schlurfte, gefolgt von seiner Frau, die Treppe hinauf.

»Mich beunruhigt dieser schreckliche Geruch«, beharrte die Mutter des Soldaten nervös, »auch wenn mein Klaus sagt, alles sei in Ordnung. Das ist Gas – ich kenne es nur zu genau! In meiner früheren Wohnung war die Leitung nie ganz dicht, auch wenn alles abgestellt war, konnte man immer noch einen leicht süßlichen Geruch wahrnehmen! Ich bin dafür, dass wir ab jetzt nur die Taschenlampen benutzen.«

»Aber es ist doch nie etwas passiert, nicht wahr?«, mischte sich der Weißhaarige ein. »Nein, nie«, gab die Dame zu, »die Leitungen waren nur zu alt.«

»Und das ist hier unten eben auch der Fall! Der Geruch ist nicht allzu intensiv. Wir dürfen jetzt nicht aus jeder Mücke einen Elefanten machen!«

Alle schwiegen eine Weile und versuchten krampfhaft, den Gedanken ausströmenden Gases in den Keller aus ihren Köpfen zu verbannen.

Magdalena hatte sich inzwischen mithilfe Erikas bemüht, dem zähen Blech der Dosen mit Hammer und Meißel zuleibe zu rücken, und es war ihnen tatsächlich gelungen, Öffnungen hineinzutreiben. Einige Einweckgläser enthielten Tomaten und Gurken, Leberpastete und Rote Beete. Auch Kondensmilch für die Kinder hatte man gefunden.

Klaus Schlagbauer, der Soldat, köpfte die Weinflaschen geschickt an der Mauer, und nachdem alle sich an den Vorräten gestärkt hatten, besserte sich die allgemeine Stimmung erheblich. Schlagbauer hatte sogar ein Kartenspiel dabei, aber niemandem war in diesem Augenblick danach, eine Partie zu spielen. Man horchte und wartete, ob nicht irgendein Zeichen in die Stille hinunterdringen und ankündigen würde, dass die dort draußen sie nicht ganz vergessen hatten.

Irgendwann in der Nacht suchte sich einer nach dem anderen der Kellerinsassen sein Plätzchen und sank dort in einen zwar unruhigen, aber die Lage vergessen machenden Schlaf, hingestreckt auf dem Boden, mit irgendwelchen alten Säcken zugedeckt, auf zwei wackligen Stühlen oder zwischen den herausragenden Sprungfedern eines rostigen Bettgestells.

Magdalena hatte für sich und Paula Kartons zerrissen, sie aufeinandergeschichtet und die Lagerstätte mit alten Kleidern ausgepolstert. Inniger als jemals zuvor hatte sie auf der primitiven Schlafstätte gebetet, für ihre Befreiung aus dem Keller und für alle, die sie liebte. Auch Gertraud hatte sie in dieses Gebet eingeschlossen. Ihr schauderte bei der Vorstellung, die Schwester könne vielleicht auf dem kalten Grund der Ostsee ruhen, während die Wellen über ihren stummen und starren Körper hinwegtrieben und ihn langsam auflösten. Nein, sie wollte noch nicht sterben, nicht hier, nicht jetzt und nicht mit ihrem Kind, für das sie erst jetzt mütterliche Gefühle entwickelt hatte. In diesem dunklen Keller unter der Erde – abgeschottet von der Welt, in einem Bereich schwebend, wo sie dem Tode so nahe war, begriff sie erst den Wert des Lebens und die Gnade, im Licht sein zu dürfen. Ihre Tochter im Arm, war sie bald tief eingeschlafen. Sie träumte, Paul sei da. Er saß in seinem Boot am Frischen Haff und winkte ihr zu. Sie eilte ihm entgegen, aber so schnell sie auch lief, umso weiter entfernte sich das Boot. Plötzlich war es auf der See ganz hinter dem Horizont verschwunden, und sie stand am Ufer und fühlte sich hilflos und allein. Schweißgebadet wachte sie auf und wusste erst gar nicht, wo sie sich befand. Ihre Wangen waren nass von Tränen, und ein Gefühl tiefer Hoffnungslosigkeit presste ihr Herz zusammen.

Ein neuer, dringender Einsatzbefehl wegen eines Bombenschadens warf für die Pionierabteilung beinahe unlösbare Probleme auf. Paul erfuhr, dass im Keller eines eingestürzten Mietshauses sämtliche Bewohner eingeschlossen sein sollten. Es war leicht gewesen, die Leute des angrenzenden Hauses zu befreien, aber riesige Trümmer hatten die Zugänge zum Nachbargrundstück verschüttet. Es gab zwar Klopfzeichen, aber das Abräumen der meterhohen Mauersteine über der Unglücksstelle erwies sich diesmal bedeutend schwieriger als gewöhnlich. Durch ein Zusammenbrechen beider Häuser, bei dem sich der Schutt tonnenweise überlagert hatte und auch die Gasleitungen beschädigt worden waren, konnte es dauern, eine Verbindung zu den Verschütteten herzustellen. Und es stand vor allem die Frage im Raum, ob die Eingesperrten das so lange überleben würden. Mit Baggern und Bohrgeräten war bereits ein Großteil hinweggeräumt worden, und man versuchte nun, sich Zugang durch einen gegrabenen Tunnel zu verschaffen. Eine Eisenkonstruktion, die die Bauteile hielt, war jedoch so unglücklich ineinander verkeilt, dass man das Gewirr behindernden, rostigen Metalls kaum auseinander brachte.

Nach Pauls Überzeugung blieb jetzt nur noch eine unterirdische Sprengung übrig. Der Einsatzleiter I, der mit seinen Männern die ganze Nacht gearbeitet hatte, war nahe daran aufzugeben und lehnte nach einer kurzen Absprache die Anbringung von Sprengsätzen kategorisch ab. Seiner Meinung nach würde die Statik nicht halten und alles wie ein Kartenhaus zusammenfallen. Die beiden Männer prallten mit ihren gegensätzlichen Standpunkten heftig aneinander, ohne dass sie sich auf eine einzige Methode einigen konnten.

Als Paul mit seinen Männern zur Ablösung wieder am Unglücksort eintraf, sah es zudem auch noch nach Regen aus. Ein scharfer Wind jagte die nebligen Wolkenfetzen über die zerstörte Stadt, deren verbrannte Häuserskelette wie Mahnmale nach einem Inferno in den Himmel aufragten. Er ließ seinen Blick über die Trümmerlandschaft vor ihm schweifen, und in diesem Augenblick war ihm ganz klar, dass die einzige Chance für die Verschütteten nur noch in einer sofortigen Sprengung der verbleibenden Geröllmassen bestand. Das Risiko einer Gasexplosion musste man dabei in Kauf nehmen. Ohne sich um die Entscheidung des anderen Einsatzleiters zu kümmern, entschloss er sich, das Wagnis einzugehen. Er ließ mit den üblichen Arbeiten, dem Wegräumen des Schuttes und dem Ausheben eines seitlichen Tunnels beginnen, von dem aus er tiefe, dünne Schächte ziehen ließ, in die kleine Sprengsätze gefüllt wurden. Die ersten Sprengungen gelangen, und man konnte bereits einen Teil des Ganges mit Balken abstützen. Doch die Zeit drängte. War noch genügend Luft im Keller? Hielten die Gasleitungen, deren Verlauf nicht genau auszumachen war? Wie Marder gruben sich seine Leute mit den zur Verfügung stehenden Maschinen tief in den Boden hinein. Weitere, deutlich zu hörende Klopfzeichen von unten gaben Gewissheit, dass die Eingeschlossenen lebten. Doch in der letzten Phase, kurz vor den Sprengungen, begann es zu plötzlich zu regnen, ja es schüttete wie bei einem Wolkenbruch Wasser vom Himmel. Paul ließ weiterarbeiten, doch einige der Zünder wurden feucht und verpufften. Zudem war zu befürchten, dass der Regen die Erde im Tunnel aufweichen und das Ganze tatsächlich in sich zusammenzustürzen drohte. Sie mussten also schnell sein. Als sie eine Stelle erreicht hatten, die von der beschädigten Kellerwand nicht mehr weit entfernt war, und Paul gerade das Kommando zum Zünden eines stärkeren Sprengsatzes geben wollte, ertönte ein barsches »Halt! Zurück!«. Paul, von oben bis unten aus einer Mischung von Staub und Wasser verdreckt, drehte sich langsam um.

»Sind Sie verrückt geworden, gegen einen ausdrücklichen Befehl und auf eigene Faust Sprengungen durchzuführen?«, schnauzte ihn der Kommandant, ein rechthaberischer Offizier, an. »Noch dazu bei diesem Regen! Der Einsatzleiter I hat mir aufgetragen, nach dem Rechten zu sehen. Und tatsächlich ertappe ich Sie dabei, dass Sie seine Weisungen missachten und eigenständig handeln!«

»Aber wir sind doch schon fast durch!«, verteidigte sich Paul heftig. »Ganz nah an einer der Kellerwände …«

»Unsinn, Sie Dummkopf«, der Offizier lief rot an. »Sehen Sie doch mal genau hin! Das wird alles durchweichen, einstürzen wie Pappkarton, bevor wir auch nur eine einzige Person befreit haben! Sie bringen die Männer, die hier arbeiten, in Gefahr. Schluss – aus, Sie sind ab sofort Ihrer Aufgabe enthoben! Haben Sie mich verstanden?«

Paul nickte und schluckte den Fluch, der ihm auf der Zunge lag, hinunter. Wenn er dem Vorgesetzten widersprach, war ihm eine harte Strafe sicher. Er nahm Haltung an und räusperte sich. »Aber Herr Kommandant, wenn ich mir erlauben darf – es hat doch bisher alles reibungslos geklappt. Ich könnte es Ihnen beweisen, gerade jetzt im letzten Stück …«

»Halten Sie endlich den Mund, Mann. Das übersteigt Ihre Kompetenz. Ich kann die Verantwortung für so einen Leichtsinn jedenfalls nicht übernehmen.« Er wandte sich an die Männer. »Alles zurück!«, schrie er mit Donnerstimme. »Pause bis morgen! Zu viel Risiko! Wir müssen auf das Eintreffen von schwerem Gerät warten.«

»Ich fürchte, die Eingeschlossenen werden bis morgen nicht mehr genügend Sauerstoff zur Verfügung haben – außerdem haben wir oben das Problem einer defekten Gasleitung. Wenn sie bricht …«

»Papperlapapp, hören Sie endlich auf, dummes Zeug zu schwatzen!«, brüllte der Offizier. »Mir reicht es. Zurück zur Kaserne. Ich wiederhole: Sie sind abgesetzt, vom Dienst suspendiert! Gehen Sie in Ihre Schreibstube zurück, dort sind Sie wahrscheinlich besser aufgehoben.«

Bleich geworden, trat Paul zurück und nahm seinen Helm ab.

Die abgearbeiteten Männer trotteten gehorsam herbei, wischten sich den Schweiß von der Stirn und verstanden nicht, warum sie so kurz vor dem Erfolg des Unternehmens abbrechen mussten.

»Scheißkerl«, murmelte einer von ihnen zwischen den Zähnen, mit einem giftigen Blick auf den Offizier, während er mit den anderen auf dem Einsatzwagen Platz nahm.

Paul war wie vor den Kopf geschlagen. Aber es war müßig, sich über die Wichtigtuer zu wundern, die dieser Krieg hervorgebracht hatte und die ihn als Vorwand nahmen, ihre Macht zu demonstrieren.

Lange lag er am Abend auf seiner Pritsche in dem einfachen Zimmer, das er allein bewohnte, ohne schlafen zu können. Er war müde und erschöpft und dachte an die Eingeschlossenen, die umsonst auf Hilfe warteten. Wozu weiterkämpfen, überhaupt noch etwas tun? Für wen? Etwa für solch aufgeblasene Idioten wie dieser Kommandanten heute? Der Krieg war verloren, das war klar. Es konnte nicht mehr lange dauern, dann marschierten die Russen ein, und das ganze Luftgebilde des großen Kampfes brach zusammen. Sie würden Kriegsgefangene machen, ihn vielleicht nach Sibirien verschleppen, zur Zwangsarbeit in unmenschlichen Lagern, von denen er schon hatte reden hören. Berlin war eine Ruine geworden, wie die meisten deutschen Städte – und Königsberg, seine Heimat, bestand nicht mehr …

Sein Verstand riet ihm, zu fliehen, wegzugehen, sich irgendwo zu verstecken, bis Friede war und die menschliche Vernunft wiederkehrte. Leise stand er auf, ging auf Zehenspitzen über den Gang und holte sich die Schlüssel zur Schreibstube aus einer besonderen Schublade des Offiziersraums. Nach kurzem Zögern schlüpfte er in die Jacke eines Oberleutnants, die, frisch aus der Reinigung, in der Ecke auf einem Kleiderbügel hing. Er setzte die Kappe auf und legte sich die Hose über den Arm, bevor er leise, ohne Licht zu machen, in die Schreibstube schlich, das wohlbekannte Knarren der Tür sorgsam vermeidend. Er zog aus der Schublade die Vordrucke der Marschbefehle, den Heimaturlaubsschein und stellte sich selbst einen Auftrag für eine Kurierfahrt des Verteidigungsbereiches aus, der ihm Vollmacht gab, alle Ausbildungsverbände von Panzertruppen an die Fronten zu schicken. Als Grund gab er an: Der Vormarsch der Alliierten sollte aufgehalten werden. Sorgfältig füllte er die Formulare aus und setzte seinen Namen hinein. Nun noch der abschließende Stempel und die gefälschte Unterschrift des Kommandanten, die er bereits Hunderte Male auf Dokumenten gesehen hatte. Als Letztes nahm er noch die Schlüssel des Dienstwagens an sich, der gerade erst von der Reparatur zurückgekommen war. Er war vollgetankt, wie er wusste, und stand draußen im Fuhrpark. Dann ging er zurück und legte sich wieder hin. Er wollte lieber noch zwei Stunden warten, bis die Wachablösung kam. Um diese Zeit war die Tür für kurze Zeit offen, und es gab sicher einige Minuten der Unachtsamkeit, in denen die Posten während der Übergabe über die Vorkommnisse des Dienstes sprachen. Da würde er sich leichter davonschleichen können.

Er blieb hellwach, wobei ihm die unbekannten Verschütteten nicht aus dem Kopf gingen und er über verschiedene Methoden zu ihrer Rettung nachzugrübeln begann. Ihm war völlig klar, dass er es nicht über sich bringen würde, sie ihrem Schicksal zu überlassen, wo er doch genau wusste, dass sie nur noch ein einziges mit Eisenstangen verkeiltes Betonstück und ein bisschen Erde von der Freiheit trennte. Aber wie sollte er ihnen helfen? An das Dynamit oder andere Sprengsätze kam er jetzt nicht mehr heran. Das war alles zu gut verschlossen. Er stand auf und betrachtete lange die Handgranaten in seinem Spind. Sollte er es damit versuchen? Wie oft hatten sie im russischen Winter Kettenfahrzeuge mithilfe von Handgranaten aus dem steinhart gefrorenen Boden rausgeholt. Es hatte immer tadellos funktioniert. Sein Herz klopfte. Es war ein Risiko, doch seine Entscheidung stand fest. Er zog sich an, packte zwölf Handgranaten in seinen Tornister und legte eine Taschenlampe dazu.

Dann klappte alles genauso, wie er es sich vorgestellt hatte. Bei der Wachablösung verschwand er unbemerkt und startete draußen den offenen Wehrmachtswagen. Der Regen hatte aufgehört, aber die Straßen waren nass. Er musste Umwege fahren, aber er kannte ja schließlich den Weg.

An der Einsturzstelle, die in völliger Dunkelheit lag, stellte er den Motor ab, knipste seine Taschenlampe an und kletterte über die Schuttberge und Krater, die die Bomben hinterlassen hatten. Dort, am Eingang des Tunnels, hockte eine Gestalt, die verwirrt ins Licht der Taschenlampe blinzelte. »Wer da?«, rief Paul, der im ersten Moment glaubte, man habe irgendjemanden als Wache dort abgestellt. »Hände hoch!«

Der Angesprochene, ein junger Mann, erhob sich langsam. Er blieb ruhig stehen, ohne etwas zu sagen.

»Was machen Sie da?«

»Das Gleiche könnte ich Sie auch fragen«, war die lakonische Antwort. »Ich wohne hier – das heißt, ich habe mal hier gewohnt. Jetzt ist alles weg …« Er machte eine rundum greifende Handbewegung. »Wahrscheinlich habe ich großes Glück gehabt. Ich hatte Nachtdienst, als die Bombe einschlug …«

»Wer sind Sie überhaupt?«, fragte Paul immer noch misstrauisch.

»Ich heiße Willi Schwarz und arbeite bei der Radarüberprüfung und Abwehr. Aber stellen Sie sich vor, ich hab grade Klopfzeichen gehört. Die da drinnen leben bestimmt noch. Ich versteh nicht, dass man nichts mehr macht, dass hier nicht Tag und Nacht gegraben wird!«

»Es wurde die ganze Zeit gegraben. Das sehen Sie ja!«

»Wenn ich mir vorstelle, dass die da unten eingesperrt sind!« Der junge Mann seufzte. »Es gibt da eine Frau … die ich sehr verehre, verstehen Sie? Es ist die Mutter eines kleinen Mädchens – sie ist verreist, und ich habe ihr versprochen, auf das Kind aufzupassen. Die Nachbarin hat sich darum gekümmert. Und jetzt … jetzt ist es wohl da unten!« Er sprang auf. »Diese Vorstellung ist einfach unerträglich, verstehen Sie? Was soll ich bloß sagen, wenn die Mutter die Kleine abholen will? Glauben Sie, dass ... alle im Keller überlebt haben?« Er sah ihn ängstlich an.

»Das kann Ihnen niemand sagen.« Paul schüttelte den Kopf. Ihm war plötzlich eine verrückte Idee gekommen. Den Mann hatte ihm wirklich der Himmel geschickt! »Aber ich würde es gerne herausfinden. Und genau deswegen bin ich heute Nacht hierhergekommen. Man hat mir verboten weiterzumachen. Aber ich möchte die da unten herausholen, bevor es zu spät ist.« Er zögerte. »Ich bin Paul Hofmann, Einsatzleiter II einer Pionier-gruppe für Verschüttete. Würden Sie mitmachen – ich meine, mir bei einem Versuch helfen? Es ist nicht ungefährlich!«

Schwarz sprang auf. »Ja – natürlich, sofort! Ich habe keine Angst. Sagen Sie mir, was ich tun soll. Graben?«

»Das können Sie getrost mir überlassen! Ich war heute den ganzen Tag mit einer Ausgrabungseinheit hier – aber wir muss-ten wegen eines Armleuchters von Kommandanten abbrechen. Wissen Sie was? Tun Sie einfach nur, was ich Ihnen sage!«

Paul schaltete die Scheinwerfer des Wagens an und beleuchtete das Terrain. Hoffentlich kam jetzt gerade keine Streife vorbei.

Der Kommandant hatte in gewisser Weise recht gehabt – der die halbe Nacht strömende Regen hatte die Erde des Tunnels, wiewohl sorgfältig mit Holzpflöcken abgestützt, gefährlich auf-geweicht.

»Haben Sie schon mal eine Handgranate gezündet?«

»Das nicht, aber ich weiß ungefähr, wie es geht!«

»Wir haben in Russland eine Methode gehabt, Zugmaschinen, ganz schwere Apparate von etwa achtzehn Tonnen, die auf Ket-ten liefen, aus gefrorenem Schlamm zu holen ...«, begann er.

»Und das ging mit Handgranaten?« unterbrach Schwarz eifrig.

»Man muss natürlich Löcher in den Boden graben, mög-lichst tief. Das haben wir heute schon gemacht, für die Spreng-ladungen. Bis der Kommandant sich dagegen entschied.«

»Gut, und was soll ich dabei tun?«

Paul nahm einen Strick aus seinem Rucksack, band sich ein Ende um die Brust und drückte ihm das andere Ende in die Hand.

»Passen Sie jetzt gut auf: Ich krieche in den Tunnel bis zu den Löchern und wickele mehrere, gebündelte Handgranaten mit einem Eisendraht an einem Stein fest. Einen weiteren Draht verbinde ich mit dem Zünder, von dem ich die Kapsel abgenommen habe. Dann beschwere ich die Granaten mit dicken Steinen, zwischen denen der Draht hindurchgehen wird. Wenn ich daran ziehe, löse ich die Zündung aus. Ich fürchte nur, der Draht wird nicht lang genug sein, und deshalb muss ich, nachdem ich ihn gezogen und die Handgranaten gezündet habe, so schnell wie möglich aus dem Tunnel heraus. Es bleiben da nur wenige Sekunden. Sollte es mir durch irgendeinen unglücklichen Zufall nicht ganz gelingen und der Tunnel über mir einstürzen, könnten Sie mich anhand der Schnur finden und ausgraben. Vielleicht müssen wir das Ganze ja auch noch einmal wiederholen.«

Der junge Mann nickte aufmerksam.

»Gehen Sie am besten zu Boden. Ich möchte nicht, dass Ihnen etwas passiert. Die Explosion wird zwar nicht gerade gewaltig werden und zudem unter der Erde stattfinden, aber sicher ist sicher. Haben Sie mich verstanden? Sie können jetzt noch aussteigen. Wenn Sie nicht mitmachen wollten, hätte ich vollstes Verständnis.«

Willi schüttelte eifrig und verneinend den Kopf. »Nein, nein, ich mach das – natürlich mach ich das!«

Paul sah noch einmal zum nachtschwarzen Himmel hinauf. Es gab sehr viele Unwägbarkeiten, und er war sich nicht sicher, ob alles so funktionieren würde, wie er es sich gedacht hatte. Der Regen hatte zwar aufgehört, aber die Erde war feucht, und er hoffte sehr, dass die Zündung dadurch nicht beeinträchtigt wurde. Er verschwand im Tunnel und machte sich einige Zeit darin zu schaffen. Nach einer Weile kam er wieder hervor.

»Der Draht reicht tatsächlich nicht. Ich werde mich also nach der Zündung sehr beeilen, rauszukommen.« Er holte tief Luft.

»Fangen wir an. Es muss schnell gehen. Die aufgeblendeten Scheinwerfer könnten jemandem auffallen. Und es darf keinen Fliegeralarm geben. Wenn ich ›Fertig‹ rufe, zünde ich die Handgranaten und renne raus. Ziehen Sie den Strick sehr straff, damit ich einen Halt habe.«

Schwarz nickte bestätigend, dann nahm er das Seil und beobachtete gespannt, wie Paul im Tunnel verschwand. Er wartete, bis der Ruf »Fertig« ertönte und zog an. Die Explosionen blubberten unterirdisch und schossen dann mit scharfem Feuerknall einen Haufen Erde und Steine hoch, der ihm um die Ohren prasselte.

Er blieb noch eine Weile im scharfkantigen Schutt liegen, bevor er den Kopf hob. Das Seil war locker und Paul heil herausgekommen. Ein Teil der Kellermauer war bereits zum Vorschein gekommen. »Wir müssen es noch einmal wiederholen«, sagte er, »aber jetzt muss ich die zusammengebundenen Handgranaten so verstauen, dass sie seitlich ein Loch in die Wand schlagen, ohne dass die Decke des Kellers beschädigt wird.«

»Alles klar!« Willi hob die Hand zur Bestätigung und machte sich bereit.

Noch einmal wiederholte sich das gefährliche Wagnis. Diesmal brach jedoch mit einem lauten Rumpeln der gesamte Tunnel hinter Paul zusammen, ein Schwall von Schutt und Erde ergoss sich über das so mühsam Erreichte und verschüttete den gesamten Zugang.

Misslungen! Paul konnte es kaum begreifen. Er stöhnte laut auf, hockte sich auf einen Stein, stützte den Kopf in die Hände und starrte stumpfsinnig auf den Haufen Geröll hinter ihm. So nah vor dem Durchbruch – und jetzt sollte der Kommandant doch recht behalten? Es sah ganz so aus, als sei der Weg zu den Eingeschlossenen nun endgültig versperrt!

Unter der Erde verursachte, die beiden unerklärlichen Explosionen mitten in der Nacht große Aufregung. Magdalena stieß einen Schrei aus und sprang erschrocken auf, als die schon halb eingestürzte Wand eines der hinteren Kellerräume erneut zu bröckeln begann und mit Knirschen und Scharren weitere Stücke herausbrachen. Der Soldat war sofort zur Stelle und entzündete die Petroleumlampe, die die blassen und ängstlichen Gesichter der Eingeschlossenen beleuchtete, die ihn umringten und mit aufgerissenen Augen an die Decke starrten. Der tiefe Riss dort hatte sich ebenfalls weiter vergrößert, zwei Betonabschnitte standen voneinander ab, von denen eine sich bedrohlich gesenkt hatte.

Irgendjemand begann, ein Vaterunser zu beten. Was hatte das unerwartete Krachen mitten in der Nacht zu bedeuten? Etwa den Einschlag einer neuen Bombe? Es schien schlimmer als befürchtet. Die Treppe war plötzlich von neuen Brocken feuchter Erde bedeckt, der Schutt des von den Eingeschlossenen gegrabenen Loches nach innen gedrungen. Der Soldat versuchte, neue Klopfzeichen mit der Hacke zu geben. Doch er erhielt keine Antwort. Dann nahm er eine im Kellergebäude gelagerte Leiter, stieg hinauf und stocherte vorsichtig an der Stelle, an der neue Brocken in den Raum gedrungen waren. Ein Haufen Geröll mit etlichen Steinen kam ihm entgegen, und er wäre einige Male beinahe von seiner Leiter gefallen. Die Geduld verlierend, hieb er mit einem Mal unsinnig und voller Verzweiflung mit der Hacke auf das Hindernis ein. Auf einmal, ganz plötzlich, nach einem weiteren Schwall Erde und Steinen, die sich nach unten ergossen, stieß er plötzlich ins Leere – es gab keinen Widerstand mehr.

»Luft!«, brüllte er, »Leute, da kommt Luft herein!« Er grub jetzt wie besessen und wies auf die schmale Öffnung der Mauer, hinter der ein winziges Stück dunklen Himmels zu sehen war.

Jubelrufe erfüllten den Keller, man umarmte sich vor Freude

und Erleichterung. Luft, Himmel, Wolken! Was für ein köstliches Geschenk!

»Los, wir müssen weitermachen!« Er ergriff den Spaten und hieb ihn, so fest er konnte, immer wieder gegen die Wand. Die Frauen schafften das eingebrochene Geröll zur Seite, alle schaufelten fieberhaft und wie besessen mit Händen, alten Dosen und Eimern, allem, was nur irgendwie zur Verfügung stand.

»Hebt mich höher!«, schrie der Soldat, und die beiden Männer stiegen auf die Leiter, um ihn mit ihren Armen und Händen in die Nähe der rettenden Öffnung hinaufzuheben, damit er sie mit dem Stemmeisen bearbeiten konnte.

»Hilfe, hier sind wir! Holt uns hier raus!«, brüllte er aus Leibeskräften durch den Spalt. Es klang dumpf, wie erstickt. Mit einem Eisenstück schlug er mehrmals gegen den Stein und lauschte auf Antwort. Erneut begann er, Steinstücke herauszuhacken, bis seine Arme ermüdeten und er sie sinken lassen musste. Es reichte einfach nicht, immer wieder fielen neue Steine und Geröll zurück und setzten sich vor die kleine Öffnung. Sie saßen zu tief unten, um ohne fremde Hilfe herauszukommen.

Paul hatte die Scheinwerfer des Wagens ausgeschaltet und sich auf einen Stein des Schuttberges gesetzt. Er starrte abgekämpft und müde vor sich hin, weder die nächtliche Kälte spürend, noch den Wind, der die Wolken davonjagte und die Sterne sehen ließ. In seinem leeren Herzen brannte nur noch die dunkle Enttäuschung, der Kummer, diesen letzten Kampf nicht gewonnen zu haben. Sein Leben war zerstört, er hatte alles verloren, seine Liebe, seine Familie, seine Stadt, den Glauben an das Gute und jetzt auch sich selbst. Verbraucht, geschwächt war sein Körper, der den Strapazen dieses langen Krieges so lange standgehalten hatte, bis er nur noch eine fühllose Hülle geworden war. Er nahm die 08, die er noch besaß, entsicherte sie und hob sie langsam gegen seine Schläfe.

»Tun Sie das nicht!« Die leise Stimme des fremden jungen Mannes weckte ihn aus seiner Erstarrung. Er war neben ihn getreten und legte ganz sacht die Hand auf seine Schulter. Dann nahm er ihm die Pistole aus der Hand, sicherte sie und steckte sie in sein Koppel zurück. »Geben Sie nicht auf. Es ist noch nicht zu spät. Wir sollten lieber weitermachen!«, sagte er.

Paul schüttelte den Kopf. »Zu spät!« Er hatte keine Kraft, keinen Mut mehr.

Plötzlich drang ein Geräusch an sein Ohr, ein dumpfes Klopfen, einmal, zweimal, fünfmal, ein schwacher gedämpfter Ruf. Wie elektrisiert horchte er auf – und da war es wieder, das Klopfen, Geräusche und Töne, die wie erstickt und dumpf aus dem Boden kamen.

»Hören Sie das auch?«, fragte er Schwarz, der ebenfalls unbeweglich lauschte.

»Ich sagte Ihnen doch vorhin schon, ich hätte so etwas wie Klopfzeichen gehört. Aber das hier ist viel deutlicher!« Wie auf ein Kommando sprangen beide zur gleichen Zeit auf, packten die Schaufel, die Hacke und begannen, die lose Erde des eingestürzten Tunnels beiseitezuwerfen. Paul arbeitete wie besessen, als müsse er sich etwas beweisen. Er hatte keine Ahnung, wie lange sie schaufelten, aber bald war ein kleines Stück des Zugangs wieder freigelegt. Jetzt konnte man deutlich die Mauer der Fundamente des Kellers erkennen und das tellergroße Loch, das sich unter ihnen befand. Beide Männer verdoppelten ihre Anstrengungen, arbeiteten fieberhaft. Von unten drang jetzt deutliches Stimmengewirr herauf, und als Willi mit der Taschenlampe hinunterleuchtete, konnte er eine Leiter erkennen, auf der jemand stand und die Hand nach ihnen ausstreckte.

»Geduld!«, schrie Paul in höchster Erregung. »Wir sind gleich bei euch, noch ein kleines Stück, dann haben wir es geschafft!«

Lautes, freudiges Rufen antwortete ihm. Doch die Öffnung musste nun mühsam und vor allem mit äußerster Vorsicht so weit vergrößert werden, dass sich ein Mensch unbeschadet hindurchzwängen konnte. Endlich war es so weit.

Willi half, zuerst die Kinder herauszuziehen, die ihm erschöpft und weinend von dem ausgestandenen Schrecken um den Hals fielen. Dann kam die alte Frau, ihr Mann folgte, sich mühsam hinaufziehend, und die rothaarige Dame in ihrem mit Rußflecken übersäten blumigen Morgenrock. Erika Moritz, der noch ein einziger Lockenwickler im Haar baumelte, schob den Weißhaarigen vor sich her, dem die Tränen über die Wangen liefen.

Zuletzt, von einem Soldaten hinter ihr gestützt, der ein Kleinkind auf dem Arm trug, sah Paul eine junge, blonde Frau Schritt für Schritt die Leiter hochsteigen, den linken Fuß ein wenig nachziehend. Sie hatte den Kopf gesenkt, um zu sehen, wohin sie trat, und als sie endlich oben war, blieb sie noch einmal stehen, um einen tiefen Atemzug in der herben Nachtluft zu tun. Dann hob sie ihm lächelnd das rußverschmierte Gesicht entgegen und wollte die Hand ihres Retters ergreifen. Doch dieses Lächeln erstarb im selben Moment, als Paul sie ansah.

Auch er stutzte, und es schien ihm, als würde die Welt plötzlich angehalten, als sei er außerhalb der Zeit und der graue, regennasse Himmel stürze über ihm zusammen. Narrte ihn ein Traum?

»Magdalena?«, fragte er leise und wie zögernd. Sie war ohne Hilfe herausgeklettert und stand jetzt vor ihm, sah ihn fassungslos an, ernst und fragend, mit weit aufgerissenen, dunklen Augen und bebenden Lippen, die nicht imstande waren, auch nur einen einzigen Satz zu formen.

Vielleicht ist das ja alles gar nicht wahr, dachte er, vielleicht liege ich auf meiner Pritsche und träume – habe Halluzinationen, weil ich nach sechs Jahren Krieg meinen klaren Verstand verloren habe! Oder ich bin schon tot, weil ich irgendwann die Pistole gegen meine Schläfe abgefeuert habe. Er kam nicht dazu, weiterzudenken.

»Paul!«, Magdalena fiel ihm schluchzend um den Hals und er
verlor fast das Gleichgewicht auf all dem Geröll mit den vielen
Steinen. Dann schloss er die Arme um sie und drückte sie so fest
an sich, wie er konnte.
  »Bist du es wirklich? Hier und … jetzt? Magdalena?« War
dieses heisere Krächzen wirklich seine Stimme, die sich in den
hellen jubelnden Ton der ihren mischte, mit der sie seinen Namen rief? Er nahm sie bei den Schultern, hielt sie von sich weg
und starrte sie an wie eine Erscheinung, ein Wunder, etwas, das
nicht von dieser Welt sein konnte. Es war, als breite sich in seinem Innern ein helles Licht aus, das von seinem Herzen bis
zum Kopf drang und ihn ganz mit ruhiger Freude erfüllte. Der
Nachtwind erfasste jetzt ihr langes, blondes Haar und wehte es
um ihr blasses, schmal gewordenes Gesicht. Er sah in ihre dunklen, unergründlichen Augen, nach denen er sich all die Jahre so
sehr gesehnt hatte. Dann umfasste er ihre schlanke Gestalt und
vergrub sein Gesicht erschüttert in ihrem Haar. Er spürte ihre
Haut mit dem Duft nach Honig, und irgendetwas brach in seinem Innern auf, das bisher unsichtbar darin verborgen gewesen war. Seine Brust erbebte in lautlosem Schluchzen, von einem
unbekannten Gefühl überschwemmt, das alle Bitternis enthielt,
die er in den harten Kriegsjahren, ohne eine Miene zu verziehen
und ohne sich zu beklagen, erlebt und erlitten hatte, und das
sich jetzt mit seiner Sehnsucht nach der verlorenen Liebe auf
seltsame Weise mischte. Ihm war, als sei er endlich angekommen
und als versänken die dunklen Gespenster eines unwirklichen
Alptraums für alle Zeit wieder in dem Abgrund, aus dem sie gekommen waren.

Magdalena konnte in der Verwirrung des Augenblicks ihr Glück
kaum fassen. Was war das – was geschah hier? Wie kam es, dass
sie von der Hölle des lebendig Begrabenseins unmittelbar in den
Himmels eines so unbegreiflichen Freudentaumels hinaufka-

472

tapultiert wurde, eines Glücks, das sie so schnell gar nicht begreifen, ja nicht einmal mehr für möglich gehalten hatte? Wie durch eine unsichtbare Fügung war sie gerettet worden, von dem Mann, nach dem sie sich in all der Zeit so sehr gesehnt und den sie so sehr vermisst hatte!

»Fräulein von Walden?« Der Soldat war neben sie getreten und reichte ihr das Kind, das greinend an seinem Daumen nuckelte. »Die Kleine möchte wohl lieber bei ihrer Mutter sein. Ich glaube, sie ist sehr müde. Und ich muss dringend einen Krankenwagen rufen, die Feuerwehr und Polizei benachrichtigen!«

Magdalena löste sich wie erwachend von Paul. »Ja, natürlich. Verzeihen Sie bitte ...«, sagte sie und nahm Paula auf den Arm. »Es ist alles ein bisschen viel auf einmal!«

»Hauptsache, wir haben es geschafft und sind frei.« Er trat auf Paul zu, ergriff seine Hand und schüttelte sie fest. »Ich weiß nicht, wie ich Ihnen danken soll! Sie haben unser aller Leben gerettet. Wie sollen wir Ihnen das nur vergelten ...« Paul atmete tief aus und machte eine abwehrende Bewegung. »Es wäre vor allem wichtig, meine Person bei der Polizei nicht zu erwähnen. Sie haben mich nie gesehen. Und geben Sie mir noch fünf Minuten Vorsprung. Alles Gute!« Er sah zu dem frierenden Grüppchen hinüber, das auf den Krankenwagen wartete.

Magdalenas Augen hatten sich verschattet, als sie sich wieder Paul zuwandte. »Das hier ist ... meine Tochter«, sagte sie beinahe stockend. »Sie heißt Paula. Und ich habe mir geschworen, sie niemals im Stich zu lassen.« Ihr Herz klopfte heftig. Würde Paul sie überhaupt wiederhaben wollen, wenn er erfuhr, was alles hinter ihr lag? Dass dieses Kind von einem anderen war, den sie nicht einmal geliebt hatte?

»Du hast ...geheiratet?« Paul zögerte, als er Paula genauer betrachtete, die, das lockige Köpfchen gegen die Brust ihrer Mutter gelehnt, schläfrig die Lider sinken ließ.

Magdalena schüttelte nur den Kopf. Doch Paul, der ihre

Zweifel spürte, legte den Arm jetzt behutsam um ihre Schultern und küsste sie voller Zärtlichkeit. »Dann ist alles gut. Ich bin so froh, dich wiedergefunden zu haben, Liebste! Dich … und Dein Kind!«

Willi Schwarz, der die Szene aus einiger Entfernung mit angesehen hatte, schüttelte mit einem wehmütigen Lächeln den Kopf. Er hatte begriffen, dass er Magdalena in diesem Moment für immer verloren hatte. Da sie ihn noch gar nicht bemerkt hatte, wollte er schon auf sie zutreten, um ihr ein letztes Mal Lebewohl zu sagen. Doch in diesem Moment begannen die Sirenen wieder durch die Luft zu heulen und den Frieden der Nacht mit jenem alarmierenden Ton zu zerreißen, der den Menschen durch Mark und Bein fuhr.

Auch Paul zuckte zusammen, aber sein Verstand begann zur gleichen Zeit rascher und präziser als je zuvor zu arbeiten. Noch war nicht alles vorbei, noch waren er und Magdalena in großer Gefahr. Sein Plan nahm blitzschnell Formen an.

»Willi, bitte kümmern Sie sich um die Leute. Sie stehen noch unter Schock. Der Krankenwagen muss gleich hier sein«, rief er dem jungen Mann zu. »Ich danke Ihnen. Viel Glück! Gott wird Ihnen Ihren Einsatz lohnen! Ich verlasse mich auf Sie!«

»Komm«, sagte er hastig zu Magdalena und zog sie mit sich fort, »komm schnell mit mir!«

»Wohin? Was hast du vor?«, fragte sie, Paula fest an sich drückend, die, den Daumen im Mund, trotz des Trubels um sie herum eingeschlafen war.

»Ich werde dir später alles erzählen. Sei ganz ruhig. Du musst Vertrauen zu mir haben. Siehst du den Geländewagen dort drüben?«, er wies auf den dunklen Schatten des Fahrzeugs. »Steig ein, duck dich mit Paula auf den Rücksitz, leg die Plane über euch beide. Und sieh zu, dass die Kleine ruhig bleibt. Ich bin gleich bei dir.«

Er nahm seinen Rucksack, sammelte das Seil und die beiden

Handgranaten, die noch übrig waren, ein und stieg in den Wagen. Ungeachtet der britischen Division, den zweimotorigen Bombern, die jetzt mit unheilvollem Brummen herangeflogen kamen, gab er, ohne Licht einzuschalten, Vollgas und brauste über die holprigen Straßen, die rechts und links etliche Löcher aufwiesen. In einer ausgebrannten Fabrikhalle parkte er das Fahrzeug und wartete ab, bis die Maschinen abdrehten und im fahlen Licht der Morgendämmerung verschwanden. In der Ferne hörte man jetzt auch schon das Signal des Krankenwagens. Er schloss die Uniformjacke bis zum obersten Knopf, die ihn als Oberleutnant auswies, setzte die Mütze auf und fuhr los.

Bei der nächsten Kontrolle an einer Straßensperre zeigte er seinen Passierschein und sagte sein Sprüchlein über den Kurierauftrag des Verteidigungsbereiches auf, durch den alle Ausbildungsverbände von Panzertruppen über ihren Einsatz an der Front informiert werden sollten, um den rasanten Vormarsch der Alliierten zu stoppen. Die Soldaten bestätigten seine Meldung, grüßten, und der Wagen durfte ungehindert sämtliche Sperren passieren.

Magdalena war die ganze Zeit unter der Plane geblieben und hatte sich nicht gerührt. Sie hielt beinahe den Atem an, während Paula ruhig in ihrem Arm schlief.

Alles ging gut, und sie konnten ihre Fahrt aus Berlin heraus durch Waldstücke und auf Nebenstraßen ungehindert fortsetzen. Trotzdem fühlten sie sich noch unsicher. Obwohl man Paul immer wieder ohne Durchsuchen des Wagens nach dem Kontrollieren der Papiere durchwinkte, war die Gefahr einer Entdeckung oder eine Berührung mit feindlichen Truppenverbänden ständig gegeben. Gegen Abend fanden sie Unterkunft bei einem Bauern in der Nähe von Bayreuth.

»Die Amis sind fast schon in Würzburg«, flüsterte ihnen der alte Mann ängstlich zu und bekreuzigte sich. »Was wird jetzt bloß werden?«

Paul konnte ihm keine Antwort darauf geben, aber am nächsten Morgen handelte er ihm vorsichtshalber außer einer Heugabel eine alte Jacke und Hose ab, sowie für Magdalena einen Bauernrock mit Bluse, der seiner Frau gehörte. Sie fuhren auf Feldwegen weiter, bis sie nach Heilbronn kamen. Dort ließen sie den Wagen irgendwo in einem Waldstück stehen und wechselten die Kleidung. Magdalenas blonde Haare verschwanden jetzt unsichtbar unter einem groben, ins Gesicht gezogenen Kopftuch und ihre zarte Figur unter dem unförmigen Rock. Mit der Heugabel bewaffnet, gingen sie an der Jagst entlang zu Fuß weiter, bis sie ein kleines Dorf namens Möckmühl erreichten, in dem vor jedem Haus ein Misthaufen lag, das Blöken der Kühe im Stall zu hören war und der trügerische Friede ländlicher Stille herrschte. Magdalena hatte bei dem langen Marsch die Zähne zusammengebissen, um sich nicht anmerken zu lassen, wie sehr ihr verstauchter Fuß bei jedem Schritt schmerzte. Alles war ruhig, von den Amerikanern noch nichts zu sehen, und es schien so, als habe der Krieg hier kaum Spuren hinterlassen. Sie kehrten in dem bescheidenen Gasthof mit dem Blechschild »Zum Bären« ein, bestellten ein Zimmer und die »Maultaschen«, die als einziges Mahl angeboten wurden.

Paula spielte auf dem Hof, tapste auf ihren kleinen Beinchen unsicher umher und scheuchte das Federvieh auf, das dort umherlief. Noch nie im Leben hatte das Kind ein lebendes Huhn gesehen! Die junge Wirtin, eine kräftige Frau, das rote Haar zu einem dicken Zopf um den Kopf geschlungen, scharwenzelte um die beiden Fremden herum, schenkte ihnen sauren Most ein und verschwand dann in der Küche, um das Essen zu bereiten.

»Weißt du noch?«, flüsterte Magdalena Paul ins Ohr, der den Blick nicht von ihr lassen konnte. »Damals bei unserem Segelausflug? Die kleine Wirtschaft am Pregel – die Königsberger Klopse mit Champagner? Es war das Köstlichste, das ich jemals im Leben gegessen habe!«

476

Paul schmunzelte. »Hast du geglaubt, ich könnte es jemals vergessen? Und Königsberger Klopse wünsche ich mir jede Woche, wenn du erst meine Frau bist! Versprichst du mir das? Auch wenn das Geld für den Champagner noch nicht reicht ...«

»Versprochen!« Magdalena schlang die Arme um seinen Hals und lächelte glücklich. »Ich kann es gar nicht erwarten! Wenn nur endlich Frieden wäre und wir uns nicht mehr verstecken müssten!«

»Es kann nicht mehr lange dauern, glaub mir. Und dann fangen wir ganz von vorne an! Das heißt, wenn du mich überhaupt noch liebst?«

Magdalena lächelte unter Tränen: »Mein Herz war immer bei dir!«

Paul zog sie an sich, und als die Wirtin eintrat und die Terrine mit der Maultaschensuppe auf den Tisch stellte, fand sie die beiden eng umschlungen in einer innigen Umarmung, mit der sie ihre Umgebung scheinbar völlig vergessen hatten.

Personenliste

Paul Hofmann	Maschinenbau-Mechaniker, Soldat
Magdalena von Walden alias Alma Kurz	Studentin der Philosophie an der Albertina Universität in Königsberg
Christine	Schwester Pauls
Tante Frieda	
Erika Hofmann	Mutter Pauls
Louise von Walden	Großmutter Magdalenas
Emma von Walden	Mutter Magdalenas
Lutz von Walden	Magdalenas älterer Bruder, Student, Soldat
Theodor von Walden	Magdalenas jüngerer Bruder
Gertraud von Walden	Magdalenas jüngere Schwester
Wohnung:	Amalienau, Kurstrasse
Gottfried von Treskow	späterer Ehemann Gertrauds
Wohnung:	Rittergut außerhalb Königsbergs in Ellerkrug
Anton Schäfer	Kommissar bei der Gestapo
Heinz Richter	Journalist, Kriegsberichterstatter in Teplitz
Hanna Kreuzberger	jüdische Freundin von Lutz
Felix Kreuzberger	Bruder Hannas
Jakob Kreuzberger	Hannas kleiner Bruder
Frau Schmitz	Nachbarin und Verräterin
Frank Schiffner Marga, seine Schwester	Gruppe der Studenten, die Flugblätter gegen das Regime verfassen.

Alfred	Student
Pauls Kameraden:	Franz Dandl, Hans Bauer, Robert Schmidt, Karl Hellwig, Stabsarzt Dr. Müller
Willi Schwarz	Freund Magdalenas in Berlin, Luftwaffenhelfer, Funker.
Eleonore Lindental	Witwe, bei der Magdalena in Berlin wohnt
Tanja	russische Kommissarsgattin an der Woronesch Front
Kolja	ihr Sohn
Anouschka	Russische Spionin
Fjodor	ihr Mann, russischer Kommandant
Sergej Alexandrowitsch	vom russischen Geheimdienst
Dr. Gabriela Braun	Ärztin im Königsberger Krankenhaus am Hinterrossgarten.
Alexander (Sascha)	deutschstämmiger Russenjunge
Prof. Dr. Friedländer	Jüdischer Arzt, Leiter des Kinderkrankenhauses in Königsberg
Ludwig von Papenburg	Magdalenas Großonkel in Teplitz auf Gut Windenstein
Johanna von Papenburg	seine Frau
Katharina, Britta, Agnes, Klaus	Kinder
Kommandant:	von Seidel
Soldaten und Freunde an der Krim	
Fred	Junge der den Fluchtwagen Gertrauds und Magdalenas lenkt.
Im Keller verschüttet:	Soldat Klaus Schlagbauer Erika Moritz, ihre beiden Kinder, Marina Schrewing, Ein Ehepaar, ein alter Mann

Widmung

Wieder habe ich mich bei diesem neuen Roman zum Teil an wirklich Erlebtes und Erfahrenes halten können. Ich möchte mich deshalb ganz herzlich bei Herrn Architekten Willi Roth aus Cadolzburg für sein Kriegstagebuch ›Einer unter vielen‹ bedanken, das er mir überlassen hat und aus dem ich sehr viel Authentisches entnehmen konnte. Von Herrn Roth stammen auch einige Gedichtfragmente, die er in Gedenken an seine geliebte Frau verfasst hatte.

Mein Dank gilt ebenfalls Frau Grete Marsch aus Traunstein, die mir Wissenswertes über die Kriegszeit in Teplitz vermittelt hat.

Ganz besonders haben mich aber die Memoiren meines Vaters, Cornelius Schlusen, inspiriert. Seine Kriegseinsätze an der Krim, bei Leningrad und an der Woronesch-Front sind in diesem Roman so beschrieben, wie er sie mir noch vor seinem Tod auf einer Tonbandaufnahme geschildert hat.